Géraldine Schwarz

DIE GEDÄCHTNISLOSEN

Erinnerungen einer Europäerin

GÉRALDINE SCHWARZ
DIE GEDÄCHTNISLOSEN

Erinnerungen
einer Europäerin

Die Originalausgabe erschien unter dem Titel
LES AMNÉSIQUES
© 2017 Flammarion, Paris

Dieses Buch erscheint im Rahmen
des Förderprogramms des Institut français.

Erste Auflage dieser aktualisierten Ausgabe
© 2019 by Secession Verlag für Literatur, Zürich
Alle Rechte vorbehalten
Übersetzung: Christian Ruzicska
Lektorat: Joachim von Zepelin
Korrektorat: Rotkel Textwerkstatt
www.secession-verlag.com

Gestaltung und Typografie: Erik Spiekermann
Satz: Peter Löffelholz
Druck und buchbinderische Verarbeitung:
GGP Media GmbH, Pößneck
Gesetzt aus Lyon & **Brutal Type**

Printed in Germany
ISBN 978-3-906910-76-5

Für meine Eltern

VERWORREN IST DAS LABYRINTH des Gedächtnisses, leicht verliert man sich in seinen Versäumnissen und Lügen, in seinen toten Winkeln und in der überwältigenden Fülle seiner Irrungen. Schwer zu bezwingen sind die Manipulatoren der Erinnerung, die Verfälscher der Geschichte, die Konstrukteure falscher Identitäten, die Schürer von Hass und die Züchter nazistischer Fantasien.

Ich muss meinen Weg im Dickicht der Vergangenheit finden, die Fäden aufgreifen, die meine Familiengeschichte bietet: die Erinnerungen einer gewöhnlichen deutschen und einer gewöhnlichen französischen Familie, ein Mitläufer der Nazis hier, ein Gendarm im Dienste von Vichy dort.

Diesen Fäden folge ich durch alle Risse und Lücken hindurch, von meinen Großeltern über die Generation meiner Eltern bis hin zu mir, einem Kind Europas, dem der Geruch des Krieges fremd ist. Und ich verwebe sie mit den Spuren der großen Geschichte, dem Suizid der europäischen Zivilisation – und dem, was darauf folgte: die grandiose Erhebung der Menschen über ihre Dämonen, des Friedens über den Krieg, der Demokratie über die Diktatur.

Es gilt, das Gedächtnis einer Familie dem Urteil der Weisheit der Historiker zu unterwerfen, diese Lügen- und Mythenjäger. Der Wissenschaft ein wenig Seele einzuhauchen, ihr das Fleisch und Blut einer Familienerzählung zu verleihen und mit ihr die Unschärfe der Conditio humana.

Ich will verstehen, was war, um zu wissen, was ist, Europa seine Wurzeln zurückgeben, die die Gedächtnislosen versuchen, ihm zu entreißen.

1 Nazi oder Nicht-Nazi sein

ICH WAR NICHT WIRKLICH dazu berufen, mich für Nazis zu interessieren. Die Eltern meines Vaters standen weder aufseiten der Opfer noch aufseiten der Täter. Sie zeichneten sich nicht durch mutige Bravourakte aus, hatten sich aber auch nicht in blindem Eifer versündigt. Sie waren schlichtweg Mitläufer, Menschen, die »mit dem Strom schwimmen«. Schlichtweg im Sinne einer Haltung, die der Mehrheit der Deutschen entsprach, einer Akkumulation kleinerer Blindheiten sowie feigherzigen und konformistischen Verhaltens, die in ihrer Summe die notwendige Voraussetzung für die schlimmsten staatlich organisierten Verbrechen schuf, die die Menschheit je erlebt hat. Nach der Niederlage und den auf sie folgenden Jahren fehlte meinen Großeltern wie den meisten Deutschen der nötige Abstand zur Einsicht, dass ohne die Teilhabe der Mitläufer, die auf individueller Ebene noch so gering ausgefallen sein mochte, Hitler nicht imstande gewesen wäre, Verbrechen solchen Ausmaßes zu verüben.

Der Führer selbst ahnte dies und fühlte seinem Volk regelmäßig den Puls, um zu prüfen, wie weit er gehen konnte, was gerade noch ging und was nicht mehr, wobei er das Land zugleich mit antisemitischer und nationalsozialistischer Propaganda überschwemmte. Die erste in Deutschland organisierte, groß angelegte Judendeportation, die dazu dienen sollte, die Akzeptanz innerhalb der Bevölkerung auszuloten, fand im Südwesten statt, genau in jener Gegend, in der meine Großeltern lebten: Im Oktober 1940 wurden mehr als 6.500 Juden aus Baden, der Pfalz und dem Saarland nach Frankreich in das nördlich der Pyrenäen gelegene französische Internierungslager Gurs deportiert. Um die Bürger an ein solches Schauspiel zu gewöhnen, waren die Ordnungskräfte darauf bedacht, den Schein zu wahren, vermieden also Gewalt und setzten statt der später verwendeten Güterwaggons reguläre Reisezüge ein. Um Gewissheit darüber zu erlangen, mit wie viel Widerstandsgeist sie beim Volk zu rechnen hatten, schreckten die verantwortlichen Nazis nicht davor zurück, am helllichten Tage zu agieren, und trieben Gruppen mit Hunderten von Juden, beladen mit schweren Koffern, weinende Knirpse Seite an Seite mit erschöpften Greisen, durch die Innenstädte bis zum Bahnhof – und alles unter den Augen apathischer Bürger. Am nächsten

Morgen ließen die Gauleiter stolz in Berlin verkünden, dass ihre Region als erste in Deutschland »judenrein« war. Der Führer dürfte sich gefreut haben, von seinem Volk so gut verstanden zu werden: Es war reif mitzulaufen.

Nur eine Episode, leider die einzige, hatte später gezeigt, dass das Volk nicht so machtlos gewesen war, wie es nach dem Krieg glauben machen wollte. 1941 konnten protestierende deutsche Bürger gemeinsam mit katholischen und protestantischen Bischöfen jenes Vernichtungsprogramm geistig und körperlich behinderter Menschen – oder solcher, die dergestalt eingestuft wurden – unterbrechen, welches Adolf Hitler mit dem Ziel befohlen hatte, die arische Rasse von diesen »minderwertigen Leben« zu reinigen. Obwohl die nach dem Krieg als Aktion T4 bezeichnete Geheimoperation bereits in vollem Gange war und schon 70.000 Menschen durch Vergasung mit Kohlenmonoxid in speziellen Zentren in Deutschland und Österreich ihr Leben gelassen hatten, gab Hitler angesichts dieser Empörung in der Bevölkerung klein bei und stoppte sein Vorhaben. Der Führer hatte begriffen, welches Risiko er einging, sollte er sich zu offenkundig als grausam erweisen. Es ist dies womöglich auch einer der Gründe, warum das Dritte Reich eine so unfassbar große Energie für den unendlich komplexen und mit hohen Kosten verbundenen Transport der europäischen Juden an den Tag legte, um sie in Polen, weit ab vom Blick ihrer Mitbürger, in isolierten Lagern zu vernichten.

Kurz nach Kriegsende aber stellte sich in Deutschland kaum jemand die Frage, was passiert wäre, wäre die Mehrheit nicht *mit* dem Strom geschwommen, sondern *gegen* eine Politik angegangen, die ihre Absicht, die menschliche Würde mit Füßen zu treten, als ob man Küchenschaben zermalmt, bereits sehr früh offenbart hatte. Mit dem Strom geschwommen zu sein wie mein Großvater war derart verbreitet gewesen, dass die Banalität dieses Übels zum mildernden Umstand gereichte – und zwar selbst in den Augen der alliierten Streitkräfte, die es sich zur Aufgabe gemacht hatten, Deutschland zu entnazifizieren.

Nach ihrem Sieg hatten die Amerikaner, Franzosen, Briten und Sowjets das Land und seine Hauptstadt Berlin in vier Besatzungszonen aufgeteilt, in denen sie sich jeweils darum bemühten, in Zusammenarbeit mit deutschen Schiedskammern die nationalsozialistischen Elemente der Gesellschaft aufzuspüren und zu bestrafen. Sie hatten die Verwicklung in die Verbrechen des Nationalsozialismus in vier Stufen eingeteilt, deren ersten drei theoretisch die Eröffnung eines Strafverfahrens rechtfertigten: Hauptschuldige, Belastete, Minderbelastete und Mitläufer. Entsprechend der offiziellen Definition wurde mit Letzterem bezeichnet, »wer nicht mehr als nominell am Nationalsozialismus teilgenommen hat«, insbesondere, »wer als Mitglied der NSDAP [...] lediglich Mitgliedsbeiträge bezahlte [und] an Versammlungen, deren Besuch Zwang war, teilnahm [...]«. Tatsächlich überstieg in Deutschland mit seinen in den Grenzen von 1937 69 Millionen Einwohnern die Masse der Mitläufer die Zahl der acht Millionen Parteimitglieder der NSDAP. Millionen weitere waren angegliederten Organisationen beigetreten und viele mehr hatten den Nationalsozialismus begrüßt, ohne jedoch Mitglied einer nationalsozialistischen Organisation gewesen zu sein. Meine Großmutter zum Beispiel, die kein Parteibuch besaß, fühlte sich Adolf Hitler stärker verbunden als mein Großvater, der eines besaß. Den Alliierten aber blieb nicht die Zeit, sich mit diesen Feinheiten auseinanderzusetzen. Sie hatten bereits genug zu tun mit den Minderbelasteten, den Belasteten und den Hauptschuldigen, mit der Unzahl an Beamten des höheren Dienstes, die ihre kriminellen Befehle in diesem bürokratischen Labyrinth, welches das Dritte Reich war, erteilt hatten, und all jenen, die diese dann nicht selten mit infamer Beflissenheit ausführten.

Einfache Mitglieder der nationalsozialistischen Partei wie mein Großvater kamen mehr oder weniger unbeschadet davon. Seine einzige Strafe bestand darin, dass er sich der Kontrolle über sein kleines Unternehmen, der Mineralölgesellschaft Schwarz & Co., enthoben sah, die für die Dauer einiger Jahre einem von den alliierten Autoritäten ernannten Verwalter anvertraut worden war. Es hätte ihm vermutlich auch einige Schwierigkeiten bereitet, einen Beamten-posten anzunehmen, wenn er dies denn gewollt hätte. Seine Tochter, meine Tante Ingrid, meint sich zu entsinnen, er wäre dazu verurteilt worden, »Steine zu klopfen«, doch merkwürdigerweise hat mein Vater keinerlei Erinnerung daran und hegt wenig Zweifel, dass im höchst unwahrscheinlichen Fall einer solchen Bestrafung mein Großvater, »schlau, wie er war«, es irgendwie erreicht hätte, einer solchen Fron zu entkommen. Ihm ist eher im Gedächtnis haften ge-blieben, dass sein Vater niemals bessere Geschäfte gemacht habe als in ebenjener Zeit des Arbeitsverbots, da er sich auf dem Feld der Schattenwirtschaft im Vergleich mit dem legalen Markt als weitaus gewiefterer Geschäftsmann erwies. Er entsinnt sich, dass bei der Fa-milie Schwarz stets Wein aufgetischt wurde, Fleisch, Eier und Äpfel, Dinge, von denen viele im zerstörten Nachkriegsdeutschland sogar den Geschmack vergessen hatten. Dieses Auseinanderklaffen der Er-innerungen der beiden Kinder von Karl Schwarz ist möglicherweise darauf zurückzuführen, dass die eine ihrem Vater ebenso sehr ver-bunden wie der andere ihm fern war.

Naturgemäß konnte man die acht Millionen Mitglieder der NSDAP nicht alle ins Gefängnis werfen, schon deshalb nicht, da in den Voll-zugsanstalten nicht ausreichend Platz war. Seit dem Frühling 1945 hatten die Alliierten massenweise ehemalige Parteifunktionäre und Mitglieder der SS festgenommen, sodass etwa 300.000 Personen in Gefangenschaft saßen. Von allen Alliierten bemühten sich die Ame-rikaner mit größter Strenge, ihre Zone zu entnazifizieren, zumindest anfangs.

Mannheim, wo meine Großeltern lebten, befand sich just in der amerikanischen Zone, die den Norden Baden-Württembergs, Bayern und Hessen umfasste, wozu dann noch der Südwesten Berlins hin-zukam sowie im Norden das Bremer Land, das aufgrund seiner Lage an der Nordsee strategisch wertvoll war. Die Amerikaner genossen einen guten Ruf und meiner Tante Ingrid bleibt bis heute ein Bild vor Augen, wie sie »stets lächelnd und vor Gesundheit strotzend in ihren Jeeps saßen, was ein wenig Frohsinn« in das unheilvolle Ambiente

Nachkriegsdeutschlands mischte. Dennoch zeigte sich der Militär-gouverneur über die US-Besatzungszone, der spätere Präsident der Vereinigten Staaten, Dwight D. Eisenhower, wenig optimistisch und mutmaßte, dass es mindestens 50 Jahre intensiver Umerziehung be-durfte, um den Deutschen demokratische Grundprinzipien beizu-bringen. Diese Aufgabe übernahmen die neuen Medien, die für die Vorteile der Demokratie warben. Aber den allergrößten Ehrgeiz ent-wickelten die Amerikaner dabei, die Vergangenheit aller Deutschen, die älter als 18 Jahre waren, zu überprüfen. Dazu gaben sie Frage-bögen mit etwa 130 Fragen aus, die einen Hinweis auf den Grad der Verstrickung mit dem NS-Regime und den ihrer ideologischen In-doktrination liefern sollten.

Mit extremer bürokratischer Konsequenz begannen sie, Milli-onen von Formularen zu verlesen, die sich in ihren Büros stapelten, hatten sie doch das Ziel vor Augen, die Schuldigen zu bestrafen und die Gesellschaft von den am stärksten von den Nazis indoktrinier-ten Personen zu reinigen. Jeder Beamte, der vor dem 1. Mai 1937 der NSDAP beigetreten war – und dies waren Hunderttausende –, wurde entlassen. Ende des Winters 1945/46 hatten in der amerikanischen Zone über 40 Prozent der Beamten ihre Anstellung verloren.

Ich habe keine Kopie des Entnazifizierungsfragebogens meines Groß-vaters finden können, doch er muss ihn ausgefüllt haben, da ein Brief der Besatzungsmächte darauf verweist, dass sie schon sehr bald um seine Mitgliedschaft in der Partei wussten.

Als er 1970 starb, suchte mein Vater in sämtlichen Papieren von Karl Schwarz nach den Spuren seines Mitgliedsausweises und etwai-gen Parteiabzeichen, jedoch erfolglos. In Erwartung des Einmarsches der Alliierten in Mannheim im März 1945 hatte er wohl wie die meis-ten seiner Landsleute diese kompromittierenden Beweise ins Feuer des Küchenofens geworfen und mit ihnen gleich auch die Flagge der Nazis, die er – wie es der Brauch war an Festtagen – auf seinem Balkon gehisst hatte, und, wer weiß, vielleicht ja auch ein Porträt des Führers, das er in seinem Arbeitszimmer um des lieben Friedens willen auf-gehängt oder das meine Großmutter in ihrer Verbundenheit in einer

Schublade aufbewahrt hatte. Doch dies alles war vergebliche Mühe, da die örtlichen Anführer der NSDAP Reißaus genommen hatten, ohne sich die geringsten Sorgen darüber zu machen, auch das Register der Parteimitglieder in Mannheim zu zerstören, das die Amerikaner bei ihrer Ankunft unversehrt vorfanden.

Doch nicht alles hatte Karl verschwinden lassen. Unter seinen persönlichen Habseligkeiten entdeckte mein Vater eine äußerst merkwürdige Wappenzeichnung: ein schwarz-goldener Ritterhelm vor einem Hintergrund aus Pflanzen, zwischen denen ein Fabelwesen auftaucht, eine Art Kreuzung zwischen Ziege und Hirsch mit roten Hörnern und Hufen, dessen Nacken von einem Pfeil nämlicher Farbe durchbohrt ist. Darunter steht in einer ausschweifenden Kalligrafie der Name Schwarz geschrieben, die Jahreszahl 1612 und folgender Text: »Diese in Schwaben u. Franken in mehreren Linien blühende bürgerliche Familie leitet ihre Herkunft v. Rothenburg her.« Die Ahnenforschung erlebte in Zeiten des Nationalsozialismus einen gewaltigen Aufschwung und hatte den Status einer Quasi-Wissenschaft im Dienste des Regimes angenommen, das seinen schwammigen Rassentheorien eine Glaubwürdigkeit andichten musste, die ihm keine ernst zu nehmende Theorie hätte liefern können. Diese Zeichnung besaß einen rein dekorativen Wert, da für den Eintritt in die NSDAP ein ganz anderes Papier vonnöten war: ein besonders umfassender und detaillierter Arier-Nachweis, für den man eine Unmenge an Belegen beibringen musste, mit denen die arische Abstammung des Bewerbers und seines Ehepartners bis zurück ins Jahr 1800 bewiesen werden sollte. Dass Karl Schwarz darüber hinaus ohne jegliche äußere Notwendigkeit diese Tusche- und Aquarellzeichnung hatte anfertigen lassen, lässt mich ratlos zurück. Mein Großvater war kein überzeugter Nationalsozialist, dafür war er viel zu sehr in seine Freiheit verliebt. »Er hatte sie vielleicht im Büro der Firma aufgehängt, da gelegentlich vorbeischauende Kunden oder Nazi-Funktionäre dann weniger Fragen stellten und ihn in Ruhe ließen«, sagt mein Vater. In den Dreißigerjahren kursierten überall in Deutschland Gerüchte über Kaufleute, die verdächtigt wurden, ihre jüdische

Abstammung zu verschleiern, womit eine Atmosphäre der Paranoia und Denunziation in einem Grade genährt wurde, dass einige dieser Händler sogar Anzeigen in Zeitungen schalteten, um jegliche Verbindung zum Judentum öffentlich zu dementieren. Opa hatte seinen Arier-Nachweis verschwinden lassen, merkwürdigerweise aber sein Aquarell verschont und bis zu seinem Tode aufbewahrt. »Ich denke, dass ihm diese Zeichnung gefiel, da sie die Illusion der Abstammung von einem glorreichen Geschlecht gewährte. Und mein Vater träumte gern von solcher Größe.« In gewisser Hinsicht war Karl Schwarz ein Mann seiner Zeit.

Angesichts der ungeheuren Dimension der Aufgabe, die sie sich gestellt hatten, entschlossen sich die Amerikaner, deutsche Behörden bei der Entnazifizierung einzubeziehen. Personen, die nach der Auswertung der Fragebögen einer tieferen Verstrickung verdächtig waren, mussten vor eine der deutschen Spruchkammern, von denen es einige Hundert gab. In Mannheim sichtete man 202.070 Formulare, danach wurden 169.747 Personen als »nicht betroffen« klassifiziert. Gegen insgesamt 8.823 Personen wurde bis zum September 1948 ein Spruchkammerverfahren eröffnet mit den folgenden Urteilen: 18 Hauptschuldige, 257 Belastete, 1.263 Minderbelastete, 7.163 Mitläufer, 122 Entlastete. Ich weiß nicht, ob mein Großvater vorgeladen wurde. Doch weil die Amerikaner aufgrund der Komplizenschaft vor allem der Juristen mit dem Nationalsozialismus nicht ausreichend viele »saubere« deutsche Richter vorgefunden hatten und sich also darin fügten, innerhalb der alten Garde zu rekrutieren, hatte Karl Schwarz ohnehin nicht besonders viel zu befürchten. Und dies umso weniger, als die Besatzer es sich angesichts des dringenden Personalnotstands nicht mehr erlauben konnten, kompromisslos vorzugehen, wenn sie gleichzeitig auch noch die wirklich zahlreichen drängenden Probleme anpacken wollten: Unterernährung, Wohnungsnot, Mangel an Kohle, um heizen zu können ... Hinzu kamen die ersten Vorzeichen eines neuen Krieges, diesmal eines kalten, was die Aufmerksamkeit der Amerikaner auf einen neuen Feind richtete: die Sowjetunion und den kommunistischen Block. Der anfänglichen

Strenge folgte eine Nachlässigkeit bei der Entnazifizierung mit dem Ziel, diese so bald wie möglich abzuschließen, um den Wiederaufbau eines Westdeutschlands zu beschleunigen, das am Saum des feindlichen kommunistischen Territoriums gelegen war.

Die Briten setzten bei der Entnazifizierung ihrer Zone, die Hamburg, Niedersachsen, Westfalen, den Norden der Rheinprovinz, Schleswig-Holstein und den Sektor in der Mitte Berlins zwischen dem französischen im Norden und dem amerikanischen im Süden umfasste, weniger als die Amerikaner auf Strafe. Sie zielten vor allem auf eine Umerziehung mithilfe neu gegründeter Medien, darunter dem *Nordwestdeutschen Rundfunk* und Zeitungen wie *Die Zeit* und *Die Welt*. Manchmal wurde diese auch mit eiserner Faust durchgesetzt, so etwa in der westfälischen Stadt Burgsteinfurt, wo der britische Stadtkommandant die Bevölkerung dazu verpflichtete, sich ein filmisches Dokument über die Gräuel anzusehen, welche die Befreier der KZs gefilmt hatten. Nach englischem Vorbild entstanden Klubs, in denen Deutsche und Briten einander begegnen konnten. Das Verhältnis jedoch zwischen Bevölkerung und Besatzern blieb vornehmlich kühl, anders als in der amerikanischen Zone, wo man engere Verbindungen miteinander einging. Die Briten wurden als »Kolonialmacht« empfunden. Sie etablierten eine Parallelwelt für ihre eigenen Bedürfnisse, nutzten eigens ihnen vorbehaltene Waggons, Läden und Kinos, an denen Schilder mit der Aufschrift »Keep out« und »No Germans« angebracht waren. Sie beschlagnahmten Wohnungen, was wiederum bei der deutschen Bevölkerung angesichts der bitteren Wohnungsnot wütende Reaktionen hervorrief. Aber der Krieg hatte die Briten selbst volkswirtschaftlich äußerst geschwächt und sie hatten schon Mühe, allein die Kosten der Besatzung zu finanzieren. Sie gaben schließlich ihr Ziel auf, die deutsche Gesellschaft zu läutern, und begnügten sich damit, nur Nationalsozialisten aus höheren öffentlichen Ämtern zu entlassen und die großen Fische zu belangen. Das geschah in einem Maße, dass namhafte Nazis aus der amerikanischen Zone sich schleunigst mühten, in die britische zu gelangen. Die Engländer wollten vor allem die Wirtschaftskraft Deutschlands schnellstmöglich wiederherstellen, auch in ihrem eigenen Interesse. Darum waren sie kompromissbereit, wenn ein Angeklagter zur Wirtschaftselite im Reich zählte, wie zum Beispiel Günther Quandt.

Quandt war kein überzeugter Nationalsozialist, sondern ein Opportunist, der abgewartet hatte, bis Hitler im Januar 1933 an die Macht gekommen war, um dann erst dessen Partei zu finanzieren und ihr beizutreten. Zu dieser finanziellen Nähe fügte sich eine familiäre, da die zweite Ehefrau des Industriellen, Magda Ritschel, von der er sich einige Jahre nach der Geburt des gemeinsamen Sohnes Harald hatte scheiden lassen, im Dezember 1931 den zukünftigen Propagandaminister Joseph Goebbels heiratete, eine Eheschließung, bei welcher der Führer als Trauzeuge anwesend war. Zwar geriet Quandt mit Goebbels wegen der Betreuung seines Sohnes in Konflikt, doch zahlte sich seine Loyalität gegenüber Hitler aus. Quandt häufte ein kolossales Vermögen an, indem er zu einem der größten Ausrüster der Militärindustrie wurde. Er beutete rund 50.000 Zwangsarbeiter aus, die zu Niedrigpreisen vom Reich »geliehen« wurden, um den massiven Mangel an Arbeitskräften auszugleichen, der der Mobilmachung der Männer für den Einsatz an der Front geschuldet war. 1946 verhafteten die Amerikaner Quandt, jedoch entkam er den Nürnberger Prozessen dank der Engländer, die es »versäumten«, den Amerikanern die ihn belastenden Papiere auszuhändigen, und die seine Schuld so bedeutungslos erscheinen ließen, dass sie ihn schließlich als Mitläufer klassifizierten.

Im Januar 1948 setzten ihn die Amerikaner, ohne nähere Nachforschungen zu betreiben, auf freien Fuß. Wenig später wickelte die britische Armee mit ihm Rüstungsgeschäfte ab. Denn Quandt stellte technische Ausrüstungen her, die ihm die ganze Welt neidete, insbesondere die einzigartige Batterie für die »Wunderwaffe«, die von den Nazis während des Krieges entwickelt worden war und den Respekt der Feinde auf sich zog: die V2, die erste vom Menschen erschaffene ballistische Rakete. Nach dem Krieg weigerte sich die Familie Quandt – heute unter anderem größter Aktionär des Automobilherstellers BMW – lange Zeit, Auskunft über die suspekten Quellen ihres Vermögens zu geben, bis schließlich 2007 die Ausstrahlung des

NDR-Dokumentarfilms *Das Schweigen der Quandts* sie dazu zwang, ihre Vergangenheit offenzulegen.

Auch die Franzosen, deren Zone als kleinste den Süden Baden-Württembergs, Rheinland-Pfalz, das Saarland und den Nordwesten Berlins umfasste, wurden sich schnell der Vorteile bewusst, wenn man sich den Industriellen gegenüber als nachsichtig zeigte. Als Dank dafür ließen sich Geschäfte viel leichter abwickeln. Ganz allgemein hatten sich die Franzosen den Ruf erworben, von allen Besatzungsmächten diejenige zu sein, die am wenigsten an einer Entnazifizierung interessiert war. Dass Frankreich eng mit dem Dritten Reich zusammengearbeitet hatte und seine Verwaltung nach dem Krieg noch immer gespickt war mit ehemaligen Kollaborateuren des Vichy-Regimes, denen es davor graute, die Anklagen gegen die Nazis könnten sich auch gegen sie wenden, war sicherlich einer der Gründe, warum die Zahl der Gerichtsverfahren sich in einem sehr begrenzten Rahmen hielt. General de Gaulle, der nach dem Krieg Frankreich regierte, befürwortete eine dauerhafte Teilung des Landes und ein Maximum an Reparationsleistungen. Trotz der Kollaboration mit dem Dritten Reich in letzter Minute an den Tisch der Sieger geladen, verhielten sich die Franzosen wie eine wahrhafte Besatzungsmacht, konfiszierten Wohnungen, um französische Lehrer, Ingenieure und Beamte unterzubringen, und beschlagnahmten Lebensmittel in Hülle und Fülle, während viele Deutsche in den Kellern lebten, hungrig und ohne Kohle zum Heizen. Es gab selbst Serienschändungen und Plündereien.

In der sowjetischen Zone, zu der die fünf östlichsten Länder zählten – Thüringen, Sachsen-Anhalt, Sachsen, Brandenburg, Mecklenburg-Vorpommern sowie der Osten Berlins –, gingen die Besatzungsbehörden rigoros an die Entnazifizierung heran. Allerdings zielte die Verfolgung nicht nur auf Nazis, sondern auch auf alle »Unerwünschten«, die man loswerden wollte, sogenannte »Klassenfeinde«, darunter vor allem ehemalige Junker, Großgrundbesitzer und die Wirtschaftselite sowie nicht zuletzt Sozialdemokraten und andere

Kritiker der Besatzungsmacht, die versuchte, ein Staatssystem nach sowjetischem Vorbild zu installieren. Die Nazis dieser Zone hatten mehr zu befürchten als in den drei anderen Zonen, auch weil sie sich gegenüber den Sowjets nicht rechtfertigen konnten, ihre Mitgliedskarte aus Opposition zum Bolschewismus angenommen zu haben – ein Argument, das im Westen immerhin ein gewisses Gewicht besaß. Für eine Verhaftung reichte oft der Verdacht. Einige zogen es vor, aus dem Osten zu fliehen, vor allem, weil dort die Haftbedingungen besonders entsetzlich waren. Die Sowjets hatten Zehntausende mutmaßliche Nazis und »Unerwünschte« in den ehemaligen Konzentrationslagern des Dritten Reiches interniert, in denen gut 12.000 Häftlinge ums Leben kamen. Weitere Zehntausende wurden in die Sowjetunion deportiert, von denen viele in den dortigen Lagern ums Leben kamen.

Im März 1948 hatten die Sowjets bereits circa 520.000 Angestellte, darunter viele ehemalige Mitglieder der NSDAP, aus dem öffentlichen Dienst entlassen, insbesondere in der Verwaltung und der Justiz, deren Personal es möglichst schnell mit »loyalen« Kommunisten zu ersetzen galt. In weniger als einem Jahr waren den kommunistischen Organisationen nahestehende neue Richter und Staatsanwälte »ausgebildet« worden, die dann auch 1950 im Namen der eben erst gegründeten noch ganz jungen Deutschen Demokratischen Republik (DDR) eine Serie an Schnellverfahren leiteten: die Waldheimer Prozesse. Innerhalb von zwei Monaten erschienen etwa 3.400 Beschuldigte, ohne dass es irgendwelche Zeugen gegeben hätte und meist auch ohne juristischen Beistand vor diesen unerfahrenen Richtern und Staatsanwälten, die meist in weniger als 30 Minuten ihre Entscheidung fällten, wobei die Urteile bereits im Vorhinein festgelegt worden waren, ohne dass zwischen Mitläufern, Belasteten und Feinden des kommunistischen Regimes unterschieden worden wäre. Diese Schauprozesse hatten vor allem den Zweck, die Internierung Tausender in den Speziallagern nachträglich zu legitimieren. 3.324 Angeklagte wurden verurteilt, über die Hälfte von ihnen erhielt Haftstrafen von 15 bis 25 Jahren, 24 wurden hingerichtet. Damit betrachtete die DDR die Entnazifizierung als abgeschlossen, leugnete fortan ihre historische Verantwortung für die Verbrechen des Dritten Reiches und sah sich selbst nicht länger als Erbin dieser dunklen Vergangenheit.

Die deutsche Bevölkerung lehnte den Entnazifierungsprozess ab, den sie als unerträgliche Demütigung empfand, als Siegerjustiz. Dagegen befürwortete sie mehrheitlich – zumindest gleich nach dem Krieg – die Prozesse gegen die ranghöchsten Vertreter des Dritten Reiches.

Im November 1945 wurde in Nürnberg auf Initiative der Amerikaner ein Prozess gegen 24 Hauptkriegsverbrecher des Dritten Reiches vor einem internationalen Militärtribunal unter der Befehlsgewalt der vier Besatzungsmächte eröffnet. »Die Idee, den Krieg und alle mit ihm verbundenen Grausamkeiten nicht mehr als die Fortsetzung der Politik mit anderen Mitteln, sondern als Verbrechen zu behandeln, für das Politiker und führende Militärs wie für jedes andere Verbrechen auch zur Rechenschaft gezogen werden können«, war völlig neu, analysiert der Jurist Thomas Darnstädt in seinem Buch *Menschheitsverbrechen vor Gericht 1945*. Die großen Richtlinien des Verfahrens waren zuvor in Washington unter Aufsicht des Richters Robert H. Jackson entwickelt worden. Die Sowjets, die ihrerseits fürchteten, aufgrund der Übergriffe der Roten Armee und des 1939 mit Hitler vereinbarten Nichtangriffspakts selbst beschuldigt zu werden, verlangten, dass die internationale Strafgerichtsbarkeit von Nürnberg ausschließlich für Angeklagte der Achsenmächte Geltung haben sollte. Richter Jackson weigerte sich: »Wir sind nicht bereit, eine Vorschrift im Hinblick auf strafrechtliches Verhalten gegenüber anderen festzulegen, wenn wir nicht bereit wären, sie auch gegen uns anwenden zu lassen.« Die Briten, deren heftige und mörderischen Bombardements gegen die deutsche Zivilbevölkerung sie in eine heikle Position gebracht hatten, handelten einen Kompromiss aus: Die Strafnormen sollten auf jedweden Staat zutreffen, die Kompetenzen des Nürnberger Tribunals sich aber auf die Verbrechen der Nationalsozialisten begrenzen. Mehr als 2.000 Helfer wurden eingesetzt, um den Prozess vorzubereiten und zumindest einen Teil der kilometerlangen Akten zu erforschen, die ein ultrabürokratisches System hinterlassen hatte.

Ein Jahr nach der Eröffnung des Nürnberger Prozesses fiel der Urteilsspruch: Zwölf der Angeklagten wurden zum Tode durch den Strang verurteilt, unter ihnen die Nummer zwei im Reich, Hermann Göring, der Reichsminister des Auswärtigen, Joachim von Ribbentrop, der letzte Chef des machtvollen Reichssicherheitshauptamts, Ernst Kaltenbrunner, der Chef des Oberkommandos der Wehrmacht, Wilhelm Keitel, der Gründer der antisemitischen Wochenzeitung *Der Stürmer*, Julius Streicher, und der ehemalige Ideologe der Partei und Leiter des Reichsministeriums für die besetzten Ostgebiete, Alfred Rosenberg; drei, unter ihnen der Stellvertreter Hitlers, Rudolf Heß, wurden zu lebenslanger Haft verurteilt und zwei weitere, Albert Speer, Architekt und Reichsminister für Bewaffnung und Munition, sowie Baldur von Schirach, Chef der Hitlerjugend, zu 20 Jahren Haft. Vier Organisationen – die NSDAP, die Gestapo, die SS und der SD (Sicherheitsdienst des Reichsführers SS) – wurden als »verbrecherische Organisationen« eingestuft. Die Richter entschieden aber gegen die Forderung der Anklage, auch den Generalstab und das Oberkommando der Wehrmacht (OKW) miteinzubeziehen.

Dieser Prozess bewies den Willen der Alliierten, insbesondere der Amerikaner, die Nazi-Verbrechen nicht ungestraft zu lassen. Nach Robert H. Jackson ermöglichte er, eine »neue Weltordnung durch das Recht« zu bestimmen und ein Verbrechen neuer Qualität zu definieren: das Verbrechen gegen die Menschlichkeit. Kurzfristig zeitigte er aber nicht die erwünschten Effekte, weder auf internationaler Ebene noch in Deutschland. Richter Jackson hatte die Anklage wegen des »Verbrechens gegen den Frieden« und des »Komplotts« in den Vordergrund gestellt – entsprechend der Vorstellung, dass »eine Gangsterbande sich des Staates bemächtigt« habe, wie er an seinen Präsidenten Harry S. Truman schrieb. Diese Sichtweise gab einer Legende Nahrung, die in der Folge lange allen Widerlegungsversuchen standhielt: der These, dass die Verbrechen der Nazis das Ergebnis eines geheimen, von einer kleinen Gruppe von Anführern um Hitler herum entwickelten Plans gewesen seien, die ihre Befehle an Untergebene weitergeleitet habe, von denen wiederum nur wenige gewusst haben, dass sie einem kriminellen Regime dienten. Ein weiteres Problem, auf das einige Juristen im Verlaufe des Prozesses aufmerksam machten, ergab sich daraus, dass hier Sieger Besiegte verurteilten und der beschränkte Auftrag des Gerichts die Kriegsverbrechen der Alliierten ungesühnt ließ: die Kollaboration von Vichy-Frankreich, die massiven Bombardierungen der deutschen Zivilbevölkerung durch Amerikaner und Briten, die von der Roten Armee in den Ostgebieten des Reichs begangenen Grausamkeiten, die von den Amerikanern über Japan abgeworfenen Atombomben.

Eines der großen Versäumnisse des Prozesses aber bestand darin, die Einzigartigkeit des Genozids an den Juden vernachlässigt zu haben, da es den Straftatbestand des Völkermords damals noch nicht gab. »Selbst im Angesicht der unvergleichlichen Verbrechen der Nazis war ein Tabu des überkommenen Völkerrechts noch immer nicht zu knacken: keine Einmischung in die ›inneren Angelegenheiten‹ eines souveränen Staates«, die Verbrechen gegen die deutschen Juden aber wurden als solche eingeschätzt, urteilt Thomas Darnstädt. Zudem waren kurz nach dem Krieg viele Geschehnisse noch nicht wirklich bekannt. So war zum Beispiel das Protokoll der Wannseekonferenz, bei der im Januar 1942 die detaillierte Organisation des Holocaust an den Juden koordiniert wurde, damals noch nicht als Beweismittel bearbeitet worden.

Im weiteren Verlauf von Nürnberg mussten in insgesamt zwölf Nachfolgeprozessen zwischen 1946 und 1949 über 185 hochrangige Mediziner, Juristen, Industrielle, SS- und Polizeiführer, Militärs, Beamte und Diplomaten vor US-Militärgerichten erscheinen. Zum Tode verurteilt wurden 24 Angeklagte, davon wurden 13 Urteile vollstreckt, 20 erhielten lebenslange und 98 teilweise langjährige Freiheitsstrafen. Gleichzeitig bewegte die angesichts der aus den Konzentrationslagern stammenden Bilder empörte amerikanische Öffentlichkeit die USA zu der Eröffnung der sogenannten Dachauer Prozesse innerhalb des Konzentrationslagers Dachau, hauptsächlich gegen das Personal der sechs in der amerikanischen Zone gelegenen

Lager. Circa 1.600 Angeklagte wurden verurteilt, 268 der insgesamt 426 verhängten Todesurteile wurden vollstreckt.

Insgesamt wurden in den drei westlichen Zonen bis Ende 1949 rund 10.000 NS-Täter gerichtlich verurteilt, von denen wiederum 806 die Todesstrafe erhielten. Angesichts der vorgegebenen Zeit offenbart diese Bilanz eine gewisse Effizienz, insbesondere auf Seiten der Amerikaner. Allerdings gelang es vielen von jenen, die angesichts ihrer Verantwortung für die Verbrechen des Dritten Reiches fraglos verdient hätten, aus der Gesellschaft ausgeschlossen und ins Gefängnis gesperrt zu werden, durch die Maschen des von den Alliierten zu weit gespannten Netzes zu rutschen. Es genügte, sich als Mitläufer auszugeben, indem man einige Papiere fälschte und vermeintliche Entlastungszeugen schmierte, deren Glaubwürdigkeit von den alliierten Behörden nur selten zu überprüfen war, teils weil sie von der schieren Flut der Verfahren überwältigt waren, teils weil ihr Ansporn nachzulassen begann.

Aber auch ganz andere Interessen warfen erste Schatten auf die Intentionen der Alliierten: Während man sich gern damit brüstete, die deutsche Wirtschaft wieder auf die Beine stellen zu wollen, zogen die Besatzer, allen voran die Amerikaner, aus ihrer Machtposition Nutzen, um technologisches Know-how zu stehlen. Seit Beginn des 20. Jahrhunderts waren die spektakulären Leistungen deutscher Wissenschaftler von der Welt neidvoll wahrgenommen worden. Zwischen 1900 und 1945 waren 38 Nobelpreise an Deutsche verliehen worden. Im gleichen Zeitraum hatte Frankreich 16 erhalten, Großbritannien 23 und die Vereinigten Staaten 18. Die Niederlage des Reiches war für diese Länder die Gelegenheit, sich fehlendes technisches Wissen anzueignen, was gerade im Kontext des Kalten Krieges noch an Brisanz gewann.

So wurden im Rahmen der amerikanischen Operation Paperclip massenhaft Wissenschaftler aus Deutschland herausgeschleust. Dies geschah heimlich, um zu verhindern, dass diejenigen, die mit dem Nazi-Regime kollaboriert hatten – wie etwa Wernher von Braun, der

Vater der V2, Mitglied der NSDAP und der SS –, in die Hände der internationalen Gerichtsbarkeit fielen. Es ist zum Teil dem Vorsprung dieser Experten auf dem Gebiet der chemischen Waffen, der Raumfahrt, der ballistischen Raketen und der Düsenflugzeuge geschuldet, dass die Vereinigten Staaten während des Kalten Krieges ihre technologische Überlegenheit ausspielen konnten. Auch auf anderen, zivilen Gebieten wurden zahlreiche Innovationen gestohlen, von Elektronenmikroskopen über Kosmetikartikel und Textilmaschinen bis zu Tonbandgeräten, Insektiziden und sogar Schlittschuhschleifer- sowie Papierservietten-Maschinen. Das Vereinigte Königreich tat sich gleichfalls keinen Zwang an, sich an Patenten und Technologien zu bereichern. Der amerikanische Historiker John Gimbel schätzt, dass die Briten und in noch größerem Umfang die Amerikaner auf diese Weise Deutschland ein intellektuelles Vermögen im damaligen Wert von zehn Milliarden US-Dollar entwendet hätten, was heute in etwa 100 Milliarden US-Dollar entspricht.

Die Franzosen waren in dieser Hinsicht weitaus weniger engagiert. Im Gegensatz zu den anderen Alliierten glaubten die Behörden nicht, dass es möglich war, deutsche Technologien aus ihren jeweiligen Kontexten herauszulösen und im eigenen Land zu integrieren. Aber das Militär und die Luftfahrtindustrie haben den Wert dieser kostbaren Kenntnisse und Erfahrungen erkannt und ließen mehrere Hundert Wissenschaftler nach Frankreich kommen, insbesondere jene, die an der V2-Rakete gearbeitet hatten. Jetzt wurden sie bei der Konstruktion der Düsentriebwerke von Jagdflugzeugen, des ersten Airbus, der ersten französischen Raketen und des ersten Helikopters der späteren Firma Eurocopter, heute Airbus Helicopters, eingesetzt. Auch war ihr Beitrag bei der Entwicklung von U-Booten, Torpedos, Radarsystemen, Granaten und Panzermotoren erheblich und erlaubte Frankreich ein paar beachtliche Durchbrüche zu erzielen. Die Sowjets setzten Tausende deutscher Experten mitsamt ihren Familien in Züge, um sie auch gegen ihren Willen nach Russland zu verschleppen – unter ihnen etwa der Assistent von Wernher von Braun, Helmut Gröttrup. Diese waren anfangs daran beteiligt, das Raketenprogramm Stalins auf den Weg zu bringen und damit zumindest indirekt auch am Start der Sputnik in der UdSSR im Oktober 1957, dem ersten künstlichen Erdsatelliten.

Diese und ähnliche Interessenkonflikte beschädigten den Ruf der Alliierten, aber sie sollten nicht vergessen lassen, dass sie das Verdienst haben, Kriegsverbrecher und NS-Funktionäre bestraft und der Bevölkerung ein erstes Verständnis der Schändlichkeit des Dritten Reiches bewusst gemacht zu haben. So sagt die 1936 geborene Schwester meines Vaters, sie habe seit ihrer Jugend gewusst, dass »die Nazis Verbrechen begannen haben«, dass »dies in der Schule und selbst in den Medien erwähnt« worden sei, in welchen sie Fotos der Konzentrationslager gesehen habe. Ich war erstaunt darüber, da mein Vater, der 1943 zur Welt gekommen ist, mir gegenüber immer nur von einem vollständigen Gedächtnisschwund nach dem Krieg gesprochen hat. Dann wurde mir klar, dass Ingrid zu einer Zeit die Schule besucht hatte, als die Amerikaner in Mannheim versuchten, die Deutschen »umzuerziehen«, wohingegen zu jener Zeit, da mein Vater zur Schule ging, die Episode der Entnazifizierung bereits beendet war.

1948 wurden die drei westlichen Zonen fusioniert, um einen neuen Staat, die Bundesrepublik Deutschland, zu gründen. Die Alliierten kamen darin überein, auch Westdeutschland vom Marshallplan profitieren zu lassen, ein Kreditprogramm, mit dem der Wiederaufbau zahlreicher westeuropäischer Staaten finanziert werden sollte. Mein Vater sagt noch heute, dass »Deutschland Glück gehabt hat, mit dieser Nachsicht behandelt worden zu sein, bedenkt man die Verbrechen, die es begangen hatte«. Es hat alles in allem vom Kalten Krieg profitiert.

Ende der Vierzigerjahre zogen sich die Alliierten von der ungeheuren Herausforderung der Entnazifizierung zurück, für die es ihnen letztlich an Wissen über die Komplexität des Nazi-Regimes mangelte. Ohnehin konnte niemand von außen diese Aufgabe anstelle der Deutschen bewältigen. Es lag an ihnen selbst, ihre Geisteshaltung zu ändern und ihr Schicksal in die eigenen Hände zu nehmen. Es gab gute Gründe, diesbezüglich pessimistisch zu sein.

2 Deutschland im »Jahre Null«

NACH DEM KRIEG ging es in der Familie meines Vaters nie um Politik, Diskussionen am Tisch waren eher selten: Die Kinder durften nur sprechen, wenn man ihnen ausdrücklich das Wort erteilte, und taten sie es doch, mussten sie damit rechnen, die Hucke vollzubekommen, da Karl eine autoritäre Vorstellung von Vaterschaft besaß.

In der apokalyptischen Atmosphäre Nachkriegsdeutschlands hatte nicht die Auseinandersetzung mit der Vergangenheit Priorität, es ging vielmehr darum, so schnell wie möglich ein neues Leben aufzubauen und zu organisieren. Die Familie Schwarz lebte in einer Dreizimmerwohnung in der ersten Etage eines kleinen Mietshauses, das 1902 vom Vater meiner Großmutter errichtet worden war, einem Tischler, der es 1935 seiner Tochter hinterlassen hatte, da sie die einzige Überlebende seiner neun Kinder war. Die Chamissostraße war hart von den alliierten Bombenangriffen getroffen worden, doch wie durch ein Wunder hatte das dort gelegene Wohnhaus das Schlimmste überstanden, während die Gebäude der gegenüberliegenden Straßenseite zu einer Ruinenwüste zertrümmert worden waren. Diese urbane Entstellung empfanden einige dennoch als Glück: »Das war für uns Kinder ein Terrain unglaublicher Abenteuer, wir konnten laufen, springen, klettern, uns verstecken und haufenweise Schätze entdecken«, erinnert sich mein Vater.

Während des gesamten Krieges waren Mannheim und seine Nachbarstadt Ludwigshafen, beide am Zusammenfluss von Rhein und Neckar gelegen, häufiger als jede andere Stadt dieser Gegend Ziel der Angriffe – insgesamt 304 –, was ihrer Infrastruktur als Hafenstädte, ihren industriellen Zentren für Maschinenbau und Elektronik sowie ihrer chemischen und pharmazeutischen Produktion geschuldet war. In Wirklichkeit aber hatten die Briten, gemessen an der Anzahl ihrer Luftangriffe, insbesondere die Wohngebiete ins Visier genommen, die am dichtesten besiedelt waren. Mannheim schien ihnen bestens geeignet gewesen zu sein, um eine Bombardierungstechnik zu testen, die man Carpet bombing oder Flächenbombardement nannte und deren Zweck, wie es der Name besagt, darin bestand, eine urbane Fläche so weit zu schleifen, bis sie einem Teppich glich.

Die Stadt schien für dieses Experiment aufgrund der Einteilung ihres Zentrums in Karrees wie geschaffen, da diese eine genaue Auswertung der Explosionsfolgen mithilfe von Luftaufnahmen ermöglichte. Zum Glück meiner Großeltern lag ihr Mietshaus vom Stadtzentrum leicht abgelegen. Einige der Bomben hatten jedoch eine so große Sprengwirkung, dass ihre Detonationen Wohngebiete im Umkreis von mehreren Kilometern beschädigen konnten – Schäden, die mein Großvater nach und nach peinlich genau den deutschen Obrigkeiten vorlegte, um entsprechende Wiedergutmachung zu erhalten.

Mein Vater und ich sind die Akten durchgegangen, die Opa sein ganzes Leben lang sorgsam im Keller aufbewahrt hatte, als hätte er noch Jahre nach Kriegsende befürchtet, es käme einer, der seine erlittenen Verluste leugnen und von ihm verlangen würde, die Abgeltungen zurückzuzahlen. Nach jedem Angriff kamen die Behörden, um die Schäden für eine Wiedergutmachung festzustellen, die häufig erst viel später ausbezahlt wurde: »Durch Luftdruckeinwirkung infolge Bombeneinschlags bei dem Fliegerangriff vom 5./6.8.41 wurde auf oben bezeichnetem Grundstück Gebäudeschaden verursacht. Es entstand Dach- u. Glasschaden. Wände und Decken sind gerissen. Der Schaden wurde dem Grunde nach durch das Augenscheinprotokoll des städt. Hochbauamtes vom 4.11.1941 der Höhe nach durch die vorgelegten, von Architekt Anke geprüften und bestätigten Handwerkerrechnungen mit zusammen RM 4841,83 nachgewiesen. Außerdem wurden dem Geschädigten Ersatzleistungen in Natur in Höhe von RM 340,67 gewährt. Die Entscheidung ergeht kostenfrei.« Dieser Brief der Feststellungsbehörde des Oberbürgermeisters ist auf den 15. Mai 1943 datiert, das heißt fast zwei Jahre nach dem Schaden, vor allem aber inmitten des Zusammenbruchs, in dem sich das Dritte Reich bereits befand, und ich finde es ziemlich faszinierend, dass aller chaotischen Zustände zum Trotz die deutsche Bürokratie weiterhin mit einer solchen Präzision funktionierte.

Der verheerendste Angriff war jener in der Nacht vom 5. auf den 6. September 1943. In nur wenigen Stunden warf eine Flotte von 605 Maschinen der Royal Air Force 150 Minen, 2.000 Sprengbomben,

350.000 Brandbomben sowie 5.000 mit weißem Phosphor bestückte Bomben ab. Die Stadtbewohner flüchteten sich in die etwa 52 großräumigen Bunkeranlagen, die mehr als 130.000 Personen Schutz boten. Es ist dieser Infrastruktur zu verdanken, dass die Anzahl der zivilen Opfer der Bombardements auf etwa 1.700 Tote in Mannheim beschränkt blieb, verhältnismäßig wenige also, bedenkt man die Massivität der Angriffe. Als am 6. September die Bewohner wie Zombies aus ihren unterirdischen Verstecken hervorkletterten, war das Stadtzentrum nur mehr Schutt und Asche, brennende Ruinen. Der gesamte Komplex der Gesellschaft für Mineralölprodukte meines Großvaters, dessen Lage sich in unmittelbarer Nähe zum Hafen befand, war ausgebrannt. Das Gebäude auf der Chamissostraße hatte ebenfalls Schaden genommen, der im Keller eingerichtete und den Einwohnern als Schutzraum dienende Bunker jedoch hatte standgehalten. Seine Grundfesten existieren im Übrigen heute noch – große, in die Decke eingezogene Stahlbalken sowie eine hermetisch verschließbare Panzertür, die so unglaublich schwer ist, dass ich sie als kleines Kind gar nicht allein öffnen konnte, wollte ich aus dem Keller Marmelade holen. Es war meine Tante Ingrid, die mir Jahre später erklärte, dass mit Beginn des Krieges die NSDAP Männer geschickt hatte, um den Keller in einen Privatbunker umzubauen, was ein Privileg gegenüber all jenen war, die in den öffentlichen Bunkern Schutz suchen mussten.

Zum Zeitpunkt des Angriffs vom September hatte meine Oma, wie viele andere Frauen und Kinder, die vor den immer häufigeren Bombardierungen Schutz gesucht hatten, Mannheim bereits mit der sechsjährigen Ingrid und meinem eben erst geborenen Vater verlassen. »Er war ein krankes Kind, er hatte Bronchitis und wollte einfach nicht aufhören zu husten«, berichtet meine Tante. »Der Doktor hatte zu uns gesagt: ›Bei all dem Staub aus den Ruinen sollten Sie die Stadt besser meiden!‹« Ihr erstes Ziel war dann der Odenwald, eine hübsche, hügelige Landschaft direkt hinter Mannheim. »Wir lebten bei zwei alten Fräuleins, die bald schon die Nase voll hatten von dem schreienden Baby. Also hatten sie zu meiner Mutter gesagt: ›Lydia, du musst woandershin, das ist uns zu viel.‹« Ihr Weg führte sie weiter nach Franken zu den Eltern von Karl Schwarz. »Das waren arme Bauern, die schon drei Kinder ernähren mussten. Wir lebten auf engstem Raum miteinander, und da es gar nicht genug Teller gab für alle, steckten wir unsere Löffel einfach direkt in einen mitten auf den Tisch gestellten Kessel, ich fand das ulkig.« Davon weitaus weniger amüsiert war allerdings Oma, die es nicht mehr ertrug, sich noch länger aufzudrängen, und die bald schon dem Bürgermeister des kleinen Marktfleckens damit drohen sollte, »Dummheiten zu begehen«, falls er nicht schnellstmöglich eine Unterkunft für sie finden sollte. »Ich hatte sie begleitet, und sie sagte zu ihm so etwas Furchtbares wie: ›Ich hänge mich auf oder werfe mich mit meinen Kindern in den Fluss‹«, erinnert sich meine Tante. Ein Bauer bot ihnen ein Zimmer an, im Gegenzug dafür musste meine Großmutter bei jedem Wetter hart auf den Feldern arbeiten und Tag für Tag die Kühe melken.

Ich habe Fotos aus dieser Zeit des Exils gefunden, das sich über zwei Jahre erstrecken sollte. Ingrid mit ihren beiden blonden Zöpfen, leichtfüßig wie eine Gazelle in den grünen Hügeln, und mein Vater, sein hellblond leuchtendes Haar wie eine Mähne über seinem Puppengesicht tragend, wie er mühsam vor einem Gänsegehege herumkraxelt und strahlend offen lacht. Manchmal ist auch Opa auf diesen Negativen zu sehen, er kam sie jedoch selten in dieser Zeitspanne besuchen.

Als 1939 der Krieg ausbrach, war Karl Schwarz 36 Jahre alt, wurde aber nicht einberufen, was neben seinem Alter vielleicht auch daran lag, dass die Kriegsanstrengungen des Reiches zunächst noch nicht so vieler Männer bedurften, nachdem die Wehrmacht ihre Schlachten in Polen, Skandinavien, den Beneluxländern und im Juni 1940 schließlich auch in Frankreich per Blitzsieg entschieden hatte. Der Auftakt zum Unternehmen Barbarossa am 22. Juni 1941 jedoch, das über drei Millionen Soldaten der Achsenmächte in den Ansturm auf die Sowjetunion entlang einer Front warf, die sich von der Ostsee bis hin zu den Karpaten zog – eine in der Militärgeschichte noch nie da gewesene Ausdehnung –, veränderte die Ausgangslage: Je tiefer das Dritte Reich in diesem soldatenfressenden Krieg stecken blieb, desto geringer wurde die Chance, dem Leidensweg an der Ostfront zu entkommen.

Karl, ein Lebemann, der keinerlei Lust verspürte, in den eisigen Steppen Russlands den kleinen Soldaten des Nazi-Regimes zu spielen, musste sich von nun an geschickt anstellen, wollte er sich drücken. Seine Parteimitgliedschaft in der NSDAP als Trumpf allein stach nicht mehr. Er musste höhere Instanzen von der unbedingten Notwendigkeit seiner Anwesenheit in Mannheim überzeugen und ihnen klarmachen, dass er seine Geschäfte weiterhin betreiben musste. Werde seine Kundschaft der Mineralölprodukte beraubt, so mochte er argumentiert haben, bestünde die Gefahr, dass sie ihren Beitrag zur deutschen Wirtschaft nicht mehr leisten könne. Bedenkt man die sehr bescheidene Größe seiner Gesellschaft, sowie die Drosselung seiner Produktion während des Krieges und andererseits den dringlichen Mangel an Männern für die Front, muss Karl Schwarz ein außergewöhnliches Überzeugungstalent an den Tag gelegt haben, um von der Verpflichtung zum Dienst in der Wehrmacht freigestellt worden zu sein. Gut möglich, dass er bereits in ebendiesem Augenblick den Einfall hatte, die Wehrmacht zu seinem Kunden zu machen, indem er zweifelsohne einen für Letztere vorteilhaften Preis anbot. So machte er sich der Wirtschaft des Reiches nützlich.

Ich muss ihm zumindest ein gewisses Talent zugestehen, das es ihm erspart hat, einer kriminellen Bande megalomaner und suizidaler Nazis als Kanonenfutter zu dienen. Vor Kurzem jedoch, als mein Vater und ich die im Keller gehorteten Ordner durchgingen, schien der Hintergrund von Opas Freistellung plötzlich unter einem anderen Licht auf. In einem auf den 4. März 1946 datierten Brief klagt sein Geschäftspartner der Schwarz & Co. Mineralölgesellschaft, Max Schmidt[1], meinen Großvater an, die Nazi-Obrigkeiten darüber

---

1 Pseudonym

informiert zu haben, dass er, Schmidt, kein Mitglied der NSDAP war, und er damit allein die Absicht verfolgt habe, dass Schmidt an seiner statt zur Armee eingezogen würde. »Ihr damaliger Vorwurf, dass Sie mich wegen meiner Nichtzugehörigkeit zur Partei haftbar machen sollten, ist kein Fantasiegebilde, sondern leider Tatsache gewesen, genau wie Ihre sonstigen Aussagen, die Sie heute nicht mehr wahrhaben wollen. Im Übrigen drehten Sie bisher den Wind stets so, wie es für Ihre eigenen Zwecke günstig war, während ich Ihrerseits nur als das notwendige geldgebende und auftragsbringende Übel angesehen wurde.« Und er fügt hinzu: »Ich bin ja nicht freiwillig Soldat geworden. Durch meine Einziehung zur Wehrmacht wurde Ihnen ja erst die Möglichkeit gegeben, für den Betrieb unabkömmlich gestellt zu werden.«

Bei den Behörden muss mein Großvater geahnt haben, dass, sollte denn überhaupt eine Chance bestanden haben, der Wehrmacht mit der Begründung entkommen zu können, die Firma benötige einen Geschäftsführer, diese dann nur für ihn oder seinen Partner gegolten hätte, keinesfalls aber für beide zugleich. Und gut möglich, dass er eben in diesem Moment und ganz nebenbei hatte durchsickern lassen, dass sein Partner Max Schmidt kein Parteimitglied war.

Vom Frühling 1943 an lebte Karl allein, da Frau und Kinder inzwischen aufs Land gezogen waren. Die Abende müssen ein wenig traurig gewesen sein in dem halb leeren Gebäude auf der Chamissostraße, dessen Einwohner entweder aus der Stadt verbannt oder aber an der Front dem Tod und der Kälte trotzten, abgesehen von drei oder vier Seelen, die in dieser gespenstischen Kulisse diverser Wohnungen zusammenlebten, in deren Decken, Böden und Wänden Risse klafften und deren zerborstene Fenster mithilfe großer Kartonstücke abgedichtet worden waren. Um ein wenig Aufmunterung zu erfahren, begab sich mein Großvater in das Kabarett *Eulenspiegel*, auf der Langen Rötterstraße, einer kleinen Seitenstraße. Viele Kabaretts, Varietéhäuser und Theater des Dritten Reiches hatten bis zum 1. September 1944 ihren Betrieb fortgeführt, als schließlich Propagandaminister Joseph Goebbels deren Schließung anordnete. Bis dahin waren viele Künstler vom Armeedienst befreit, da ihre Rolle im Wesentlichen darin gesehen wurde, die Aufmerksamkeit der Bevölkerung von den allgegenwärtigen Schreckensszenarien, in die Hitler sie zu stürzen im Begriffe war, abzulenken.

Das Etablissement existiert nicht mehr, aber ich habe in den Papieren meines Großvaters ein Blatt gefunden, dessen Briefkopf in hübscher roter Kalligrafie den Schriftzug »Eulenspiegel – Parodistisches Kabarett« trägt. Am unteren Seitenrand sind Auszüge positiver Pressestimmen wiedergegeben. Aus Saarbrücken: »Selten wird Kunst in dieser pikanten Form serviert. Mit klassischem und volkstümlichem Gesang paart sich ein schalkhafter Humor, durchweht von sprühendem Geist. Das Ganze als Eulenspiegelparodie war, man kann es nicht anders bezeichnen, eine Glanzleistung.« Aus Mannheim: »Die Eulenspiegel gewannen schnell Sympathie, denn sie zeigten Originalität, Geist und – welch seltene Wohltat – Niveau.« Auf halber Höhe des auf den 2. Februar 1948 datierten Briefes steht geschrieben: »Wir bestätigen hiermit, dass Herr Karl Schwarz zu unserer Gruppe gehört«, und unten auf der Seite bezeugt dies die Unterschrift des Leiters des Kabaretts, Theo Lustfeld[2]. Welches Motiv sich auch immer hinter diesem Dokument verbergen mag, das zweifellos als Alibi gedient haben musste, um meinen Großvater nach dem Krieg von möglichen Unregelmäßigkeiten reinzuwaschen, so verweist es doch darauf, dass Karl das Etablissement häufiger aufgesucht haben muss, um ein solch heimliches Einverständnis erlangt haben zu können. Tatsächlich hatte er vor allem mit einer Dame verkehrt, einer Künstlerin, die zugleich die Ehefrau des Chefs war, Frau Lustfeld, und sich dem Paar so sehr angenähert, dass er nach der Zerstörung seiner Firma im September 1943 sein Büro und seine Lagerhalle gleich neben ihrer Wohnung in einer an den Randgebieten von Mannheim gelegenen Ziegelei einrichtete, wo er dann auch

---

2   Pseudonym

bis zum Ende des Krieges wohnte. Und da es kaum vorstellbar ist, dass der Ehemann von der intimen Nähe, die seine Frau an ihren neuen gemeinsamen Freund band, keinen Wind bekommen hatte, hält mein Vater es für durchaus wahrscheinlich, dass sie eine Art Ménage-à-trois führten, die bis zum Tode meines Großvaters halten sollte. Als Oma begriff, dass die Lustfelds, die sich während ihrer Abwesenheit so rührend um ihren Ehemann gekümmert hatten, mehr als nur Freunde waren, stürzte sie dies in einen Schmerz, von dem sie sich nie mehr wirklich erholen sollte. Glücklicherweise hat sie diese unangenehme Entdeckung erst sehr viel später gemacht und nicht schon nach der Kapitulation am 8. Mai 1945 bei ihrer Rückkehr mit den Kindern nach Mannheim. Ein anderer Schock erwartete sie dort bereits: Die Stadt, in der sie das Licht der Welt erblickt hatte, war zur Hälfte verschwunden.

Mannheim war im Südwesten Deutschlands eine der am meisten zerstörten Städte; 70 Prozent des Zentrums und 50 Prozent der restlichen Stadt lagen in Trümmern. Es hatte den desaströsen Luftangriff vom September 1943 gegeben und zahlreiche weitere, und schließlich flogen die Bomber der Royal Air Force am 2. März 1945 noch ein letztes Mal los, obwohl das Ende des Krieges bereits absehbar war, und entzündeten einen Feuersturm, der den Rest der historischen Altstadt mit sich davontrug. Ende März hatten die Mannheimer bei der Ankunft der Amerikaner die Waffen gestreckt und waren auf diese Weise, ohne es zu wissen, dem Schlimmsten überhaupt entkommen, denn ein amerikanischer Geheimplan sah vor, über mehreren Städten nukleare Sprengbomben niedergehen zu lassen, sollten die Deutschen Widerstand leisten – Mannheim und Ludwigshafen zählten zu den möglichen Zielen.

Falls Oma mit dem Zug angekommen sein sollte, so hat sie neben dem Bahnhof das große Barockschloss, von dessen 500 Zimmern ein einziges unberührt geblieben war, an allen Ecken und Enden durchlöchert gesehen. Um zur Chamissostraße zu gelangen, hat sie die alten großen Einkaufsstraßen überqueren müssen, die einst von prächtig erleuchteten Kaufhäusern gesäumt gewesen waren, vor Leben nur so wimmelnd und jeglichen Überfluss zur Schau stellend – Magnete, in die man aus der ganzen Region herbeigeströmt war, um Einkäufe zu erledigen. Karstadt und die ehemaligen jüdischen, nun aber arisierten Kaufhäuser Kander, Gebrüder Rothschild, Hermann Schmoller & Co waren zum Großteil wie Kartenhäuser unter den Bomben zusammengesackt. Von den Cafés, die im Sommer stets ihre schönen Terrassen geöffnet hatten, um den Damen Sahnetorten und Kaffee zu servieren, war keine einzige Spur mehr verblieben, abgesehen vielleicht von einigen aus ihren Firmenschildern herausgerissenen Buchstaben oder auch den Scherben des Geschirrs, das den Namen des Caféhauses trug und nun als Splitter aus den Trümmerbergen herausragte, die sich an den Gehsteigkanten auftürmten, um den Weg freizugeben. Ganze Straßenzüge waren verschwunden, verwandelt in großflächige, schemenhafte Terrains, auf denen hier und da die Karkassen von Gebäuden und die körperlosen Fassaden fortbestanden, aufgestellt wie Theaterkulissen im Nichts. Ich stelle mir Oma vor, wie sie, eine äußerst gläubige Protestantin, die altvertraute Silhouette einer Kirche mit ihren Blicken sucht und an deren Stelle nichts als das nackte Skelett eines Kirchenschiffs vorfindet und ein vor der klaffenden Öffnung eines Glockenturms schief hängendes Kreuz.

Wie viele Deutsche haben wohl, meinen Großeltern gleich, ihre Geburtsstadt derart entstellt gesehen, die Identität eines Lebens? Hamburg war in ein Feuermeer verwandelt worden, das bis zu 40.000 Menschen das Leben kostete und die Hälfte aller Wohnungen zerstörte, Dresden, Meisterwerk des Barocks, war nach einem Bombensturm, der circa 25.000 Einwohner tötete, zu einer Geisterstadt geworden. Hannover, Kassel, Nürnberg, Magdeburg, Mainz, Frankfurt waren zu 70 Prozent verschwunden, während das gesamte Ensemble im Industriebecken an Rhein und Ruhr – Köln, Düsseldorf, Essen, Dortmund – unter den Bomben zusammengebrochen war. Einige Gemeinden wie Düren, Wesel oder Paderborn waren sogar zu mehr als 96 Prozent verschwunden. Summa summarum verlor jede fünfte Familie ihr Zuhause. Die Zahlen schwanken, aber vermutlich starben während der Luftangriffe etwa 300.000 bis 400.000 Menschen, so der Historiker Dietmar Süß. Mindestens ebenso viele erlitten lebenslange Folgeschäden und Millionen weitere waren traumatisiert.

Am 14. Februar 1942 hatte London über eine Anweisung dem Oberkommandierenden des Bomber Command der Royal Air Force, Arthur Harris, mitgeteilt, dass er seine Streitkräfte ohne jede Beschränkung einzusetzen habe, die Operationen sollten » on the morale of the enemy civil population and in particular the industrial workers « fokusiert werden, sprich auf Wohngebiete. Arthur Harris erhielt den Spitznamen Bomber Harris. Bevor ich dieses Buch zu schreiben begann, war mir dieser Held der Briten nicht bekannt, und ich muss, als ich in London studierte, wohl zigmal an seiner 1992 enthüllten Statue vorübergegangen sein, ohne ihr jemals meine Aufmerksamkeit geschenkt zu haben. Seit die Erinnerungsarbeit jedoch für mich zur Obsession geworden ist, jage ich ihr in ihren unterschiedlichen Erscheinungsformen nach, wo immer ich mich aufhalte. Für gewöhnlich widme ich mich ihr ganz allein, denn den Tag mit Toten zu verbringen trifft nicht gerade aller Welt Geschmack. So nutzte ich auch einen Blitzbesuch in London, um mir die Statue anzusehen, auf der Arthur Harris vor der St. Clement Danes Church thront. Dieses Mal las ich das Epitaph: »Im Gedenken an einen exzellenten Befehlshaber und die mutigen Besatzungen der Bombergeschwader, von denen über 55.000 ihr Leben für die Freiheit ließen. Die Nation schuldet jedem von ihnen unermesslichen Dank.«

Die Bombardierung der Zivilbevölkerung hatte zum Ziel, die Moral der Deutschen und ihre Unterstützung für Hitlers Krieg zu brechen, Historiker sind sich heute aber einig, dass sie nicht dazu beigetragen hat, den Krieg zu verkürzen. Diese Angriffe, ursprünglich als Vergeltung für die zerstörerischen Luftangriffe der Deutschen auf Coventry, auf London und auch auf Rotterdam gedacht, wandelten sich im weiteren Verlauf zu mordsüchtiger Rache. In den letzten Monaten des Krieges bombardierten die Briten und Amerikaner Deutschland beinahe täglich, obwohl die Niederlage des Reiches längst klar war.

Abgesehen von der Masse der zivilen Todesopfer führten diese Verheerungen dazu, dass Deutschland ganze Teile seiner kulturellen und historischen Identität verlor. Sieht man sich Bilder von Mannheim, Berlin oder Köln vor dem Krieg an, so wird einem ein vollkommen anderes Land präsentiert. Doch auch wenn die Alliierten Verbrechen begangen haben, die primäre Verantwortung für diese Gewaltspirale fällt zweifellos dem Dritten Reich zu, denn hätte es den Krieg in Europa nicht vom Zaun gebrochen, Deutschland hätte niemals auf diese Weise gelitten und wäre nicht in solchem Maße verunstaltet worden. Das allergrößte Leid aber brachten nicht die Bomben über die Deutschen, sondern der mörderische Wahn des Führers, der auf den Schlachtfeldern mehr als fünf Millionen deutschen Soldaten das Leben kostete.

Meine Großeltern waren von diesem Blutbad nicht direkt betroffen. Doch unzählige jener, die ihnen nahestanden, hatten den Tod eines der Ihren in diesem Krieg zu beweinen, den Hitler weiterzuführen sich in den Kopf gesetzt hatte, obwohl mehrere Generäle ihm geraten hatten, sich doch zurückzuziehen. Der Mann von Karls Schwester Heidi, ein Offizier der Wehrmacht und glühender Nationalsozialist, war an der Ostfront gestorben, so wie mindestens 3,5 Millionen andere deutsche Soldaten auch, die die Weigerung ihres Führers, angesichts der evidenten Überlegenheit der Sowjets in den letzten Kriegsjahren einen Rückzieher zu machen, mit ihrem Leben bezahlt hatten. Nachdem sein Plan, die UdSSR in den wenigen Monaten des Sommers 1941 zu erobern, misslungen war, trieb Hitler seine Männer an, ihren Vormarsch bei eisigem Winter ohne jegliche Ausrüstung gegen die Kälte bis vor die Tore Moskaus fortzusetzen. Trotz Temperaturen von minus 50 Grad Celsius und ohne Handschuhe geschweige denn Mäntel, erteilte er ihnen den Befehl, um jeden Preis anzugreifen und ihre Position zu halten. »Wir wussten nicht, wo sich die Front befand. Wir knieten oder lagen im Schnee. Die Knie froren uns am Boden fest«, schrieb ein Wehrmachtssoldat in seinen Aufzeichnungen. Unfähig, Gräben in das harte Eis zu ziehen, um darin Schutz zu finden, starben die deutschen Soldaten wie die Fliegen, erschossen von russischen Kugeln oder erledigt von Kälte und Hunger. Ein Jahr später, der Warnhinweise seiner Generäle über den katastrophalen Zustand der Truppen zum Trotz, zwang der Führer die ausgemergelten Soldaten noch einmal zum Angriff, diesmal gegen Stalingrad – eine Offensive ohne jegliche Aussicht auf Erfolg, die darauf hinauslief, seine Männer in den sicheren Tod zu schicken. Die rund 220.000 Soldaten der 6. Armee wurden eingekesselt, sie trugen nichts als dünne Kleidung und litten unter beißendem Hunger. Nur etwa 6.000 kehrten in ihre Heimat zurück.

In Nordafrika, einem weiteren Kriegsschauplatz, fiel die Opferbilanz für die Deutschen mit einigen Zehntausend Toten vergleichsweise niedrig aus, da Erwin Rommel, der als »Wüstenfuchs« gefeierte General, der die Offensive des Afrikakorps gegen die Briten leitete, den Mut besessen hatte, Hitler zumindest einmal nicht zu gehorchen. Bei der Schlacht von El Alamein hatte der Führer trotz der offensichtlichen logistischen Unmöglichkeit, den Feind zurückzudrängen, einen seiner gefürchteten Durchhaltebefehle gegeben: »Ihrer Truppe können Sie keinen anderen Weg zeigen als den zum Siege oder zum Tode.« Rommel, der seinem Chef gegenüber stets äußerst loyal gewesen war, wies jedoch alle beweglichen Einheiten an, sich zurück- und nach Westen abzuziehen. Nach der Landung der Alliierten in der Normandie am 6. Juni 1944, die den Niedergang des Reiches bestätigte, redete Rommel dem Führer zu, den Krieg doch zu beenden; er provozierte damit aber nur den Zorn eines Tyrannen, der von seinem maßlosen Machtstreben verblendet war. Wenig später wurde ihm unterstellt, er habe an einem fehlgeschlagenen Putsch der Offiziere gegen das Nazi-Regime teilgenommen. Erwin Rommel, dessen Kühnheit und Triumphe Deutschland jubeln und den Feind zittern ließen, erhielt den Befehl, sich umzubringen – und führte ihn auch aus.

Ähnlich wie er versuchte am Ende des Krieges eine wachsende Zahl von Generälen, Hitler zur Vernunft zu bringen, aber der Führer beharrte unerschütterlich auf seiner Position und konnte sich dabei auch auf die anhaltende und nicht nachvollziehbare Unterstützung eines Teils des Oberkommandos stützen. Wenige Monate vor der Kapitulation, obgleich alle Hoffnung bereits verloren war, fiel den Anführern der Nazis in ihrem selbstmörderischen Wahn nichts Besseres ein, als den Kreis der potenziellen Opfer noch einmal zu erweitern, indem sie auch noch die wenigen, die als Kanonenfutter verblieben waren, einziehen ließen. Vor allem Jungen im Alter von 16 oder 17 Jahren und Männer über 45 Jahre bildeten den »Volkssturm«, der kaum bewaffnet die Städte verteidigen sollte, die längst nicht mehr zu verteidigen waren. Sie wurden skrupellos in den Tod geschickt, um das selbstherrliche Bild des Deutschen, das der Eitelkeit des Führers entsprach, bis zum Äußersten zu pflegen: entweder vollständiger Sieg oder totale Niederlage.

Die Deutschen, die jene letzten Kriegsmonate durchlebten, erinnern sich an diese wie an eine Apokalypse. Das Land fiel in sich zusammen, brannte, explodierte, schrie, zerbrach und ging in einem Danteschen Inferno unter. Wie ein Löwe im Käfig umherirrend, versank Adolf Hitler in der bedrückenden Atmosphäre seines Bunkers unter der Berliner Reichskanzlei in einem trotzigen, selbstzerstörerischen Wahn und zog der Kapitulation den Untergang vor, in den er sein eigenes Volk zu stürzen trachtete, welches sich der nationalsozialistischen Revolution als »unwürdig« erwiesen hatte. Am 30. April schoss er sich, nachdem er seinen Hund getötet hatte, eine Kugel in den Kopf, und Eva Braun, seine Partnerin, die kurz vor seinem Tod zu heiraten er endlich eingewilligt hatte, vergiftete sich mit Zyankali. Am 1. Mai dann war es an seinem Propagandaminister, Joseph Goebbels, einem fanatischen Antisemiten, und seiner Frau Magda, einer besessenen Anhängerin des Nationalsozialismus, Zyankali zu schlucken, nachdem sie es zuvor ihren sechs Kindern verabreicht hatten, die in Propagandafilmen als hellblonde Engel dafür hatten herhalten müssen, die Deutschen innerlich zu rühren.

Selbstmord verbreitete sich in dem Augenblick, da die Ankunft der Roten Armee unausweichlich erschien, wie eine Epidemie. Pastoren, vor allem in Berlin, waren wegen des Ansturms Gläubiger beunruhigt, die sie aufsuchten, um ihnen anzuvertrauen, dass sie stets eine Ampulle Zyankali bei sich trugen. Die Anzahl der Berliner, die sich in den letzten Kriegswochen das Leben nahmen, lag wahrscheinlich bei mehr als 10.000. In Demmin, einer kleinen, in Vorpommern gelegenen Stadt mit etwa 15.000 Einwohnern, die am 30. April von der Roten Armee erobert worden war, nahmen sich zwischen 500 und 1.000 Personen das Leben, darunter nicht wenige Frauen, die zuvor ihre eigenen Kinder umgebracht hatten. Andere Städte erlitten ein ähnliches Schicksal. Meine Tante erinnert sich an die Verzweiflung ihrer Mutter: »Die Amerikaner waren bereits im Lande und meine Mutter rief noch immer aus: ›Wir werden den Krieg nicht verlieren! Der Führer wird gewinnen! Wenn wir den Krieg verlieren, bringe ich mich um!‹«

Dass Oma nicht zur Tat schritt, mag daran gelegen haben, dass ihr Schicksal im Vergleich zu anderen nicht ganz so furchtbar war. Nachdem sie das zu Ruinen zerfallene Stadtzentrum Mannheims durchquert hatte, muss ihr beim Anblick des noch stehenden Familienhauses ein schweres Gewicht vom Herzen gefallen sein. Aber um überleben zu können, reichte die eigene Bleibe nicht aus, erst recht nicht, wenn sie überall durchlöchert war. Ganze Wände, ein Stück der Bedachung und ein Teil der Treppe waren weggerissen und sämtliche Fenster in tausend Scherben zerborsten. Nach und nach kehrten die Mieter vom Land zurück, um sich wieder in ihren Wohnungen niederzulassen. Aber sie mussten diese mit jenen teilen, die alles verloren hatten. In Mannheim waren von etwa 86.700 Wohnungen nur 14.600 nicht von den Bomben getroffen worden. Angesichts der drückenden Wohnungsnot war bestimmt worden, dass mindestens acht Personen sich eine Wohnung der Größe wie im Gebäude auf der Chamissostraße teilen mussten, wobei jede etwa 90 Quadratmeter umfasste. Opa entkam der Reglementierung, da er vorgegeben hatte, sein Bruder Willy würde mit seiner Familie unter seinem Dach wohnen. Allerdings erinnert sich meine Tante, dass ihre Eltern regelmäßig Familienmitglieder, die in Not geraten waren, aufnahmen und sie selbst im Wohnzimmer hinter einem großen Laken schlafen musste, das als Vorhang diente. Im Erdgeschoss fand sich hingegen ein alter, allein lebender Junggeselle mit einer ganzen Flüchtlingsfamilie wieder. »Wir nannten die Flüchtlinge Rucksackdeutsche, wir konnten nur ahnen, dass sie einen wirklichen Albtraum hinter sich hatten«, sagt Ingrid.

Die 12 bis 14 Millionen Vertriebenen aus dem Osten, denen die Heimat entrissen worden war, in der sie sich seit Generationen verwurzelt fühlten, gehörten zweifellos zu den am schwersten betroffenen deutschen Zivilisten. Insbesondere die aus den deutschen Ostgebieten waren unter furchtbaren Bedingungen vor der Ankunft der Roten Armee geflohen, die aufgebracht vom Anblick der von der Wehrmacht während ihres Rückzugs niedergebrannten Dörfer und vom Tod von Millionen sowjetischen Kriegsgefangenen einen nicht gerade geringen Tatendrang verspürt haben dürfte. Mehr als 1,4 Millionen deutsche Frauen wurden vergewaltigt und Hunderttausende Männer in die Gulags gesteckt und zur Zwangsarbeit verdammt.

In der Tschechoslowakei ging es weniger blutig zu, doch der erzwungene Fortzug von drei Millionen Deutschen war ebenfalls sehr schmerzhaft verlaufen. Im österreichisch-ungarischen Kaiserreich waren die Sudetendeutschen in Böhmen und Mähren im Norden des Landes zu Wohlstand gelangt. Aber ihre Situation verschlechterte sich nach der Zerschlagung des Kaiserreichs im Jahr 1918, als ein neuer unabhängiger tschechoslowakischer Staat seine deutschsprachige Minderheit zu diskriminieren begann.

Die Notwendigkeit beschwörend, seinen »Blutsbrüdern« zu Hilfe eilen zu müssen, annektierte Hitler das Sudetenland im Oktober 1938 unter den Bravorufen einer überwiegenden Mehrheit der örtlichen Bevölkerung, die erst gar keine Zeit verlor, nun ihrerseits die Tschechen zu diskriminieren und aus der Region zu vertreiben. Nach der Niederlage des Reiches wechselte die Rache wieder die Seiten, und nun war es an den Deutschen, auf die Straße gesetzt und wie Aussätzige verjagt zu werden, wobei Tausende vor Erschöpfung starben oder ermordet wurden. Der tschechoslowakische Präsident Edvard Beneš ordnete per Dekret an, dass sämtliche Güter der Deutschen

»beschlagnahmt«, sprich gestohlen werden sollten. 2002 verurteilte der tschechische Präsident Václav Havel diese Vertreibungen öffentlich.

Der Empfang dieser Flüchtlinge in Westdeutschland war nicht besonders herzlich, schließlich hatte man mit den Wohnungslosen aus der eigenen Region schon genug zu tun. Empathie findet sich selten in Kraft gesetzt, wenn alle Welt leidet. So hatten meine Großeltern zwar Mieter, aber diese konnten nur wenig Miete zahlen. Die Schäden der Angriffe vom September 1943, die sowohl das Gebäude als auch Opas Fabrik getroffen hatten, waren noch immer nicht ausgeglichen worden. Mein Großvater verbrachte ganze Tage damit, bei den Behörden vorstellig zu werden. Glücklicherweise hatte er vor dem großen Bombardement ein vollständiges Inventar seiner Güter erstellt, das ich im Keller in Mannheim gefunden habe.

Bei der Lektüre dieser Liste, die jedes einzelne Kleidungsstück, das gesamte Mobiliar, jedes einzelne Zubehör, das meine Großeltern besaßen, aufzählt, fand ich mich in jener Kulisse wieder, in der Oma gelebt hatte, als ich noch ganz klein war, und von der ich gedacht hatte, mich nur noch vage an sie erinnern zu können: Nach ihrem Tod – ich war sechs Jahre alt – hatte mein Vater die Wohnung vollkommen umgestaltet. Nicht ohne einen Kloß im Hals zu spüren, sah ich vor mir deutlich das Zimmer meiner Großmutter wiedererstehen, in dem sich schwere dunkle Holzmöbel befanden, ein Bild, das eine idyllische germanische Landschaft darstellte, ein für die Größe des Zimmers viel zu massives Bett und über diesem ein beeindruckendes Kruzifix, vor dem Lydia jeden Abend gebetet hatte. Die Wohnung bestand aus einem Salon, einer großen Küche, in der Oma ganze Tage damit verbrachte, Gebäck auf Blechen so groß wie ihr Ofen für die sonntäglichen Runden zu Kaffee und Kuchen zu backen, sowie einem Herrenzimmer, in welchem man in Sesseln, die einer Art-déco-Bibliothek und einem dazu passenden Schreibtisch gegenüberstanden, sitzend Pfeife und Zigarre rauchen durfte, wenn die Finanzen es erlaubten, allerdings nur unter Männern. Eine andere Liste, die ich fand, ist auf den Tag nach den Verwüstungen durch die Bombardements im September 1943 datiert und verzeichnet die Verluste. Wie detailliert Opa den Schaden notierte – er gibt dabei auch »einen Kanarienvogel samt Käfig« an, »eine Türklinke«, »leere Flaschen« und »leere Obstkisten« –, liefert einen Eindruck von der angespannten finanziellen Situation meiner Großeltern während dieser Zeit.

Sehr schnell war es Karl Schwarz gelungen, eine weitaus effizientere Lösung zu finden, als auf die Schadensersatzleistungen des Staates zu warten, um die Lebensbedingungen seiner Familie zu verbessern. Zwar hatten die Alliierten ihn der Kontrolle seiner Gesellschaft enthoben, aber sie wussten nicht, dass er in einer Ziegelei außerhalb der Stadt noch über ein ganzes Lager an Öl- und Petroleumfässern verfügte. In jenen Zeiten des Mangels glichen diese Reserven purem Gold auf dem Schwarzmarkt, von wo mein Großvater die unglaublichsten Schätze mit nach Hause schleppte: Lagen an Eierkartons, die er im Gartenhäuschen im Hof unterbrachte, Hunderte von Äpfeln, die im kühlen Keller frisch gehalten wurden, ganze Schinken, die im Badezimmer von der Decke hingen, und sogar – unerhörter Luxus in diesen entbehrungsreichen Zeiten – Knallkörper und Sekt zu Silvester. Karl war der Einzige im Viertel, der ein Auto besaß und davon profitierte, »dass immer ausreichend Platz zum Parken vorhanden war«, wie mein Vater belustigt erzählt. In der Nachbarschaft galt die Familie Schwarz als außergewöhnlich gut situiert, wohingegen andere Jungen in der Schule mit leerem Magen und in Schuhen mit löchrigen Sohlen erschienen. »Man war ein wenig neidisch auf uns«, sagt meine Tante, die ihrem Vater stets dankbar gewesen ist, »sich für seine Familie so durchgebissen zu haben«.

Jeder schlug sich in diesem am Boden liegenden Deutschland so gut durch, wie er es vermochte. Eine der größten Attraktionen meines Vaters als Kind bestand darin, zum Fenster zu eilen, sobald er das Hupen der schweren Jeeps hörte, die vor dem Hauseingang hielten, wenn amerikanische Soldaten kamen, um ihre Begleitung für den Abend abzuholen. »Es gab die beiden Töchter der Dame über uns sowie eine Nachbarin, die zwar verheiratet war, aber nicht wusste, ob ihr Mann zurückkehren würde, und man musste ja doch weiterleben«, erinnert er sich. Zahlreiche deutsche Kriegsgefangene kehrten erst viele, manche sogar erst zehn Jahre nach Kriegsende heim, während sie ihre Ehefrauen allein auf sich gestellt und voller Ungewissheit zurücklassen mussten. Etwa 1,3 Millionen von ihnen kehrten niemals aus der Sowjetunion zurück und wurden unter verabscheuungswürdigen Bedingungen zur Arbeit gezwungen, nachdem das Reich seinerseits 3,3 von 5,7 Millionen russischen Kriegsgefangenen ermordet oder sterben lassen hatte.

Materiell war für eine deutsche Frau in dieser Zeit ein für tot erklärter Ehemann besser als ein vermisst gemeldeter. Im ersten Fall konnte sie sofort eine Rente erhalten, im zweiten musste sie oft über mehrere Jahre kümmerlich ihr Leben ohne Pension oder Witwenrente fristen und dabei häufig doch nur auf die Bestätigung warten, dass der Ehemann tatsächlich tot war. »Die jungen Frauen aus Mannheim begannen mit den Amerikanern auszugehen, die sie in ihre Kasernen mitnahmen, wo sie tanzen, ins Kino gehen, sich satt essen und sich mit den jungen Männern amüsieren konnten, die in ihren Uniformen ziemlich attraktiv wirkten«, erzählt mein Vater.

Manchmal bildeten diese Zusammenkünfte den Anfang einer schönen Liebesgeschichte, wie etwa bei einem der beiden Mädchen aus dem oberen Stockwerk, das einen Amerikaner geheiratet hatte und dessen Tochter Cynthia dann die Kindheitsfreundin meines Vaters wurde, bevor ihre Eltern 1949 in die Vereinigten Staaten umsiedelten. Für andere wiederum, wie etwa für die mit einem Mann in Gefangenschaft verheiratete Nachbarin, glichen diese Treffen eher einer Art Prostitution. Alle im Gebäude wussten Bescheid, aber schlecht angesehen war sie deshalb nicht, denn die Zigaretten der Amerikaner konnten manchmal einer ganzen Familie helfen zu überleben. »Offiziell hatten die Amerikaner ihren Soldaten verboten, mit deutschen Mädchen zu verkehren, aber das funktionierte nur wenige Monate. Und wenn mein Vater sie in seinem Hause akzeptierte, dann geschah dies wahrscheinlich im Austausch gegen einige Geschäfte und Zigaretten.« Mit dem Wertverfall der Reichsmark

waren Zigaretten zur Referenzwährung auf dem Schwarzmarkt ge-
diehen und es gab keinen Weg an ihnen vorbei, da die Lebensmittelmarken 1946 je nach Versorgungslage für einen Erwachsenen täglich
zwischen 800 und 1.500 Kalorien vorsahen. Viele hungerten, einige
starben, selbst vor Kälte, da auch die Kohle rationiert und der Winter
1946/47 extrem hart war. In Opas Fotoalbum gibt es ein Bild des zugefrorenen Rheins, auf dem Mannheimer flanieren, als befänden sie
sich auf der Newa in Sankt Petersburg.

Weitere neue Besucher des Wohnhauses waren die sogenannten
»Onkel«. Da die Rente an Kriegswitwen nur unter der Bedingung
ausgezahlt wurde, dass sie alleinstehend blieben, hatten sie keinerlei Interesse daran, wieder zu heiraten. Und da das Gesetz es nicht
verheirateten Paaren verbot zusammenzuleben, machte sich die Gewohnheit breit, seinen neuen Partner als einen Onkel vorzustellen.
Der Vermieter war angehalten, auf die Einhaltung dieses Gesetzes
von seinen Mietern zu achten, andernfalls hatte er eine Strafe zu zahlen. Karl Schwarz aber drückte ein Auge zu, brillierte er doch selbst in
der Illegalität. Er war ein großzügiger Mensch und teilte seine Beute
vom Schwarzmarkt gern mit seiner Familie und Freunden an einem
sonntäglichen Tisch. »Die Gespräche handelten von den Renten,
die nicht zu erhalten man befürchtete, wenn man im Dritten Reich
Beamter oder Soldat gewesen war. Die Inflation, die unauffindbaren
Produkte und der Klatsch der Nachbarschaft ... das waren die Haupt-
fragen der Zeit – und nicht etwa, wer was unterm Nationalsozialismus gemacht hatte«, erklärt mein Vater.

Manchmal beklagte man jene, deren Schicksal noch schlimmer war,
wie etwa die Berliner, deren Zukunft ebenso unfassbar erschien wie
der Anblick der Ruinen, in denen herumirrende Flüchtlinge spukten,
die nach Ratten jagten, um was zu essen zu haben, oder Frauen, die
sich als Prostituierte den Soldaten vor den Augen von Kindern hinga-
ben, die vorbeiziehenden Kleinlastern auflauerten, um etwaige her-
unterfallende Kohlestücke aufzusammeln. Der Film *Deutschland im
Jahre Null* von Roberto Rossellini, der 1947 in Berlin gedreht wurde,

ist eines der atemberaubendsten Zeugnisse dieser vom Gefühl des Nichts angefassten Zeit. Inmitten der Ruinen der Hauptstadt erzählt der italienische Regisseur die Geschichte eines zwölfjährigen Jungen, Edmund, der seiner Familie im Elend hilft, indem er mehrere kleine Jobs an Land zieht. Um seinen kranken Vater zu retten, ruft er seinen ehemaligen Schullehrer zu Hilfe, der ihm, beherrscht von der Nazi-Ideologie, rät, sich vom kranken Glied der Familie zu befreien, welches das Überleben der Gruppe gefährde. Nachdem er seinen Vater vergiftet hat, springt Edmund von einer Ruine in den Tod.

3 Das Phantom der Löbmanns

DIE VERGANGENHEIT, die meine Großeltern für immer unter den Ruinen des Dritten Reiches verschüttet glaubten, tauchte eines Morgens im Januar 1948 im Briefkasten wieder auf, als Karl Schwarz einen Umschlag vorfand, dessen Absender auf Anhieb das Unheil ankündigte: Dr. Rebstein-Metzger, Rechtsanwältin – Mannheim. In dem Brief teilte die Anwältin kurz gefasst mit, dass ihr Klient, ein gewisser Julius Löbmann, der in Chicago lebte, von der Schwarz & Co. Mineralölgesellschaft rund 11.000 Reichsmark kraft eines Gesetzes einfordere, das in der amerikanischen Zone eingesetzt worden sei und Wiedergutmachungen für die unter dem Nationalsozialismus ihres Eigentums beraubten Juden vorsehe.

Von der Geschichte dieses Briefes und dessen, was er auslöste, haben weder mein Vater noch meine Tante – die es liebt, Familiengeschichten zu erzählen – jemals gesprochen. Ich wusste, dass Opa Mitglied der NSDAP war und seine Firma einst Juden gehört hatte – mein Vater muss es mir wohl im Vertrauen gesagt haben, als ich in der Schule die Geschichte des Dritten Reiches studierte, aber ich war damals noch zu jung, um mich für die Hintergründe zu interessieren. Es geschah sehr viel später aufgrund einer Bemerkung meiner Tante Ingrid, dass ich mich entschloss, die Ordner von Opa zu durchstöbern, die seit dem Tod meiner Großeltern im Keller des Mannheimer Wohnhauses aufbewahrt wurden. Unter den Papieren, die im Laufe der Zeit zwar vergilbt, deren aufgedruckte Buchstaben aber noch immer gut lesbar waren, fand ich einen Vertrag, der bezeugte, dass Karl Schwarz zwei jüdischen Brüdern, Julius und Siegmund Löbmann, sowie deren jüdischem Schwager, Wilhelm Wertheimer, dessen Schwestern Mathilde und Irma sie geheiratet hatten, eine kleine Gesellschaft für Mineralölprodukte abgekauft hatte. Die Firma Siegmund Löbmann & Co. lag in der Gegend des Industriehafens von Mannheim nahe am Neckar gelegen, in der Helmholtzstraße 7a. Es ist aber vor allem das Datum, das von Interesse ist: August 1938, für die deutschen Juden das Jahr des endgültigen Absturzes in die Hölle, denn nun nahm der Druck durch Verfolgung und Diskriminierung in geradezu schwindelerregender Weise zu und zwang sie, ihr Eigentum zu Niedrigstpreisen aufzugeben.

Von der Familie Löbmann konnte ich nur recht wenige Spuren finden, bis ich im Internet auf eine Familie Loebmann stieß, die tatsächlich in Chicago lebte, wo Julius wohnte, als er von meinem Großvater Wiedergutmachungsleistungen einforderte. Die darauffolgende Entdeckung einer langen Liste an Loebmanns im Onlinetelefonbuch aber setzte meinen Hoffnungen ein jähes Ende. Ebenso gut konnte man eine Stecknadel in einem Heuhaufen suchen. Ich begann also meine Nachforschungen auf die Linie der Wertheimer zu konzentrieren, den Namen der Familie des dritten Eigentümers der Siegmund Löbmann & Co., Wilhelm, dessen zwei Schwestern Julius und Siegmund geheiratet hatten. Dabei stieß ich auf einen Artikel, der eine Lotte Kramer, geborene Wertheimer, erwähnte, Tochter von Sophie, der dritten Wertheimer-Schwester. Lotte war eine der letzten noch lebenden Zeuginnen der Kindertransporte, einer Rettungsaktion, mit der mehr als 10.000 jüdische Kinder aus Deutschland, Österreich, Polen und der Tschechoslowakei zwischen 1938 und 1940 nach England gelangten. Ich fand ihre Spur in einem Seniorenheim in Peterborough, einer kleinen, gut eine Stunde nördlich von London gelegenen Stadt. Sie stimmte umgehend einem Treffen mit mir zu.

Lotte Kramer ist 95 Jahre alt. Eine kleine, zierliche Frau mit feinen Gesten und so höflich, wie es nur Engländerinnen sein können. Sie hatte zwei Sessel einander gegenüber gestellt, nah genug, damit wir uns gut verstehen konnten, und erzählte mir von ihrem Leben und was sie über das der Löbmanns wusste.

»Meine Mutter Sophie und ihre beiden Schwestern liebten sich sehr«, sagt sie und nimmt eine Schwarz-Weiß-Fotografie von der Wand, auf der drei junge Frauen zu sehen sind. Die Jüngste von ihnen, Mathilde, mit einem dicken Knoten im Haar und einer gestreiften Bluse, hat ein hübsches, zielgerichtetes und offenes Gesicht; ihr zur Seite

52

Irma, die Älteste der drei, trägt einen Kragen mit Häkelsaum, der ihre müden und vielleicht ein wenig traurigen Züge aufheitert; die Letzte, Sophie, sitzend, eine Medaille um den Hals tragend, zeigt einen unsicheren Blick, der mit vager Hoffnung erfüllt ist. Lotte wurde 1923 in Mainz geboren, wo sie auch aufwuchs. Regelmäßig legte sie die knapp 100 Kilometer zurück, die sie von Mannheim trennten, um ihre heiß geliebte Cousine Lore zu besuchen, die Tochter von Siegmund und Irma Löbmann. Sie erinnert sich an ihre ausgedehnten Spaziergänge in den Gärten am Fuße des Wasserturms, an das Flanieren auf den belebten Straßen und den nie fehlenden Kaffee und Kuchen ihrer Tante Irma, einer »hervorragenden Köchin«. »Es kam sogar vor, dass wir alle gemeinsam zum Urlaub im Kraichgau aufbrachen, ins Geburtsdorf der Löbmanns, wo auf einem Bauernhof damals ein Teil ihrer Familie lebte. Wir waren sehr verbunden miteinander.«

Die Wertheimer-Schwestern hatten drei Brüder: Siegfried, der in den Zwanzigerjahren fortgezogen war, um sich in den USA niederzulassen, Paul, der in der Zeit des Nationalsozialismus nach Frankreich ins Exil ging, und Wilhelm, der zu Beginn der Dreißigerjahre in die Firma Siegmund Löbmann & Co. investierte, um seinen beiden Schwägern zu helfen, das von der Wirtschaftskrise 1929 schwer getroffene Haus zu retten. Dank dieser Unterstützung erholte sich die Firma wieder, bevor sie dann unter der Bürde der zunehmenden Diskriminierung jüdischer Geschäfte im Nationalsozialismus wieder abrutschte.

Lotte war neun Jahre alt, als Hitler an die Macht kam. Im Januar 1933 hatte der deutsche Präsident Generalfeldmarschall Paul von Hindenburg angesichts der Wahlerfolge der NSDAP, die im Juli 1932 mit 37 Prozent und im November desselben Jahres mit 33 Prozent der Stimmen zur ersten politischen Partei des Landes geworden war, klein beigegeben: Er hatte den Chef der Nationalsozialistischen Deutschen Arbeiterpartei, Adolf Hitler, zum Kanzler ernannt. Der zögerte nicht lange, löste den Reichstag auf, rief Neuwahlen aus und inszenierte mit dem Ziel, die absolute Mehrheit im Parlament zu erreichen, eine aggressive Kampagne, die geprägt war von Propaganda, Parteiverboten, Repressalien und Drohungen gegen andere Kandidaten. Trotzdem verfehlte Hitler sein Ziel, da seine Partei im März nicht mehr als 43,9 Prozent der Stimmen erhielt.

In Mannheim, einer Stadt, in der traditionell die SPD und die KPD besonders stark vertreten waren, kam die NSDAP Ende der Zwanzigerjahre auf keine 100 Mitglieder. Aber nachdem sich mit der Wirtschaftskrise von 1929 die Zahl der Arbeitslosen verdreifacht hatte, wurde mit den Parlamentswahlen vom Juli 1932 die NSDAP mit 29,3 Prozent der Stimmen zur stärksten politischen Kraft der Stadt. Kurz nach ihrer Machtergreifung 1933 zerschlugen die lokalen Nazi-Autoritäten sowohl die SPD als auch die KPD, verboten Zeitschriften und zwangen den Bürgermeister von Mannheim, beim Verbrennen der Fahne der Republik zuzuschauen, bevor sie ihn in ein Krankenhaus sperrten. Unmittelbar darauf wurden mehr als 50 jüdische Beamte entlassen, noch bevor das Regime am 7. April 1933 das »Gesetz zur Wiederherstellung des Berufsbeamtentums« erließ, um schon bald darauf alle »nicht arischen« oder politisch missliebigen Beamten ihres Dienstes zu entheben, Universitätsangestellte und Wissenschaftler inbegriffen.

Mit rasanter Geschwindigkeit verbreitete sich in Mannheim, wo mit gut 6.400 Mitgliedern die größte jüdische Gemeinde Badens lebte, ein Antisemitismus neuer Ordnung. In der gesamten Region waren die Veränderungen zu spüren. »Plötzlich gab es überall antisemitische Propaganda, auf der Straße, in den Zeitungen, im Radio«, erinnert sich Lotte. »Eines Tages haben wir mit der Schulklasse einen Propagandafilm für Kinder gesehen, der die Geschichte eines zum Nazismus konvertierten Jungen zeigte, was uns unglaublich beeindruckte, wir wollten alle sein wie er.« Auf ihrem Heimweg von der Schule ging sie tagtäglich an der Hitlerjugend vorbei. »Ich war eifersüchtig, ich träumte davon, eine von ihnen zu sein, sie wirkten in ihren Uniformen so unglaublich glücklich.« Es war vor allem die Normalität, die sie beneidete, sie, das kleine jüdische Mädchen, das schon als Kind die Ausgrenzung, Erniedrigung und Scham zu ertragen hatte, die ihrer Gemeinschaft aufgebürdet worden waren.

In einem hervorragenden Buch mit dem Titel *Ausgeplündert, zurückerstattet und entschädigt – Arisierung und Wiedergutmachung in Mannheim* erklärt die Historikerin Christiane Fritsche, wie in vielen Bereichen auf lokaler Ebene zahlreiche antisemitische Maßnahmen ergriffen wurden, ohne dass ein nationales Gesetz sie gerechtfertigt hätte. Die Handelskammer von Mannheim gab den Ton an, indem sie sich Ende März ihrer jüdischen Mitglieder entledigte, sprich: ihres eigenen Präsidenten und eines Drittels ihres Personals. Parallel dazu, und aus eigener Initiative, schlossen zahlreiche Institutionen und Verbände von Kaufleuten, Rechtsanwälten, Medizinern mit irritierender Geschwindigkeit Juden aus ihren Reihen aus. Damit wurden ihnen nicht nur die wesentlichen professionellen Netzwerke genommen, sondern auch ihr Ruf geschädigt, womit sie einen Teil ihrer Kundschaft verloren, was den Niedergang ihrer finanziellen Lage und ihres Lebensmuts noch weiter beschleunigte.

Eine weitere Form der Stigmatisierung und Isolation der Juden bestand im Aufruf zum Boykott ihrer Läden. In vielen deutschen Städten gab es schon bald nach der »Machtergreifung« kleinere Aktionen: SA- und SS-Männer standen vor den Türen jüdischer Geschäfte, um die Kundschaft abzuschrecken. Voller Ungeduld stimmten sich auf lokaler Ebene Vertreter der NSDAP und andere Nazi-Organisationen miteinander ab, um endlich zur Tat schreiten zu können und für den 1. April 1933 einen nationalen Tag des Boykotts aller jüdischen Geschäfte auszurufen. Schon Tage zuvor druckten die Zeitungen unablässig Boykottaufrufe und Plakate. Quer durch das gesamte Land stellten sich Mitglieder der SS und SA in Uniform vor jüdische Geschäfte, um Kundschaft beim Betreten derselben zu behindern, Schaufenster mit antisemitischen Botschaften vollzuschmieren, Reden an die Menge zu halten oder Spruchbänder zu schwingen, auf denen geschrieben stand: »Deutsche, wehrt Euch! Kauft nicht bei Juden!« An diesem Samstag hatten viele Läden und Kaufhäuser, da sie vorgewarnt waren und weil orthodoxe Juden den Sabbat feierten, ihre Türen verschlossen gehalten und ihre Jalousien heruntergelassen. Andere wurden verwüstet und ausgeplündert, Juden zusammengeschlagen. Auch wenn die Mehrheit der Bevölkerung nicht aktiv mitgemacht hatte, zeigte sich, dass die Nazis nicht mit Widerstand rechnen mussten.

Wenige Monate später, so erläutert Christiane Fritsche, ließ das Reichswirtschaftsministerium die Industrie- und Handelskammer wissen, dass eine »Unterscheidung zwischen arischen oder nicht rein arischen Firmen innerhalb der Wirtschaft nicht durchführbar« sei, denn eine »solche Unterscheidung mit dem Zwecke einer Boy-kottierung nicht arischer Firmen (würde) notwendig zu erheblichen Störungen des wirtschaftlichen Wiederaufbaus führen«. Diese Angst vor Arbeitslosigkeit war einer der Gründe, warum das NS-Regime zunächst nicht per Gesetz gegen Juden in der Wirtschaft vorging, er-klärt die Historikerin. Bis Mitte der Dreißigerjahre beteuerten daher Reichsminister und NS-Größen immer wieder, »dass es kein Son-dergesetz gegen Juden in der Wirtschaft geben werde und dass Über-griffe gegen jüdische Betriebe zu unterbleiben hätten«. Dieses Signal jedoch wurde auf lokaler Ebene nicht respektiert.

Eines der wirkungsmächtigsten Instrumente in Mannheim war die örtliche Nazi-Zeitung *Hakenkreuzbanner*, die tagtäglich dazu aufrief, die 1.600 jüdischen Geschäfte der Stadt zu boykottieren, indem sie deren Namen und Adressen bekannt gab, ja, manchmal sogar jene ihrer Kunden, die sie weiterhin aufsuchten und dafür der Illoyalität gegenüber dem Führer bezichtigt wurden. Christiane Fritsche, die Tausende Seiten dieser Tageszeitung durchforstet hat, fand in ihr »praktische Tipps«, welche das *Hakenkreuzbanner* den Ehemännern erteilt hatte, um ihre Frauen davon abzubringen, weiterhin bei Juden einzukaufen. Sie sollten ihnen drohen, das Haushaltsgeld zu kür-zen: »Wenn Du zum Juden läufst, weil er angeblich billiger ist, dann brauchst Du auch nicht so viel Haushaltsgeld, als wenn Du bei einem anständigen deutschen Kaufmann kaufst.« Die Zeitung drohte eben-falls damit, die Namen der »Judenliebchen« zu veröffentlichen, von Frauen also, die angeblich Beziehungen mit Juden unterhielten. Diese Einschüchterungskampagnen konnten in Städten mittlerer Größe wie Mannheim mit damals etwa 280.000 Einwohnern greifen, da die Bürger eine öffentliche Verunglimpfung mehr fürchten mussten als in einer anonymen Großstadt wie Berlin.

Eine weitere Methode zur Hetze bestand nach Fritsche darin, Gerüchte über den hygienischen Zustand in der Küche eines jüdischen Restaurants oder die sexuellen Vorlieben eines jüdischen Firmenchefs in Umlauf zu bringen. In einigen Fällen führte dies sogar bis zu den Schmutzprozessen, die auf Grundlage falscher Anklagen wegen Gaunerei, sexueller Belästigung oder Hehlerei geführt wurden. Jüdische Unternehmer waren häufig von öffentlichen Aufträgen ausgeschlossen und wurden daran gehindert, ihre Produkte auf Messen auszustellen. Andere lokale Direktiven verboten Juden, ihre Schaufenster in der Vorweihnachtszeit mit »christlichen« Dekorationen zu schmücken, also mit Engeln, einem Weihnachtsbaum oder einer Krippe, was darauf hinauslief, ihnen ein »nicht arisches« Etikett zu verpassen, womit ihre Umsätze während dieser Hochsaison noch einmal deutlich gesenkt wurden. Das Hauptaugenmerk galt den großen jüdischen Kaufhäusern, von denen es in Mannheim vier gab. Die Stadt verbot ihren Beamten sogar unter Androhung von Strafe, in diesen Häusern einzukaufen. 1936 waren bereits drei von ihnen wegen finanzieller Notlage an »Arier« veräußert worden.

»Ich glaube, dass die Löbmanns dem Schlag standhielten, da ich mich nicht erinnern kann, bei meinen Besuchen einen Wandel in ihrer Lebensführung bemerkt zu haben. Das heißt, sie lebten bescheiden, sie waren verhältnismäßig religiös, religiöser als wir«, berichtet Lotte Kramer. Da die Löbmanns keinen Einzelhandel betrieben, waren sie von dieser Hexenjagd wahrscheinlich in einem geringeren Maße betroffen als andere. Ihre Kundschaft war weniger sichtbar als jene, die durch die Türen eines Schneiders oder Bäckers ging, und ließ sich daher nicht so leicht von angedrohten Verleumdungen abschrecken. Aber eben nicht alle, denn der von 1933 an sichtbare Einsturz der Umsatzzahlen der Firma Siegmund Löbmann & Co., deren Auflistung ich in Opas Papieren gefunden habe, zeigt, dass auch diese unter der Illoyalität einiger Kunden gelitten hatte, sei es aus Angst oder aus Antisemitismus.

Anfangs noch schöpfte die deutsche Gesellschaft ihren Enthusiasmus gegenüber dem Nationalsozialismus eher aus einem neuen Vertrauen auf die Stärke ihres Vaterlands als aus der antisemitischen Besessenheit ihrer Nazi-Führer, die lauthals hinausschrien, dass nur ein von seinen »nicht arischen« Elementen gereinigtes Deutschland aus seiner Asche neu auferstehen könne – und zwar dank eines Volkes, dem seine rassische Harmonie eine in der Geschichte der Menschheit nie da gewesene Kraft verleihen werde. Dieser Wahn war zudem pure Mythologie, da sich die Deutschen, wie alle anderen auch, bereits unendlich viele Male mit anderen Völkern vermischt hatten, und dies schon Jahrtausende vor der Ankunft Adolf Hitlers und Joseph Goebbels' auf Erden, die im Übrigen keinem einzigen morphologischen Kriterium eines vermeintlichen Ariers entsprachen.

Viele Bürger hatten anderes zu tun, als Juden zu jagen, nur weil sie Juden waren. Da sich aber rasch Gelegenheiten boten, aus dieser Verfolgung persönlichen Nutzen schlagen zu können, steigerte sich die Begeisterung für die rassische Sache – und zwar quer durch sämtliche Schichten der Gesellschaft. So fanden sich selbst in den gebildeten Milieus kaum Universitätsprofessoren, Wissenschaftler, Anwälte oder Juristen, die sich dem Ausschluss jüdischer Kollegen widersetzt hätten, brachten deren nun frei gewordene Posten doch all jenen einen unverhofften Vorteil, denen es aufgrund mangelnder Kompetenz nicht gelungen war, eine solche Stelle zu besetzen.

Der Fall des Philosophen Martin Heidegger, Mitglied der NSDAP bis zum Ende des Krieges und von 1933 bis 1934 Rektor der Universität in Freiburg, spiegelt das vorherrschende damalige Klima in den Universitätszirkeln wider, deren Professoren mehrheitlich die Einführung einer Quotenregelung wünschten, um die »Überrepräsentation« von Juden an den Hochschulen und allgemein bei intellektuellen Posten zu beenden. Bereits 1916 schrieb Heidegger in einem Brief an seine spätere Ehefrau Elfriede, die eine notorische Antisemitin war: »Die Verjudung unserer Kultur und Universitäten ist allerdings schreckerregend.« 1929 schrieb er Victor Schwoerer, dem Vizepräsidenten der Notgemeinschaft der deutschen Wissenschaft: »[...] es geht um nichts Geringeres als um die unaufschiebbare

Besinnung darauf, dass wir vor der Wahl stehen, unserem deutschen Geistesleben wieder echte bodenständige Kräfte und Erzieher zuzuführen oder es der wachsenden Verjudung im weiteren u. engeren Sinne endgültig auszuliefern.« Andere Akademiker neideten ihren jüdischen Kollegen schlicht und einfach den Erfolg.

Sich seiner Konkurrenten billig entledigen zu können war auch der Hauptgrund eines plötzlich aufkommenden Antisemitismus in der Wirtschaftswelt. Von den Kunden seiner in Schwierigkeiten geratenen Mitbürger profitieren zu können war derart verführerisch, dass Händler in Mannheim nicht zögerten, in ihren Schaufenstern zu verkünden: »Kaufen Sie hier in einem deutschen Geschäft.« Die in Not geratenen jüdischen Kaufleute begannen, ihre Medaillen aus dem Ersten Weltkrieg hervorzuholen und sich an ihre Westen zu heften, andere wiederum versuchten, sich über Wasser zu halten, indem sie Preisnachlässe und Ratenzahlungen für Billigwaren anboten. »Ganz ohne entsprechende Gesetze hatte sich in den Wochen unmittelbar nach der Machtergreifung damit in schier atemberaubender Geschwindigkeit ein Bewusstseinswandel bei vielen Deutschen vollzogen: jüdisch oder arisch – das machte auf einmal auch im Geschäftsleben einen Unterschied«, analysiert Christiane Fritsche.

Es geschah vielleicht auch vor diesem Hintergrund, dass Karl Schwarz die Wappenzeichnung anfertigen und in seinem Büro aufhängen ließ, die seine arischen Wurzeln bekräftigte und die mein Vater bei seinem Tode vorgefunden hat.

Die Diskriminierung im gesellschaftlichen Leben war ebenso erbarmungslos: Verbote für Juden, ins Kino zu gehen, auf Bälle, ins Theater, in öffentliche Schwimmbäder; Ausschlüsse aus den Sporthallen und bei sämtlichen Arten von Vereinen. Es gibt ein Foto, auf dem Frauen und Männer in Badekleidung zu sehen sind, die ganz offensichtlich zu Tode erschrocken über Bootsanleger im Rhein bei Mannheim laufen, um den paramilitärischen SA-Angehörigen zu entkommen, die sich zu den Badenden gesellten, um Juden niederzuknüppeln. Diese Szene ging dem nächsten, noch umfassenderen

Schritt beim Ausschluss der Juden aus der Gesellschaft voraus: den Nürnberger Rassengesetzen von 1935, die sie zu Bürgern zweiter Klasse degradierten und sie der Rechte beraubten, die einem deutschen Staatsbürger zustanden.

Ihre ganze Jugend lang verfolgte Lotte die rapide Verelendung der jüdischen Lebenswelt. Sie erinnert sich deutlich: »In meiner Klasse gab es fünf Jüdinnen, und auch wenn wir kein ausgeprägtes politisches Bewusstsein hatten, so verstanden wir doch, dass die Situation für uns schlimmer war, wir sprachen nur unter uns darüber. Unsere Mütter hatten sich verändert, sie waren besorgt, wir mussten unmittelbar nach der Schule nach Hause kommen, durften mit niemandem sprechen.« Eines Tages erklärten die Eltern ihr, dass sie keine deutsche Schule mehr besuchen dürfe und in eine jüdische Anstalt umgeschult werden müsse. »Der Lehrer war sehr nett, er entschuldigte sich gegenüber unseren Eltern und schlug sogar vor, abends Nachhilfestunden zu geben, sollten wir sie benötigen.«

Trotz dieser Verfolgung hatten 1936 nur 1.425 der insgesamt 6.400 Juden aus Mannheim die Stadt verlassen, während sich auf nationaler Ebene von der Gemeinde mit mehr als 500.000 Juden etwa 150.000 ins Exil begeben hatten. Vermutlich waren es jene, die schon am meisten gelitten hatten, da sie politisch engagiert waren, ihren Beamtenposten verloren hatten oder ihr Geschäft bankrottgegangen war. Paradoxerweise sollten sie dem Schicksal später dafür danken, die ersten Opfer gewesen zu sein, was sie zur rechtzeitigen Abreise motiviert hatte.

Weil es den Löbmanns mehr schlecht als recht gelang, ihre Geschäfte fortzuführen, war zu emigrieren für sie lange keine Option, so wie wohl für die meisten Juden in Deutschland, und sei es auch nur, weil es bedeutet hätte, das eigene Vermögen den Nazis zu überlassen. Wie so häufig im Dritten Reich war der Umgang mit Juden von einem tiefen Widerspruch geprägt. Auf der einen Seite wollten die Nationalsozialisten ihnen das Leben möglichst unerträglich machen, um sie zur Auswanderung zu bewegen. Auf der anderen Seite aber stellten die Behörden ihrem Fortzug unüberwindbare Schwierigkeiten in den Weg. So stieg die Steuer auf Devisentransfers aus Deutschland heraus bis 1934 auf 20 Prozent und bis 1939 auf einen mehr als abschreckenden Satz von 96 Prozent. Hinzu kam die Reichsfluchtsteuer: Ab einer Summe von 50.000 Reichsmark mussten die Emigranten dem Regime 25 Prozent ihres Gesamtvermögens und Einkommens abtreten. Ganz zu schweigen von dem Verwaltungslabyrinth, das es zu durchlaufen galt, wollte man legal auswandern.

Im Grunde aber lag das wesentliche Motiv der Abneigung der Juden gegen eine Auswanderung darin, dass sie gar keine Lust hatten, ihre Heimat zu verlassen, um sich in einem Land wie Palästina niederzulassen, einer Halbwüste mit kargem Klima und einer Kultur, die ihnen unendlich fremd war. Denn sie liebten Deutschland zutiefst.

Wie konnten sich die Löbmanns und die vielen anderen nur weiterhin einem Land verbunden fühlen, das sie dergestalt misshandelte, und warum haben sie nicht erkannt, wie ernst die Lage bereits für sie war?

In Wirklichkeit war die Gefahr für eine Unternehmerfamilie wie die Löbmanns gar nicht so deutlich lesbar, da zunächst keine nationalen Gesetze gegen jüdische Unternehmen erlassen wurden, was die Illusion aufrechtzuerhalten half, dass es Juden trotz allem möglich war, wirtschaftlich im Dritten Reich zu existieren und zu überleben. Und dies nur umso mehr, als sich zur Abfederung der Auswirkungen der Boykottbewegung eine ökonomische Parallelwelt herausgebildet hatte, die ausschließlich aus jüdischen Unternehmern, Händlern und Kunden bestand.

Hinzu kam Selbstverblendung. Lotte Kramer, deren Vater »unterbrochen wiederholte, dass er nicht fortgehen wollte«, erklärte mir, der Wille ihrer Familie dazubleiben, sei so stark gewesen, dass jedes kleine Zeichen von Solidarität innerhalb der deutschen Gesellschaft genügt habe, um sie zu beruhigen. »In der Schule hatte ich eine nicht jüdische Freundin. Als die Juden die Schule verlassen mussten, sagte deren Mutter zu meiner: ›Ich will, dass unsere Töchter Freundinnen bleiben.‹ Es war dann meine Mutter, die sie davon überzeugen musste, dass dies zu gefährlich war. Aber diese Reaktionen schenkten neues Vertrauen.«

Man teilte positive Erlebnisse miteinander, etwa jenes von einem Pärchen, das der Polizei dummes Zeug erzählt hatte, um seine bedrohten Nachbarn zu decken, oder das vom kleinen, anonymen Koffer voller Medikamente, den eine gute Seele vor der Haustür einer jüdischen Familie abgestellt hatte, deren Kinder krank waren. »Meine Eltern hatten sehr enge nicht jüdische Freunde, Greta und Bertold, die abends, als sich die Lage bereits verschlechtert hatte, heimlich zu uns kamen, um sich zu erkundigen, ob alles in Ordnung sei, und uns dabei Sachen brachten, die zu besorgen für uns kaum mehr möglich war. Sie gingen ein ziemlich hohes Risiko ein.« Die Tragik dabei aber war, dass diese Herzensseelen mit ihrer gut gemeinten Hilfe, ohne es zu wissen, die Gemeinde noch ermutigten, weiterhin das Beste zu erhoffen, obwohl es zu dieser Zeit noch möglich gewesen wäre, der Falle zu entkommen, von der niemand ahnen konnte, wie tödlich sie sein sollte.

Ich habe über die Solidaritätsbekundungen nachgedacht, die den Löbmanns das Herz erwärmt haben mussten, und ich glaube, es war vor allem die Treue zumindest eines Teils ihrer Kundschaft. Ich habe eine mehrseitige Liste gefunden, die Opa mit der Firma übernommen hatte. Dieser lange Parademarsch an Namen erzählt von einem anderen Deutschland, von jenen Menschen nämlich, die ihre Loyalität nicht aufgekündigt hatten.

Lotte Kramer liefert mir noch eine andere Erklärung für deren Illusion: »Wir hatten das Gefühl einer gewissen Normalität, denn innerhalb der jüdischen Gemeinschaft ging das Leben weiter. Vielleicht war die Ausgrenzung auf dem Land und in den Dörfern schneller spürbar gewesen, aber in großen Städten wie Mainz und Mannheim konnte man die Verbote leichthin vergessen, da alles intern gelebt wurde. Es gab die jüdische Schule, den jüdischen Sportklub, Tanzkurse, Feste, Konzerte und viele Freunde ... Und es gab die Synagoge, sie spielte eine wichtige Rolle im Zusammenhalt der Gemeinschaft. Die Löbmanns, sie gingen regelmäßig zur Synagoge.«

Die kleinen, mir von Lotte gelieferten Hinweise waren entscheidende Teile des Puzzles, die mir gefehlt hatten, um zu begreifen, warum die Löbmanns und mit ihnen die große Mehrheit der Juden bis zur letzten Minute geglaubt hatten, in ihrem Land weiterhin eine erträgliche Existenz führen zu können und dass ihr Heimatland wieder zur Besinnung kommen und endlich aufhören würde, Juden zu verstoßen, die den Wissenschaften, der Philosophie, der Literatur, den Künsten und der Wirtschaft unzählige Talente geschenkt hatten, ohne die Deutschland niemals auf so vielen Gebieten solch strahlende Erfolge hätte feiern können. Am Ende hatten sie sich eher mit dieser erniedrigenden Behandlung abgefunden, als den Exodus zu wählen.

Darum musste die Familie Löbmann alle Hoffnung aufgegeben haben, als sie sich schließlich doch entschied fortzugehen. Von 1936 an begann das Regime, das bis dahin einer »Entjudung« der Wirtschaft keine Priorität gegeben hatte, das Ruder herumzureißen. Die Arbeitslosigkeit war stark zurückgegangen, die Wirtschaftskrise überwunden, von nun an galt die Arisierung jüdischer Güter als vorrangiges Ziel. 1938 erließ Berlin immer mehr Sonderregelungen für jüdische Unternehmen, mit denen deren Inhaber, die ihre Firmen bislang nicht verkauft hatten, gezwungen werden sollten, diese an »Arier« zu übertragen. Für die Firma Siegmund Löbmann & Co. lag der erste Schlag in der drastischen Senkung der den Juden bewilligten Einkaufsquoten von Werkstoffen, was sich auf den Handel mit Erdölprodukten fatal auswirkte. Dann wurden sie gezwungen, in einem Verzeichnis detaillierte Angaben über die Gesamtheit ihrer Besitztümer einzutragen: von Immobilien über Betriebsvermögen, Versicherungen, Wertpapiere, Bargeld, Schmuck, Kunst bis hin zu ihrem vollständigen Haushalt. Eine weitere Verordnung verlangte schließlich, dass alle jüdischen Firmen als solche erkennbar waren. Gleichzeitig verschärften die Nationalsozialisten die politische Verfolgung der jüdischen Gemeinde: Polizeirazzien, willkürliche Internierungen, Zerstörungen von Kultstätten. Diese alarmierende Entwicklung dürfte es gewesen sein, die Siegmund und Julius überzeugte, sich von ihrer Firma zu trennen, um mit dem Verkaufserlös ihre Auswanderung zu finanzieren. Aber sie waren nicht die Einzigen, Zehntausende Juden boten 1938 ihre Unternehmen gleichzeitig zur Übernahme feil, womit ein erdrückendes Überangebot entstand. Unter diesen Bedingungen war klar, wen der Markt begünstigte.

Die Aussicht, ein gutes Geschäft machen zu können, hat möglicherweise die Entscheidung von Karl Schwarz beeinflusst, die Ölfirma Nitag zu verlassen, bei der er immerhin die sichere Stelle eines Generalbevollmächtigten innehatte, ein ordentliches Gehalt verdiente und ausreichend Respekt genoss, um 1935 innerhalb der Firma zum Delegierten der nationalsozialistischen Deutschen Arbeitsfront befördert zu werden. Es war übrigens auch das Jahr, in dem er in die NSDAP eintrat, vielleicht weil die Parteimitgliedschaft eine Bedingung seiner Beförderung war. Unwahrscheinlich ist, dass er sich aus Begeisterung der Partei anschloss. Denn Opa war ein Hedonist, ein Lebemann, für den die sadomasochistischen Kraftmeiereien der Macht, mit denen sich die Nationalsozialisten hervortaten, wenig Anziehung besaßen. Deren blinder Gehorsam entsprach mitnichten seinem unabhängigen Geist, der seinen Freiraum beanspruchte. Er liebte es, allein in den Bergen, die Freiburg überragen, Ski zu fahren und an den Seen zu campen, wo er seiner Leidenschaft für die Freikörperkultur frönen konnte, einer Bewegung, die Ende des 19. Jahrhunderts in Deutschland gegründet worden war. Bei Nitag dürften die Unterordnung unter seinen Chef, der die Regeln vorgab, die Routine des Angestellten und die Erwartung einer Beförderung als einzige jährliche Aufregung auf ihm gelastet haben. Er wird wohl von Unabhängigkeit geträumt und sich vorgestellt haben, dass er sich bei seiner Pfiffigkeit und seinem Kommunikationsgeschick auf eigene Beine stellen kann – und dies nur umso mehr, als er in seiner Jugend gelernt hatte, in einem Labor Petroleum und Paraffin herzustellen. Er hat das Zeugnis dieser Ausbildung aufbewahrt, auf dem präzisiert wird: »Wir waren während dieser Zeit mit der Führung, Fleiß und Betragen des Herrn Schwarz stets zufrieden.«

Vielleicht hätte mein Großvater es trotzdem nicht gewagt, allein in See zu stechen, wenn sein Kollege Max Schmidt ihm nicht eines Tages seine eigene Verachtung gegenüber diesem folgsamen Leben gestanden hätte. Ich stelle mir vor, wie die beiden ihren Abgang gleich einer Flucht aus der Gefangenschaft vorbereiteten, nach getaner Arbeit bei einem Glas Bier zum Feierabend. Und tatsächlich hatte das Vorhaben etwas von einem Komplott, da Karl und Max sich nicht nur vornahmen, zu zweit ein Konkurrenzunternehmen zu gründen, wenn auch ein sehr viel kleineres, sondern auch noch sieben ihrer Kollegen abzuwerben und deren Kundschaft gleich mit. Die Gelegenheiten, welche die zu Schleuderpreisen angebotenen jüdischen Firmen boten, dürften diese konspirative Atmosphäre nur noch verdichtet haben, denn mein Großvater war kein glühender Antisemit, er muss sich der Schande bewusst gewesen sein, die es bedeutete, aus der Not der Juden Profit zu schlagen.

Die beiden Komplizen suchten wahrscheinlich das Register der Firmen auf, die noch zu arisieren waren, etwa ein Drittel der insgesamt 1.600 jüdischen Unternehmen, die es in Mannheim gegeben hatte. Die anderen waren entweder bereits verkauft oder aber nach ihrem Bankrott liquidiert worden.

Wie mag der Seelenzustand, mit dem Karl und Max die Löbmanns trafen, zu beschreiben sein? Verlegenheit? Schuldgefühl? Oder war es die Arroganz derer, die sich in der Position des Mächtigeren wissen? Ich weiß es nicht, aber ich verfüge über einen Hinweis: Karl und Max haben 10.353 Reichsmark für die Firma bezahlt, also »nur« circa 1.100 Reichsmark weniger als der ursprünglich festgelegte Preis. Im Wissen, dass dieser den Erwartungen der NS-Obrigkeiten angepasst sein musste, um deren Einwilligung zum Handel zu erhalten, war es vielleicht ein Anflug von Mitgefühl, der es den beiden verbat, das Ganze noch weiter zu treiben. Sicher ist, dass es weitaus schlimmere Profiteure als meinen Großvater bei diesen Gaunereien gab, unerbittliche Aasgeier, welche die einerseits wachsenden Schwierigkeiten für jüdische Unternehmer, einen Käufer zu finden, und andererseits ihre bedrückende Not, genug Geld für den Wegzug und die Gründung einer neuen Existenz im Ausland zusammenzubringen, aufs Erbärmlichste ausreizten. Durch Großzügigkeit zeichnete sich Karl Schwarz jedoch auch nicht gerade aus, da er widerspruchslos die von den Nazis festgelegte Regelung zur Preisfindung anwendete: Nur der materielle Wert einer jüdischen Firma sollte berücksichtigt werden, für ihren immateriellen Wert aber sollte es keinen Pfennig geben. Damit wurde genau das ausgespart, was sie häufig am wertvollsten machte: die vielen Jahre, in denen man sich einen guten Ruf aufgebaut und also einen festen Kundenstamm gewonnen hatte, um eine Dienstleistung, ein Produkt, eine Marke zu verbessern, eine Formel zu entwickeln oder Patente zu sichern.

Nach dem Verkauf begleitete Julius Löbmann über mehrere Monate meinen Großvater für 400 Reichsmark auf dessen Geschäftsreisen, um ihn der Kundschaft der Firma vorzustellen – womit eben genau jener Wert realisiert wurde, den Karl Schwarz und Max Schmidt nicht bezahlt hatten. Ich denke, dass das Einvernehmen zwischen Karl und Julius verhältnismäßig »gut« gewesen sein muss, sonst wäre es wohl kaum zu diesen gemeinsamen Reisen gekommen, und dies erst recht, als es von nun an Juden verboten war, sich auf Geschäftsreise zu begeben. Unterkünfte und Restaurants, die sie über Jahre hinweg als Kunden empfangen hatten, verkündeten nun in ihren Schaufenstern: »Juden unerwünscht.« Ihre Lage verschlechterte sich zusehends. Berufsverbote häuften sich. Sie erhielten von Amts wegen einen zweiten Vornamen in ihre Personalpapiere gedruckt, damit man sie besser unterscheiden konnte: Sara für Frauen, Israel für Männer. Und schließlich wurde in ihre Pässe ein großes J gedruckt.

Während dieser Reisen muss Opa wegen Julius eine ganze Reihe von Leuten angelogen haben, Straßenpolizisten etwa, Hotelbesitzer oder auch Restaurantbetreiber ... Dieses Risiko gemeinsam getragen zu haben, dürfte sie einander nähergebracht haben. Das aber sollte mit den Novemberpogromen 1938 ein Ende finden.

Am 9. November 1938 waren Julius und Opa zusammen im Schwarzwald auf Geschäftsreise, in einer idyllischen Kulisse aus Hügeln und Tannenwäldern. Als sie im Laufe des 10. November nach Mannheim zurückkehrten, hatte der antisemitische Hass eine weitere Gewalt-schwelle überschritten. Ein brutaler Pogrom war quer durch das Reich von Mitgliedern der NSDAP, der SA und der Hitlerjugend an-gefacht worden, wobei Hitler »ausdrücklich seine Zustimmung zu den antijüdischen Aktionen gegeben« hatte, schreibt der Historiker Dietmar Süß in seinem Buch *Ein Volk, ein Reich, ein Führer: Die deut-sche Gesellschaft im Dritten Reich.* Nach seinen Schätzungen »muss man wohl – als direkte oder indirekte Folge der Pogrome – von etwa 1.300 bis 1.500 Todesopfern und 1.406 zerstörten Synagogen aus-gehen, 30.756 jüdische Männer wurden verhaftet und in Konzentra-tionslager gesteckt«.

Lotte Kramer hat es nicht vergessen: »Wir erhielten den Anruf eines Onkels, der gegenüber der Synagoge wohnte, wo sich auch un-sere Schule befand, er sagte zu unserer Mutter: ›Schick deine Kinder nicht zur Schule, das Gebäude brennt!‹ Mein Vater bekam rechtzeitig den Rat, er solle verschwinden, woraufhin er sich in den Wäldern ver-steckte. Mit unserer Mutter sind wir hoch auf den Dachboden gestie-gen, von wo aus wir durch das kleine Fenster hindurch die Leute auf der Straße sahen, wie sie Geschäfte verwüsteten; zum Glück kamen sie nicht zu uns. Mein Vater kehrte bei Einbruch der Nacht zurück und in dieser Nacht schlief ich im Bett meiner Eltern. Zum ersten Mal in meinem Leben hatte ich wirklich Angst.«

In Mannheim begannen die Gewalttätigkeiten am 10. November bei Sonnenaufgang. Drei Synagogen wurden zerstört, eine von ihnen sogar mit Sprengsätzen pulverisiert, Männer wurden festgenom-men, um sie später ins Konzentrationslager Dachau zu verschleppen. Profitgier war einer der Hauptbeweggründe für diesen Ausbruch an krimineller Energie: Der Großteil der jüdischen Läden wurde eben-so geplündert wie zahlreiche Wohnungen. Die Banditen des Natio-nalsozialismus machten in ihren Autos Plünderfahrten, drangen bei Armen ebenso ein wie bei Reichen, raubten, was sie konnten, und zerstörten den Rest. Viele Mannheimer Bürger waren von dieser Barbarei schockiert, die ihren verharmlosenden Namen »Reichs-kristallnacht« den Scherben von Millionen zersplitterten Scheiben

schuldet. Opa wird ähnlich empfunden haben, als er, gerade zurückgekehrt von einer Reise, von seinem Lieferwagen aus dieses traurige
Schauspiel betrachtete: brennende Bücher, Möbel, die aus den Fenstern auf den Bürgersteig flogen, zerstörte Fenster und Vitrinen. Julius
an seiner Seite packte die Unruhe, als er erfuhr, dass Teile seiner Familie festgenommen worden waren. An diesem Tage beendeten sie
ihre illegale Zusammenarbeit, sie war zu gefährlich geworden.

Die Verwandten von Julius konnten befreit werden und von nun
war höchste Eile geboten, die Abreise in die USA zu organisieren. Die
Familie hatte Kontakte nach Chicago und New York, wo Siegfried
lebte, der Bruder von Irma und Mathilde Wertheimer, der in den
Briefen an seine Schwestern Lobeshymnen auf Amerika sang. Die
Löbmanns schickten tatsächlich erste Möbelstücke nach Chicago,
was sie sich dank des Geldes aus dem Verkauf der Firma leisten konnten. Doch es war eine optimistische, wenn nicht gar naive Geste, denn
wenn es schon vor 1938 äußerst schwierig war, ein Visum für die USA
zu erhalten, so erwies sich dies von nun an als so gut wie unmöglich.

Angesichts der wachsenden Zahl jüdischer Flüchtlinge rief der amerikanische Präsident Franklin D. Roosevelt im Juli 1938 zu einer
internationalen Konferenz auf, in der vagen Hoffnung, dass die
Teilnehmerstaaten sich verpflichten würden, zusätzliche Kontin-
gente aufzunehmen. Nachdem Italien und die UdSSR die Einladung
abgewiesen hatten, fanden sich die Vertreter von 32 Staaten und 24
Hilfsorganisationen für neun Tage in Évian-les-Bains ein, am Ufer
des Genfer Sees. In der Kühle der Salons des majestätischen Hôtel
Royal, zu seiner Einweihung 1909 als »schönstes Hotel der Welt« bezeichnet, Insel gekrönter Häupter und renommierter Künstler, lösten sich die internationalen Delegierten auf der Rednerbühne darin
ab, ihr tiefstes Mitgefühl für das Schicksal der europäischen Juden
auszudrücken. Aber niemand bot seine Gastfreundschaft an, abgesehen von der Dominikanischen Republik, die im Gegenzug dafür
Subventionen einforderte. Die Vereinigten Staaten, von nur einem
Geschäftsmann repräsentiert, weigerten sich, ihre festgelegte Quote
von 27.370 Visa pro Jahr für Deutschland und Österreich zu erhöhen.

Eines der einflussreichsten Länder der Erde hatte damit den Ton vorgegeben und der Rest der Welt zögerte nicht, ihm zu folgen.

Trotz der immensen Kolonialreiche, die Großbritannien und Frankreich damals noch besaßen, wurde keine einzige der denkbaren Optionen praktisch in Betracht gezogen, weder Palästina noch Algerien oder auch Madagaskar. Frankreich erklärte, dass es »einen äußersten Sättigungspunkt in der Flüchtlingsfrage« erreicht hätte. Der Abgesandte aus Australien ließ verlauten, sein Land, eines der weitläufigsten der Welt, habe »kein Rassenproblem« und verspüre »auch keine Neigung, durch eine ausländische Masseneinwanderung eines zu importieren«. Der Vertreter der Schweiz, Heinrich Rothmund, Chef der Fremdenpolizei, teilte mit, sein Land sei ein reines Transitland. Dieser notorische Antisemit hatte nie seinen Hass gegenüber Juden verhehlt, die er als »artfremde Elemente« betrachtete, welche die Schweiz mit »Verjudung« bedrohten.

Ich stelle mir diese Vertreter der »internationalen Gemeinschaft« mit ihren verstimmten und betont schmerzlich berührten Gesichtsausdrücken vor, wie sie zwischen zwei Anstandsreden im Schatten der eleganten Pergola dieses Hotels Erfrischungen zu sich nehmen, in dem einst Marcel Proust, Sohn einer elsässischen Jüdin, überzeugter Dreyfusianer, Passagen seines Buches *Auf der Suche nach der verlorenen Zeit* geschrieben hat, ein literarisches Meisterwerk, das ganz Frankreich zum Stolz gereichte. Die zukünftige israelische Ministerpräsidentin Golda Meir, die nach Évian als »jüdische Beobachterin aus Palästina« geladen war, sollte später festhalten: »Dazusitzen, in diesem wunderbaren Saal, zuzuhören, wie die Vertreter von 32 Staaten nacheinander aufstanden und erklärten, wie furchtbar gern sie eine größere Zahl Flüchtlinge aufnehmen würden und wie schrecklich leid es ihnen tue, dass sie das leider nicht tun könnten, war eine erschütternde Erfahrung.«

Von was für Zahlen war die Rede? Es ging darum, unter 32 Staaten, die direkt oder indirekt über große Territorien verfügten, die etwa 360.000 Juden aufzunehmen, die es in Deutschland noch gab, zu denen noch etwa 185.000 Juden aus Österreich hinzukamen. Es handelte sich dabei zum Großteil um großstädtische, gut ausgebildete und praktisch erfahrene Bürger, die für viele Länder eine Bereicherung dargestellt hätten. Etwa für ein Land wie Argentinien, das angesichts seiner riesigen, unterbevölkerten Landstriche stets auf der Suche nach solchen Einwanderern war. Und doch unterzeichnete sogar noch vor dem Ende der Konferenz in Évian der argentinische Außenminister José Maria Cantilo ein Rundschreiben, das unter dem Siegel der Verschwiegenheit sämtlichen argentinischen Konsulaten befahl, Visa – auch Touristenvisa – allen Personen zu verweigern, »von denen anzunehmen ist, dass sie ihr Herkunftsland verlassen haben oder verlassen wollen, weil sie als unerwünschte Personen angesehen werden, oder des Landes verwiesen wurden, ganz unabhängig vom Grund ihrer Ausweisung« – mit anderen Worten: den Juden.

Es fällt schwer, in dieser pauschalen Zurückweisung von Flüchtlingen etwas anderes zu sehen als den Ausdruck einer internationalen Antisemitismus-Epidemie, die weit über die Grenzen des Dritten Reiches hinausragte. China, auf der Konferenz nicht vertreten, war eines der wenigen Länder, das europäische Flüchtlinge akzeptierte, sogar ohne Visum, weil es dort keine Einwanderungsquoten gab. Da sie nirgendwo anders hingehen konnten, begaben sich bis zu 20.000 Juden nach Schanghai, und dies der komplizierten Sprache, der fremden Kultur und der schwierigen wirtschaftlichen Verhältnisse zum Trotz. Doch selbst in solcher Entfernung wurden sie noch von der langen Hand der Nazis erfasst: Ende 1941 sperrten die Japaner, die einen Teil Chinas okkupiert hatten, auf Druck ihrer deutschen Alliierten die europäischen Juden in ein Getto, wo 2.000 von ihnen unter desaströsen Lebensbedingungen starben.

Nicht einmal nach den Qualen der Novemberpogrome rührte sich die internationale Gemeinschaft. Einzig Großbritannien erklärte sich mit einer Geste bereit, 10.000 jüdische Kinder in britische Familien aufzunehmen, womit jene Kindertransporte gemeint sind, die Lotte Kramer das Leben gerettet haben. Zugleich aber schloss es mit Palästina, das unter britischem Mandat stand, eine der letzten noch offenen Türen für die europäischen Juden. Aus Angst, die bereits bestehenden Spannungen zwischen Arabern und Juden könnten sich noch weiter zuspitzen, legten die Briten zwischen 1939 und 1944 eine Quote für jüdische Migranten von insgesamt 75.000 Personen fest, während noch beinahe zehn Millionen Juden auf dem europäischen Kontinent lebten.

Nach dem 9. November 1938 und der sukzessiven Abschaffung der letzten Rechte, die Juden noch besaßen, machte sich Panik breit. Hunderttausende, die sich bis dahin geweigert hatten, verstanden plötzlich, dass sie das Land so schnell wie nur eben möglich verlassen mussten. Sie strömten in Massen vor die Konsulate der ganzen Welt, die schon in den Jahren zuvor immer weniger Visa ausgestellt hatten und sich nun angesichts dieses Ansturms an Hoffnungslosigkeit noch abweisender zeigten. Die Diplomaten hatten entsprechende Anweisungen erhalten.

»Mein Vater begab sich zum amerikanischen Konsulat und harrte dort sehr lange aus«, berichtet Lotte Kramer. »Er kehrte mit einer Nummer in der Hand nach Hause zurück, aber er befand sich so weit unten auf der Warteliste ... Wir wussten, dass wir keinerlei Chance hatten. Meine Eltern versuchten es auch mit Panama, Ecuador, von wo aus sie hofften, in die USA gelangen zu können, aber sie erhielten nichts.« Trotz der evidenten Aufnahmekapazität dieses von europäischen Juden bevorzugten Ziellands, in dem viele bereits Familienangehörige besaßen, die sich aller Erfahrung nach hervorragend integriert hatten, blieben die USA ihrem Schicksal gegenüber ungerührt und hielten mit einer bürokratisch grausamen Hartnäckigkeit an ihrer Quote fest.

Eine der wohl dramatischsten Episoden dieser Politik bildete die Reise der *St. Louis* im Frühling 1939, einem transatlantischen Passagierdampfer aus Hamburg, der Havanna ansteuerte und 937 Personen an Bord hatte, fast alle von ihnen deutsche Juden, die Kuba als Transitland erreichen wollten, um von dort in die USA zu gelangen. Kuba aber, für das man zuvor in Deutschland noch Visa bekommen konnte, hatte in der Zwischenzeit wegen eines politischen Skandals die Einreisebestimmungen geändert. Provokateure hatten die öffentliche Meinung gegen Juden aufgeheizt und eine antisemitische Demonstration noch vor der Ankunft des Schiffes organisiert. Nur 29 Passagiere durften schließlich an Land gehen, die *St. Louis* aber wurde aus den kubanischen Gewässern verjagt.

Sie fand sich vor Miami wieder, und zwar so nahe der Küste, dass die Flüchtlinge die Lichter an Land sehen konnten. Kapitän Gustav Schröder und jüdische Organisationen versuchten, Präsident Franklin D. Roosevelt davon zu überzeugen, ihnen Asyl zu gewähren. Vergeblich. Der Hauptgrund dafür war die Stimmung in der amerikanischen Bevölkerung, die angesichts der während der Wirtschaftskrise gestiegenen Arbeitslosigkeit allergisch auf jegliche Immigration reagierte, vor allem auf die der europäischen Juden, deren Konkurrenz auf dem Arbeitsmarkt man mehr fürchtete, als dass man Verständnis für ihre Situation hatte. Es lag nun an Kanada, sich solidarisch zu zeigen, aber auch hier erwies sich der Immigrationsbeauftragte Frederick Blair als unerbittlich. Anfang Juni 1939 zurück in Europa, weigerte sich Kapitän Schröder, seine Passagiere an Deutschland auszuliefern, und ließ sie in Antwerpen an Land gehen. Ein Viertel von ihnen fand im Holocaust den Tod.

Die Familie Löbmann hat nie ein Visum erhalten. Es ist gut möglich, dass sie sich mit dem Möbeltransport in die USA an diese fast unmögliche Perspektive geklammert hat, um ihre materiellen Güter nicht aufgeben zu müssen, anstatt ihre Haut zu retten und es mit anderen Ländern zu versuchen. Aber auch ein Visum hätte ihnen mitnichten garantiert, sicher am gewünschten Ziel in Übersee anzukommen, denn dazu musste man zumindest ein, wenn nicht zwei Drittländer durchqueren, Frankreich, Portugal, Belgien, die Niederlande, die Schweiz, wo gewissenlose Mittelsmänner Bestechungsgelder verlangten, die umso höher wurden, je stärker die Not der Juden anwuchs. Reisebüros, Konsulate, Schlepper, Hotelbesitzer, bestochene Beamte – wie viele haben sich nicht am Antisemitismus bereichert! Die Mittel der Löbmanns aber waren begrenzt, da die Summe, die sie aus dem Verkauf ihrer Firma gezogen hatten, nach den für Juden geltenden Verordnungen auf einem vom Reich kontrollierten Konto, von dem sie jeweils nur kleinere Summen abheben durften, blockiert war.

Trotzdem war es noch nicht vollkommen unmöglich, Deutschland zu verlassen. Nach den Novemberpogromen 1938 konnten bis zu 40.000 Juden flüchten. Unter ihnen befand sich Lotte Kramer. Ihre Lehrerin an der Schule in Mainz hatte von den organisierten Kindertransporten nach Großbritannien gehört und einen Platz für sie gefunden. »Meine Mutter sprach mit ihrer Schwester Irma darüber, der es gelang, auch ihre beiden Kinder Lore und Hans im Transport unterzubringen. Ich wollte von meinen Eltern nicht getrennt sein, aber ich war mit meinen Cousins zusammen, und es war ein wenig wie ein Abenteuer.«

1939 konnten noch fast 80.000 Juden das Land verlassen, davon mindestens 1.000 Juden aus Mannheim. Einige von ihnen landeten in Indien oder Kenia, Länder, die nicht ihre erste Wahl gewesen waren.

Die Familie Löbmann hat vielleicht zu lange gezögert, sich von Amerika als Bestimmungsort abzuwenden und sich stattdessen mit dem Lebensminimum irgendwohin zu retten. Diese Abneigung gegen alles Improvisierte wurde zu ihrer Fessel. Je länger die Löbmanns abwarteten, desto mehr ging ihr Vermögen zur Neige und damit die Chance, doch noch auswandern zu können.

Denn nach dem 9. November 1938 gab es kein Halten mehr bei den organisierten Plünderungen. Um die Juden für jene Pogrome zu bestrafen, deren unglückselige Opfer sie selbst ja waren, forderte das NS-Regime von ihnen eine Sühneleistung in Form einer neuen Steuer, der Judenvermögensabgabe, mit der die Nationalsozialisten 25 Prozent des Vermögens derer ergaunerten, die wie die Löbmanns mehr als 5.000 Reichsmark besaßen. Dann befahl man ihnen im Februar 1939, sämtliche Gegenstände aus Silber, Gold und Platin auszuhändigen, ebenso wie Perlen und Edelsteine, und zwar für einen Preis, der häufig nur ein Zehntel des eigentlichen Wertes ausmachte. Wenige Monate später zwang eine neue Verordnung diejenigen, die das Land verließen, zusätzlich zur Steuer auf Devisen und zur Reichsfluchtsteuer eine progressive Auswandererabgabe zu bezahlen.

Die Lage der in Deutschland festsitzenden Juden verschlimmerte sich zusehends. Hitler hatte entschieden, sie endgültig aus dem Wirtschaftsleben und der Arbeitswelt auszuschließen. Diejenigen, die bereits alles verloren hatten, wurden zwangsweise herangezogen, um Straßen zu bauen oder den Müll zu entfernen, während Firmen, die noch nicht arisiert worden waren, zu Schleuderpreisen verkauft wurden. Einige Juristen trieben den Zynismus so weit, dass sie die Eigentümer, die in Dachau eingesperrt waren, aufsuchten, um sie den Verkaufsvertrag unterzeichnen zu lassen. Man riss sich Grundstücke unter den Nagel, auch die der Synagogen, der jüdischen Organisationen, der jüdischen Friedhöfe. In Mannheim, wie Christiane Fritsche berichtet, hat selbst die evangelische Kirche an dieser finsteren Zerlegung teilgenommen – und damit die Preise aufs Erbärmlichste gedrückt.

Am Morgen des 22. Oktober 1940 tauchten Nazi-Schergen in den Häusern der Löbmanns sowie bei Wilhelm Wertheimer, dem Bruder von Irma und Mathilde, auf und befahlen ihnen, ihre Koffer zu packen: Jeder Erwachsene hatte das Recht auf maximal 50 Kilogramm Gepäck sowie 100 Reichsmark und sollte Nahrung und Wasser für drei Tage mitnehmen. Ihre Konten, ihre Wertpapiere sowie ihr Grund und Boden wurden mit allem, was sie beinhalteten, gepfändet. Wenige Stunden später warteten sie auf dem Gleis des Mannheimer Bahnhofs gemeinsam mit ungefähr 2.000 anderen Juden der Stadt darauf, in einen Zug zu steigen, dessen Ziel sie nicht kannten. Ungefähr die Hälfte der Mannheimer Gemeinde war in den Jahren davor ins Exil geflohen. Acht Juden hatten sich noch am Morgen der Razzia das Leben genommen. Mehreren Hundert war es gelungen, sich zu verstecken, nur Ehepartner arischer Personen wurden verschont.

Am 23. Oktober setzte sich ein aus neun Zügen bestehender Konvoi mit etwa 6.500 Gefangenen in Bewegung. 4.500 weitere Juden aus dem Südwesten Deutschlands, dem Saarland, aus Baden und der Pfalz waren ebenfalls im Rahmen dieser Aktion verhaftet worden.

Nachdem der Transport bei Kehl den Rhein überquert hatte, kam er nachts in Chalon-sur-Saône an, einem Ort, der direkt an der Demarkationslinie lag, die Frankreich nach der Niederlage in eine vom Dritten Reich besetzte Zone im Norden des Landes und eine sogenannte »freie« Zone im Süden unterteilte, die von der begrenzt autonomen französischen Regierung mit Sitz in Vichy kontrolliert wurde. Anders als die Deutschen es sich ausgemalt hatten, legte Vichy, das inzwischen ein eigenes »Judenstatut« zu deren Diskriminierung eingeführt hatte, Protest ein. Vor vollendete Tatsachen gestellt, ließen die französischen Behörden jedoch die Züge in die »freie« Zone einfahren, in der die Deutschen theoretisch kein Sagen hatten, wobei sie deutlich darauf hinwiesen, dass es außer Frage stand, dass sich ein solcher Vorfall nicht wiederholen durfte.

Nach zwei Tagen, während derer sie der Brutalität der SS ausgeliefert waren, kamen die Passagiere, von denen viele hohen Alters waren, im Lager Gurs im Südwesten Frankreichs an. In diesem von Vichy verwalteten Internierungslager befanden sich Juden und Nicht-Juden aller Nationalitäten – mit Ausnahme der französischen, die entweder von den Nazis deportiert wurden oder aber vom französischen Regime in der »freien« Zone verhaftet worden waren. In Gurs gab es weder Hinrichtungen noch Folter, aber Hunderte der Häftlinge starben aufgrund der Lebensbedingungen, sie verhungerten oder kamen vor Kälte um in diesen fensterlosen Baracken, in denen es weder sanitäre Anlagen noch fließendes Wasser gab, in die der Regen eindrang und wo das Bettzeug aus mit Stroh gefüllten Säcken bestand, die auf den schlammigen Boden geworfen waren. Irma Wertheimer, die Ehefrau von Siegmund Löbmann, erkrankte schwer und wurde Ende November 1941 in ein Hospital in Aix-en-Provence transportiert. Siegmund wurde in das nahe gelegene Internierungslager Les Milles überführt, um in ihrer Nähe sein zu können.

Aus Gurs zu fliehen war verhältnismäßig einfach, da dessen Umzäunung nur zwei Meter hoch und weder elektrisiert noch mit Wachtürmen verstärkt war. Dennoch gab es wenige Fluchtversuche, da die größere Herausforderung erst noch folgte: ein langes, angsterfülltes

Versteckspiel mit der Polizei. Vermutlich weil ein solcher Ausbruch mit Kindern und älteren Eltern unvorstellbar war, zogen viele Gefangene die Familie der Freiheit vor.

In Gurs hatten religiöse und humanitäre Verbände die Erlaubnis erhalten, Nahrung zu liefern, medizinische Versorgung anzubieten und den Alltag der Inhaftierten zu erleichtern. Eine von ihnen, die internationale jüdische Hilfsorganisation HICEM, half den Juden dabei, die nötigen Unterlagen für die Einreichung einer Emigrationsanfrage zusammenzustellen. Jene, denen dies gelang, baten den Vorsteher des Lagers, nach Marseille, diesem großen französischen Hafen am Mittelmeer, überführt zu werden, hegten sie doch die Hoffnung, sich von dort aus nach Übersee einschiffen zu können. So gelangten im April 1941 schließlich auch Julius und Mathilde Löbmann mit ihrem Sohn Fritz sowie Wilhelm Wertheimer und seine Frau Hedwig mit ihrem Sohn Otto nach Marseille. Dank der Unterstützung der Mitarbeiter aus der Gedenkstätte des Lagers Les Milles, einer der Vorzeigeinstitutionen in Frankreich, um die jungen Generationen für dieses Gedenken zu sensibilisieren, konnte ich den weiteren Weg der Mitglieder dieser Familie nachzeichnen.

Die Männer kamen nach Les Milles, das unter der Verwaltung von Vichy stand und wo zahlreiche Künstler und Intellektuelle wie etwa Golo Mann und Lion Feuchtwanger interniert waren. Die Frauen und Kinder wurden in zu Unterbringungszentren umfunktionierten Hotels in der Innenstadt von Marseille geschickt.

Hedwig und Otto, der damals neun Jahre alt war, wurden ins Hôtel Bompard gebracht, Mathilde und Fritz, damals zwölf Jahre alt, ins Hôtel Terminus les Ports. Man litt an Unterernährung, an Hygienemangel, an Ungeziefer, an mangelnder Kleidung und Kälte in diesen Häusern, in denen die Stromversorgung und das Wasser rationiert waren und deren Besitzer oft nicht die geringsten Skrupel hatten, die vom französischen Staat ausgezahlten Aufwandsentschädigungen in die eigene Tasche zu stecken und nur einen Bruchteil den Gästen zugutekommen zu lassen. Außerdem war man dem Gutdünken widerwärtiger Figuren wie dem Arzt Félix Roche-Imbart ausgesetzt, der seiner sadistischen Lust frönte, die Unterbringung erkrankter Gäste in Hospitälern und Sanatorien zu verhindern und ihnen den Besuch von Ehegatten zu verbieten. Trotz allem waren im Vergleich zum Lager in Gurs die Lebensbedingungen deutlich bessere. Internationale Hilfsorganisationen gaben Kindern Unterricht und richteten für die Mütter Nähkurse ein, vor allem aber konnten die meisten Frauen sich frei in der Stadt bewegen, am Strand spazieren gehen und weiterhin versuchen, die notwendigen Behördenwege zu erledigen, um auswandern zu können.

Laut Archiv des Lagers Les Milles muss Hedwig versucht haben, für ihre Familie amerikanische Visa zu erhalten. Was wahrscheinlich auch für Mathilde gilt. Sie kamen zu spät. Kurz zuvor war ein solches Ziel noch umsetzbar, dank des amerikanischen Vizekonsuls in Marseille, Hiram Bingham IV, der Visa und gefälschte Papiere beschaffte. Oder aufgrund der Hilfe des amerikanischen Journalisten Varian Fry, dem es gemeinsam mit einem großen Netzwerk an Unterstützern gelungen war, mehr als 2.000 Juden aus Frankreich herauszuschleusen, unter denen sich hauptsächlich Künstler, Intellektuelle und Wissenschaftler wie Claude Lévi-Strauss, Max Ernst, Hannah Arendt oder Marc Chagall befanden. Als Reaktion, aber auch auf Druck des Vichy Regimes hin, entzog das Aussenministerium in Washington dem Konsulat die Entscheidungshoheit in Sachen Visavergabe, versetzte Hiram Bingham IV nach Portugal und konfiszierte den Pass von Varian Fry.

Hedwig Wertheimers und Mathilde Löbmanns Bestrebungen zur Emigration scheiterten im Sommer 1942, sie wurden mit ihren Söhnen nach Les Milles überführt, wo sie wieder auf ihre Ehemänner Julius und Wilhelm trafen. Die Stimmung war bedrückend. Im Lager Drancy nördlich von Paris hatten die Deportationen nach Auschwitz begonnen. Offiziell hieß es, um die Häftlinge in Arbeitslager zu bringen. Beim Anblick der Viehwaggons, in die man ganze Familien ohne Wasser einpferchte, fragten sich viele, warum man wohl auch Kinder, die gar nicht befähigt waren zu arbeiten, in die Züge zwängte. Es war auch schon von Massakern die Rede.

Hedwig und Mathilde mussten die Gefahr gerochen haben. Wie andere Mütter auch, entschieden sie sich, ihre Söhne dem jüdischen Kinderhilfswerk anzuvertrauen. Zeugen haben von herzzerreißenden Trennungen berichtet, dem Weinen der Kinder, die man von ihren Müttern trennte, die wiederum damit zu kämpfen hatten, Haltung zu wahren, um ihre Kleinen nicht zu beunruhigen. Otto wurde ins Château de Montintin südlich von Limoges gebracht, wo sich mehrere Hundert Kinder zwischen 12 und 17 Jahren versteckt hielten, unter ihnen vor allem deutsche Juden, die dort von einem Arzt beschützt wurden. Fritz ging in eine ähnliche Anstalt, die sich zum Ziel gesetzt hatte, die Kinder vor der Deportation zu retten.

Im Frühling 1943 hatten die beiden Cousins das Glück, noch einmal in einem der letzten Zufluchtsorte Frankreichs vereint zu sein, der in der damals von Italien besetzten Zone im Südosten Frankreichs lag. In Izieu, einem kleinen, hoch gelegenen Dorf an den Hängen eines Arms der Rhône, hatte die polnisch-jüdische Widerstandskämpferin Sabine Zlatin gemeinsam mit ihrem Ehemann ein Heim errichtet, wo sie die Kinder vor der Deportation bewahren wollte. Zum ersten Mal seit Langem konnten Fritz und Otto wieder an die Leichtigkeit der Kindheit anknüpfen. In der Gedenkstätte von Izieu zeigen Fotos diese Kinder auf einer weiten Wiese, ihr Haar im Wind, als Gruppe vor einem Haus, die Großen tragen die Kleineren auf ihren Armen, in Badehose auf einem Steg an einem See. Sie lächeln fast immer und es ist auf diesen Bildern, die Aufnahmen welcher glücklichen Kindheit auch immer sein könnten, nicht der Hauch eines Vorzeichens zu sehen.

Die italienische Besatzungszone war für Juden die sicherste, da sich die Italiener, im Gegensatz zu den Franzosen, so gut es ging weigerten, sie auszuliefern. Im September 1943 aber, nach der Kapitulation des faschistischen Italiens, kippte die Situation, da nun die Deutschen die italienische Zone in Frankreich besetzten. Die aufkommende Gefahr ahnend, machte sich Sabine Zlatin Anfang April 1944 auf, eine andere Zufluchtsstätte zu finden. Doch während ihrer Abwesenheit geschah es am Morgen des 6. April, dem ersten Tag der Osterferien, als die Kinder gerade dabei waren, ihr Frühstück vorzubereiten, dass zwei Lastwagen der Wehrmacht und ein Dienstwagen der Gestapo die 44 Jungen und Mädchen, den Ehemann von Sabine Zlatin und sechs Erzieher festnahmen und ins Lager von Drancy brachten. Der Befehl dazu stammte vom Leiter der Gestapo in Lyon, Klaus Barbie, einem Mann, der für seine an Wahnsinn grenzende Besessenheit berüchtigt war, Juden und Widerstandskämpfer zu jagen, die er dann mit hemmungsloser Leidenschaft allen möglichen Foltermethoden unterwarf, deren genialer Erfinder er sich zu sein rühmte.

Am 15. April 1944 wurden Fritz Löbmann und Otto Wertheimer, damals 15 und 12 Jahre alt, in einem Konvoi zusammen mit 30 anderen Kindern von Izieu nach Auschwitz deportiert. Am Tag ihrer Ankunft wurden sie vergast.

Zwei Jahre zuvor waren die Eltern von Otto Wertheimer, Hedwig und Wilhelm, und die Mutter von Fritz Löbmann bereits nach Drancy überführt worden. Am 17. August wurden sie mit dem Konvoi Nummer 20 verschleppt. Endstation: Auschwitz. Am 2. September war es dann Siegmund, der nach Drancy kam, er wurde am 7. September mit dem Konvoi Nummer 29 deportiert. Endstation: Auschwitz. Seine Einsamkeit wird seine Notlage nur noch schlimmer gemacht haben. Seine Frau Irma stand auf der Liste der zu Deportierenden des Lagers Les Milles, dürfte aber wohl in letzter Sekunde gerettet worden sein, und dies womöglich von Medizinern, die ihre Notaufnahme im Krankenhaus von Aix-en-Provence verlangten.

Julius Löbmann stand ebenfalls auf der Liste, war jedoch nicht auffindbar. Ihm war die Flucht gelungen. Da es so gut wie unmöglich war, aus Les Milles zu entkommen, musste Julius während einer seiner alltäglichen Wege ins nahe gelegene Dorf Saint-Cyr-sur-Mer geflohen sein, wo er als Teil eines Trosses von Zwangsarbeitern im Dienste der französischen Industrie und Landwirtschaft (GTE) arbeitete. Er muss sich wohl unversehens entschieden haben, als er begriffen hatte, dass seine Familie nicht entkommen würde. Er allein konnte fliehen, die anderen saßen im abgeschlossenen Bereich des

Lagers in der Falle. Ich stelle mir vor, wie er sich von seiner Frau verabschiedet, von seinem Sohn, seinem Bruder, seinem Schwager und in der Nacht vor seiner Flucht kein Auge zugemacht hat. Und dann am eigentlichen Tag, an dem es galt, den richtigen Moment zu erfassen, um sich davonzustehlen, um in die Pinienwälder von Saint-Cyr-sur-Mer zu verschwinden oder auf dem Rückweg vom Wagen abzuspringen.

Die Chancen für einen geflohenen Juden, der ohne Geld, ohne Kontakte und ohne irgendwelche Kenntnisse über Frankreich sich selbst überlassen war, waren unter einem Regime, das mit Deutschland kollaborierte und aus freien Stücken antijüdische Verordnungen eingeführt hatte, äußerst gering. Es sei denn, das Schicksal entschied sich, großmütig zu sein und ihn mit einem dieser mutigen und mitfühlenden Franzosen zu begünstigen, die während des Krieges Juden in ihren Kellern oder auf ihren Dachböden versteckt hielten und ihnen regelmäßig heimlich brachten, was zum Überleben reichen musste. Aber selbst dieses Szenario konnte tragisch enden, wenn der Schutzengel denunziert und von der Gestapo oder der französischen Polizei verhaftet wurde und seine Schützlinge gefangen oder in ihren Löchern ohne irgendeine Hilfe zurückblieben.

Wer auf sich allein gestellt blieb, der musste schlau und verwegen sein; und schenkt man Lotte Kramer Glauben, so war Julius dies. Um nicht Gefahr zu laufen, seine Herkunft preiszugeben, gab er sich als taubstumm aus und ließ sich in einem großen Hotel an der Côte d'Azur wahrscheinlich irgendwo in der italienisch besetzten Zone zwischen Nizza und Menton als Liftboy anheuern. Ich weiß nicht, ob sein Patron geahnt hat, mit wem er es zu tun hatte, er besaß jedoch die Güte, trotz der fehlenden Papiere dieses ulkigen Kerls mit Pupillen so blau und Haaren so blond wie bei einem Deutschen ein Auge zuzudrücken.

Nach dem Einmarsch der Deutschen in die italienische Zone muss Julius miterlebt haben, wie Offiziere der Wehrmacht und der SS in dem Hotel abgestiegen sind. Wie viele Male täglich hat er wohl das Martyrium erleiden müssen, diese Männer auf ihre Etage zu fahren, in der Enge der Aufzugskabine ihre Uniformen zu streifen, die ihm das Blut in den Adern gefrieren ließen, seine Hände zittern zu fühlen, wenn er den Knopf bediente, und sein Herz vor Angst trommeln zu spüren, dass ihm ein Blick, ein Reflex passieren mochte, ein »Bitte schön« oder ein »Danke« oder ein »Guten Morgen« – ein einziges Wort auf Deutsch und er wäre verloren gewesen. Im Sommer 1944 wurde er von diesem Druck befreit, als die Truppen der Alliierten in der Normandie und später in der Provence landeten und die Besatzer aus Frankreich verjagten. Vielleicht ging er nach Drancy in der Hoffnung, dort seine Lieben wiederzufinden, und erfuhr dann, dass alle Gefangenen nach Auschwitz gebracht worden waren. War Julius in diesem Moment bereits klar, wofür der Name Auschwitz stand?

Seit dem Sommer 1941 wussten die Briten, dass die Kommandos der SS, deren Funkverschlüsselung sie dechiffriert hatten, im Osten Europas Massaker anrichteten. In der Folgezeit gab es dafür immer mehr Indizien, die den Alliierten aus unterschiedlichen Quellen der deutschen Armee, von Vertretern der jüdischen Bevölkerung und von polnischen Widerstandskämpfern zugespielt wurden. Im Frühling 1942 zeigte sich der *Daily Telegraph* alarmiert: »Mehr als 700.000 polnische Juden sind bei einem der größten Massaker der Weltgeschichte ermordet worden.« Immer mehr Medien verbreiteten diese Informationen, selbst die Gaskammern wurden erwähnt. Am 17. Dezember 1942 verurteilten die Alliierten diese »bestialischen Vernichtungsmethoden« öffentlich und einhellig. Der britische Radiosender BBC übertrug die Erklärung, die wörtlich lautete: »Niemand wird niemals mehr sagen können, er habe nie etwas von Deportierten gehört. Diejenigen, die fähig sind zu arbeiten, werden in den Lagern ausgebeutet, bis sie vor Erschöpfung sterben. Die Kranken und Gebrechlichen sterben vor Kälte oder an Hunger oder werden brutal umgebracht.« Die amerikanischen, britischen und sowjetischen Regierungen wussten sogar, dass schon mehr als zwei Millionen Juden umgebracht worden und fünf Millionen aufs Schlimmste bedroht waren.

Da diese Informationen von Vichy-Frankreich zensiert wurden, wird Julius einen letzten Funken Hoffnung bewahrt haben, vor allem für seinen kleinen Fritz, diesen Jungen, der noch ein Kind war. Die Nazis würden doch wohl nicht auch noch Kinder ermordet haben. Aber an wen konnte er sich wenden und um Hilfe bitten? Seine ganze Familie, all seine Freunde waren verschwunden, und das befreite Frankreich kümmerte sich keinen Deut um die dem Tod entronnenen Juden. Es blieb ihm nichts anderes übrig, als nach Amerika zu gehen, nach Chicago, jener Stadt, in die seine Familie geplant hatte zu fliehen, bevor sie von Mannheim fortgerissen wurde.

Während der Überquerung des Atlantiks muss Julius an Bord des Schiffes, das sich von einem in Feuer und Blut versinkenden Europa entfernte, ein Gefühl tiefer Traurigkeit bei der Vorstellung übermannt haben, diese Reise nun allein angetreten zu haben, mit der sich die Seinen als letzten Ausweg voller Bitterkeit abgefunden hatten, und von der er niemals geglaubt hätte, dass sie sich eines Tages in einen unerreichbareren Traum verkehren sollte: sie alle gemeinsam auf diesem Schiff, befreit vom Untergang ihres Heimatlandes. Die Augen auf den Horizont gerichtet, an dem bald schon der ersehnte amerikanische Kontinent aufscheinen sollte, wird Julius wohl gespürt haben, dass er dort niemals das Leben mit seinem Sohn Fritz teilen würde, auch nicht mit seiner Frau Mathilde und auch nicht mit seinem Bruder Siegmund.

4 Die Leugnung des Karl Schwarz

CHICAGO WAR für die europäischen Juden eines der ersten Wunschziele, da es nach New York und Warschau mit etwa 270.000 Mitgliedern die drittgrößte jüdische Gemeinde weltweit beherbergte. Die Einflussreichsten und am besten Integrierten von ihnen waren deutscher Abstammung. Als Erste angekommen, hatten sie von 1840 an soziale, kulturelle und religiöse Einrichtungen aufgebaut, mit denen die Gemeinde aufblühte. Mit der Jahrhundertwende strömten Juden aus Osteuropa und Russland hinzu, die vor Pogromen aus ihren Ländern flohen, in den Dreißigerjahren schlossen sich ihnen die Opfer der Nazi-Verfolgungen an, wie etwa der ungarische Maler und Fotograf László Moholy-Nagy. Auch nicht jüdische Deutsche waren in Chicago emigriert, so einer der Gründer der modernen Architektur, Ludwig Mies van der Rohe, der Nazi-Deutschland weniger aus Gründen des politischen Widerstands verlassen hatte, sondern weil das Regime moderner Kunst gegenüber feindlich gesonnen war und seine Arbeit nicht schätzte. Seine minimalistische Architektur des »Fast nichts« prägt Chicagos Erscheinungsbild bis heute: Wolkenkratzer aus Stahl und Glas und vor allem die imperiale Crown Hall auf dem Campus des Institute of Technology, ein rechteckiger Grundriss aus Metall und Glas, eingefügt in einen grünen Garten.

Vor diesem Hintergrund wird Julius Löbmann wahrscheinlich schon bald andere Exilanten getroffen haben, vielleicht sogar Freunde oder ehemalige Mannheimer, die seine Familie, sein Geschäft gekannt hatten, mit denen er Erinnerungen an ein Deutschland austauschen konnte, das für immer verschwunden war. Immerhin war beinahe die Hälfte der 3.500 Mannheimer Juden, denen es gelungen war, sich ins Exil zu retten, in die USA ausgewandert. Auf diese Weise wird Julius wohl auch die Bekanntschaft von Erna Fuchs gemacht haben, die, wie er, ursprünglich aus dem Badischen stammte, das sie 1937 mit ihrer Familie verlassen hatte, um sich in Chicago niederzulassen. Er hat nicht lange gezögert, sie zu heiraten, denn nach Papieren aus den Archiven in Karlsruhe trug Erna 1949 bereits den Namen Löbmann und lebte unter derselben Adresse wie er. Sich schnell mit einer Jüdin aus seiner Heimat neu vermählt zu haben, die begreifen konnte, was er durchgemacht hatte, muss Julius vor großer Einsamkeit bewahrt haben. Denn auch wenn die Gemeinde in Chicago Emigranten offenherzig aufgenommen haben mag, so konnten sich doch viele Mitglieder keinen Begriff davon machen, was ihre Religionsbrüder unter dem Nationalsozialismus erlitten hatten. Umso weniger war das noch von der nicht jüdischen amerikanischen Gesellschaft zu erwarten, die vor dem Krieg doch recht wenig Mitgefühl gezeigt hatte.

Als sich 1938 für die europäischen Juden immer deutlicher ein düsteres Schicksal abzeichnete, hatten Meinungsumfragen ergeben, dass mehr als 80 Prozent der Amerikaner gegen eine Erhöhung der Einwanderungsquote waren. Ein Jahr später stellten sich mehr als 60 Prozent der Amerikaner in Umfragen gegen einen von Senator Robert Wagner und der Abgeordneten Edith Rogers vorgeschlagenen Gesetzentwurf, der die Aufnahme von weiteren 20.000 deutschjüdischen Kindern außerhalb der festgelegten Quote vorsah. Das Projekt wurde von antisemitischen Interessengruppen vereitelt, bevor es überhaupt noch dem Kongress zur Abstimmung vorgelegt werden konnte.

Ahnte Julius, welche Verbindung zwischen dem Mangel an Solidarität in den USA und dem Schicksal seiner Familie bestand? Viele jüdische Immigranten waren den USA dennoch dankbar dafür, überhaupt aufgenommen worden zu sein und eine Chance zur Integration und zum sozialen Aufstieg erhalten zu haben, wie nur wenige andere Länder sie boten. Der starke deutsche Akzent von Henry (Heinz) Kissinger, einem bayerischen, 1938 nach New York geflohenen Juden, hinderte diesen nicht daran, ein legendärer amerikanischer Außenminister zu werden. Wie viele Briefe von Juden beinhalteten nicht dieses Bekenntnis zum Patriotismus: »Wir sind schon echte Amerikaner geworden!« Nur wenige all jener, die in andere Länder emigriert waren, haben das von sich sagen können. Selbst in Israel ist Juden die Integration häufig schwergefallen, da sie sich weigerten, Hebräisch zu lernen und von einer tiefen Sehnsucht nach ihrem Heimatland durchdrungen waren.

Als das Kriegsende verkündet wurde, wird Julius Löbmann voller Erwartung versucht haben, irgendetwas über seinen Sohn, seine Frau und die anderen herauszufinden. Dann wird er aber auch die Bilder über die Vernichtungslager in den Medien gesehen haben, die mitten unter Bergen von Leichen lebendige Tote zeigten. Die Hoffnung muss sich schlagartig aufgelöst haben. Welche Spuren blieben ihm von diesen Verschwundenen? Einige Fotografien vielleicht, Gegenstände, Kleider und die Möbelstücke, welche die Familie von Mannheim aus nach Chicago geschickt hatte. Es sei denn, diese wären niemals heil in Chicago angekommen, da die Nazis nach dem Einmarsch in die Niederlande zahlreiche Container mit jüdischem Eigentum gestohlen hatten, die im Hafen von Rotterdam darauf warteten, ihren Besitzern über den Atlantik zu folgen.

Mit dieser letzten Plünderung nahm man den Flüchtlingen, von denen viele mit dem Lebensminimum emigriert waren, noch den letzten Rest dessen, was das Dritte Reich ihnen nicht schon vorher geraubt hatte. Für sie war das Exil von einem schwindelerregenden finanziellen und gesellschaftlichen Niedergang begleitet, von dem sich nur die wenigsten erholen sollten, denn andere Hürden wie die Sprachbarriere oder die Schwierigkeit, ihre deutschen Diplome im Ausland anerkennen zu lassen, kamen hinzu. Die Bewährungsprobe war vor allem für diejenigen besonders traumatisch, die in Deutschland Karriere gemacht hatten und die nun, 40-jährig, 50-jährig, die soziale Leiter bis zum Boden hinunterfielen. Eine Mannheimerin, die ein Kaufhausimperium besaß und führte, wurde in New York Putzfrau. Erfolgreiche Geschäftsmänner, die in ihrem Geburtsland als Vorbild dienten, waren plötzlich auf den Platz eines Assistenten verbannt. Rechtsanwälte und Mediziner fanden sich in einer kräftezehrenden körperlichen Arbeit wieder, wobei ihnen, selbst wenn sie alt waren und krank, keine andere Wahl blieb, da es in den Vereinigten Staaten keinerlei soziale Absicherung gab. Zur Erniedrigung, die mit dem sozialen Abstieg einherging, gesellte sich die materielle Ungewissheit. Nicht wenige sahen für sich keinen anderen Ausweg als den Suizid.

Julius Löbmann muss in den Genuss der Hilfe von Verwandten oder jüdischer Organisationen gekommen sein, denn glaubt man den Adressen, die auf den an meinen Großvater gerichteten Briefen stehen, hat er keine Armut erlebt. Anfang 1947 lebte er in einem gepflegten Ensemble von mehreren kleinen Backsteingebäuden in Wicker Park, einem Viertel mit vielen polnischen Emigranten. Zwei Jahre später wohnte er gemeinsam mit seiner Ehefrau Erna in Kenwood, einer hübschen Gegend am Rande des Michigansees, deren Häuser im georgianischen Stil und dem des Art déco errichtet worden waren und die eine Zeit lang der Chicagoer Elite als Rückzugsort gedient hat. Das Paar lebte in einem anspruchslosen, doch behaglich erscheinenden Gebäude auf einer breiten von Bäumen und Villen gesäumten Allee, nicht unweit der Synagoge und der jüdischen Schulen.

So ungefähr stellte sich die Situation von Julius Löbmann dar, als er im Januar 1948 von den beiden Inhabern der Mineralölgesellschaft, Karl Schwarz und Max Schmidt, Reparationszahlungen einforderte. Kurz zuvor war in der amerikanisch besetzten Zone ein Gesetz verabschiedet worden, welches vorsah, dass sämtliche Güter, die unter dem NS-Regime geraubt oder »zwangsverkauft« worden waren, ihren Eigentümern oder deren Erben zurückerstattet werden mussten. Das Rückerstattungsgesetz setzte mit der Verkündung der Nürnberger Gesetze am 15. September 1935 einen Stichtag fest, nach welchem jedwede Transaktion jüdischen Eigentums anfechtbar war. Die amerikanische Zone war in dieser Frage Vorreiter und äußerst kategorisch. Die Fluggesellschaft PanAm machte in den USA mit dem Thema sogar Werbung: »Sie müssen nach Deutschland wegen Rückerstattungsforderungen? Tägliche Flüge der PAA in die wichtigsten deutschen Städte.« Die Airline bot Flugtickets zu niedrigen Preisen an, die für Julius und auch den Großteil der Flüchtlinge aber unbezahlbar blieben, wohingegen jene, die sie sich hätten leisten können, sich dagegen sträubten, ins Land der Täter zurückzukehren.

Die Briten warteten zwei Jahre lang, bevor sie ihrerseits einen rechtlichen Rahmen für Rückerstattungen schufen, der demjenigen der Amerikaner ähnlich war. In der französischen Zone hingegen war das Gesetz weniger zwingend, da es den Stichtag erst auf den 14. Juni 1938 festsetzte, den Tag, von dem an Juden dazu gezwungen worden waren, ihre Geschäfte und Unternehmen in einem öffentlichen Register einzutragen, um deren Arisierung zu vereinfachen. Die Franzosen waren der Auffassung, dass es bei einer Übernahme vor diesem Datum Angelegenheit des Klägers sein sollte, die Illegalität der Transaktion zu beweisen.

Karl hatte sicherlich vom Rückerstattungsgesetz gehört. Nach dem Krieg hatten die amerikanischen Besatzungsbehörden seine Firma unter Aufsicht gestellt, da sie dank des vollständig erhaltenen Registers die vielen in Mannheim arisierten jüdischen Firmen und Grundbesitze ausfindig gemacht hatten, unter denen sich auch die Mineralölgesellschaft befand. Allerdings muss Opa wohl gedacht haben, dass er zu jener Gruppe gehörte, die einen »fairen Preis« bezahlt hatte, und folglich bald vom Verdacht, Juden ausgebeutet zu haben, befreit sein würde. Viele Käufer dachten wie er, denn das NS-Regime hatte die Bürger bei bestem Gewissen zu Komplizen gemacht, indem es diese Verbrechen legalisierte. In Karls Vorstellung hatte er folglich völlig legitim gehandelt, als er das Unternehmen im öffentlichen Register der zum Verkauf stehenden jüdischen Firmen fand und den damaligen »Marktpreis« bezahlte – und zwar mit einem Vertrag, den die Behörden für gültig erklärten. Und dies nur umso mehr, als er davon überzeugt gewesen zu sein schien, dass die Transaktion »in freundschaftlichster Weise erfolgt« sei, wie er es in den zahlreichen mit Julius Löbmann und vor allem dessen Rechtsanwälten geführten Briefwechseln, deren Kopien ich im Keller des Mannheimer Hauses gefunden habe, stets wiederholte.

So antwortete mein Großvater der Rechtsanwältin Rebstein-Metzger wie selbstverständlich, dass er nicht das Geschäft der Firma Löbmann weitergeführt, sondern schlicht die materiellen Güter gekauft und auf diesem Fundament seine eigene Firma gegründet hätte. Er war überzeugt, sich als besonders großzügig erwiesen zu haben, indem er zumindest zum Marktpreis Objekte gekauft habe, die gar

keinen Wert besessen hätten. »Bei der Bewertung der Einrichtungsgegenstände wurde jeder Gegenstand bis in das Kleinste (ein Knäuel
Schnur, Packpapier, Stempel, Bleistiftspitzmaschine etc.) bewertet«,
unterstreicht er. Ihm zufolge habe er außerdem eine Summe von
5.000 Reichsmark für Verpackungen und leere Tonnen bezahlt, die
sich bei den Kunden der Löbmanns befanden und die er nie mehr
habe zurückholen können. Es war für ihn offensichtlich, dass »es sich
nicht um eine tatsächliche Arisierung gehandelt hat«. Und so vermochte er sich nicht vorzustellen, »in welcher Form Herr Löbmann
Rückerstattungsansprüche stellen möchte«.

Die Rechtsanwältin erwiderte: »Der Kauf- und Übernahmever-
trag zeigt klar, dass es sich um einen Geschäftskauf im Ganzen handelte und nicht nur um einen Verkauf von Einrichtungsgegenständen.
Sie haben sich sogar das Recht ausbedungen, den Firmennamen Siegmund Löbmann & Co. mit oder ohne Zusatz weiterzuführen. Richtig
ist nur, dass Sie lediglich Einrichtungsgegenstände bezahlt haben, so
wie dies bei derartigen Verkäufen damals eben üblich war. Ich kann
auch nicht erkennen, dass Sie wenigstens diese Gegenstände angemessen bezahlten. Aus Ihren mitübersandten Anlagen ergibt sich
vielmehr, dass überall nur die sog. Liquidationswerte, und zwar abge-
rundet, eingesetzt wurden.« Meinem Großvater fiel nichts Besseres
ein, als den Ton noch weiter zu verschärfen, indem er der Rechtsanwältin schrieb, dass es sich bei den Einrichtungsgegenständen »um
sehr alte Stücke« gehandelt habe, »welche im freien Handel seinerzeit billiger zu haben gewesen wären, abgesehen davon, dass sich für
diese Dinge infolge ihrer Unansehnlichkeit anderweitig kein Liebhaber mehr gefunden hätte«.

Nach mehreren erfolglosen Briefwechseln mit der Rechtsanwältin
Rebstein-Metzger schrieb Opa schließlich Julius Löbmann persönlich: »Ich und meine Frau haben sich aufrichtig gefreut, dass Sie den
hinter Ihnen liegenden Leidensweg wenigstens lebend überstanden
haben, und das Schicksal Ihres Herrn Bruders und Schwagers tief bedauert. Sind die Familien ebenfalls umgekommen? Obwohl wir und
wohl die meisten Deutschen das grausame Schicksal Ihrer Glaubens-

genossen nicht gewollt haben, müssen wir nun alle darunter leiden. Dies zeigt auch unsere Auseinandersetzung, mit welcher ich ja nicht gerechnet hatte, nachdem ich Ihnen seinerzeit bestimmt nichts in den Weg legte und unsere ganzen Vereinbarungen in freundschaftlichster Weise erfolgten (...). Die wirtschaftlichen Verhältnisse sind ja bei uns ganz trostlos. Ich glaube, Sie machen sich ganz falsche Vorstellungen vom Umfang unseres Geschäftes.« Er beendete seinen Brief wie folgt: »Wie geht es Ihrer Familie? Hoffentlich ist hier auch alles wohlauf? Meine Frau wurde dieses Jahr bereits 2-mal an Darmgeschwüren operiert und muss sich im September einer weiteren Operation unterziehen. So ist immer etwas.«

Mein Großvater hatte die Situation 1938 sicherlich weniger ausgenutzt als andere, da er nur einen Preisnachlass von zehn Prozent im Vergleich zum ursprünglichen Preis ausgehandelt hatte. Nichtsdestotrotz scheint ihm fünf Jahre nach dem Krieg nicht bewusst gewesen zu sein, dass das Dritte Reich per se ein Unrechtsstaat war und dass folglich jegliches in dieser Zeit vereinbarte Geschäft unter dieser Bedingung betrachtet werden muss. Er war wohl ehrlich schockiert, als er erfuhr, dass die Juden, die angeblich deportiert worden waren, um, wie die Nazis es behauptet hatten, im Osten zu arbeiten, in Wirklichkeit in grauenvollen Lagern ermordet worden waren. Aber er hatte die Dimension dessen so wenig begriffen, dass er seinen Schmerz mit dem von Julius Löbmann verglich – »müssen wir nun alle darunter leiden«. Und dann auch diese misstönende Bemerkung: »So ist immer etwas.«

Viele, die Betriebe arisiert hatten, reagierten wie Karl Schwarz, als man sie aufforderte, Juden zurückzugeben, was ihnen zustand: Sie verwiesen auf ihr eigenes Unglück, ihren miserablen Gesundheitszustand, ihre Schwierigkeiten, den Kopf über Wasser zu halten. Das fehlende Schuldbewusstsein und die Ausblendung wurden dadurch gestützt, dass sich darin die vorherrschende Geisteshaltung der Deutschen spiegelte, die folglich kaum auf Kritik stieß. Anstatt Mitgefühl für die Opfer des Nationalsozialismus zu bezeugen, bemitleideten sie sich unerlässlich selbst ob ihres eigenen Schicksals.

Die deutsch-jüdische Politologin Hannah Arendt, die in die Vereinigten Staaten emigriert war, machte zwischen August 1949 und März 1950 eine Reise nach Deutschland und war wie vor den Kopf gestoßen darüber, wie sehr die Bevölkerung in »Gefühlsmangel, Herzlosigkeit, billige[r] Rührseligkeit« erstarrt war. »Ob es sich dabei um eine irgendwie absichtliche Weigerung zu trauern oder aber um den Ausdruck einer echten Gefühlsunfähigkeit handelt«, sei »schwer zu sagen«, schreibt sie. 1967 lieferten die beiden Psychoanalytiker Alexander und Margarete Mitscherlich ihre Antwort auf diese Frage in ihrem Buch *Die Unfähigkeit zu trauern*. Ihnen zufolge war diese »Verleumdung und Verdrängung« die Konsequenz eines Traumas, dessen Ursache aber nicht etwa die im Dritten Reich begangenen Verbrechen waren: »Hitler repräsentierte eine Allmachtvorstellung, sein Tod und seine Entwertung durch den Sieger bedeutete auch den Verlust eines narzisstischen Objekts und damit eine Ich- oder Selbstverarmung und -entwertung.« Mit dieser Niederlage sahen sich die Deutschen, die den Führer und den Nationalsozialismus auf Händen getragen hatten, »wie selbstverständlich von der persönlichen Verantwortung entbunden«. Eine solche Verweigerung öffnete einer verblüffenden Verharmlosung der Vergangenheit Tür und Tor.

Diese Haltung konnte sich in den folgenden Jahren nur umso mehr verfestigen, als die Regierung unter dem ersten Kanzler der Bundesrepublik, Konrad Adenauer, sie sowohl mit einer moralischen Rechtfertigung als auch mit einem gesetzlichen Rahmen untermauerte, den der Historiker Norbert Frei »Vergangenheitspolitik« genannt hat. Kaum an die Macht gelangt, begrub der Kanzler die von den Amerikanern und Briten ins Werk gesetzte Entnazifizierung, dieses Unternehmen zur *Reeducation and Reorientation*. »Durch die Denazifizierung ist viel Unglück und viel Unheil angerichtet worden«, sagte Adenauer bei seiner Regierungserklärung am 20. September 1949. »Die Kriege und auch die Wirren der Nachkriegszeit haben eine so harte Prüfung für viele gebracht und solche Versuchungen, dass man für manche Verfehlungen und Vergehen Verständnis aufbringen muss.« Wo es ihr »vertretbar« erschien, war die Bundesregierung entschlossen, »Vergangenes vergangen sein zu lassen«, wie der Kanzler es formulierte. Diese Formel fand über sein eigenes politisches Lager hinaus Zustimmung, da die Entnazifizierung weitgehend unpopulär war, selbst unter Sozialdemokraten. Die Geburt der Bundesrepublik sollte auch einen Ausgangspunkt bilden, um einen Schlussstrich ziehen zu können unter die angebliche Einteilung der Deutschen durch die Alliierten in zwei Klassen: »politisch Einwandfreie« und »Nichteinwandfreie«. Dieser Wunsch mochte nachvollziehbar erscheinen, doch abgesehen von wenigen Ausnahmen diente er lediglich dazu, am Ende alle Deutschen in die Kategorie der Einwandfreien zu überführen.

So war eines der ersten Gesetze, die der Bundestag verabschiedete, ein Straffreiheitsgesetz, von dem unter anderem Zehntausende Nazis profitierten, die zu einer Freiheitsstrafe von bis zu sechs Monaten verurteilt worden waren, einschließlich solcher Straftäter, denen etwa eine Körperverletzung mit Todesfolge zur Last gelegt wurde. Das Gesetz nützte zugleich jenen »Illegalen«, die in den Untergrund abgetaucht waren, um den Gerichten zu entkommen. Anfangs gaben sich die alliierten Hohen Kommissare noch eher zurückhaltend angesichts einer solchen Rechtsbeugung, erklärten sich schließlich aber unter dem Druck Adenauers doch einverstanden.

Das war nur ein Vorspiel. 1951 erlaubte ein weiteres Gesetz, das unter der Bezeichnung »131er-Gesetz« bekannt wurde, die mehr als 300.000 Beamten und Berufssoldaten, die von den Alliierten entlassen worden oder bei inzwischen aufgelösten Behörden in den Ostgebieten beschäftigt gewesen waren, wieder zu integrieren und ihnen ihr Recht auf Rente zu sichern. Zehntausende, die tief in Verbrechen verwickelt waren, profitierten von diesem Gesetz, ja sogar die kriminellen Häscher der Gestapo. Am 31. März 1955 waren etwa 77 Prozent der Beamten des Verteidigungsministeriums, 68 Prozent des Wirtschaftsministeriums, 58 Prozent des Presse- und Informationsamts der Bundesregierung und mehr als 40 Prozent des Innenministeriums Nutznießer dieses Gesetzes. Eines der wenigen gegenüber der Amnestiepolitik kritisch eingestellten Blätter, die *Frankfurter Rundschau*, enthüllte, dass im Außenministerium zwei Drittel der leitenden Positionen von ehemaligen Mitgliedern der NSDAP besetzt waren. Adenauer mühte sich eiligst, im Geiste seiner Zeit eine Antwort zu liefern: »Man kann doch ein Auswärtiges Amt nicht aufbauen, wenn man nicht wenigstens zunächst an den leitenden Stellen Leute hat, die von der Geschichte von früher her etwas verstehen. (...) Ich meine, wir sollten jetzt mit der Naziriecherei Schluss machen.«

Die sensibelsten Bereiche waren Bildung und Justiz, wo der Prozentsatz der ehemaligen Parteimitglieder unter den Beschäftigten extrem hoch war. Lehrer, die zuvor Tugenden des Nationalsozialismus gelehrt hatten, sollten nun demokratische Werte vermitteln. Die personelle Kontinuität des Dritten Reiches im Rechtswesen der Bundesrepublik stellte ein beachtliches Hindernis bei Strafverfolgungen von NS-Verbrechern dar. Viele Richter und Staatsanwälte waren kaum daran interessiert, das zu verurteilen, was sie selbst mit geschaffen hatten, und zögerten Untersuchungen so lange hinaus, bis sie diese schließlich einstellen konnten. Sie waren übrigens bestens positioniert, um sich selbst von jeglicher Mitverantwortung freistellen zu lassen, und so wurde trotz ihrer engen Verstrickungen im Dritten Reich kaum einer von ihnen je verurteilt.

1954 sollte ein neues Amnestiegesetz die Entnazifizierung vollends in Stücke fleddern. Unter dem Einfluss der FDP, die das Justizressort innehatte und bei den ehemaligen Nazis, die sie verteidigte, sehr populär war, wurde das strafmildernde Prinzip des »Befehlsnotstands« eingeführt, das den Angeklagten de facto seiner Verantwortung enthob, auch wenn er ein Kriegsverbrecher war oder ein hochstehender Nazifunktionär gewesen ist, da alle Befehle immer »von oben« kamen. Das Gesetz, das weitgehend vom Bundestag bestätigt wurde, glich einer Generalamnestie. Unmittelbar darauf fielen die juristischen Strafverfolgungen von nationalsozialistischen Gewaltverbrechen auf ein extrem niedriges Niveau ab. Die Legende, dass es im Dritten Reich nicht möglich gewesen sein sollte, einem kriminellen Befehl den Gehorsam zu verweigern, ohne sein Leben riskiert zu haben, war zum offiziellen Narrativ geworden.

In seinem sich über fünf Jahre hinziehenden Briefwechsel mit Julius Löbmann und dessen Rechtsanwälten gab Karl Schwarz seinen larmoyanten Tonfall nie auf. »Ich kann mir auch denken, dass Sie selbst jeden Pfennig notwendig gebrauchen können. Ohne die Berechtigung Ihres Anspruches anzuerkennen, mache ich Ihnen deshalb den Vorschlag, Ihnen DM 4.000 und zwar in monatlichen Raten von mindestens DM 200 zu zahlen. Diese DM 200 müssen wir uns bei den augenblicklichen Verhältnissen direkt vom Munde absparen. Es ist deshalb das alleräußerste vertretbare Angebot, ohne die ganze Existenz zu gefährden. Mehr lässt sich in den nächsten Jahren nicht herauswirtschaften, da wir ja ganz von vorne anfangen müssen.« Und er schließt wie folgt: »Ich glaube, dass Sie für die heutigen Verhältnisse auch entsprechendes Verständnis haben.«

Unter der Oberfläche eines Dementis ließ mein Großvater das Eingeständnis durchscheinen, dass der von ihm gezahlte Preis zwar den damaligen Verhältnissen entsprochen habe, tatsächlich aber nicht »angemessen« gewesen sein mochte. »Wenn wir bei dem Kauf die Sache von einem Sachverständigen hätten nachprüfen lassen«, so hatte er der Rechtsanwältin Rebstein-Metzger geschrieben, »hätten wir nicht einmal die Hälfte des Kaufpreises an die Firma L. bezahlen dürfen.« Dass er die Übernahme nicht von einem Sachverständigen überprüfen ließ, geschah vielleicht aus Mitgefühl für die Juden. Aber diese Äußerung zeigt zugleich, dass er stets im Bilde war über die Unrechtmäßigkeit der Gesetze. Er muss gewusst haben, dass die »Schätzungen« der NSDAP ganz bewusst lächerlich gering ausgefallen waren und dass die Löbmanns keine andere Wahl hatten, als einen niedrigen Preis vorzuschlagen, um den Verkauf zu besiegeln und mit dem Geld ihre baldmöglichste Flucht ins Exil finanzieren zu können. Karl Schwarz stellte sogar in Aussicht, »höhere Raten« zahlen zu wollen, sollte er dazu »in die Lage« sein. Aber Julius Löbmann antwortete nicht. Nach Monaten ohne Nachricht erhöhte er sein Angebot auf 5.000 Deutsche Mark.

Die mehrfache Wiederholung solcher Gesten von Karl Schwarz kann sowohl aus einem schlechten Gewissen entsprungen sein wie aus der Furcht vor einem Rechtsstreit, da die Gerichte Klagen zu Reparationsleistungen an Juden ziemlich genau nahmen.

Konrad Adenauer, der 1933 aus dem Kölner Rathaus gejagt worden war, nachdem er sich geweigert hatte, Hitler in Köln offiziell zu empfangen, und der die anlässlich des Besuchs aufgehängten Fahnen der NSDAP hatte einsammeln lassen, erkannte unmissverständlich die Aufgabe der Bundesrepublik an, Verbrechen aus der Zeit des Dritten Reiches »wiedergutzumachen«. Im September 1951 verkündete er: »Die Bundesregierung und mit ihr die große Mehrheit des deutschen Volkes sind sich des unermesslichen Leides bewusst, das in der Zeit des Nationalsozialismus über die Juden in Deutschland und in den besetzten Gebieten gebracht wurde (...). Im Namen des deutschen Volkes sind aber unsagbare Verbrechen begangen worden, die zur moralischen und materiellen Wiedergutmachung verpflichten.«

Viele Deutsche mögen sich bequem in ihrer Amnesie eingerichtet haben, doch das Ausland vergaß nichts. Die Welt beobachtete mit Misstrauen, wie Deutschland seine ersten Schritte in der Demokratie erprobte, und Adenauer wusste dies nur zu genau. Seine Mission bestand darin, die Bundesrepublik im westlichen Lager zu verankern in der Hoffnung, früher oder später die volle Souveränität und den Respekt der internationalen Gemeinschaft wiederzuerlangen. Dafür konnte man nicht oft genug Gesten des guten Willens zeigen, was sich im Wesentlichen in Form von Reparationszahlungen materialisieren sollte.

Der erste Schritt bestand in der Restitution der astronomischen Menge an Geld und Gütern, die den Juden von Privatpersonen, Unternehmen und vor allem vom Staat gestohlen worden war, was einer gewaltigen bürokratischen, finanziellen und juristischen Herausforderung gleichkam. Es gab in der Geschichte keinen einzigen Präzedenzfall, dem man sich hätte zum Vorbild nehmen können. Berge von Klageschriften stapelten sich auf den Schreibtischen, wobei jeder Fall einzeln entschieden werden musste. 1957 waren fast alle Akten erledigt. Aber die Opfer mussten häufig viele Jahre warten, bis sie die letzte Wiedergutmachungszahlung erhielten, und jenen, die einst wohlhabend gewesen waren, wurde der wirkliche Wert ihres verlorenen Vermögens nie zurückgegeben.

Die nächste Etappe war weitaus heikler. Es ging darum, eine Vergütung für »nicht materielle« Schäden zu gewähren: den Tod von Familienangehörigen, Gefangenschaft, Misshandlung, Folter. Die Prozesse dauerten lang und waren schmerzhaft für die Opfer, da der Kausalzusammenhang zwischen einer Gesundheitsschädigung und der Verfolgung unter dem Nationalsozialismus nicht einfach zu beweisen war. Dies galt umso mehr, da einige Ärzte ihre Gutachten mit sehr wenig Verständnis verfassten, wie die Berichte, über die Alexander und Margarete Mitscherlich geschrieben haben, deutlich zeigen: Man begegnet »einem erschreckenden Ausmaß von Einfühlungslosigkeit. Der Gutachter ist durchaus befangen und unbewusst mit der Seite der Verfolger identifiziert geblieben.«

Trotz aller Schwachstellen und Ungerechtigkeiten der Wiedergutmachung ermöglichte diese doch, einige Wunden zu heilen und vor allem die Juden aus ihrer prekären Situation zu retten, wohingegen die DDR und Österreich in dieser Zeit dem Problem gegenüber vollkommen gleichgültig blieben.

Die Bundesrepublik verpflichtete sich zudem zu Zahlungen ans Ausland. Sie führte Verhandlungen mit dem Großteil der westeuropäischen Staaten, denen sie zwischen 1959 und 1964 eine Gesamtsumme von 971 Millionen Deutschen Mark ausbezahlte, davon 400 Millionen an Frankreich. Kein Einverständnis war jedoch so symbolträchtig wie 1952 die Unterzeichnung des Wiedergutmachungsabkommens zwischen Konrad Adenauer und dem israelischen Außenminister Mosche Scharet während einer Zeremonie in eisiger Atmosphäre im Luxemburger Rathaus. Die Bundesrepublik verpflichtete sich, drei Milliarden Deutsche Mark in Form von Ausrüstungen und Dienstleistungen innerhalb von zwölf Jahren an Israel auszuzahlen sowie 450 Millionen an die Jewish Claims Conference, einer Organisation, die die Interessen der Überlebenden der Schoah außerhalb Israels bis heute vertritt. In Jerusalem gingen diesem Abkommen eine heftige Debatte und gewalttätige Demonstrationen voraus, bei denen man diesen Vertrag als Versuch Deutschlands anprangerte, sich mit »Blutgeld« ein gutes Gewissen zu erkaufen. Aber der 1948 gegründete junge Staat war auf Unterstützung von außen angewiesen, was schließlich über sämtliche Bedenken hinweghalf.

In der Bundesrepublik opponierten auch Minister und Abgeordnete der regierenden Mehrheit gegen das »Luxemburger Abkommen«, also Konservative aus den Reihen der CDU und CSU sowie die Liberalen der FDP, und führten eine hartnäckige Kampagne wider die Politik ihres eigenen Kanzlers. In aller Öffentlichkeit brachten sie damit die Unfähigkeit der politischen Klasse ans Tageslicht, der Realität des Holocaust ins Auge zu blicken. Im März 1953 wurde das Abkommen dank der Unterstützung der Sozialdemokraten mit knapper Mehrheit gutgeheißen, während die Hälfte der Abgeordneten aus den Reihen der Regierungsparteien es ablehnte.

Adenauer hatte dem parteiinternen Druck nicht nachgegeben, da er wusste, wie unerlässlich diese Geste war, wollte er sein Land in den Augen der internationalen Gemeinschaft wieder »salonfähig« machen. Aber diese Geste gehorchte dem politischen Kalkül eines isoliert dastehenden Staatsführers und nicht etwa den Reuegefühlen einer Bevölkerung, die kaum Empathie mit den Opfern des Nationalsozialismus zeigte. Viele waren sogar gegen die Auszahlung von Hilfen an deutsche Juden, da sie, so die Wahrnehmung, »auf der Seite der Eroberer« standen und als »Erpresser« des »verarmten deutschen Volkes« auftraten. Und dies obwohl die Gesamtsumme der Entschädigungen für Vertriebene, zurückgekehrte Kriegsgefangene und Opfer der Bombardements diejenige an die Juden bei Weitem überstieg. Gerüchte über Juden wurden verbreitet, die von der Situation profitiert haben sollten, um Güter zu reklamieren, die sie niemals besessen hätten, und wieder zeigte sich der Antisemitismus deutlich. Die Deutschen waren noch weit davon entfernt, geheilt zu sein.

Ich habe in Opas Briefen keine im engeren Sinne antisemitischen Äußerungen gefunden, aber angesichts der Unnachgiebigkeit von Julius Löbmann änderte sich mit einem Male sein Ton, der anfangs noch verhältnismäßig freundlich gewesen war. Als Antwort auf seine herzzerreißenden, mehrere Seiten langen Briefe schickte der Kläger ihm schließlich die kühle, sehr knappe Nachricht, dass das Verfahren in Gang gebracht sei und er nicht die Absicht hege, zugunsten von Karl Schwarz zu intervenieren. Dem blieb nun nichts anderes übrig, als »abzuwarten, was dabei herauskommt«.

Trotz des anfänglich zumindest ansatzweise guten Willens meines Großvaters mussten sein ewiges Gejammer, seine Verweigerung und seine kleinlichen paternalistischen Bemerkungen Julius in seiner Entscheidung bestärkt haben, nicht weniger einzufordern: 11.241 Reichsmark für den immateriellen Wert der Gesellschaft, also etwa noch mal die Summe, die 1938 bezahlt worden war. Sicherlich getrieben von der Panik, einen Betrag zahlen zu müssen, den zusammenzubringen er auf die Schnelle unfähig war, versuchte Opa, die Rollen zu verkehren, und stellte sich gegenüber den Anwälten als Opfer des »jüdischen Henkers« dar: Die Firma Löbmann hätte außer uns auch vor der Hitlerzeit keinen Dummen gefunden, der ihr RM 10.000 bezahlt hätte. Wir kamen leider erst zu spät dahinter, dass wir übervorteilt wurden. Wenn es gerecht zuginge, müssten wir noch einige Tausend Deutsche Mark für nicht erhaltene Sachen herausbekommen.«

Zum Beweis seiner Aussage schickte er den Rechtsanwälten die Entwicklung der Gewinne der Firma Löbmann, die ihm zufolge die geringe Rolle ihres immateriellen Wertes zutage förderte, den nicht gezahlt zu haben er angeklagt war:

1929: 7.884,84 Reichsmark
1930: 4.762,45 Reichsmark
1932: 11.581,81 Reichsmark
1933: 9.198,63 Reichsmark
1935: 7.811 Reichsmark
1937: 11.864 Reichsmark
1938: 6.961,79 Reichsmark

War sich Karl Schwarz nicht im Klaren darüber, dass diese Zahlen untrennbar vom Kontext waren und dass sie nur die Ungerechtigkeit bestätigten, welche die Löbmanns unter den Nazis hatten erleiden müssen? Die beiden ersten Jahre seiner Gewinnauflistung waren von der weltweiten Wirtschaftskrise gezeichnet, kaum aber hatte die Firma 1932 begonnen, sich wieder zu stabilisieren, kamen die Nationalsozialisten an die Macht – und damit begann die nächste Krise, unter anderem aufgrund der Boykottaufrufe. Die Erholung nach 1935 war den Nürnberger Gesetzen geschuldet, die den Status der Juden zumindest zeitweilig festschrieben. Die Einbußen beim Gewinn 1938 sind wiederum das Ergebnis der dramatischen Verschlechterung jüdischer Lebensbedingungen in diesem Jahr, die schließlich auch zum Verkauf der Firma führten.

Der neue Anwalt von Julius Löbmann, Dr. von Janda-Éble, an solche Verdrehungen der Wahrheit gewöhnt, las meinem Großvater die Leviten: »Der Verkauf des Firmenvermögens Siegmund Löbmann & Co. erfolgte unter dem durch die damalige NS-Gesetzgebung gegen Juden ausgeübten Zwang. Wenn Sie jetzt vorbringen wollen, Sie seien von den Inhabern der Firma Siegmund Löbmann & Co. gröblich getäuscht worden, so ist dies eine, gelinde gesagt, kühne Behauptung. Der Kaufpreis wurde von der NSDAP geprüft und genehmigt und es ist nicht anzunehmen, dass sich diese Parteistelle dazu hergegeben hat, die Ariseure zugunsten von Juden zu benachteiligen.« Ich war recht überrascht von der Entschiedenheit dieses Anwalts, einer seltenen Ausnahme in dieser Zeit. Dr. von Janda-Éble verweigerte im Übrigen den Antrag meines Großvaters, als Zeugen seinen Buchhalter zu laden, der zuvor schon Jahre lang für die Löbmanns gearbeitet hatte. Der Leumund dieses Angestellten war ziemlich in Misskredit geraten, seitdem Julius beim Mandatar der Firma Schwarz & Co. ein Anliegen formuliert hatte: »Nun frage ich bei Ihnen höfl. an, ob es möglich ist, dass mein früherer Buchhalter Lang schnellstens entlassen werden kann, da derselbe mein Vertrauen absolut nicht besitzt. War doch solcher, trotzdem derselbe lange Jahre bei mir im Geschäft war, Nazi und hatte die Frechheit, in Uniform ins Geschäft zu kommen.«

Karl Schwarz scheint jegliches Bewusstsein dafür gefehlt zu haben, dass seine Rhetorik, die sich offensichtlich, ohne diese beim Namen zu nennen, an den antisemitischen Klischeevorstellungen eines zum Komplott, zur Abzockerei und zur Geldgier neigenden Juden bediente, auf skandalöse Weise fehl am Platz war. Vom Status eines Kriegsopfers hatte sich Karl Schwarz zum »Opfer eines Juden« gewandelt.

Es war genau diese Art von Abgleiten in solche Muster einer bis ins Mark vom Nationalsozialismus indoktrinierten deutschen Gesellschaft, die Konrad Adenauer unbedingt verhindern musste, um sein Land wieder in die internationale Gemeinschaft eingliedern zu können. Der Kanzler war bereit, sein Volk von den begangenen Verbrechen zu begnadigen, aber unter der Bedingung, dass es eindeutig mit dem Nationalsozialismus brach und den demokratischen Prinzipien der Bundesrepublik zustimmte. Nur waren diese Ideale noch weit davon entfernt, allgemeine Zustimmung zu finden. Sprachliche Ausrutscher häuften sich unter den Politikern, als hätte sie 1949 der Rückzug der Alliierten aus dem laufenden Tagesgeschäft enthemmt. Einige von ihnen machten kein Hehl aus ihrer fortdauernden Treuepflicht zum Dritten Reich, so etwa die Sozialistische Reichspartei (SRP), die sich als Nachfolgerin der NSDAP verstand und wachsende Erfolge bei regionalen Wahlen erzielte. Im Ausland reagierte die öffentliche Meinung alarmiert auf diese »Renazification«. Die Regierung beantragte daraufhin ein Verbot der SRP beim Bundesverfassungsgericht, das diesem im Oktober 1952 zustimmte.

Aber die Gefahr drang auch in die inneren Zirkel der Regierung selbst vor, da sich beim Koalitionspartner FDP eine Gruppe von Neonazis gebildet hatte, die im Geheimen dazu entschlossen war, die Führung der Partei zu übernehmen und die Demokratie zu stürzen. Der britische Geheimdienst vereitelte das Komplott 1953 mit einer spektakulären Welle an Verhaftungen. Trotz des Unbehagens, das eine solche Intervention in die inneren Angelegenheiten der Bundesrepublik und zudem gegen Mitglieder der Regierungspartei FDP auslösen musste, kooperierte Konrad Adenauer. Er hatte eine klare

Grenze für das festgeschrieben, was fortan im neuen Deutschland toleriert werden sollte. Offene Bekenntnisse zum Nationalsozialismus und Antisemitismus waren von nun an tabu.

Allerdings blieb die Politik der Adenauer-Regierung von einem wesentlichen Widerspruch gekennzeichnet: Während sie die demokratischen Werte rühmte, schenkte sie zugleich denjenigen, die das Gegenteil verkörperten, Straflosigkeit: den Verbrechern des Dritten Reiches. Und schlimmer noch, hochrangige Posten wurden an sie vergeben: Hans Globke, der Mitverfasser und Kommentator der Nürnberger Rassengesetze, wurde Chef des Bundeskanzleramts, und Theodor Oberländer, ein Nazi der ersten Stunde, der am Hitlerputsch teilgenommen und den Bund Deutscher Osten geleitet hatte, wurde Bundesminister für Vertriebene, Flüchtlinge und Kriegsgeschädigte. Wer aber im Nationalsozialismus Widerstand geleistet, im politischen Untergrund gearbeitet oder sogar versucht hatte, Hitler zu ermorden und die Nazi-Regierung zu stürzen, war in der Ära Adenauer alles andere als wohlgelitten. Anerkennung gab es dafür nicht. Kommunisten, Sozialdemokraten, Gewerkschafter, Mönche, Militärs, Adelige und andere waren in vielen kleinen Widerstandsgruppen aktiv gewesen, doch waren sie nicht mehr als eine kleine Minderheit in der deutschen Gesellschaft. Noch lange nach dem Krieg wurden die von ihnen erbrachten Opfer als Verrat betrachtet und sie selbst gesellschaftlich ausgegrenzt.

Anstatt sich für diese Helden ihres Landes einzusetzen, führte die Regierung zusätzlich zu ihrer Amnestiepolitik eine verbissene Kampagne zur Befreiung deutscher Kriegsverbrecher, die entweder im Ausland in Gefängnissen oder in den Vollzugsanstalten der Alliierten in Deutschland saßen. Unter ihnen befanden sich Täter der schlimmsten Kategorie: Gauleiter, Kommandeure der Einsatzgruppe, KZ-Personal, Ärzte des Euthanasieprogramms ...

Vor dem Hintergrund der außerordentlich großen Solidarität mit den Kriegsverbrechern in der deutschen Gesellschaft – die vorgab, die »soldatische Ehre« zu verteidigen – und der von Konrad

Adenauer persönlich setzten die Alliierten in großem Stil Gefangene auf freien Fuß. Von den im Frühling 1951 noch in den Gefängnissen der Alliierten im In- und Ausland insgesamt 3.400 inhaftierten Kriegsverbrechern verbüßten im Mai 1958 nur mehr 30 im Ausland ihre Strafe und in Westdeutschland so gut wie niemand mehr.

Selbst prominente Nazis wurden freigelassen, wie Ernst von Weizsäcker, Staatssekretär im Auswärtigen Amt, hochrangiger SS-Führer und mitverantwortlich für die Deportation der Juden von Frankreich nach Auschwitz, oder auch sämtliche Vorstände des Chemieriesen IG Farben, dessen Gas Zyklon B dazu gedient hatte, Millionen von Menschen zu ermorden. Die IG Farben hatte, wie etwa auch Siemens und andere deutsche Firmen, in unmittelbarer Nähe von Auschwitz eine Fabrik errichten lassen, eine Zweigstelle der Buna-Werke, um so von den unmittelbar verfügbaren preisgünstigen Arbeitskräften profitieren zu können, unter denen sich auch der italienische Chemiker und Schriftsteller Primo Levi befand. Die Lebenserwartung dieser Zwangsarbeiter und Häftlinge rechnete sich in wenigen Monaten, ihren Tod nahm man nicht nur billigend in Kauf, sondern er war als »Vernichtung durch Arbeit« sogar erwünscht. Nach dem Krieg wurde der IG-Farben-Konzern zerschlagen.

Zu den Begnadigten gehörte auch Friedrich Flick, der in Nürnberg zu sieben Jahren Haft verurteilt worden war. Der großzügige Unterstützer der NSDAP hatte sein Rüstungsimperium dadurch errichtet, dass er besonders einträgliche jüdische Firmen zu einem Bruchteil ihres Wertes kaufte, sich Stahlwerke und Kohleminen in den besetzten Gebieten aneignete und bis zu 100.000 Zwangsarbeiter ausbeutete, von denen mindestens 10.000 zu Tode kamen. Bis zu seinem Tode 1972 weigerte sich Friedrich Flick, den Zwangsarbeitern einen Cent an Schadensersatz zu zahlen, und erst aufgrund des wachsenden Drucks der öffentlichen Meinung zeigten sich seine Erben nach der Jahrtausendwende etwas zahlungswilliger.

Die Begnadigungswelle kam gleichermaßen Alfried Krupp von Bohlen und Halbach zugute, Sohn von Gustav Krupp von Bohlen und Halbach sowie Bertha Krupp, der Erbin eines Rüstungsimperiums. Gustav Krupp stand der NSDAP zunächst distanziert gegenüber, unterstützte Hitler aber nach dessen Machtübernahme 1933 und gründete im Frühjahr 1933 sogar einen Spendenfonds der deutschen Wirtschaft für Adolf Hitler. Ein Teil der Familie Krupp stellte sich gegen dieses Bündnis, das Gustav ostentativ bekannt machte, indem er von 1935 an eine Hakenkreuzfahne am Giebel seines Hauses in Essen zur Schau stellte. Der Familienkonflikt und der moralische Untergang der Krupps haben Luchino Viscontis Meisterwerk *Die Verdammten* (1969) inspiriert. Der Sohn des Patriarchen, Alfried Krupp von Bohlen und Halbach, der die Geschäfte des Imperiums 1943 übernahm, hatte die Nazis schon vor seinem Vater unterstützt, indem er sich 1931 als »Mäzen« der SS anschloss. Krupp lieferte für Hitlers Krieg die notwendigen Rüstungsgüter und beutete dafür über 100.000 Zwangsarbeiter aus. Einmal begnadigt, erhielten Flick und Krupp fast ihr gesamtes Vermögen zurück.

Vor dem Hintergrund solcher Freisprüche und Gnadenerlasse für die schlimmsten Kriegsverbrecher, Ausbeuter und skrupellosen Sklavenhalter des Reiches, die beinahe unbeschadet davonkamen, muss meinem Großvater sein eigenes Schicksal ungerecht erschienen sein. Hatte Konrad Adenauer nach allem nicht sämtlichen Mitläufern die Absolution erteilt, indem er verkünden ließ: »Das deutsche Volk hat in seiner überwiegenden Mehrheit die an den Juden begangenen Verbrechen verabscheut und hat sich an ihnen nicht beteiligt.«

Karl Schwarz war, im Sinne des Entnazifizierungsgesetzes, kein »Nutznießer«, der auf Kosten der rassisch Verfolgten übermäßige Vorteile für sich erlangt hatte und mitverantwortlich an deren Unglück geworden war, indem er sich an ihnen bereichert hatte. Er war keiner von denen, die den Juden das Messer an die Kehle gehalten hatten und über Leichen gegangen waren, um ihre Geschäfte zu betreiben, wie Richard Greiling, der 1935 aus seinem schweizerischen Exil zurückgekehrt war, nicht etwa weil er dem Nationalsozialismus anhing, sondern mit der Absicht, auf Kosten der Juden Geschäfte zu machen. Er kaufte zu Niedrigpreisen fünf Firmen, davon drei in Mannheim. Eine davon, ein großer Hersteller von Büstenhaltern, war im Besitz der Familie Herbst. Das Unternehmen befand sich ausgerechnet am Ende der Chamissostraße und erstreckte sich über die Hälfte eines Häuserblocks auf der Langen Rötterstraße. Greiling nannte die Firma in Felina um und ließ eine Zeit lang Korsetts im Getto von Łódź in Polen anfertigen. Nach dem Krieg eingeholt von seiner Vergangenheit, zögerte er das Verfahren der Restitution so lange hinaus, bis sich die Familie Herbst, die nach Kanada emigriert war, schließlich mit vergleichsweise niedrigen Schadensersatzleistungen zufriedengab. Die Firma Felina, deren Logo in meiner Kindheit von Omas Wohnzimmerbalkon aus sichtbar war, hat auch heute noch ihre Büros auf der Langen Rötterstraße.

Im Gegensatz zu den »Nutznießern« gab es auch die eher kleine Gruppe der »gutwilligen Käufer«: Sie kauften, um jüdischen Freunden oder Arbeitgebern dabei zu helfen, dass deren Güter und Firmen zumindest in wohlwollenden Händen blieben. Es gab auch Personen, die mehr Skrupel hatten als andere und zumindest einen Teil des immateriellen Wertes eines Unternehmens hinter dem Rücken der NS-Behörden bezahlten. Karl Schwarz konnte sich keinesfalls damit brüsten, einer von denen gewesen zu sein. Und doch wollte er das gern glauben: »Durch den hohen Kaufpreis hatten wir mitgeholfen, die rechtzeitige Auswanderung zu ermöglichen.« – »Abtransport«, korrigierte ihn Rechtsanwalt von Janda-Éble.

Später dann schrieb mein Großvater an Julius Löbmann: »Dass es Ihnen sonst schrecklich ergangen ist, muss ich heute büßen, obwohl dies ja eine große Ungerechtigkeit ist, da man mich ja schließlich nicht für die von mir verabscheuten Dinge verantwortlich machen kann.« Opa schien wirklich schwerzufallen, die Verbindungslinie zwischen den Verbrechen des Dritten Reiches und seiner Teilhabe an der »Arisierung« jüdischen Eigentums zu ziehen. Oder hat er nur so getan? Ich denke, dass er sich in einer Art gedanklichem Nebel auf halbem Wege dazwischen befunden hat. Sicher ist, dass er, so wie viele andere, aus jüdischem Eigentum Profit geschlagen hat – und dies ohne Zwang aus freien Stücken. Denn die Beraubung folgte keinem Befehl, keiner Verordnung von oben, es war, so Christiane Fritsche, »ein politisch-gesellschaftlicher Prozess, in den zahlreiche

Akteure und Profiteure involviert waren«: der Staat und die Käufer, natürlich aber auch Mittelsmänner, Immobilienhändler, Makler, Banken, Leihpfandhäuser, Notare, Juristen, Versandhäuser ... Die Arisierung ist möglicherweise das Verbrechen der Nazis, welches die weitesten Kreise der deutschen Gesellschaft miteinbezog.

Während sich die Bevölkerung bei der Deportation der Juden vor allem durch ihre Apathie schuldig gemacht hatte, war sie bei der Plünderung der Juden ohne Skrupel sehr aktiv gewesen. Und mit diesem Nachweis ihrer Eignung zum Komplizen eines Verbrechens hatte sie die Führungsebene des Dritten Reiches in ihrem unmenschlichen Unternehmen bestätigt und ihr den Weg zum Mord geebnet.

Da Julius Löbmann auf seiner Forderung beharrte, erhöhte mein Großvater noch einmal sein Angebot auf 8.000 Deutsche Mark, was zur damaligen Zeit rund ein Viertel des Wertes der Immobilie auf der Chamissostraße bedeutete. Er schrieb ihm einen letzten Brief, in dem seine tiefe Verbitterung spürbar wird: »Sie machen sich anscheinend ganz falsche Vorstellungen über unsere Lage. Wenn ich nicht beinahe Tag und Nacht und jeden Sonntag die Kundschaft aufsuchen würde, um noch etwas zu verkaufen, wenn auch oft zu Preisen, die fast keinen Nutzen mehr lassen, hätten wir schon zumachen können. Anscheinend wollen Sie Ihre Rache haben. Ich selbst habe Ihnen jedoch bestimmt nichts in den Weg gelegt, was Ihren Schritt moralisch rechtfertigen könnte. Für Ihre Handlungsweise selbst habe ich keine Worte. Segen wird Ihnen dies jedenfalls auch nicht bringen (...). Ich habe schon viele Rückerstattungsfälle gehört, aber so rigoros wie Sie dürfte kaum ein anderer vorgegangen sein.« Er beendete seinen Brief mit einem Aufruf: »Wenn Sie noch ein klein wenig Gerechtigkeitssinn haben, so überprüfen Sie Ihre Forderung nochmals und stellen diese so, dass ich wenigstens auch noch weiterexistieren kann.« Diese sich widersprechenden Emotionen, die Karl Schwarz anscheinend nicht miteinander in Einklang zu bringen vermochte, mochten Julius Löbmann berührt oder erschöpft haben, der das Angebot schließlich akzeptierte und das Verfahren beendete.

Meine Tante Ingrid erinnert sich recht genau an dieses mühsame und zähe Ringen; sie war damals zwischen 12 und 17 Jahre alt. »Es war furchtbar, mein Vater war ernsthaft besorgt. Neben Julius Löbmann gab es noch den ehemaligen Partner meines Vaters, Max Schmidt, der sich aus der Gesellschaft zurückziehen wollte und seinen Anteil forderte. Außerdem mussten am Haus selbst noch viele Reparaturen bezahlt werden sowie der Lastenausgleich für diejenigen, die besonders stark unter dem Krieg gelitten haben.« Meine Großmutter war, wie sich mein Vater erinnert, ebenfalls angeschlagen. »Sie ging dann eines Tages zu den Richtern und sagte zu ihnen: ›Wir haben dieses Geld nicht. Wollen Sie den Ruin einer Familie mit Kindern?‹«

Wegen dieser Kosten musste mein Großvater eine Hypothek auf die Immobilie aufnehmen. Jahrelang jammerte er, als wären es die Juden gewesen, die für seinen Kummer verantwortlich waren, und nicht die zerstörerische Politik Adolf Hitlers.

5 Oma oder der diskrete Charme des Nationalsozialismus

MEINE GROSSMUTTER LYDIA, in politischen Fragen nicht sonderlich bewandert, schaute regelmäßig Nachrichten in einem Fernseher, den Karl einer Trophäe gleich auf dem Buffet im Wohnzimmer platziert hatte. In den Fünfzigerjahren waren sie die Einzigen im Haus, die sich diesen Luxus leisteten, und so klingelten die Nachbarn häufig an ihrer Tür und fragten, ob sie wohl schauen dürften. »Wir konnten nicht Nein sagen, sie gehörten ein wenig wie zur Familie, vor allem seit sie alle einen Teil des Krieges gemeinsam im Bunker im Keller verbracht hatten, das rückt einen näher zusammen!«, schmunzelt mein Vater. »Wir stellten die Möbel in die Ecke und holten von überall Stühle herbei, die wir dann wie im Kino in einer Reihe vor dem Fernseher aufstellten.« Manchmal kam eine Freundin vorbei, um Lydia zu besuchen, und gemeinsam kommentierten sie dann Nachrichten, in denen sie den unausweichlichen Niedergang der deutschen Gesellschaft erkannten. In solchen Augenblicken, so erinnert sich mein Vater, kam es vor, dass meiner Großmutter ein leichter Seufzer entfuhr: »Mit dem Führer wäre das niemals passiert!«, was er umso weniger ertragen konnte, je mehr ihm die Verantwortung des besagten Führers für die schlimmsten Verbrechen der Menschheit bewusst wurde.

Er hatte bereits eine von dieser nationalistischen Krankheit verursachte Narbe geerbt, die sich in seinem Namen zeigte, der keinen Zweifel daran ließ, unter welchem geistigen Vorzeichen seine Geburt 1943 gefeiert worden war: Volker, ein Name, der sich aus den beiden althochdeutschen Worten »folk« und »heri« zusammensetzt und so viel wie »Volkskämpfer« bedeutet. Mein Vater war dem Schlimmsten noch entgangen, da das kriegerische Ungestüm damals die Renaissance alter Vornamen hervorgerufen hatte, die noch weitaus sprechender waren als seiner. Diese Modewelle traf die Mutter einer Freundin besonders hart, die einen weiblichen Vornamen abbekam, der fraglos alles bewies: Helmtraud, zusammengesetzt aus dem althochdeutschen »helm« und »trud«, wobei Letzteres so viel wie »Kraft« bedeutet. Sie wurde 1942, ein Jahr vor meinem Vater, in einer Zeit allgemeiner Euphorie geboren: Das Reich, von seinen Blitzsiegen überall in Europa vollkommen aufgeblasen, hatte unmittelbar darauf gegen die Briten eine Offensive in Nordafrika gestartet, dann gegen die riesige Sowjetunion, und es errang mit verwirrender Leichtigkeit einen Sieg nach dem anderen, womit der Mythos des unbezwingbaren deutschen Kriegers wiedererstarkte, dessen »Helm« eines seiner Symbole war. Bei der Geburt meines Vaters im April 1943 hatte die deutsche Selbstgewissheit, zur Weltherrschaft erwählt zu sein, mit den brutalen Niederlagen im Osten, wo viele einen Sohn, einen Ehemann, einen Bruder verloren hatten, bereits einige Rückschläge erhalten. Diese Erfahrung spiegelte sich auch in einer wachsenden Zurückhaltung der Eltern bei der Wahl hitlernaher Vornamen, die schließlich ebenso schnell verschwanden, wie sie aufgetaucht waren.

Stärker noch als Opa hatte Oma eine emotionale Nähe zum Dritten Reich entwickelt. Nicht wirklich aus ideologischen Gründen, aber wie viele Deutsche hatte Hitler auch sie zu Träumereien verführt. Geboren 1901, verlor Lydia im Alter von zwölf Jahren ihre Mutter, die bei der Niederkunft ihres neunten Kindes verstorben war. Sie hatte bereits sechs ihrer Geschwister nacheinander sterben sehen, da sich in der damaligen Zeit eine einfache Infektion, eine schlichte Grippe, noch als fatal erweisen konnte. Auch der Letztgeborene starb bald nach der Geburt und Oma blieb allein mit einem älteren Bruder zurück, den sie zutiefst liebte und der ein sanftmütiger Träumer von fragiler Gesundheit war. Kurz nach dem Tod ihrer Mutter vermählte sich ihr Vater mit einer neuen Frau, die Lydia nicht mit der gleichen Güte umsorgte wie ihre eigenen Kinder und die sie verpflichtete, sich um den Haushalt zu kümmern.

Am Tag ihres 13. Geburtstags, dem 1. August 1914, erhielt Lydia zum Geschenk die Kriegserklärung Deutschlands an Russland. Das Räderwerk war in Gang gebracht: Es sollte Europa in einen Weltkrieg zerren, den niemand wirklich gewollt hatte und der mit seiner Grausamkeit alles überragte, was die Menschheit bislang gesehen hatte. Weit davon entfernt, Oma den Geburtstag zu verderben, musste dieses Ereignis sie heiter gestimmt haben, da es in Deutschland – und darüber hinaus in vielen anderen Ländern – mit euphorischer

Stimmung gefeiert wurde, zumindest in weiten Teilen der Bevölkerung. Fotos aus dieser Zeit zeigen Männer, die ihre Hüte mit vor Freude erstrahlenden Gesichtern auf offener Straße in die Luft werfen, oder auch Soldaten, die Arm in Arm an einem Gleis stehen, schelmisch dreinblicken und so frohgemut wirken, als zögen sie gleich los, um mit ihren Kameraden Pferde stehlen zu gehen.

Diese Begeisterung, die später als das »Augusterlebnis« in die Geschichte einging, sollte allerdings nicht lange währen, denn die drückenden Entbehrungen des Krieges setzten Lydias Unbefangenheit bald schon ein jähes Ende und katapultierten sie selbst in ein Erwachsenenleben mit all seiner schweren Verantwortung. Denn mit 13 Millionen Männern an der Front blieb den Frauen und Kindern in Deutschland keine andere Wahl, als die fehlenden Arbeiter zu ersetzen und sich hart in den Fabriken und auf den Feldern abzuplagen. Während dieser Zeit hatte das jeweils älteste Kind einer Familie die Verantwortung für seine jüngeren Geschwister, ja manchmal sogar für den ganzen Haushalt vom Wäschewaschen über die Kinderaufsicht bis zum Essenkochen zu tragen. Während des Krieges starben zwischen 400.000 und 700.000 Zivilisten, unter ihnen viele Kinder, vor Kälte und vor allem an Hunger. Immer wieder trafen in dieser elenden Atmosphäre Briefe von der Front ein, die mit ihren schlechten Nachrichten oft eine ganze Straße in Aufregung versetzen konnten. Familien verloren nicht nur ihre Männer, sondern auch die Aussicht darauf, dass die Dinge wieder ihren normalen Lauf nehmen könnten, sobald die zurückgekehrten Soldaten nur wieder zu arbeiten begännen, um Frau und Kinder zu ernähren.

Lydia hatte das Glück, von solch einem Verlust verschont zu bleiben. Ihr Vater war zu alt, um eingezogen zu werden, aber sie musste den brennenden Schmerz erfahren, ihren so sehr geliebten älteren Bruder zu verlieren, der während des Krieges an Tuberkulose starb und den sie ihr ganzes Leben lang beweinen sollte. Sie fand sich nun allein mit ihrem Vater wieder, einem fleißigen Schaffer, der sich selten einen freien Tag gönnte, um den exzellenten Ruf seiner Tischlerei zu wahren, deren Werkstücke – ganze Treppen, Fußleisten, geschnitzte

Türen – die allerschönsten Villen in Mannheim schmückten. Sie wäre gern Krankenschwester geworden, ein Beruf, der ihrem Wesen mit dem ausgeprägten Sinn zur Hingabe in ganz besonderer Weise entsprochen hätte. Ihr Vater aber widersetzte sich dem entschieden, was der damals weitverbreiteten Vorstellung entsprach, dass in einer ehrenwerten Familie eine Frau nicht arbeitet. Stattdessen schickte er sie für ein Jahr zu Ordensschwestern in den Schwarzwald, wo sie lernen sollte, einen Haushalt zu führen – eine notwendige Tugend für ein mit seinen 15 Jahren bald heiratsfähiges Mädchen. Inmitten des Krieges mit seinem von Tod und Hoffnungslosigkeit geprägten Alltag nahm Lydia diesen Aufenthalt wie eine Segnung auf. Noch Jahre später erzählte sie ihrer Tochter Ingrid mit großer innerer Bewegtheit davon. Dass dieses Jahr bei den Ordensschwestern, das sie mit Nähen, Waschen, Bügeln und Kochen verbracht hatte, eines der schönsten ihrer Jugend war, zeigt, wie wenig Vergnügen und Unterhaltung es damals im Leben junger Frauen der Mittelklasse gab. Meine Tante erinnert sich noch, dass ihre Mutter höchst sorgsam ein Poesiealbum aufbewahrte, in das ihre Kameradinnen aus dem Schwarzwald kleine Worte der Freundschaft geschrieben hatten. Gut möglich, dass sie es von Zeit zu Zeit durchblätterte, um in Augenblicken der Verzweiflung die Erinnerung an das Glück der nächtlichen Geschwätze in den Schlafsälen, an das helle Auflachen junger Mädchen und das Flüstern von intimen, jugendlichen Träumen aufleuchten zu lassen – die einzige Jugend, die ihr gegönnt worden war.

Lydia war 17 Jahre alt, als am 11. November 1918 der Waffenstillstand verkündet wurde. Doch in Wahrheit war der Krieg nicht wirklich beendet, sein Angesicht zeigte sich überall in diesem am Rande des gesellschaftlichen, wirtschaftlichen und politischen Zusammenbruchs stehenden Deutschland. Niemand in den Städten entging dem monströsen Schauspiel der Hunderttausenden von Invaliden mit ihren entstellten Gesichtern, zerfleischten, durchlöcherten und von den neuen, noch wirkungsvolleren Waffen verstümmelten Körpern – Waffen, deren unehrenhafte Wirkungskraft dieser Krieg zu zeigen die Ehre gehabt hatte. Diesen zur Arbeit unfähigen Männern, die nicht selten auch noch vom mangelhaften oder ruinierten Sozialsystem im Stich gelassen wurden, blieb nichts anderes übrig, als auf der Straße zu betteln, und nicht selten fanden die Anzünder der Gaslaternen im Morgengrauen deren Leichen erstarrt vor Kälte und Hunger oder von Lebensekel hingerafft auf dem Bürgersteig liegend. Zwei Millionen Soldaten waren an der Front gestorben, vier Millionen waren verletzt.

Für die Witwen und Überlebenden ging der Kampf der Kriegszeit weiter, verschlimmert noch durch die Demütigung der Niederlage und eines Friedens, der das Land, das finanziell bereits am Abgrund stand, unter den Scheffel der Alliierten stellte. Um den übermäßigen Reparationsforderungen zu begegnen, die im Versailler Vertrag festgeschrieben und danach noch verschärft worden waren – etwa ein für damalige Zeiten unfassbarer dreistelliger Milliardenbetrag in Goldmark, der Abtransport von militärischem und anderem Material, der Verlust von Patenten, Wirtschaftssanktionen oder die Schleifung mehrerer Fabriken –, wusste sich die Regierung nicht anders zu helfen, als die Reichsbank Noten in praktisch unbegrenzter Menge und Höhe drucken zu lassen. Deutschland geriet in den fatalen Strudel der Inflation, der schließlich in die Hyperinflation mündete, die jeden Tag Tausende von Menschen auf die Straße spuckte, deren Ersparnisse sich von einem Moment auf den anderen in nichts aufgelöst hatten. Arbeitslosigkeit wütete ebenso wie Hunger und Krankheiten, viele Neugeborene starben.

Schon gegen Ende des Krieges hatte eine bürgerkriegsähnliche Stimmung in der Luft gelegen. Befeuert von den deutschen Marxisten des Spartakusbunds ebenso wie von der bolschewistischen Revolution in Russland kam es im Land zu Volksaufständen mit dem erklärten Ziel, die Monarchie zu stürzen. Kaiser Wilhelm II. ließ zunächst seine Armee gegen die Rebellen anrücken, dankte aber schließlich ab nach erfolgreicher Vermittlung durch den führenden Kopf der SPD, Friedrich Ebert, der somit eine Revolution verhindert hatte. Am 9. November 1918 wurde die Weimarer Republik ausgerufen und schon kurze Zeit später gründete der linke Flügel der SPD gemeinsam mit den Spartakisten die Kommunistische Partei Deutschlands.

Im Januar 1919 kam es zum Spartakusaufstand, der die Berliner zum Generalstreik und zum Sturz der Regierung aufrief. Er wurde von der Armee und mithilfe von Kriegsveteranen, die sich zu Freikorps zusammengeschlossen hatten, blutig niedergeschlagen. Die Galionsfiguren der Bewegung, Rosa Luxemburg und Karl Liebknecht, wurden auf äußerst brutale Weise ermordet, was zu gewalttätigen Straßenkämpfen zwischen der radikalen Linken und den Freikorps führte. Letztere sollten bald darauf schon eine neue Bewegung unterstützen, junge Männer in braunen Uniformen, die sich auf den Nationalsozialismus hinter einem Führer namens Adolf Hitler beriefen und 1923 einen Putschversuch wagten, der jedoch scheiterte. Erst danach beruhigte sich die politische Lage ein wenig, auch die Wirtschaft erholte sich langsam, die Inflation war eingedämmt.

In diesen Jahren der Erholung, den Goldenen Zwanzigern, lernte Lydia Karl kennen. Das Land vibrierte in einer neuen künstlerischen und intellektuellen Aufwallung. Das Bauhaus revolutionierte die Architektur und die Kunsttheorie mit einem radikal modernen Verständnis, das vom industriellen Fortschritt ebenso wie von der entstehenden Massengesellschaft geprägt war; das deutsche Kino triumphierte mit den Meisterwerken des Expressionismus von Fritz Lang und Friedrich Wilhelm Murnau. Ein leidenschaftlicher Wunsch nach Unbeschwertheit hatte die Deutschen ergriffen, die eiligst darum bemüht waren, die Qualen der Vergangenheit bei einer vor lauter Federn und Pailletten nur so leuchtenden Opulenz der koketten Revuen zu vergessen, beim beißenden Humor des politischen Kabaretts und bei der zügellosen Musik der Salonorchester, die jetzt Jazz in den Tanzcafés spielten, in denen man Alkohol aus Amerika ausschenkte. Der Maler Otto Dix hat mit seinen ambivalenten Bildern den Rausch dieser hedonistischen Welt verewigt.

Oma wagte sich eines Tages in einen dieser Tanztempel, um einige Charleston-Schritte zu versuchen, und schon ruhte Karls Blick wie gebannt auf dieser jungen, wenig geschminkten Frau, deren Schlichtheit und Freimut sich von den selbstbewussten Manieren der anderen Fräuleins abhob, die der Krieg und ihre Integration in den

Arbeitsmarkt emanzipiert hatte. Karl muss es gefallen haben, dass sie so anders war als er selbst, der Mann der Feste und Sinnesfreuden. Lydia war gleichwohl eine Frau mit Charakter. Finanziell unabhängig dank des Erfolgs ihres Vaters fühlte sie sich nicht gedrängt zu heiraten. Doch der unerwartete Tod von Karls Vater, der diesen mit drei jüngeren Geschwistern zurückließ, um die er sich zu kümmern hatte, beschleunigte ihre Vereinigung. 1929 ließen sich Lydia und Karl trauen. Von diesem Tag gibt es nur noch eine einzige Schwarz-Weiß-Fotografie, die im Laufe der Jahre ausgeblichen ist: Lydia, das Gesicht hinter einem weißen Schleier, der Hals eingezwängt vom Stehkragen des Kleides, hat einen zärtlichen und verträumten Ausdruck, wohingegen Karl mit seiner strengen intellektuellen Brille und dem geraden Blick ernst und ehrlich wirkt. Wie jung sie doch waren!

Aus Liebe kümmerte Lydia sich wie eine Mutter um den Bruder und die beiden Schwestern ihres Ehemanns, deren jüngste acht Jahre alt war, und sie nahm es auf sich, mit allen zusammen in einer Dreizimmerwohnung zu leben. Dem lebenslustigen Karl gefiel es, seine Gattin zu unterhalten, ohne dabei unbedingt aufs Geld zu schielen, denn er verdiente doch ein respektables Gehalt. Ich habe mehrere Fotos gefunden, auf denen sich das Glück und die Sorglosigkeit ihrer ersten Jahre zeigen, wo sie gemeinsam an einem Tisch sitzen, neben Freunden und einem Akkordeonspieler, auf einer Landpartie in Karls großem Wagen oder auch bei einem Ausflug im Ruderboot. Lydia, eine leicht melancholische Frau, genoss das Savoir-vivre ihres Mannes, sie lächelte viel in jener Zeit, auf Karnevalsbildern posiert sie sogar im Marineanzug mit einer Zigarette im Mundwinkel oder im andalusischen Kleid mit einem exzentrischen Accessoire im Haar.

Wenig später, als Deutschland gerade wieder Geschmack am Leben gefunden hatte, kehrte der Albtraum zurück, dieses Mal in Form einer von einem Börsencrash in den USA ausgelösten, weltweit wütenden Wirtschaftskrise. Amerikanische Investoren, kurzfristig in Geldnot geraten, zogen ihre Investitionen aus Deutschland ab, wo in der Folge Banken zusammenbrachen, Gehälter gekürzt wurden und massive Entlassungswellen die Arbeitslosenzahlen in die Höhe schnellen ließen. Von 1929 bis 1932 stieg ihre Zahl von 1,4 Millionen auf über sechs Millionen an.

Ich glaube nicht, dass Oma im Januar 1933 der Ernennung Hitlers zum Kanzler viel Beachtung geschenkt hat. Sie und ihr Ehemann hatten bei der Reichspräsidentenwahl im April 1932 nicht für Adolf Hitler, sondern für Paul von Hindenburg gestimmt. Letzterer konnte klar gewinnen, wohingegen bei den Parlamentswahlen im darauffolgenden Juli und November die NSDAP unter allen Parteien deutlich an der Spitze lag. Das ebnete den Weg zur Ernennung ihres Führers zum Reichskanzler. Dank des stabilen Postens von Karl als Prokurist bei der Firma Nitag verspürten meine Großeltern nicht wie viele andere das Bedürfnis, aus Verzweiflung an das Wunder eines Mannes der Stunde zu glauben, der sie aus ihrer wirtschaftlichen Misere erretten würde. Trotzdem, Oma besaß eine mitfühlende Seele und wird nicht anders gekonnt haben, als zu hoffen, dass dieses Desaster bald ein Ende nehmen möge, welches Kinder obdachlos machte und Männer aus Scham, ihre Familie nicht mehr ernähren zu können, sich das Leben nehmen ließ.

Aufgrund der umfangreichen, durch Staatsanleihen finanzierten Wirtschaftsinterventionen des nationalsozialistischen Staates, der Großprojekte wie den Autobahnbau in Gang brachte und die Militärindustrie mit gigantischen Rüstungsprojekten ausbaute, erholte sich die deutsche Wirtschaft in nur wenigen Jahren. Der Preis dafür waren Staatsschulden, die auf eine bis dahin unbekannte Höhe stiegen. Aber darüber sah man lieber hinweg, so erleichtert man doch war, wieder eine Arbeit zu haben. Die Arbeitslosenzahlen sanken schon in den zwei Jahren bis 1934 um mehr als drei Millionen auf 2,7 Millionen, um im Jahr 1939 schließlich fast auf null zu fallen.

Die endlosen Schlangen vor den Geschäften, in denen die Deutschen während der Wirtschaftskrise mit Lebensmittelmarken auf ein Stück Brot, einen Kohl, ein paar Kartoffeln hofften, verschwanden zwar, doch war das Leben weit davon entfernt, dem der Franzosen oder Amerikaner zu gleichen. Es musste weiterhin an allem gespart werden. Hitler zog seine Lehren aus der britischen Wirtschaftsblockade, die während des Ersten Weltkriegs zu einem katastrophalen Ernährungsmangel in Deutschland geführt hatte. Er wollte sein Land aus der Abhängigkeit von ausländischen Erzeugnissen befreien, auch wenn dies hieß, Opfer zu bringen, wie etwa die »Fettlücke«, welche die Deutschen dazu zwang, auf einen regelmäßigen Konsum von Öl und Butter zu verzichten. Trotz solcher Entbehrungen schienen die Lebensbedingungen, die das Dritte Reich bot, einem Wunder gleichzukommen für die Menschen, die unter der desaströsen Wirtschaftskrise zuvor bitter gelitten hatten. Erst recht als die Regierung im Sommer 1935 stolz verkündete, die Zahl der Arbeitslosen sei unter eine Million gefallen. Hitler wurde jenseits aller Klassen- und Vermögensunterschiede von der großen Mehrheit der Deutschen als ein »Erlöser« gefeiert.

In Wirklichkeit aber behandelten die Nationalsozialisten trotz aller Versprechen, die schon mit der Bezugnahme auf den Sozialismus im Namen verbunden waren, keineswegs alle Menschen gleich, auch nicht unter den angeblichen »Ariern«. Hitler war kein Gegner der Klassengesellschaft, und als das Bürgertum schließlich begriffen hatte, dass er die bestehende gesellschaftliche Ordnung nicht umstürzen wollte, widersprach es auch nicht seiner Terrorpolitik gegen Kommunisten und Sozialisten. Im Bildungswesen unternahm das Dritte Reich nichts, was die Reproduktion der sozialen Gegebenheiten durchbrochen hätte. In den Unternehmen bevorzugte das Regime die Arbeitgeber auf Kosten der Arbeitnehmer: Tarifordnung, Vertragsfreiheit und Streikrecht, das alles galt nicht länger. Gewerkschaften wurden zerschlagen, ihr Eigentum konfisziert und ihre Führungspersönlichkeiten verhaftet – unter dem Vorwand des für Hitler richtungsweisenden Ziels, den Marxismus in Deutschland zu zerstören. Zugleich formierte sich eine neue Elite, die »Parteibonzen« und Funktionäre des Dritten Reiches, die ihre Macht missbrauchten und sich auf allen Ebenen Privilegien sicherten.

Und dennoch rebellierte die Arbeiterklasse nicht. Wahrscheinlich strebte auch sie aufgrund des erlebten Albtraums der Wirtschaftskrise nach materieller Sicherheit und sozialem Frieden. Außerdem fiel es ihr nur umso leichter, dem Kampf gegen die Bourgeoisie abzuschwören, als Hitler andere Schuldige für die Misere verantwortlich machte: die Demokratie und die Juden. Fassungslos stellten die führenden Köpfe der SPD im Exil fest, wie immer mehr Arbeiter zum neuen Regime überliefen. Doch es waren nicht nur die sicheren Arbeitsplätze und das Ende der politischen und gesellschaftlichen Ungewissheit, die den Nationalsozialismus attraktiv machten, das Reich bot der Arbeiter- und Mittelschicht darüber hinaus die Aussicht auf einen sozialen Aufstieg wie nie zuvor an, der seiner darwinistischen Weltsicht ebenso entsprach wie der Sinnspruch »der Stärkere gewinnt« – unter der Bedingung freilich, dass er ein Nazi und Arier war. Tatsächlich besaß diese Meritokratie, die individuelle Leistung und persönliches Verhalten stärker würdigte als soziale Herkunft, den Vorteil, vielen jungen Menschen die Chance auf atemberaubende Karrieren, vor allem im öffentlichen Dienst und in zahlreichen Organisationen der Nationalsozialisten zu bieten, ganz besonders in der Armee, deren Bedarf an Personal so hoch war, dass die verantwortlichen Posten nicht mehr länger nur den traditionellen Familien der Militärkaste vorbehalten blieben.

Vor allem aber gelang es dem Dritten Reich, das Gefühl der Zugehörigkeit zur »Volksgemeinschaft« und damit auch ein Gefühl von Gleichheit zu stärken: die Utopie eines Gesellschaftskörpers, bei dem die Leidenschaft für ein gleiches Ideal und die Identifikation mit dem Führer und seiner Politik die sozialen Unterschiede zu einem Nichts verblassen lassen. Genau diesem Empfinden entsprachen die »Eintopfsonntage«, an denen Vertreter der NSDAP gemeinsam mit den Armen am gleichen Tisch saßen für eine preiswerte Mahlzeit, die von den Restaurants serviert werden musste. »Einer der bemerkenswertesten Erfolge nationalsozialistischer Sozial- und Gesellschaftspolitik bestand in der Verbreitung des ›Gefühls‹ sozialer Gleichheit«, meint der Historiker Norbert Frei. Die Volksgemeinschaft verbreitete die NS-Ideologie, die alles durchdrang, da sie über nebulöse Organisationen in allen Bereichen – Berufswelt, Soziales, Bildung, Festivitäten, Sport, Tourismus – agierte und alte Strukturen ersetzte.

Die Deutschen hatten sich rasch an diesen Wandel gewöhnt, und das umso begeisterter, als er ihrem Kalender mit zusätzlichen Feiertagen, Paraden und Festlichkeiten ein wenig mehr Freude und gute Stimmung hinzufügen konnte. Bei Nitag war Opa als Vertreter der Deutschen Arbeitsfront damit beauftragt, gemeinsame Exkursionen und Feste zu organisieren. Karl Schwarz folgte der Mission, das Bild einer harmonischen und freudvollen Firma zu verkaufen, die Chefs und Angestellte zusammenführte, um das Verschwinden der Gewerkschaften und die heftigen Verstöße gegen das Arbeitsrecht vergessen zu lassen.

Es war das Ende von Eintönigkeit und Trostlosigkeit. Man wurde wieder satt, man arbeitete und amüsierte sich wieder. Auf den Straßen war es spürbar, auf der Arbeit, in den Cafés, die wieder eine fröhliche, optimistische Stimmung verbreiteten, ja selbst in den Gesichtern der gewöhnlichen Bürger spiegelte sich ein neu gewonnenes Vertrauen. Es wurde wieder gelacht, elegante Frauen schlenderten wieder durch die plötzlich zu neuem Leben erwachten großen Kaufhäuser, erstanden Stoffe für ein neues Kleid oder leisteten sich eine kleine Verrücktheit – einen Hut, eine Abendhandtasche für den nächsten Theater- oder Konzertabend. Die Qualität der kulturellen Angebote hatte unter dem Filter der nationalsozialistischen Zensur stark gelitten, doch im Gegenzug dazu wurde vom Staat eine bunte Vielzahl an Vergnügungen zu Preisen angeboten, die für die Mehrheit erschwinglich waren, was zugleich ein Gefühl sozialer Gerechtigkeit nährte. Nach dem Modell der Opera Nazionale del Dopolavoro (Nationale Organisation für Freizeit und Erholung) im faschistischen Italien, dessen großer Bewunderer Hitler war, schufen die Nazis »Kraft durch Freude« und boten Gymnastik an, Tanz, Sport, Exkursionen, Ausflüge in die Natur, Schauspiel- und Musicalabende, Schachturniere und selbst Wettbewerbe für das schönste Dorf.

Das Ziel indessen war keinesfalls sozial, es war ideologisch und darauf ausgerichtet, die Treue zur Volksgemeinschaft zu stärken und damit auch diejenige zum Führer und zum Staat. Beide waren dazu bestimmt, Symbole einer übermächtigen und verbindenden Kraft zu sein, die das körperliche und geistige Wohl des arischen Volkes garantieren sollte. Im Gegenzug dazu hatten sich die Bürger bis ins Privatleben und in die Gedanken hinein vollständig führen zu lassen, Hitler gegenüber eine unerschütterliche Loyalität zu bezeugen und dem nationalsozialistischen Staat mit ihrer Produktivkraft zu dienen, falls nötig auch im Krieg.

Das Reich übernahm es auch, den deutschen Arbeitern mit zentral geplanter Unterbringung die Ferien zu organisieren, es hängte sogar noch ein paar bezahlte Urlaubstage dran, die sie unbeschwert genießen sollten. Ich habe ein Symbol dieser Schwärmerei für den Massentourismus besucht, das sich auf der Ostseeinsel Rügen befindet, einem Ort der gehobenen Sommerfrische, wo die deutsche Bourgeoisie im 19. Jahrhundert schöne weiße Villen aus Holz errichtet hat, die mit Erkern und geschnitzten Balkonen verziert sind. Abseits gelegen auf dem Gelände von Prora, einem Kiefernwald mit vorgelagertem sonnenhellem Strand, bin ich eine gute Stunde an einem verlassenen Gebäude mit sechs Etagen und klaffenden Öffnungen entlanggelaufen, das sich über fünf Kilometer erstreckt und von einem Stacheldrahtzaun umgeben ist, der seine Eingänge versperrt. Hitler selbst, so scheint es, hat die Idee zu diesem gigantischen Projekt eines Erholungszentrums gehabt, das auf 10.000 kleine Zimmer mit Seeblick und moderatem Komfort ausgelegt war, um bis zu 20.000 Feriengäste zu beherbergen, die ihre Freizeit weitgehend in Gemeinschaft verbringen sollten, etwa in zwei Wellenbädern zum Entspannen oder in einem gewaltigen Theatersaal zur Zerstreuung. Dieser Traum blieb unvollendet, ebenso wie der Bau, dessen Kosten aus dem Ruder liefen und der aufgrund des Krieges ganz unterbrochen wurde.

Bei Ferien- und Freizeitvergnügungen setzte »Kraft durch Freude« vor allem auf Gesundheit und Sport. Denn Adolf Hitler war besessen von Körperhygiene, er selbst war Vegetarier, ertrug es nicht, dass man in seiner Anwesenheit rauchte, und trank keinen Alkohol, seine Lebensgefährtin Eva Braun war begeisterte Turnerin. Diese Besessenheit durchdrang den eugenischen und rassistischen Charakter der Nazi-Ideologie, die danach strebte, einen »neuen Menschen« zu erschaffen aus reinem »arischen« Blut, schön und von körperlicher Gesundheit. Es gehörte zur Aufgabe eines Nazis, auf seinen Körper zu achten, und zu den Pflichten einer Mutter, ihre Kinder vernünftig zu ernähren. Es ging nicht allein darum, die Volksgemeinschaft vom angeblich »unreinen« Blut der Juden zu reinigen. Starke und gesunde Wesen sollten gegenüber Alten, Kranken und Schwachen bevorzugt werden, nicht zuletzt weil man im Falle eines Krieges kräftige, junge Deutsche benötigt. 1937 beglückwünschte sich Hitler zu seiner »deutschen Rassenpolitik« in einer Rede anlässlich des Baus des Reichsparteitagsgeländes in Nürnberg: »Wie schön sind unsere Mädchen und unsere Knaben, wie leuchtend ist ihr Blick, wie gesund und frisch ihre Haltung, wie herrlich sind die Körper der Hunderttausenden und Millionen, die durch unsere Organisationen geschult und gepflegt werden (...). Es ist wirklich die Wiedergeburt einer Nation eingetreten durch die bewusste Züchtung eines neuen Menschen.«

Oma war keine große Sportlerin. Als sie noch jung war, hatte sie ihren Mann zum Skifahren in den Schwarzwald begleitet. Ich habe Fotos von ihnen gefunden, auf denen sie mit erstaunlicher Leichtigkeit auf ihren Holzskiern zu sehen sind, allein auf einer weit ausgedehnten, freien Fläche. Die Liebe hatte ihr Flügel verliehen. Dann nahm sie an Gewicht zu und Karl bat sie immer seltener, ihn auf seinen einsamen Ausflügen in die Berge oder zum Nacktcampen an einem See zu begleiten. Vielleicht war sie dieser Extravaganzen auch überdrüssig und sehnte sich nach anderen Vergnügungen. »Kraft durch Freude« bot zahlreiche Möglichkeiten, die Freizeit zu verbringen, neben sportlichen Ferien mit eher spartanischer Ausrichtung auch das genaue Gegenteil: den Luxus einer Kreuzfahrt.

So kam es, dass Lydia, die nie zuvor in ihrem Leben eine Reise unternommen hatte, sich eines Tages mit 1.500 anderen Passagieren für fünf Tage an Bord eines nagelneuen weißen Schiffes begab, das über moderne Kabinen mit fließendem Wasser verfügte und in Richtung der prächtigen Fjorde Norwegens fuhr, ebenjene nordischen Regionen, an denen Hitler die »Reinheit des Volkes« bewunderte. Dieser Passagierdampfer wurde 1937 eingeweiht und auf den

Namen des einstigen Schweizer NSDAP-Chefs getauft, einem fanatischen Antisemiten, der von einem jüdischen Studenten ermordet wurde: Wilhelm Gustloff. An Bord gab es mehrere Restaurants, einen Friseur, Geschäfte, ein offenes Schwimmbad, eine Turnhalle, ein Theater ... »Meine Mutter hat mir häufig von dieser Reise erzählt. Sie hat sich selten so gut amüsiert, sie tanzte, trank, sie sagte, dass es eine wunderbare Atmosphäre an Bord gegeben habe«, sagt Ingrid. Das Dritte Reich verfügte über sechs Kreuzfahrtschiffe und bot Traumziele an, Madeira etwa, die portugiesische Insel, auf der die gehobene britische Gesellschaft, die hier ihre Winter verbrachte, große Augen gemacht haben dürfte, als sie eine Horde Deutscher landen sah, die aus einem ganz anderen sozialen Milieu stammten. Bis zum Krieg genossen mehr als 700.000 Deutsche diesen für die Mittelklasse bislang nie zugänglichen Luxus. Nichtsdestoweniger hatten 99 Prozent der Arbeiter dieses Vorrecht nicht, denn wenn sie auch subventioniert waren, so blieb der Preis der Kreuzfahrten für die meisten doch unerschwinglich.

Diese gewagte Mischung aus Glamour und Sozialismus half der Popularität des Regimes, besonders bei den Frauen, die ihre Begeisterung noch lange nach den Reisen mit ihrer Umgebung teilten, wie ein Beobachter der NSDAP zufrieden feststellte. Der Führer genoss bei deutschen Bürgerinnen ohnehin eine besondere Zuneigung, die sowohl von einer Art Beschützerinstinkt für diesen älteren Jungen ohne Beziehung getragen war als auch von einer Faszination für diesen Mann mit Charisma und einer Stimme, von der es hieß, sie habe eine magnetische Anziehung gehabt. Hitler bemühte sich auch, seine Verbindung mit Eva Braun diskret zu behandeln. Er weigerte sich, sie zu seiner Frau zu machen, um die Aura des Führers zu stärken, der mit Deutschland verheiratet war, sprich: mit allen deutschen Frauen. Er verstand es zugleich, seinen Bewunderinnen für deren besondere Zuneigung zu danken, indem er etwa den Muttertag zum nationalen Feiertag erklärte – ein propagandistischer Schachzug, um die den Hausfrauen zugedachte Rolle im nationalsozialistischen Projekt zu feiern, die gute kleine Arier erziehen und ihren Mann bei seiner Mission unterstützen sollten. Zwölf Millionen Frauen waren Mitglieder in NS-Organisationen und viele von ihnen verspürten beim Tod des Führers einen tiefen Schmerz, nicht wenige nahmen sich das Leben.

Auch Oma bewunderte ihn damals. Wenn sie sich keiner NS-Organisation angeschlossen hat, dann vielleicht aus Respekt vor ihrem Vater, Heinrich Koch, einem eingefleischten Sozialdemokraten, der so bewegt gewesen war an jenem Tag, da er Friedrich Ebert persönlich begegnet war, dem ersten Präsidenten der Weimarer Republik. Allerdings, da sie karitativ engagiert war und einen großen Bekanntenkreis besaß, ist es gut möglich, dass sie bei einigen NS-Initiativen wie etwa dem Winterhilfswerk mitgemacht hat oder auch bei gesellschaftlichen Ereignissen, die von ihren nationalsozialistisch engagierten Freundinnen organisiert wurden.

Ganz unabhängig davon war es keineswegs notwendig, ein einschlägiges gesellschaftliches Leben zu führen, um mit der Ideologie der Nazis in Berührung zu kommen, denn diese drang ohnehin bis in die intimsten Winkel des Privatlebens vor. So war jegliche sexuelle Beziehung mit Juden verboten, und Frauen wie Männer wurden ermutigt, sich fortzupflanzen, falls nötig auch außerhalb der Ehe. »Ich frage mich, ob meine Mutter nicht vom damaligen Zeitgeist beeinflusst war, als sie mich bekam«, sagt mein Vater. »Sie war 42 Jahre alt, was zur jener Zeit sehr spät war, um sich noch für ein weiteres Kind zu entscheiden, obendrein mitten im Krieg.«

Die Ideologie griff auch nach der Erziehung der Kinder. Das Buch der deutsch-österreichischen Ärztin Johanna Haarers, *Die deutsche Mutter und ihr erstes Kind*, dessen zentrale Begriffe Zucht, Unterwerfung, Reinlichkeit lauten, war ein Verkaufsschlager. »Meine Mutter folgte dieser Vorstellung nicht, im Gegenteil, sie hat mich ein wenig zu sehr verwöhnt«, erklärt Volker. »Und was meinen Vater betrifft, so war er eher dem alten Erziehungsideal verbunden, patriarchal und streng.« Um auch die Erziehung zu kontrollieren, zog das Regime Kinder und Jugendliche zwischen 10 und 18 Jahren in hitlernahe Organisationen ein. Im Bund Deutscher Mädel (BDM), der von 1936 an verpflichtend war, lernte ein »arisches« Mädchen, sich »um die Wärme des heimatlichen Herdes« zu sorgen und »Hüterin der

Reinheit des Blutes und des Volkes zu sein und Helden aus den Söhnen des Volkes zu erziehen«. Das männliche Äquivalent, die Hitlerjugend (HJ), unterzog über 98 Prozent der Jungen dieser Altersklasse einer ähnlichen Gehirnwäsche, indem sie ihnen die rassistische und sozialdarwinistische Ideologie einimpfte und ein körperliches und geistiges Training auferlegte, das dazu diente, sie auf den Kampf vorzubereiten. Die HJ nahm an gewalttätigen Aktionen teil, darunter am Boykott gegen jüdische Geschäfte und an der Reichspogromnacht. Einige bis aufs Mark indoktrinierte Kinder gingen so weit, ihre Lehrer an der Schule, ihre Eltern, ihre Nachbarn auszuspionieren und zu denunzieren. Trotz ihres verpflichtenden und radikalen Charakters waren diese Jugendinstitutionen beliebt, vielleicht auch gerade deshalb, weil sie alle Kinder als Gleiche unter Gleichen behandelten, unabhängig von Reichtum und Herkunft ihrer Familien.

Nicht alle Frauen verehrten Hitler. Denn für diejenigen, die anders als Oma bereits ins Berufsleben eingetreten waren und während der Zwanzigerjahre von den Anfängen der Emanzipation profitiert hatten, brachte das NS-Regime einen brutalen Rückschlag. Der Führer hatte der »Frauenemanzipation« den Krieg erklärt, die ihm zufolge »ein nur vom jüdischen Intellekt erfundenes Wort« war. »Wir empfinden es nicht als richtig, wenn das Weib in die Welt des Mannes eindringt, sondern wir empfinden es als natürlich, wenn diese beiden Welten getrennt bleiben«, hatte er anlässlich des Reichsparteitags 1934 in Nürnberg verkündet. Die Ironie der Geschichte will, dass gerade eine Frau es war, die dem Reichsparteitag internationale Aufmerksamkeit verlieh: die Regisseurin Leni Riefenstahl, der Hitler, hingerissen von ihrem Talent, freie Hand gelassen hatte, um Propagandafilme zu drehen, darunter den atemraubenden *Triumph des Willens*. Schnittrhythmus und Kameraperspektiven, verblüffend in ihrer Neuartigkeit und Eindrücklichkeit, sollten in den Kinosälen in Deutschland und im Ausland große Wirkung erzielen. Perfekt überbrachten sie die berauschende Atmosphäre dieser Parteitage, deren mystische Inszenierung von Macht die Zuschauer ebenso wie die Teilnehmer, vereint in einem Lichthof kriegerischer Kameradschaft, in den Bann schlug – Fackelaufmärsche, uhrwerkhafte militärische Disziplin, rhythmisierte Ästhetik von Flaggen und ausgestreckten Händen, imposante Architektur, skandierte Aufrufe zur radikalen Aktion. Auch Opa, der weder den Charakter eines Kriegers noch den eines Fanatikers besaß, hatte der Neugier nicht widerstehen können und war nach Nürnberg gereist, um diesem pompösen Schauspiel beizuwohnen, von dem es hieß, dass selbst die dem Nationalsozialismus weniger Zugeneigten »wie betäubt« von ihm zurückkehrten.

Und genau das war das Konzept: zu hypnotisieren, um die Aufmerksamkeit von den Verfolgungen abzulenken, von den Festnahmen und der Brutalität, die ein Teil der deutschen Bevölkerung erlitt. Während andere auf einem Kreuzfahrtschiff Sekt tranken oder den machtvoll demonstrierten wiedererlangten Stolz des Landes in Nürnberg bewunderten, nahm der Staat Juden, Kommunisten, Sozialisten, Gewerkschafter, Journalisten, Intellektuelle ins Visier. 360.000 Homosexuelle, Schwache, Kranke und Marginalisierte fielen von 1934 an einer Kampagne zur Zwangssterilisierung zum Opfer, die als »Gesetz zur Verhütung erbkranken Nachwuchses« präsentiert wurde. In einem eugenischen Staat gab es für sie keinen Platz mehr. Es war »die Selektion des sozial und ökonomisch ›Nützlichen‹«, da sich alles »um Produktivität und Leistung« drehte, wie es der Historiker Dietmar Süß beschreibt.

Was wussten meine Großeltern von dieser Gewalt? Sie lebten in einer Stadt, wo Informationen schnell in Umlauf gebracht wurden. Die Konzentrationslager und die Qualen, die deren Insassen erleiden mussten, waren nicht unbekannt, die Ermordung von Konkurrenten und politischen Opponenten war ebenfalls kein Geheimnis, und die Verfolgung der Juden spielte sich ohnehin am helllichten Tage ab. Die Aufmärsche der SS und SA, zudem mit lautem Gegröle, waren möglicherweise vielen Deutschen peinlich, denen es lieber gewesen wäre, wenn sich solche gewaltsamen Szenen fern von ihrem Zuhause abgespielt hätten. Aber sie brachten es doch mit ihren Wertvorstellungen in Einklang, indem sie daran glaubten, dass der Mann, dem ihre Loyalität galt, Adolf Hitler, entweder an diesen Übergriffen unbeteiligt war oder rechtmäßig handelte. Was immer dieser Halbgott sagte oder tat, es war wie die Offenbarung einer Wahrheit und kam einem Gesetz gleich. Sigmund Freud beschreibt es in seinem Buch *Massenpsychologie und Ich-Analyse*: »Das Gewissen findet keine Anwendung auf alles, was zu Gunsten des Objektes geschieht; in der Liebesverblendung wird man reuelos zum Verbrecher.«

Der Kult um den Führer nahm umso wahnhaftere Dimensionen an, wie die Arbeitslosigkeit sank und er diplomatische Siege aneinanderreihte. Die Wiedereinführung der Wehrpflicht, die Remilitarisierung des Rheinlands bei bewusster Verletzung des Vertrags von Versailles und die darauffolgende Annexion Österreichs und des Sudetenlandes machten aus Hitler einen Propheten, der dem Dritten Reich seine Größe zurückgebracht und die »Schmach von Versailles« gerächt hatte. Am 20. April 1939 erhielt er zu seinem 50. Geburtstag eine Flut von Liebesbriefen und Spenden in Höhe von drei Millionen Reichsmark, die er Wohlfahrtseinrichtungen stiftete. »Hitler repräsentierte eine Allmachtvorstellung«, erklären die Psychoanalytiker Alexander und Margarete Mitscherlich.

Selbst die aristokratische Elite, die zunächst in ihrer Mehrheit zurückhaltend reagierte, sollte sich beugen. 2004 habe ich dazu Philipp Freiherr von Boeselager interviewt, der 1917 geboren wurde. »Man kann sich heute gar nicht vorstellen, was damals für eine Aufregung herrschte. Anfangs, da verachteten wir Hitler wegen seiner proletarischen Herkunft und die Partei wegen ihrer Vulgarität, dies sollte sich aber ändern, als Hitler den Adeligen ihre Rolle in der Armee zurückgab. Wir hatten ja mit ansehen müssen, wie sich unsere Altvorderen nach 1918 von den Alliierten hatten erniedrigen lassen (...). Dieser Mann hatte uns unsere Ehre zurückgegeben.« Während des Krieges als Offizier in Hitlers Armee wurde sich Philipp von Boeselager allmählich der verbrecherischen Dimension des Dritten Reiches bewusst. Er half bei der Vorbereitung des gescheiterten Attentats auf Adolf Hitler vom 20. Juli 1944, konnte aber wie sein Bruder der Exekutionswelle entkommen, da ihre Namen nicht verraten worden waren.

Große Teile der gesellschaftlichen Elite waren vom antisozialistischen und antidemokratischen Ton des Führers ebenso verführt wie von seiner Ablehnung des rein rationalen Denkens, das für die Weimarer Republik charakteristisch gewesen ist. Der Glaube an eine mythische Kraft, die ein neues, mächtiges und respektiertes Deutschland schaffen sollte, ließ sämtliche Sicherungen nacheinander durchbrennen. Wenn die SS mit der Aussicht auf sozialen Aufstieg anfangs vor allem Arbeiter und die Mittelschicht anzog, so stieg ab Mitte der Dreißigerjahre das Bildungsniveau ihrer Mitglieder an. Der belgische Historiker Christian Ingrao hat die Lebenswege von 80 Führungskräften der Repressionsorgane des Dritten Reiches verfolgt: 60 Prozent von ihnen hatten einen Universitätsabschluss, 30 Prozent sogar einen Doktortitel. Hochrangige Armeeangehörige, die aus konservativen Familien mit tief verwurzelten christlichen Werten stammten, sollten später Massaker an Kriegsgefangenen organisieren oder ganze Dörfer auslöschen; brillante Juristen verfassten dienstfertig minutiöse Berichte, die dazu bestimmt waren, in eisiger Sprache die Verbrechen des Dritten Reiches zu rechtfertigen; Experten für Völkerkunde und alte Sprachen gaben ihr Wissen her, um bis in die hintersten Winkel Russlands zu bestimmen, ob dieser oder jener Stamm »jüdisches Blut« besaß oder nicht, wer ein Recht zu leben, wer zu sterben hatte; Mediziner wurden zu sadistischen Henkern. Karrierismus und Konformismus allein genügen nicht, um diese Wandlungen zu erklären, die ins rätselhafte Reich des Bösen führen.

Häufig diente die Treuepflicht gegenüber dem Führer als bequemes Alibi. In den Augen meiner Großmutter war es ohne Weiteres denkbar, Hitler zu bewundern, ohne sich selbst als Nazi zu betrachten. Das wiederum machte es möglich, sich von den Verbrechen des Reiches nicht betroffen zu fühlen. Und hatte nicht auch die protestantische Kirche, die das Gewissen meiner Oma so sehr bestimmte, dem Führer ihren Segen gegeben in der Hoffnung, dass auf die verhasste Demokratie ein christlich-autoritäres Regime folgen würde? Es gab Kirchen, die nicht zögerten, an Festtagen auf ihren Kirchtürmen die

Flagge der Nazis zu hissen, die mit ihrem blutroten Stoff neben dem Kreuz der Christen wehte. Oma gehörte nicht zu jenem Teil der protestantischen Kirche, der den Nazis am nächsten stand, den Deutschen Christen (DC), aber sie war auch nicht der Bekennenden Kirche beigetreten, die, mit großem Mut, dem Dritten Reich die Stirn geboten hatte.

Die katholische Kirche hatte insgesamt größere Vorbehalte gegen die Nationalsozialisten. Priester stellten sich gegen das Regime, wurden aber nach kurzer Zeit festgenommen, und da der Vatikan durch Apathie glänzte, ebbte der Widerstand gegen den Führer ab. Am Ende lieferten die protestantischen ebenso wie die katholischen Kirchen dem Dritten Reich die Namen von Christen mit jüdischen Wurzeln und sahen ohne zu protestieren der Ausgrenzung ihrer ehemaligen »Brüder und Schwestern« der Glaubensgemeinschaft zu.

Gewiss, den Nationalsozialismus zu kritisieren war ein gefährliches Unterfangen, sich ihm entgegenzustellen konnte tödlich sein. Der Partei half ein weitverbreitetes Denunziantentum: Feindlich gesonnene Nachbarn, eifersüchtige Kollegen oder ein von der Untreue seiner Ehefrau verletzter Gatte nutzten die politische Situation, um Rechnungen zu begleichen. Sie bezichtigten einander, »rassenfremde Verhältnisse« zu unterhalten, den Führer beleidigt zu haben, ausländische Radiosender zu hören ... Das geschah in einem Ausmaß, dass die Behörden der Lawine an falschen Beschuldigungen kaum Herr werden konnten. Gleichzeitig nahm der politische und gesellschaftliche Druck zur aktiven Beteiligung an der »Volksgemeinschaft« immer weiter zu. Jegliches Zögern wurde missbilligt und konnte weitreichende Diffamierungen durch Helfershelfer der Nazi-Partei zur Folge haben, das Ende der Sozialhilfe, die Abweisung einer Universität, den Verlust des Arbeitsplatzes bis hin zum Ausschluss aus der Gesellschaft.

Dieser alltägliche Terror hat sicher seine Wirkung getan, aber der gesellschaftliche Erfolg des Dritten Reiches gründete vor allem in seiner Fähigkeit, die Massen mit einer ganzen Palette von Mitteln zu verführen, vor allem mit der allgegenwärtigen Propaganda, der kaum zu entkommen war. »Meine Eltern besaßen ein Radio, ich selbst war zu klein, um etwas verstehen zu können, aber ich weiß noch, dass immer derselbe Ton vorherrschte, derselbe Rhythmus, damit die Propaganda schließlich in alle Köpfe eindringen sollte, auch in den meiner Mutter«, erinnert sich meine Tante Ingrid. Die meisten Zeitungen wurden verboten, in Mannheim gab es nur noch die antisemitische Brandschrift *Hakenkreuzbanner*. Es gab zugleich Filme und Propagandaplakate des Reiches, in denen eine ausschließlich harmoniegeladene Welt vorgespielt wurde, die Freude einer erfüllten Aufgabe, Familienglück, ein Zurück zur Natur, ja sogar die Liebe, wie etwa auf diesem einen Foto, das ein junges, sich umarmendes Paar am Strand zeigt, eingehüllt in eine große Flagge der Nazis. Wer denn hatte nach so viel Leid keine Lust, sich von dieser totalitären Utopie einlullen zu lassen, die aus den Deutschen eine »überlegene« Rasse machte?

»Es war herrlich, ein Volk der Auserwählten zu sein«, schreiben Alexander und Margarete Mitscherlich. Wie so häufig in der Geschichte der Menschheit – nicht zuletzt in der Ära der Kolonialzeit – war es eine so beglückende Erfahrung, sich anderen überlegen zu fühlen und das Recht zu besitzen, sie zu dominieren, nur weil man einer vermeintlichen »Rasse« angehörte, einem Land, ohne überhaupt irgendein persönliches Verdienst bewiesen haben zu müssen. Ich glaube nicht, dass Oma und Opa für diese Schmeicheleien des Egos und diese Allmachtsträume wirklich empfänglich waren. Hingegen brannte der Verlobte von Karls jüngster Schwester Hilde hellauf und voller Begeisterung für die herrische Mission des Nationalsozialismus. Es gibt ein Foto ihrer Hochzeit, die Hilde gleichzeitig mit derjenigen einer Freundin feierte. Es ist mitten im Krieg, ihre künftigen Gatten haben ihre Wehrmachtsuniformen zum Festakt angezogen und zeigen stolz ihre Nazi-Insignien. Hildes Ehemann sollte ihr später dann Briefe aus der Ostfront zuschicken, in denen er sich in seinem Hass gegen »Untermenschen« ergoss – er meinte die Slawen.

Als am 1. September 1939 der Krieg erklärt wurde, war Oma 38 Jahre alt und Ingrid zweieinhalb. Die Unruhe der Deutschen, die ihren Führer auch deshalb vergötterten, weil er ihnen bislang den Krieg erspart hatte, stand in scharfem Kontrast zum kriegerischen Ungestüm, das 1914 das Land erfasst hatte. Sie wussten inzwischen, welches Blutbad die modernen technischen Kriege anrichteten, und sie erschraken bei der Vorstellung, ihren so mühselig wiedererlangten Komfort zu verlieren. Doch mit den Blitzkriegen des Dritten Reiches schlug die Stimmung plötzlich um, und die Bewunderung des Führers erreichte ihren Zenit. Zusätzlich zu seinen vielen Talenten wurde er nun auch noch zum genialsten Feldherrn der deutschen Geschichte. Zum Stolz des Sieges gesellten sich materielle Lustbarkeiten. Man genoss Produkte aus den besetzten Ländern, Butter aus Dänemark, Wollwaren, Öl, Wein aus Frankreich ...

Bis schließlich der Führer im Juni 1941 die unselige Idee hatte, auch noch Russland den Krieg zu erklären. Die Deutschen waren fassungslos, und wie sie es geahnt hatten, wendete sich das Blatt, der Krieg näherte sich ihren Ortschaften und Häusern, zunächst vom Himmel aus mit desaströsen Luftangriffen. Die Bevölkerung saß in der Falle, gefangen in einer sich weiterdrehenden Spirale aus Zerstörung, Tod und höllischer Angst. Den Alliierten gelang es, die Deutschen zu traumatisieren, und doch verfehlten sie das Hauptziel: sie gegen Hitler aufzubringen. Der Volksmund war überzeugt: »Die alliierte Kriegsführung ist unmenschlich, nicht unser Führer!« Selbst als die Niederlage überdeutlich wurde, hörten die Funktionäre, die NSDAP, die SS, die Richter nicht auf, das »Führerprinzip« anzuwenden, indem sie mit unsinniger Verbissenheit alle »schädlichen Elemente« angriffen, also die Schwachen, die Saboteure, die Deserteure – während sich zugleich im Osten das Räderwerk zur Judenvernichtung mit wahnsinniger Geschwindigkeit weiterdrehte, geführt von Männern, die wie Maschinen töteten. »Die Faszination, die von Hitler, von seinen Forderungen, die er an die Nation stellte, ausging, hatte nicht nur mit Sadismus, sondern auch viel mit Masochismus, mit Unterwerfungslust zu tun, hinter der die viel bewusstseinsfernere

Neigung zur Autoritätsschändung stand«, analysieren Margarete und Alexander Mitscherlich.

Die Indoktrination kannte keine Grenzen. Und sie war noch tiefer verwurzelt als bei den Bolschewiki, denn die Mehrheit der Deutschen war eher verführt, als dass sie aus Angst handelte, schließlich hatte Hitler sein Volk und seine Führungselite weniger terrorisiert, als Stalin dies bei seinen Säuberungen getan hatte. Der Schock über den Tod des Führers, der sich am 30. April 1945 das Leben genommen hatte, und über den Zusammenbruch des Dritten Reiches stellte den Gipfel dieser Verhexung dar und erklärt zum Teil die pathologische Amnesie, der die Deutschen nach dem Krieg verfielen.

Einige haben sich nie mehr aus ihr befreit, wie etwa Emma, die ich 2005 interviewt habe. Die Frau, die aus einer bescheidenen sudetendeutschen Bauernfamilie stammt, war 1945 gemeinsam mit ihrer Familie aus der Tschechoslowakei vertrieben worden und hatte sich in Bayern niedergelassen. Sie waren in Geretsried gelandet – während des Krieges ein Zentrum der Munitionsproduktion mit zwei Sprengstofffabriken, das die Sudetendeutschen durch ihren verbissenen Arbeitswillen und trotz ihres beklagenswerten Zustands in eine großzügige, saubere und grüne Stadt mit aufblühenden Geschäften und Betrieben verwandelt haben.

Mein Treffen mit Emma fand in einem Altersheim statt. Sie war damals 78 Jahre alt, saß tief gedrückt in einem Rollstuhl und hatte vielleicht wegen ihrer Medikamente Schwierigkeiten, die Augen offen zu halten und sich zu artikulieren. Es gelang ihr dennoch, mir zu erzählen, wie ihre Familie eines Nachts im Juli 1945 brutal von der tschechischen Polizei aus ihrem Haus gerissen wurde und ihr Hab und Gut hinter sich lassen musste. Kurz darauf wurden sie gezwungen, über mehrere Hundert Kilometer weit in einem Flüchtlingstross zu marschieren, den die Bewohner der Dörfer, an denen sie vorüberzogen, ausbuhten und schlugen. 60 Jahre später scheint nichts ihr Gefühl des Grolls gemildert zu haben, weder die Zeit noch die Erkenntnis, dass das Dritte Reich weitaus schlimmere Verbrechen begangen hatte, als es die Vertreibung der Deutschen durch die Tschechen war. Ich warf ein: »Aber im Mai 1938, was war da Ihr Gefühl, als Hitler euch annektierte?«

»Wir haben ihn begrüßt wie einen Heilsbringer. Und wenn es noch einmal dazu käme, ich würde es wieder tun«, fügte sie ohne zu zögern hinzu.

»Warum?«, fragte ich. Emma überlegte einen Augenblick lang und antwortete dann: »Vorher aßen wir nur Kartoffeln, und nach der Annektierung hatten wir Fleisch in unserer Suppe.«

Ich war von dieser Antwort getroffen, zeigte doch ihre verblüffende Ehrlichkeit, wie simpel ein Grund zur Anbetung sein kann. »Fleisch in unserer Suppe.«

6   Kind von Mitläufern

SCHON FRÜH INTERESSIERTE SICH mein Vater für die Verbrechen des Dritten Reiches, was allerdings von der Enttäuschung begleitet war, dies mit niemanden teilen zu können. In seiner Familie sprach man selten vom Krieg oder vom Nationalsozialismus. Allein die Juden waren Anfang der Fünfzigerjahre kurz zum Thema geworden, als Karl an Julius Löbmann Reparationsleistungen zahlen musste. Die Erinnerung daran, zu welchen Spannungen diese Episode zu Hause geführt hatte, war noch lebendig, sodass Volker es vorzog, nicht allzu viele Fragen über dieses dornige Kapitel zu stellen. Karl Schwarz war ein sehr jähzorniger Vater, den man besser nicht provozierte, ohne sich vorher über die möglichen Folgen klar zu sein, die unterschiedlich ausfallen konnten: von Verboten aller Art bis zu Ohrfeigen. Als er als Jugendlicher seinen Vater weniger zu fürchten begann, wagte sich Volker mehrmals auf dieses unsichere Terrain und ließ von Zeit zu Zeit den Namen Löbmann fallen. Aber selbst dann, wenn er nicht diese konkrete Familiengeschichte, sondern ganz allgemein die deutsche Geschichte ansprach, wurde jeder Vorstoß in diese Richtung mit einer solchen Schreisalve begegnet, dass er schließlich davon abließ: »Er wurde unglaublich zornig! Im Öllager, wo ich ihm half, konnte es vorkommen, dass er mich mit dem Wasserschlauch verfolgte oder sogar Werkzeuge nach mir warf.«

Ich stelle mir diesen Generationenkonflikt vor: Mein Großvater, ein korpulenter und autoritärer Mann, dem die Argumente ausgehen angesichts eines recht wachen Sohnes, der, schlank und groß gewachsen, ihn von oben herab mit unverschämtem Blick herausfordert. »Solange du deine Füße unter meinen Tisch setzt, hast du zu gehorchen!«, hieß es dann. Volker jedoch ging es nicht darum, mit dem Finger auf seinen Vater zu zeigen und ihn anzuklagen, denn der war trotz allem weder bei der SS noch in der Wehrmacht oder im Staatsapparat gewesen und er hatte auch nie mit einer Waffe oder einer Unterschrift den Tod eines anderen verursacht. Der Sohn wollte einfach nur von seinen Eltern erfahren, »wie es sich abgespielt hatte«, was sie gewusst und was sie nicht gewusst haben, was sie bedauerten, getan oder nicht getan zu haben. Da er nicht mit seinem Vater sprechen konnte, versuchte er es bei seiner Mutter, mit der ihn eine starke Zuneigung verband. Sie protestierte: »Wir haben 1932 nicht für Hitler gestimmt, wir haben Generalfeldmarschall Hindenburg gewählt.« Aber die Antwort auf die Frage, wer im März 1933 ihre Stimme bekommen hatte, blieb im Raum schweben.

»Meine Mutter sagte in ihrem Mannheimer Akzent: ›Die Jud' hätte sie nett ermode därfe‹, aber das hatte eine doppelte Bedeutung«, glaubt Volker. Denn den Grund für die Niederlage erklärten sich viele Deutsche mit einer Rache der Juden, denen antisemitische Klischees einflussreiche, insbesondere von den USA aus agierende weltweite Netzwerke unterstellten. Man hätte sie darum besser in Ruhe gelassen. »Oma fügte bezüglich der Nazi-Gräuel häufig hinzu: ›Wenn der Führer det gewusst hätt, wär's nett vorgekomme.‹« Sie hatte von der Schande der KZ durch eine Roma-Frau erfahren, Annie, die kärglich in den Ruinen gegenüber auf der anderen Seite des Familienhauses lebte. Sie hatte Freundschaft mit dieser Frau geschlossen, die unzählige Male missbraucht worden war und nunmehr gemeinsam mit einem Kind zu überleben versuchte. »Meine Mutter lud sie häufig zu sich nach Hause ein, um ihr etwas zu essen, eine Tasse Kaffee, etwas Geld anzubieten. Und Annie las ihr die Karten.« Diese Empathie hielt Lydia jedoch nicht davon ab, immer wieder einmal mit lauter Stimme von dem Regime zu träumen, das es ihr ermöglicht hatte, eine unvergessliche Kreuzfahrt nach Norwegen zu unternehmen.

Wenn Gäste zu Geburtstagsfeiern in die Chamissostraße kamen, konnte es geschehen, dass einer von ihnen »die gute Zeit« heraufbeschwor, »die er in Frankreich verbracht hatte«, als die deutschen Soldaten es sich während der Besatzung hatten gut gehen lassen. »Sie erzählten, dass sie Champagner tranken und für ihre Ehefrauen Seidenstrümpfe kauften«, berichtet mein Vater. Da war auch Onkel Kurt, der es liebte, sich als mutiger Marineoffizier zu verkaufen, während er in Wirklichkeit den Krieg auf einem vor Norwegen ankernden Schiff verbracht und, anstatt zu kämpfen, einer Norwegerin ein Kind gemacht hatte. Der Einzige aber, der den wirklichen Krieg, das Schlimmste, mitgemacht hatte, ebenjener von der Ostfront, der sagte nichts. Es war dies Karls junger Bruder, Onkel Willy, den niemand etwas zu fragen wagte, aus Angst, es schon kurz danach zu bedauern, Erinnerungen wachgerufen zu haben, deren Düsternis einen erschaudern ließ.

Abgesehen von den ulkigen Anekdoten, die bei leicht berauschten Geburtstagen erzählt wurden, zog man es eher vor, persönliche Erlebnisse zu meiden, vor allem, wenn sie schmerzhaft waren. »Es war übrigens am Tisch auch niemals von den Bombardements die Rede, dabei hatten sie ja in Mannheim alle unter ihnen sehr gelitten. Sie wollten diesen Krieg einfach vergessen«, sagt mein Vater. Wenn die unmittelbare Vergangenheit Deutschlands Thema wurde, dann interessierte man sich aus ganz anderen Gründen als Volker dafür. »Es ging nicht darum, zu wissen, welche Verbrechen das Dritte Reich begangen hatte, sondern, warum es den Krieg verloren hatte, das war es, was sie traumatisierte«, sagt er. »Sie stritten darüber, welche Entscheidung Hitlers die falsche gewesen sein mochte, gerade so, als ob sie den Lauf der Geschichte noch hätten ändern können.«

Auf größtes Unverständnis stieß die Entscheidung des Führers vom 24. Mai 1940, als er gegen die Meinung des Oberkommandos der Wehrmacht mit einem Haltebefehl das Vorrücken der Panzer stoppte, denen es gelungen war, rund 370.000 Soldaten der britischen und französischen Armeen in Frankreich bei Dünkirchen einzukesseln. Damit hatte er den Alliierten Zeit gegeben, einen Verteidigungsring um die Stadt aufzubauen, in dessen Schutz sie ihre Truppen über das Meer hinweg abziehen konnten. Am 26. Mai befahl Hitler den Panzern, den Ansturm wieder aufzunehmen, während Hermann Göring die Luftwaffe lossandte, um die feindlichen Soldaten pausenlos zu bombardieren. 340.000 Menschen wurden mithilfe der Royal Navy und kleinerer französischer, britischer und belgischer Privatboote, die zu diesem Zweck mobilisiert worden waren, gerettet. Zwar fiel den Deutschen ein riesiger Bestand an Rüstungsmaterial in die Hände, aber vier Jahre später kamen viele dieser aus äußerster Gefahr geretteten Männer bei der Landung in der Normandie am 6. Juni 1944 als Eroberer zurück.

Nach dem Krieg rauften sich die Deutschen die Haare, weil sie diese »verpasste Gelegenheit« einfach nicht begreifen konnten. »Es hieß, Hitler hätte diese Militärkatastrophe der Briten nutzen können, um Churchill zu zwingen, ein Angebot zum Frieden einzugehen, um so in Kontinentaleuropa freie Hand zu haben«, erklärt mein Vater. Die Beweggründe des Führers sind bis heute nicht eindeutig geklärt.

Eine andere Obsession betraf die Schlacht von Stalingrad. Die Geschichte der Isolierung der 6. Armee, die Ende 1942 von den Sowjets eingekesselt und von Hitler ihrem Schicksal überlassen worden war, blieb ein Rätsel, um das man gern allerlei Hypothesen aufstellte. »Dein Opa sagte: ›Seit Stalingrad wusste ich, dass wir den Krieg verloren hatten, und ich habe es auch immer gesagt!‹«, berichtet meine Tante Ingrid. In Wirklichkeit hatte sich der Wind schon im Dezember 1941 gedreht – mit dem Sieg der Roten Armee bei der Schlacht von Moskau. Und doch ist es das von der nationalsozialistischen Propaganda als heldenhaftes Opfer deutscher Soldaten verkaufte Stalingrad, das die Geister beschäftigt hielt. Nach dem Krieg war dieser Mythos unverändert lebendig, zusätzlich genährt von Büchern wie dem Roman *Hunde, wollt ihr ewig leben* von Fritz Wöss, dessen unter der Regie von Frank Wisbar 1959 veröffentlichte Verfilmung einen nachhallenden Erfolg erzielte und sogar mit dem *Deutschen Filmpreis in Gold* ausgezeichnet wurde. Der Journalist Erich Kuby schrieb dazu: »Jeder deutsche Mann, der aus diesem Film kommt, fühlt sich exkulpiert.«

Ich habe ihn mir angesehen, und das Erste, was mir auffiel, war der auffällige Kontrast zur Darstellung der Wehrmacht in den französischen Filmen aus derselben Zeit, in denen man die NS-Soldaten bar jeglicher Menschlichkeit sieht, die ihre Befehle in einer durch den Filter der »Nazi-Haltung« fratzenhaft gewordenen Sprache bellen. In *Hunde, wollt ihr ewig leben* kamen sie mir wie ausgetauscht vor, lustig, ehrlich, mutig, mit Ausnahme eines höheren Offiziers, dessen Feigheit nur dazu dient, den Mut der anderen hervorzuheben, während Hitler selbst wie ein armseliger, herzloser Kriegsherr erscheint. Das dergestalt für die 6. Armee erregte Mitgefühl erlaubte es, deren

Mitwirken an den Kriegsverbrechen und Massakern wie dem von Babyn Jar in der Ukraine, wo innerhalb von zwei Tagen 33.000 Juden erschossen wurden, in die Tiefen des Vergessens zu versenken. »Die Wehrmacht war damals unberührbar. Selbst ich hätte nicht gedacht, dass sie mitverantwortlich war«, gibt mein Vater zu.

Wie sollte man einer Gehirnwäsche entkommen, die von einer Fülle an autobiografischer Rechtfertigungsliteratur und von Filmen gespeist wurde, die den Deutschen jene Helden lieferten, die ihnen so sehr fehlten? So wie Admiral Wilhelm Canaris etwa, der Leiter der Abwehr, der erst spät mehrere Putscheversuche gegen Hitler unterstützt hatte. Der Star jedoch, der nicht vom Thron zu stürzen war, blieb Erwin Rommel, der Wüstenfuchs, der trotz seines entschiedenen Engagements für das Dritte Reich in den Rang einer Legende befördert wurde.

Die Fünfzigerjahre waren eine Zeit unbedingter Rehabilitation, eine Reaktion auf die von den Alliierten geleitete Entnazifizierung, die es gewagt hatten, den Ruf so »ehrlicher« Nazis zu beschmutzen ... Diese Unfähigkeit zur Selbstkritik fand ihre Rechtfertigung in der Verteidigung gegen die »Kollektivschuldthese«, die angeblich von den Siegern vertreten wurde. In Wirklichkeit waren Letztere nie von einer Kollektivschuld aller Deutschen ausgegangen; der Historiker Norbert Frei meint sogar, sie sei eine Erfindung der Deutschen gewesen, da sie sich gut dafür geeignet habe, jegliche Kritik pauschal von sich zu weisen.

Die junge Generation meines Vaters konnte kaum auf Unterstützung zählen, wenn es darum ging, diese weichgespülte Version der Vergangenheit aufzubrechen. Selbst Journalisten vertraten diese Linie, da viele von ihnen selbst Nazis gewesen waren. Blieb die Schule, aber auch hier brauchte man gar nicht erst zu hoffen, die Feigheit der Gesellschaft wettgemacht zu sehen. »Auf der Mittelschule hörte der Geschichtsunterricht mit der Weimarer Republik auf«, erzählt mein Vater. »Der Großteil der Lehrer hatte im Dritten Reich auch schon unterrichtet, einige von ihnen waren Nazis, die noch immer die alten Methoden anwandten: Stockschläge auf die Finger und Tritte in den

Hintern. Der Zweite Weltkrieg wurde ausschließlich an den Gymnasien, die nur von einer kleinen Minderheit besucht wurde, und auch nur sehr oberflächlich und vor allem sehr eindimensional behandelt.« Bestimmte Begriffe waren tabu – und dies in einem Grade, dass sie sogar aus den Wörterbüchern verschwunden waren! So beschreibt es ein 2002 erschienener Text, in dem der deutschsprachige serbische Schriftsteller Ivan Ivanji erzählt, wie er in seinem *Duden* von 1956 die Begriffe Konzentrationslager und SS-Mann gesucht hat. Gefunden hat er sie nicht.

In dieser allgemein zu beobachtenden Verdrängung erhoben sich hier und da vereinzelte Stimmen, die den historischen Revisionismus und die Straflosigkeit anprangerten. Sie kamen von Männern, die als Jugendliche in den letzten Jahren des Dritten Reiches zur Abwehr der feindlichen Luftwaffe und Kriegsmarine brutal eingezogen worden waren. Es ist aber vor allem dem hartnäckigen Kampf eines Staatsanwalts zu verdanken, dass die Deutschen plötzlich gezwungen wurden, der Wahrheit, die sie so verbissen übersehen wollten, ins Gesicht zu blicken.

Fritz Bauer hatte den Krieg in Dänemark und Schweden im Exil verbracht, nachdem er von den Nazis verfolgt worden war, die seiner glänzenden Karriere als Richter ein jähes Ende bereitet hatten, da er Jude und Sozialdemokrat war. Nach dem Krieg hatte er sich entschieden, nach Deutschland zurückzukehren, um an dem Aufbau der neuen Demokratie mitzuwirken. Er war einer der wenigen, die früh davon überzeugt waren, dass Deutschland, wenn es denn die Grundlage für einen demokratischen Neuanfang schaffen wollte, unbedingt jede noch so tief sitzende Wurzel des Nationalsozialismus tilgen musste, was eine ehrliche Auseinandersetzung mit der Geschichte unausweichlich voraussetzte.

1952 gelang ihm ein erster Sieg. Indem er den juristischen Grundsatz etablierte, dass das Dritte Reich ein Unrechtsstaat gewesen ist und folglich alle Aufstände und Attentate gegen das Regime und seinen Führer rechtmäßig waren, rehabilitierte Bauer die Widerstandskämpfer gegen die Stimmung der Mehrheit der Gesellschaft und vor allem der vielen Soldaten, die ihre unerschütterliche Loyalität gegenüber Hitler stolz vor sich hertrugen. Der Staatsanwalt machte sich in Deutschland viele Feinde und hatte nur wenige Verbündete, darunter etwa den sozialdemokratischen Ministerpräsidenten von Hessen, Georg-August Zinn, der ihn in seinem Bundesland zum Generalstaatsanwalt ernannte – einen Posten, den Bauer in der Folge nutzen sollte, um alle erdenklichen Hebel in Gang zu setzen, um die Verbrechen aufzudecken, deren Reichweite damals nur wenige erahnten.

1958 wurde in Ulm ein Prozess gegen zehn Mitglieder der Einsatzkommandos eröffnet, denen vorgeworfen wurde, mehr als 5.000 Juden in Litauen ermordet zu haben. Die Angeklagten, bereits wieder ins bürgerliche Nachkriegsleben eingebunden, wurden »wegen gemeinschaftlicher Beihilfe zum gemeinschaftlichen Mord« zu Gefängnisstrafen von 3 bis 15 Jahren verurteilt. Sie entkamen einer lebenslänglichen Haft, weil die Richter bei ihnen keinen Eigenwillen zum Töten erkennen wollten und dies trotz der zusammengetragenen Beweise persönlicher Initiativen aufseiten der Angeklagten.

Dieser erste große Prozess gegen Nationalsozialisten vor einem deutschen Gericht schockierte die Öffentlichkeit, der nun dämmerte, dass im Osten nicht nur ein herkömmlicher Krieg geführt worden war, sondern dass es Massaker gegeben hatte, die einige westdeutsche Führungskräfte offensichtlich zu vertuschen suchten. Angesichts der Empörung gründeten die Justizminister der Länder die »Zentrale Stelle der Landesjustizverwaltungen zur Aufklärung nationalsozialistischer Verbrechen« in Ludwigsburg, ein unabhängiges Zentrum, das die Verbrechen aufklären sollte, die außerhalb Deutschlands, vor allem im Osten Europas, begangen worden waren. Eine Zeit lang weigerten sich die regionalen Staatsanwaltschaften, mit der Zentralstelle zusammenzuarbeiten, und ließen Akten absichtlich unbearbeitet liegen.

Mit Ausnahme von Fritz Bauer. In einem Rechtssystem isoliert, wo zwei Drittel der Mitarbeiter und in einigen Bezirken sogar das gesamte Personal ehemalige Nazis waren, und ohne Unterstützung durch die Politik und das Bundeskriminalamt, widersetzte er sich dem permanenten Druck durch Sabotageakte und allen denkbaren

Hindernissen, die ihm in den Weg gelegt worden waren. Mithilfe weniger Juristen, die bereit waren, sich für seine Sache einzusetzen, leitete er äußerst schwierige Untersuchungen, die sich manchmal am Rande der Legalität bewegten.

Eines Tages fand Bauer unter den vielen täglich eintreffenden anonymen Droh- und Beleidigungsbriefen, die seinen Schreibtisch überschwemmten, einen Umschlag aus Argentinien. Die Hände des Juristen müssen bei der Lektüre dieses Schreibens gezittert haben, das von einem Mann mit dem Namen Lothar Hermann verfasst worden war, ein Jude, der vor dem Nationalsozialismus geflohen war und nun behauptete, in Buenos Aires hielte sich unter falschem Namen Adolf Eichmann versteckt, der Cheforganisator des Genozids an den europäischen Juden, nach dem weltweit wegen Verbrechen gegen die Menschlichkeit gefahndet wurde. Ohne diesen Brief zu erwähnen, fragte Bauer bei den deutschen Behörden nach, ob sie, sollte Eichmann gefunden werden, bereit wären, seine Auslieferung einzufordern. Die Antwort fiel negativ aus. Niemand war daran interessiert, einen aufsehenerregenden Prozess zu führen, der die Nazi-Vergangenheit eines Landes in Erinnerung rufen würde, das sich gerade bemühte, der Welt ein neues Gesicht zu zeigen. Noch weniger wollte man ein Verfahren gegen diese Schlüsselfigur des Holocaust, die alle Beteiligten kennen musste. Was für eine Verlegenheit, wenn Eichmann, inmitten des Prozesses, plötzlich mit ausgestrecktem Finger auf das Publikum, die Richter, die Zeugen gezeigt und ausgerufen hätte: »Na, so was! Wir kennen uns von früher, erinnern Sie sich nur ...«

Bauer war ein Hüter des Gesetzes, der selbiges aber auch zu umgehen wusste, wenn es ihm unrechtmäßig erschien, und er tat dies selbst auf die Gefahr hin, dass er abgesetzt und wegen Hochverrats angeklagt werden könnte. Heimlich bat er den israelischen Geheimdienst Mossad, in Buenos Aires nach Eichmann zu suchen. Im Mai 1960 entführten Agenten schließlich den Nazi-Verbrecher und brachten ihn vor den Augen der argentinischen Behörden vorbei ins Flugzeug einer israelischen Staatsdelegation, um ihm in Jerusalem den Prozess zu machen. Als diese Nachricht bekannt wurde, tat Konrad Adenauer so, als hätte er diesen Namen niemals in seinem Leben gehört. In Wahrheit aber dürften bei der Nachricht von der Gefangennahme dieses Mannes ziemlich viele Deutsche erzittert sein, mussten sie doch zu Recht fürchten, dass er sie bloßstellen würde, an erster Stelle Hans Globke, die rechte Hand des Kanzlers, der im Dritten Reich unter anderem die Nürnberger Rassengesetze mitverfasst hatte. Westdeutschland übte auf Israel steten Druck mit dem Ziel aus, dass der Prozess den Letztgenannten verschonen und den Namen der jungen Republik nicht in den Schmutz ziehen sollte. Tatsächlich ließ der Angeklagte keinen einzigen Namen von Mittätern fallen, die nicht schon tot oder verurteilt worden waren, und wies alle Verantwortung von sich. Obwohl sein Perfektionswahn Millionen Juden zum Verhängnis geworden war, sagte er in seinem Schlusswort vor Gericht: »Der Massenmord ist allein die Schuld der politischen Führer. [...] Meine Schuld ist mein Gehorsam, meine Unterwerfung [...]. Aber auch die Untergebenen sind jetzt Opfer. Ich bin ein solches Opfer.« Kurz nach Mitternacht am 1. Juni 1962 wurde er gehängt. Bauer betrachtete diesen Prozess als halben Rückschlag, denn er hatte den Weg für weitere Verfahren nicht geebnet.

Tatsächlich aber markierte dieser Prozess einen wichtigen Fortschritt: Zum ersten Mal hatten Hunderte von Opfern vor laufenden Kameras internationaler Fernsehanstalten Zeugnis abgelegt. In Israel selbst veränderten diese Zeugen den Blick all derjenigen, die den Holocaust nicht am eigenen Leib miterlebt hatten. Viele von ihnen hatten seit dem Ende des Krieges den Überlebenden vorgeworfen, nicht mit ausreichendem Einsatz Widerstand geübt, sondern stattdessen über die Judenräte zusammengearbeitet zu haben. Diese von den Nazis errichteten Zwangskörperschaften der Juden sollten logistische und organisatorische Hilfe bei der Gettoisierung, Enteignung, Zwangsarbeit und Deportation von Juden leisten. Der Prozess brachte nun die Hölle ans Tageslicht, welche die Juden hatten erleiden müssen, und wie sie mit ihrer Vertrauensseligkeit erhofft hatten, ihr furchtbares Schicksal durch Zusammenarbeit verbessern zu können.

In Deutschland fand der Eichmann-Prozess zwar nicht den von Fritz Bauer erhofften Widerhall, doch viele Familien hatten seinen Verlauf verfolgt und waren erschüttert. Meine Tante erinnert sich noch immer an Auszüge der Anhörungen, die regelmäßig in den Fernsehnachrichten zu sehen waren. »Die Person Eichmann hat einen tiefen Eindruck in mir hinterlassen. Ich fand diesen Mann abstoßend ..., was er sagte, aber auch die Art und Weise, wie er es sagte, wie ein Roboter.« Mein Vater wiederum erinnert sich kaum daran. Aber er hatte bereits auf eigene Faust begonnen, nach Antworten auf Fragen zu suchen, auf die niemand gern etwas sagen wollte oder konnte.

1958, im Alter von 15 Jahren, hatte Volker *Der SS-Staat* des deutschen Soziologen Eugen Kogon gelesen, die erste historische Analyse des Systems der Konzentrationslager der Nazis, die bereits 1946 veröffentlicht worden war. Dieser ehemalige Gefangene des Lagers Buchenwald schildert die Psychologie der SS und jene der Gefangenen sowie die Beziehungen, die es zwischen dem Lager und der Bevölkerung, die in ihrer Nähe wohnte, gab. Mein Vater hatte auch *Medizin ohne Menschlichkeit* gelesen, eine von Alexander Mitscherlich und Fred Mielke verfasste Chronik des in Nürnberg zwischen 1946 und 1947 geführten Prozesses gegen Ärzte, die im Dienst des Reiches medizinische Experimente an lebenden Menschen durchgeführt hatten. Die Liste dieser Experimente war lang: Unterkühlung, Unterdruck, Impfungen gegen Typhus, Knochentransplantationen, toxische Gase, Sterilisation ... Diese Männer hatten zugleich am Euthanasieprogramm für »unheilbare Kranke« mitgewirkt. Sie hatten somit jede einzelne Stufe der Eugenik- und Rassenpolitik des Reiches in die Praxis umgesetzt und jegliche medizinische Ethik vollkommen ignoriert.

Volker bat dann einen seiner Lehrer, der mit Mitte 30 zu den jungen Pädagogen gehörte und sich von den anderen in seiner Art, über den Krieg zu sprechen, unterschied, um die Erlaubnis, *Mein Kampf* lesen zu dürfen. »Er hatte in Russland gedient und uns gesagt, dass es einem Wehrmachtssoldaten möglich war, sich der Exekution von Kriegsgefangenen zu verweigern, das hatte mich beeindruckt.« Der Lehrer besorgte für seinen Schüler die notwendige Erlaubnis, um das verbotene Werk in der Mannheimer Bibliothek entleihen zu dürfen. Trotz seiner Neugier hielt sich Volkers Einsicht ins Dritte Reich noch in Grenzen. »Ich war empört von dem, was ich entdeckte, und doch hatte ich bislang nur die Spitze des Eisbergs gesehen! Selbst ich begriff das Ausmaß des Schreckens nicht und auch nicht das der Verantwortlichkeiten, es war damals überaus schwierig, sich dessen bewusst zu werden.« Es war nicht einfach, an Informationen zu gelangen, und dies vor allem auch, weil die Geschichtsschreibung sich in erster Linie auf die Frage konzentrierte, wie es Hitler gelungen war, die Macht an sich zu reißen, denn nichts schien in dieser Zeit wichtiger, als eine Sicherung zu finden, mit der die neue deutsche Demokratie vor einem solchen Umschlag geschützt werden konnte. Doch indem man sich auf das Jahr 1933 fokussierte, blieben der Krieg und die unzähligen Verbrechen der Nazis im Hintergrund.

Aus seiner Lektüre gewann mein Vater eine sehr kritische Einstellung zur jüngsten deutschen Geschichte, die ihm auch Vorwürfe der Schulfreunde einbrachte, die nicht immer seinen Standpunkt teilten. »Häufig musste ich mir sagen lassen: ›Du greifst Deutschland an!‹ Einige hielten diese Haltung noch lange nach ihrem Abitur bei, dann aber, im Laufe unserer Klassentreffen, konnte ich doch sehen, wie sich ihre Meinung änderte.« Ich habe ein Protokoll gefunden, das von seinem Klassensprecher nach einer Schulexkursion 1956 verfasst worden war. Es geht darin um »Blacky«, der Spitzname von Volker Schwarz, der »die Geschichte der Gegend besser kannte als sein Lehrer«. Nach den Schulzeugnissen, die mein Vater aufbewahrte, hat er stets in zwei Fächern brilliert: Geschichte und Religion.

Lydia war diese intellektuelle Neugierde ihres Sohnes nicht entgangen. Sie war es, die ihrem Mann gegenüber beharrlich insistierte, dass er doch zustimmen mochte, ihn aufs Gymnasium zu lassen, eine Vorstellung, die bei Karl kaum Begeisterung auslöste – zum einen wegen des Schulgelds, zum anderen, weil ihm die Aussicht gefiel, dass sein Sohn in seiner Firma arbeiten werde. Oma, die es häufig vorzog, klein beizugeben, statt sich den Wutanfällen ihres Mannes auszusetzen, gab dieses Mal nicht auf, und Opa muss in ihren entschieden blickenden Augen ein Zeichen unbedingter mütterlicher Liebe gesehen haben, gegen das seine Autorität machtlos war. Die Erinnerung an diesen Streit hat Spuren bei meinem Vater hinterlassen, die sich in einer unendlichen Dankbarkeit gegenüber seiner Mutter zeigen und in einer latenten Feindseligkeit gegenüber seinem Vater, der bereit gewesen wäre, die Zukunft seines Sohnes zu opfern, um ihn für höchst durchschnittliche Geschäftszwecke benutzen zu können, bei denen er selbst in Schwierigkeiten steckte. Schon Ingrid, die Karl doch mehr als alles liebte, hatte für einen geringen Lohn als Sekretärin bei der Schwarz & Co. Mineralölgesellschaft arbeiten müssen, was ihr immer als Ungerechtigkeit aufgestoßen war.

Nicht nur in seiner Altersklasse ist mein Vater eine ziemliche Ausnahme gewesen, sondern in der deutschen Gesellschaft überhaupt, in der es nur wenige gab, die wirklich Bescheid wissen wollten. Ich fragte ihn, ob er eine Vermutung habe, wodurch dieses Interesse bei ihm geweckt worden sein könne, vor allem, da seine Eltern während des Krieges ja das denkbar gewöhnlichste Verhalten an den Tag gelegt hätten und eben weder Systemgegner noch Verbrecher gewesen seien. »Ich weiß es nicht, aber vielleicht hat der junge Lehrer, der es gewagt hatte zu sagen, dass man sich als Soldat auch weigern konnte, an den Verbrechen teilzunehmen, dazu beigetragen.«

Im Übrigen lebte er in einer Stadt, deren Bürgermeister ein ungewöhnliches Engagement bei der Aufklärung der Vergangenheit auszeichnete: der Sozialdemokrat Hermann Heimerich, der vieles in Bewegung setzte, um der nach dem Krieg auf 120 Mitglieder geschrumpften jüdischen Gemeinde eine neue Synagoge zu schenken. Von den 6.400 Juden waren mehr als 2.200 ermordet worden, und diejenigen, die fliehen hatten können, verspürten keinerlei Drang, zu den Spuren eines zerstörten Lebens zurückzukehren. Heimerich setzte auch die Errichtung eines Mahnmals zum Gedenken aller Opfer des Nationalsozialismus und des Krieges durch, und zwar gegen den Widerstand in Teilen der Bevölkerung und der Soldatenverbände, die sich dagegen wehrten, dass die »Helden« der Wehrmacht mit den Opfern vermengt wurden.

Mein Vater und ich haben uns die Skulptur angesehen. Vor einer Backsteinmauer streckt ein Friedensengel mit einem von großen leeren Augen verschluckten Gesicht die Arme und Flügel horizontal aus, als wolle er zum Fluge anheben und über die Menschheit wachen – oder eher noch, sie dergestalt mahnen, wie es die Inschrift offenbart: »Es mahnen die Toten.« Das Werk von Gerhard Marcks, der im Nationalsozialismus als »entarteter Künstler« ausgegrenzt worden war, wurde 1952 unter der Anwesenheit von Konrad Adenauer eingeweiht. Während der Bürgermeister von Mannheim versuchte, alle Opfer unter dem Banner zu vereinen, Juden, Widerstandskämpfer, Soldaten, ausgebombte Zivilisten und Vertriebene, verkündete der Landesrabbiner Robert Raphael Geis: »Es ist etwas anderes, ob man im Kampf von Mann zu Mann stirbt, ob man bei einem Luftangriff ums Leben kommt oder ob man ein Ende in den Gaskammern des Ostens findet. Und auch das ist noch ein Unterschied, ob man sich irgendwo ein Grab denken kann oder ob es nirgends auf dieser Welt ein Grab mehr gibt, wohin liebende Gedanken pilgern können.«

Es geschah selten, dass sich Juden nach dem Krieg zu Wort meldeten. Wo auch immer sie sich befanden, ob nun in Europa oder im Exil in Amerika, hüllten sie sich in ein Schweigen, das über Jahrzehnte andauern sollte, erstarrt vor Angst, dass man ihnen nicht glauben oder dass man sie ein weiteres Mal stigmatisieren, ausschließen, misshandeln werde. Hinzu kam der Wunsch, vergessen zu wollen, sowie die Scham der Überlebenden, davongekommen zu sein, während die anderen es nicht geschafft hatten.

Ich habe dieses Schweigen bei Ruth Löbmann erlebt, der Frau von Hans, dem Neffen von Julius. Ich hatte durch Vermittlung von Lotte Kramer per E-Mail Kontakt zu ihr bekommen, und sie hatte eingewilligt, dass ich sie in New York anrufen dürfe, warnte mich jedoch schon vorab: »Aber bitte, Sie müssen wissen, dass ich mir ganz und gar nicht sicher bin, ob ich Ihnen irgendwie behilflich sein kann.« Hans hatte seinen Namen in John geändert, als er in den Fünfzigerjahren aus seinem britischen Exil in den USA ankam, was einer Ablehnung seiner deutschen Herkunft entsprach. Von seiner

Geschichte weiß Ruth nicht mehr, als dass er mit einem Kindertransport gerettet wurde, der ihn gemeinsam mit seiner Schwester und Lotte Kramer nach Birmingham gebracht hatte, und dass sein Vater in Auschwitz ermordet wurde. »John hat mir nichts über seine Zeit in England erzählt.« Und über Mannheim, die Stadt seiner Kindheit und Jugend? »Nichts, er hat nur die Synagoge erwähnt, in die seine Familie immer ging.« Auch von ihrer Schwiegermutter, die Straßburg verlassen hatte, um ihren Kindern nach New York zu folgen, weiß sie nicht mehr, als dass sie »eine wunderbare, weise, gütige Frau« war, die »ein sehr schwieriges Leben während der Schoah« hatte. Weiß sie, wie Irma Auschwitz entkommen war? »Ich habe keine Ahnung.« »Ich erinnere mich, dass man in ihrer Familie sehr füreinander einstand und sehr warmherzig miteinander umging.«

Das war so ziemlich alles. Ich dachte innerlich: Wie nur war es möglich, dass sie nach 50, 60 Jahren gemeinsamen Lebens so wenig über die Vergangenheit ihres Mannes wusste? Mehrmals hatte sie wiederholt: »Es tut mir leid, Géraldine«, bevor sie dann deutlicher wurde: »Lassen Sie mich Ihnen etwas erklären: Unter den Leuten meiner Generation, da sprach niemand über jene Tage, über die Schoah, John und ich, wir lebten für die Zukunft.«

»Und von Ihrer eigenen Kindheit in Deutschland, haben Sie vielleicht dazu Erinnerungen?«, fragte ich sie. Ruth wurde 1929 in Berlin geboren und hat an ihre Kindheit nur schöne Erinnerungen bewahrt. Die Flaggen der Nazis, die Propaganda, die Unruhe der Ihren, die Diskriminierung der Juden sind aus ihrem Gedächtnis gelöscht. Ihre Familie wohnte in der Ritterstraße, eine Straße, die wenige Hundert Meter von meiner entfernt liegt. 1939 schickten ihre Eltern sie mit ihrem Bruder nach Palästina, während es ihnen selbst gelang, rechtzeitig in die USA zu emigrieren, wo sich die ganze Familie »voller Rührung« nach dem Krieg wiedersah.

Anfang der Fünfzigerjahre entschied sich Ruth zu einer Reise nach Berlin. »Ich wollte noch einmal über die Straßen laufen, über die ich als Kind gelaufen bin. Als ich dort war, habe ich mich wohlgefühlt. Danach habe ich mich immer wieder gefragt, wie ich nur etwas so Furchtbares hatte tun können, wie ich nur in diese schreckliche Stadt hatte zurückgehen können. Ich habe einen Fehler begangen, aber ich kann ihn nicht ungeschehen machen.« Ich fragte Ruth: »Warum?« Nach einer kurzen Pause antwortete sie: »Ich hasse Deutschland.«

Einen Augenblick lang verspürte ich den Drang, Ruth daran zu erinnern, dass ich nicht nur Deutsche, sondern auch Französin bin. Aber dann hätte ich mich für diesen kleinen Verrat schämen müssen. Also sagte ich nur: »Deutschland hat sich sehr verändert, wissen Sie ...« Mir wurde plötzlich klar, welchen Mut mein Vater aufgebracht haben musste, um im Alter von 18 Jahren Frankreich per Anhalter zu durchqueren und auf Franzosen zu treffen, von denen es hieß, dass sie die Deutschen hassten. »Die einen luden mich ein, bei ihnen zu übernachten, die anderen warfen mich aus ihrem Auto, nachdem ich ihnen gesagt hatte, dass ich Deutscher bin, aber ich konnte sie verstehen.« Volker besitzt von dieser Reise noch einige Aufnahmen, auf denen man ihn in den Straßen von Paris sieht, in Marseille, in Arles, ja, auch in Verdun, wo er vor einer Tafel posiert, die der Toten der mörderischsten Schlacht zwischen Deutschen und Franzosen im Ersten Weltkrieg gedenkt.

Ich habe kürzlich in Lille eine Deutsche kennengelernt, Vera, die genauso alt ist wie mein Vater und auch als Jugendliche nach Verdun gereist war. 1962 hatte sie plötzlich Lust verspürt, Frankreich entdecken zu wollen. In Boulogne-sur-Mer, am Ärmelkanal, lernte sie dann bei einem Tanz im Klub Ambiance ihren zukünftigen Ehemann Bernard kennen. »Es war wohl Liebe auf den ersten Blick.« Sie erinnert sich, in Frankreich auch andere Deutsche getroffen zu haben, die wie sie und Volker den Franzosen gern die Hand reichen wollten. Das war der Anfang der deutsch-französischen Aussöhnung und in einem weiteren Sinn eine erste zarte Veränderung der Haltung in Deutschland.

Am Weihnachtsabend des Jahres 1959 besudelten in Köln zwei Jugendliche ein Mahnmal für die Opfer des Nationalsozialismus mit Hakenkreuzen und schmierten auf eine eben erst eingeweihte Synagoge: »Deutsche fordern Juden raus.« In den darauffolgenden Wochen fand ihre Tat quer durchs ganze Land Hunderte Nachahmer, auf Friedhöfen ebenso wie an Gebetshäusern und jüdischen Geschäften. Zu lesen stand da: »Nieder mit den Juden! In die Gaskammer!« Im Ausland war man empört, in London und New York wurde zu Demonstrationen und zu einem Boykott deutscher Produkte aufgerufen. Die deutsche Vergangenheit kehrte rasch zurück in die internationalen Schlagzeilen. Die deutsche Politik musste Stellung beziehen: Der Bundestag verabschiedete ein Gesetz, das Volksverhetzung unter Strafe stellte, gleichzeitig berieten die Landtage eine Reform des Geschichtsunterrichts an den Schulen, die der Beschäftigung mit dem Dritten Reich größeren Raum gewähren sollte. Zudem wurden Austauschprogramme mit israelischen Schulen gegründet.

Aber es war wieder Fritz Bauer, der den entscheidenden Wandel auslöste und eine unerträgliche Erinnerungslücke ins Licht rückte: Auschwitz – ein Begriff, den viele zu Beginn der Sechzigerjahre nicht einmal kannten, weder in Deutschland noch anderswo. Trotz solcher Anfänge eines bewussten Umgangs mit der Geschichte hatte zu Beginn der Sechzigerjahre niemand – weder in Deutschland noch anderswo – einen Begriff davon, was Auschwitz wirklich bedeutete. Mithilfe einer mutigen Gruppe von Juristen und dem Auschwitz-Überlebenden Hermann Langbein, einem ehemaligen kommunistischen Widerstandskämpfer, machte sich Fritz Bauer daran, diese Erfindung made in Germany in ihrer ganzen Dimension bekannt zu machen.

Auschwitz-Birkenau war das einzige Vernichtungslager, wo die ss keine Zeit mehr gehabt hatte, sämtliche Spuren zu verwischen. Eine gigantische Todesfabrik, in der mehr als 1,1 Millionen Zivilisten den Tod gefunden hatten, die meisten von ihnen Juden, aber auch Sinti und Roma, politische Oppositionelle, Religiöse, Intellektuelle, die reihenweise vergast und anschließend in den Krematorien zu Asche verbrannt worden waren. Das Vernichtungslager war Teil des weiten Komplexes von Auschwitz, der zusätzlich ein Konzentrationslager (Auschwitz I, Stammlager) und eine riesige Fabrik des IG-Farben-Konzerns (Auschwitz III, Arbeitslager Monowitz) umfasste, wo die

Gefangenen gezwungen wurden, unter grauenvollen Bedingungen zu arbeiten oder als Versuchspersonen für pharmazeutische Experimente herzuhalten, die in der Regel tödlich verliefen. Außerdem gehörten zu Auschwitz im Umkreis von gut 100 Kilometern etwa 50 KZ-Außenlager, deren Häftlinge in Minen arbeiteten, in landwirtschaftlichen Betrieben, im Auftrag des Staates oder deutscher Firmen, die sich dort angesiedelt hatten, um aus den billigen Arbeitskräften Nutzen zu ziehen.

Die Familien der SS und die Angestellten der Unternehmen lebten in Wohngebieten, in denen Schulen errichtet werden sollten, eine Parkanlage, ein Stadion, sogar ein Reiterverein, um so auf Dauer die Anwesenheit der Deutschen in diesem neuen Lebensraum im Osten zu festigen. Insgesamt waren es innerhalb von fünf Jahren mehr als 8.000 Beschäftigte und Familienangehörige, die so Seite an Seite mit den Gefangenen lebten, Seite an Seite mit den Gaskammern. Was wussten sie? Wir werden es niemals genau herausfinden. Viele jedoch klagten über den unangenehmen Geruch, der ohne Unterlass aus den Schornsteinen stieg.

Im Dezember 1963 wurde in Frankfurt am Main ein Prozess gegen 22 Tatverdächtige, die zum Lagerpersonal in Auschwitz gehörten, eröffnet. Fritz Bauer hatte dieses Verfahren bewirkt, dann aber das Verfassen der Klageschriften jungen Staatsanwälten überlassen, um seinen Widersachern keinen Vorwand zu bieten, den Prozess als »Rache-Akt« eines Juden zu diskreditieren. Diese Verhandlung vorzubereiten war eine gewaltige Aufgabe: Es mussten Zehntausende Archivdokumente durchgesehen werden, Hunderte an Zeugen befragt und davon überzeugt werden, dass sie aussagen, es mussten Beweise gegen die Henker gesucht und diese dann ausfindig gemacht werden, und dies alles gegen den Widerwillen der deutschen Behörden und insbesondere den der Polizei. Der Prozess war ein Ereignis: Hunderte von Journalisten wurden eingeladen, in Frankfurt wurde eine Ausstellung zum Lager eröffnet, Experten kamen hinzu, um den komplexen Mechanismus von Auschwitz mit Plänen und Fotografien, die man an die Wand projizierte, zu erklären.

Unter den Angeklagten war Robert Mulka, der Adjutant des Lagerkommandanten von Auschwitz, Wilhelm Boger, Leiter des »Fluchtreferats«, der die perversesten Foltern anwandte, um angebliche Fluchtpläne zu zerschlagen, und Josef Klehr, leitender Krankenpfleger und SS-Sanitätsdienstgrad, berüchtigt für sein »Abspritzen« von Häftlingen. Sie stammten fasst alle aus dem Mittelbürgertum, acht von ihnen hatten studiert. Mehr als 200 Zeugen aus aller Welt sagten nacheinander aus, berichteten mutig über das Unaussprechliche – Zeugenaussagen, die ich mir in Auszügen angehört habe. Einer von ihnen sagt über den Sanitäter Josef Klehr: Er war nicht als »Mensch zu bezeichnen. Wenn ich auch mit einem Wort eines Tieres ihn bezeichnen möchte, dann müsste ich die Tiere beleidigen«. Ein anderer beschreibt, wie Wilhelm Boger ihn dazu zwang, fünf Teller extrem salziger geräucherter Heringe zu schlucken, um ihn dann kein Wasser trinken zu lassen und an den Füßen aufzuhängen. Es gab auch Babys, die man in Becken kalten Wassers untertauchte oder deren Schädel man an den Wänden zertrümmerte, bevor man sie dann in Lagerhallen stapelte.

Für Bauer waren die Angeklagten weniger als individuell Schuldige von Bedeutung, sondern in dem, was sie repräsentierten: das Maß der deutschen Schuld. Indem er Tatverdächtige aus unterschiedlichen Ebenen der Hierarchie, die mannigfaltige Funktionen im Lager besetzt hatten, kollektiv anklagte, wollte der Staatsanwalt ein Bewusstsein dafür schaffen, dass allein durch das Zusammenwirken aller Teile eine solche Schande möglich geworden war. »Wer an dieser Mordmaschine hantierte«, so erklärte er, »wurde der Mitwirkung am Morde schuldig, was immer er tat, selbstverständlich vorausgesetzt, dass er das Ziel der Maschine kannte, was freilich für die, die in den Vernichtungslagern waren oder um sie wussten, von der Wachmannschaft bist zur Spitze, außer jedem Zweifel steht.« Jeder ist »des Mordes schuldig, gleichgültig, ober er als ›Boss‹ am Schreibtisch den Mordbefehl erteilt, ob er die Revolver verteilt, ob er den Tatort ausspioniert, ob er eigenständig schießt, ob er Schmiere steht oder sonst tut, was ihm im Rahmen einer Arbeitsteilung an Aufgaben zugewiesen ist«.

Unter den Zeugen befanden sich auch gut 100 ehemalige Angehörige der SS: Sie hatten nichts gesehen, nichts gehört, nichts getan. Wie sie aus Solidarität logen, offenbarte den schwierigen psychosozialen Hintergrund, vor dem sich der Prozess abspielte: eine Gesellschaft, die sich daran klammerte, die Verbrechen zu leugnen. Ein Mann brach dennoch das Schweigen: Konrad Morgen, ehemaliger SS-Sturmbannführer, Leiter einer Untersuchungskommission, die nach Auschwitz entsandt worden war, um dort das Ausmaß an Korruption zu prüfen, da sich das Lagerpersonal für persönliche Zwecke an den gestohlenen Wertsachen der Juden vergriff, insbesondere an ihren Goldzähnen. Er stattete den Gaskammern und Krematorien einen Kontrollbesuch ab. Auf völlig verstörte SS-Leute treffend, erfuhr Konrad Morgan, dass sie eine »schwere Nacht hinter sich [hatten], sie hatten einige Transporte abzufertigen«. Er begriff, dass just in der Zeit, in welcher er in einem Zug auf dem Weg von Berlin nach Auschwitz fuhr, »einige tausend Menschen, einige Zugladungen voll hier vergast und verascht worden waren.« – »Von diesen Tausenden von Menschen, da war auch nicht das Stäubchen auf einer Ofenarmatur übrig geblieben«, ließ er die Richter wissen, bevor er schließlich zusammenbrach.

Die Angeklagten leugneten en bloc, selbst Robert Mulka, die Nummer zwei des Lagers, der so dreist war, zu behaupten, er hätte niemals von den Gaskammern reden gehört. Dank der deutschen Neigung zu bürokratischer Perfektion waren glücklicherweise viele Elemente des Systems zur Vernichtung dokumentiert worden: der Transport des Zyklon B von Dessau nach Auschwitz, die Funksprüche mit dem Reichssicherheitshauptamt, die vollständige Anzahl der Juden bei deren Ankunft und die Zahl derjenigen, die dann »sonderbehandelt« wurden.

Einige Überlebende äußerten sich später über die Erbarmungslosigkeit, mit der einige Anwälte der Verteidigung ihnen im Frankfurter Prozess begegnet waren. So etwa der Strafverteidiger Hans Laternser, der, ohne zu zögern, diejenigen, die an der Rampe für die Selektion von Arbeitsfähigen und anderen verantwortlich waren, mit »Lebensrettern« verglich, da »durch die Selektion (...) einige vor dem sicheren Tod bewahrt« wurden. In Wirklichkeit gründeten die Motive dieser Männer in einer Mischung aus Opportunismus, Karrierechancen und Sadismus. Wer sich freiwillig für den Rampendienst meldete, erhielt eine zusätzliche Ration an Schnaps, Milch und Zigaretten.

»Ich glaube, Deutschland würde aufatmen und die gesamte Welt und die Hinterbliebenen derer, die in Auschwitz gefallen sind, und die Luft würde gereinigt, wenn endlich einmal ein menschliches Wort fiele«, sagte Fritz Bauer während einer Fernsehsendung. Doch das menschliche Wort »ist nicht gefallen, und es wird auch nicht fallen«. Von sämtlichen Angeklagten drückte allein der Jüngste von ihnen, Hans Stark, der Leiter der Aufnahmeabteilung in Auschwitz, sein Bedauern aus: »Ich bedaure meinen damaligen Irrweg sehr, aber ich kann ihn nicht ungeschehen machen.« Im Lager hatte über seinem Schreibtisch seine Devise gethront: »Mitleid ist Schwäche«.

Trotz der Fülle an Beweisen und Zeugenaussagen endete der Prozesses enttäuschend: Robert Mulka entkam einer lebenslänglichen Haftstrafe, drei Angeklagte wurden freigesprochen und nur sechs von ihnen wegen Mordes verurteilt, alle anderen wurden nur als harmlose Komplizen angesehen, da sie nicht mit eigenen Händen gemordet hatten. Der Glaube, dass diese Männer nur einem Befehl gehorcht hatten, hielt sich weiterhin als strafmildernder Umstand, selbst nachdem Experten bereits bewiesen hatten, dass die SS-Angehörigen nicht ihr Leben riskierten, wenn sie sich einem Vernichtungsbefehl widersetzten. Aber dieser unbedingte Gehorsam gegenüber Befehlen und Gesetzen wurde in der Bundesrepublik der Sechzigerjahre noch immer als eine Tugend angesehen. Und es war Fritz Bauer ein Anliegen, die jungen Generationen gegen diesen blinden Automatismus deutscher Beamte und Soldaten zu immunisieren, als er verkündete: »Niemand ist berechtigt, einen Befehl durchzuführen, der eine strafbare Handlung zum Inhalt hat.« Es gebe, so Bauer weiter, »in unserem Leben eine Grenze, wo wir nicht mehr mitmachen dürfen [...]. Darauf beruht jede Ethik und darauf beruht jedes Recht.«

Während dieser Zeit häuften sich Briefe mit schlimmsten Beleidigungen, unfassbaren Gewaltandrohungen und nicht selten antisemitischen Beschimpfungen auf dem Schreibtisch des Staatsanwalts, der in seinem einsamen Kampf immer wieder einmal von Hoffnungslosigkeit erfasst wurde. Er war über die beharrliche Parteilichkeit der Behörden in der Bundesrepublik zugunsten der Nazi-Verbrecher verbittert.

In Wirklichkeit hatte seine Hartnäckigkeit entscheidende Früchte getragen: Das Wort Auschwitz war in die gemütlichen Wohnzimmer des Wirtschaftswunders eingedrungen. Insgesamt waren etwa 20.000 Zuschauer, darunter viele Studenten und Hunderte von Journalisten, zum Prozess gekommen, 80.000 Personen hatten die Ausstellung über das Lager gesehen. 1965 dann sorgte ein Stück in mehr als 50 Theatern in West- und Ostdeutschland für Furore: *Die Ermittlung* des Schriftstellers Peter Weiss, das den Prozess thematisierte.

Am 1. Juli 1968 wurde Fritz Bauer tot in seinem Badezimmer in Frankfurt am Main aufgefunden. Das Herz dieses Kettenrauchers mit fragiler Gesundheit hatte nach Einnahme einer starken Dosis Schlafmittel zu schlagen aufgehört. Die Umstände seines Todes nähren bis heute Spekulationen über einen möglichen Suizid oder sogar einen Mord. Geschnitten von den Juristen, wurde er von den jungen Leuten geliebt. In der Sendung des Hessischen Rundfunks *Heute Abend Kellerklub* hat er einmal zu Studenten gesagt: Gewiss, »wir haben einiges getan, eine Demokratie, die Gewaltenteilung übernommen«, aber »[...] Sie können Paragrafen machen, Sie können Artikel schreiben, die besten Grundsätze machen, was Sie brauchen, sind die richtigen Menschen«.

Er verstarb zu früh, um miterleben zu können, was einzuläuten er beigetragen hatte: den Aufstand der jungen Generation, die, von Menschen wie ihm inspiriert, eine radikale Aufarbeitung der deutschen Geschichte in Gang bringen sollte.

7 Von der Verdrängung zur Besessenheit

DAS ERSTE MAL, dass mein Vater eine wirkliche Veränderung der Geisteshaltung in seinem Land hautnah erleben konnte, war während seines Wehrdienstes zwischen 1963 und 1965. Die Gründung der Bundeswehr im November 1955 hatte bei den Deutschen, die vom Krieg noch immer traumatisiert waren, keine besonders großen Freudensprünge hervorgerufen, während die Meinung im Ausland von Argwohn geprägt blieb. Ein Teil der Deutschen war sogar entschieden gegen eine Remilitarisierung ihres Landes. Die neue Armee musste jeglichen Fehltritt vermeiden. Unwiderlegbar hatte die Mehrheit ihrer Mitglieder in der Wehrmacht gedient, einige von ihnen sogar in der Waffen-SS, es wurde jedoch ein Personalgutachterausschuss gegründet, der die Biografien der Bewerber untersuchen und all jene ausschließen sollte, deren Vergangenheit zu zwielichtig war. Was jedoch bereits 1956 einen ärgerlichen Vorfall nicht verhindern konnte, als ein Befehlshaber der Marine in einer Rede die Großadmirale des Reiches, Erich Raeder und Karl Dönitz, die in Nürnberg als Kriegsverbrecher zu langjährigen Haftstrafen verurteilt worden waren, als Märtyrer darstellte, die ihre Aufgaben »sauber, anständig und ehrenhaft« erfüllt hätten. Nicht nur, dass diese beiden Männer eine zentrale Rolle im Vernichtungskrieg des Dritten Reiches gespielt hatten, nein, Dönitz war zudem testamentarisch zum Nachfolger Hitlers ernannt worden, da der Führer in diesem antisemitischen Seemann, der vom Krieg gegen die Bolschewiki besessen war und nicht selten von seinen Männern unsinnige Opfer verlangt hatte, eine Art Alter Ego erblickte.

Nach diesem Skandal wurde den Bundeswehrangehörigen dringend angeraten, sich jeglicher Nostalgieanwandlung gegenüber dem Dritten Reich zu enthalten. »Ich habe kein einziges Mal einen Offizier eine Verherrlichung des Nationalsozialismus aussprechen hören«, betont mein Vater. »Ich denke nicht, dass es ihnen an Lust dazu gefehlt haben mochte, aber es war von nun an nicht mehr gern gesehen, und allein dies stellte bereits eine kleine Revolution dar.« Der körperlichen Ertüchtigung wenig zugeneigt, hatte sich mein Vater dank seiner Beredsamkeit und seiner Bildung bald schon von den Soldaten zum »Vertrauensmann« wählen lassen. In dieser Funktion war er mit der Verbindung zwischen den Mannschaften und den Offizieren betraut, zugleich aber war es seine Aufgabe, seine Kameraden anzuregen, über den Sinn ihres Auftrages nachzudenken. Ihm stand eine große Wandtafel zur Verfügung, an der er Texte und Artikel seiner Wahl anbringen durfte, die von den jungen Eingezogenen gelesen werden sollten. Er genoss dabei eine erstaunliche Freiheit: »Ich wählte fast immer Texte gegen den Krieg aus, ich erinnere mich zum Beispiel, einen Artikel aus *Paris Match* über ›Das Gemetzel von Verdun‹ aufgehängt zu haben, und sie hatten mich machen lassen! In der damaligen Zeit hatten die Soldaten in der neu gegründeten Armee weitaus mehr Freiheiten als etwa in Frankreich.« Eine Armee in einem Land aufzubauen, das von den fatalen Konsequenzen unbedingten Gehorsams gegenüber Befehlen erschüttert war, dürfte nicht gerade einfach gewesen sein. Den Soldaten musste Loyalität und Disziplin beigebracht werden, während sie zugleich dazu ermuntert werden sollten, kritisch zu denken und einen unabhängigen Geist zu bewahren. Mein Vater agierte in letztgenannter Weise. »Ich konnte förmlich spüren, dass die Offiziere angespannt waren, denn im Grunde waren sie recht konservativ geblieben. Aber ihnen blieb keine Wahl, sie mussten sich dem neuen Zeitgeist fügen.«

Eine vor allem bei jungen Menschen populäre antimilitaristische Bewegung, die sich zugleich gegen Atomkraft aussprach, folgte auf die Geburt der Bundeswehr. Rudi Dutschke, der zum Anführer der Studentenbewegung werden sollte, gehörte ihr ebenso an wie Ulrike Meinhof, der späteren Chefredakteurin von *Konkret*, dem 1957 gegründeten Leitmedium der radikalen Linken. Die Nazi-Vergangenheit plagte diese Tochter eines Kunsthistorikers, der bereits 1933 der NSDAP beigetreten war und an der Zensur Hunderter Kunstwerke mitgewirkt hatte, die als »entartete Kunst« deklariert worden waren.

Deren ausgemachter Gegenspieler war der damalige Bundesminister für Atomfragen und spätere Verteidigungsminister, Franz Josef Strauß, der Deutschland mit Nuklearwaffen aufrüsten wollte. 1958 rechtfertigte Meinhof ihren Kampf gegen die atomare Bewaffnung mit folgenden Worten: »Wir wollen uns nicht noch einmal wegen

›Verbrechen gegen die Menschlichkeit‹ vor Gott und den Menschen schuldig bekennen müssen.« Im Mai 1961 verglich sie in einem von *Konkret* unter der Überschrift *Hitler in Euch* publizierten Editorial Franz Josef Strauß mit Adolf Hitler. Der Bundesverteidigungsminister verklagte Meinhof, aber statt einer Verurteilung bereitete er der jungen Frau den Weg, eine der berühmtesten Journalistinnen des Landes zu werden. Strauß war ein Demagoge, der das Bedürfnis nach Vergangenheitsbewältigung als eine sadomasochistische Perversion der »Sühnedeutschen« bezeichnete. Sein gebrochenes Verhältnis zur Demokratie wurde offensichtlich, als er 1962 den Herausgeber des Magazins *Der Spiegel* sowie mehrere Redakteure wegen angeblichen Landesverrats festnehmen ließ, nachdem sie aufgedeckt hatten, dass die Bundeswehr auf einen möglichen Krieg mit der Sowjetunion schlecht vorbereitet war. Der Protest in der Öffentlichkeit war so lautstark, dass Strauß am Ende zurücktreten musste und es zu einer Kabinettsumbildung in der Regierung kam.

Als Folge dieser aufsehenerregenden Krise, die letztlich zur politischen und sozialen Liberalisierung der BRD beitrug, sollte die Bundeswehr transparenter und offener werden. So erinnert sich mein Vater, dass jede Woche während einer sogenannten Aktuellen Stunde ein Offizier den Soldaten die neuesten politischen und militärischen Nachrichten mitteilte, über die dann offen debattiert wurde. Mein Vater ließ dabei keine Gelegenheit aus. »Die Offiziere mochten es nicht, wenn ich zu ihnen sagte: ›Hitlers Krieg war ein Angriffskrieg!‹ Das kam allgemein nicht gut an, da damit die Wehrmacht attackiert wurde, die sie mit Zähnen und Klauen verteidigten, als wäre sie eine saubere Armee gewesen, die mit den Verbrechen der SS nichts zu tun gehabt hätte. Es gab sogar einen Bundeswehrpfarrer, der seine Predigten dazu nutzte, uns die Leviten zu lesen, indem er behauptete, dass es nicht richtig war, die Wehrmacht anzuklagen.« Mein Vater widersprach auch seinem Vorgesetzten, wenn sie über den Genozid an den Juden sprachen. »Einige sagten: ›Es waren nicht sechs Millionen Juden, sondern nur drei Millionen!‹ Ich konnte ihnen klar und deutlich sagen, was ich dachte, niemand hätte gewagt, den ›Vertrauensmann‹

zu bestrafen. Das war ein echter Vorteil, gleichzeitig aber denke ich auch, dass genau deshalb meine Beförderung gebremst wurde.«

In der Politik begannen sich ebenfalls Veränderungen abzuzeichnen. Sinnbildlich für diese Entwicklung sollte sich eine 1965 geführte Debatte erweisen, in der es um die Verlängerung der bis dahin auf 20 Jahre festgesetzten Frist zur Verjährung bei Mord ging. Diese Diskussion hatte darum große Bedeutung, da sie die Verbrechen der Nazis betraf, die von Amts wegen auf den 8. Mai 1945 datiert worden waren und deren strafrechtliche Verjährung unmittelbar bevorstand. Der damalige Bundesjustizminister Ewald Bucher führte eine aggressive Kampagne zur Beibehaltung der damals geltenden Frist und drohte sogar zurückzutreten, sollte die Regierung ihn nicht unterstützen. Meinungsumfragen zufolge stand eine knappe Mehrheit der Bevölkerung hinter ihm.

Am Vorabend der Parlamentsdebatte dann publizierte der *Spiegel* ein umfangreiches Interview des Gründers und Herausgebers des Blattes, Rudolf Augstein, mit dem Philosophen Karl Jaspers, das den aussagekräftigen Titel *Für Völkermord gibt es keine Verjährung* trug. Jaspers war überzeugt, dass diese Entscheidung grundsätzliche Bedeutung für die Zukunft des Landes hatte, da sich an ihr entscheiden sollte, ob die Deutschen bereit waren, das Dritte Reich als einen in der Geschichte einmaligen »Verbrecherstaat« zu sehen oder eben nicht. Eins ums andere zerlegte der Philosoph von internationalem Renommee die Argumente derer, die da so zahlreich in Deutschland die Verbrechen der Nazis bagatellisierten. Es gibt, so unterstrich er, einen »radikalen Unterschied« zwischen »Kriegsverbrechen«, wie sie auch von anderen Staaten begangen wurden, und den »Verbrechen gegen die Menschheit«. Mit Letzteren sei der »Anspruch« erhoben, »darüber zu entscheiden, welche Menschengruppen und Völker auf Erden leben dürfen oder nicht, und diesen Anspruch durch die Tat der Ausrottung durchzuführen«. Jaspers widerlegte unter anderem auch das Argument des »Befehlsnotstands«, da in den meisten Fällen das einzige Risiko, das einer einging, wenn er sich weigerte, auf Befehl zu töten, darauf hinauslief, dass er seine Karriere vergessen konnte und möglicherweise an die Front geschickt wurde. Die Tatsache, im Rahmen einer staatlichen Funktion gehandelt zu haben, sei in keinem Fall strafmildernd, so der Philosoph. »Jeder hat gewusst: Es ist ein Verbrechen. Dass der Staat selber ein Verbrecherstaat war, das musste ihm aufgehen in dem Augenblick, in dem ihm dieser Staat den Befehl gab, ein Verbrechen zu begehen. (...) Eine Entschuldigung dadurch, dass einer im Staatsauftrag gehandelt habe, ist nicht anzuerkennen. Er hat Beihilfe, Mittäterschaft im Verbrecherstaat geleistet.«

Augstein und Jaspers prangerten die »schlimme« Haltung des deutschen Staates an, der sich ihnen zufolge seit seiner Gründung vor allem darum bemüht habe, einen »Schlussstrich« unter die Vergangenheit zu ziehen. »Das Parlament ist die letzte Hoffnung«, warnte der Philosoph, und zeigte sich zugleich zuversichtlich: »Es sind Zeichen da, dass die Parlamentarier nun die Sache ernst nehmen.«

Jaspers hatte richtig gesehen. Während der Bundestagsdebatte am 10. März 1965 erhoben sich quer durch alle Parteien Stimmen, die das Ende des Schweigens und der Straflosigkeit forderten. Auch aus den Reihen der CDU/CSU, die herkömmlicherweise für die Schlussstrich-Haltung stand, stimmten 180 der 217 Abgeordneten für die Verlängerung der Verjährungsfrist, unter ihnen auch Ernst Benda: »Das Rechtsgefühl eines Volkes (würde) korrumpiert werden, wenn die Morde ungesühnt bleiben müssten, obwohl sie gesühnt werden können.« Der Sozialdemokrat Adolf Arndt, der noch zehn Jahre zuvor ein Ende der »Menschenjagd« verlangt hatte, hatte nun seine Meinung geändert: »Ich weiß mich mit in der Schuld. Denn sehen Sie, ich bin nicht auf die Straße gegangen und habe geschrien, als ich sah, dass die Juden aus unserer Mitte lastkraftwagenweise abtransportiert wurden. Ich habe mir nicht den gelben Stern umgemacht und gesagt: ›Ich auch!‹ (...) Ich kann nicht sagen, dass ich genug getan hätte. (...) Man kann doch nicht sagen: Ich war noch nicht geboren, dieses Erbe geht mich gar nichts an.«

Das deutsche Parlament hatte die Bedeutung seiner Funktion innerhalb des demokratischen Staates bewiesen. Angesichts einer Regierung, die es versäumt hatte, das ambivalente Verhältnis Westdeutschlands zur NS-Vergangenheit zu beenden, hatte es den Deutschen klar gemacht, dass die unabdingbare Grundlage der neuen Republik die Ablehnung des Nationalsozialismus war.

Nachdem er 1965 seinen Wehrdienst beendet hatte, begann mein Vater an der Universität Mannheim Betriebswirtschaft zu studieren, ließ sich zum regionalen Vertreter der AIESEC wählen, einer international aktiven Studentenorganisation, und wurde Mitglied des AStA. Diese Tätigkeiten brachten ihm ein wenig Taschengeld ein, ausreichend zumindest, um sich Reitstunden leisten zu können und literweise Bier in den zahlreichen Mannheimer Kneipen, in denen er mehr Zeit verbrachte als in den Hörsälen der Universität. »Wir diskutierten über Politik, Wirtschaft, Kapitalismus, den Vietnamkrieg, und wir hatten den Eindruck, an der Bar weitaus mehr zu lernen als in den Seminaren. Unser Blick war auf die USA gerichtet, wo sich an den Universitäten eine Protestbewegung herauszubilden begann.« Jenseits des Atlantiks hatte eine Revolte die tiefe kulturelle und generationsübergreifende Spaltung der Gesellschaft und eine junge Gegenkultur hervorgerufen, die sich der Musik, Drogen und sexuellen Freiheit als Vehikel bediente, um zivilen Ungehorsam zu propagieren, die Ablehnung des Imperialismus, die Gleichheit der Rassen und der Geschlechter sowie die Absage an eine Kultur des Konsums.

Nach und nach traten in vielen Winkeln der Welt ähnliche Bewegungen auf, so auch in Deutschland. Volker distanzierte sich von der CDU, in die er mit 16 Jahren eingetreten war. »Diese Partei besaß für meinen Geschmack eine zu konservative Sichtweise auf die Gesellschaft, sie war gegen Abtreibung, gegen Homosexualität und hatte offensichtlich die großen Veränderungen nicht erfasst, die im Begriff waren, die Gesellschaft umzuwälzen.« Dennoch gehörte er weder dem SDS an, dem Sozialistischen Deutschen Studentenbund, dem damaligen Hochschulverband der SPD, den der Vorstand der Partei 1961 aus der Partei geworfen hatte, da er ihn zu radikal fand. Er war auch ansonsten nicht Teil der Außerparlamentarischen Opposition (APO), zu der auch der SDS zählte und die sich als inoffizielle Opposition zur Großen Koalition von CDU/CSU und SPD im Bundestag verstand.

Wie viele andere engagierte sich Volker ohne eine feste Mitgliedschaft in der Studentenbewegung – und dies noch verstärkt nach dem 2. Juni 1967, als bei Studentenprotesten in Westberlin anlässlich des Staatsbesuches des persischen Tyrannen Schah Reza Pahlavi der Student Benno Ohnesorg, ein 26-jähriger Pazifist, von einem deutschen Polizisten getötet wurde, der ohne nachvollziehbaren Grund aus knapp eineinhalb Metern Abstand von hinten auf dessen Kopf gezielt hatte. »Das war für alle ein Schock, es war das erste Mal, dass nach dem Krieg ein Polizist einen Bürger getötet hatte, glaube ich«, sagt mein Vater. Die Einflussnahme der Behörden, die glauben machen wollten, dass es sich um einen Unfall gehandelt habe, ließ den Zorn der Studenten nur noch anwachsen. Als er gerade seinen Bereitschaftsdienst im AStA-Büro der Mannheimer Universität leistete, erhielt Volker einen Telefonanruf seines Berliner Kollegen: »Er sagte zu mir: ›Wir müssen sofort Proteste organisieren. Die Universitäten müssen sich abstimmen.‹« Volker begab sich ins Haus der Gewerkschaften im Stadtzentrum, um an einem Treffen der »Kräfte des Fortschritts« teilzunehmen und gemeinsam eine Demonstration in Mannheim zu organisieren.

Neben dem Tod Benno Ohnesorgs hat die Studenten vor allem der immer rücksichtsloser geführte Vietnamkrieg mobilisiert. Das zeigte sich am 18. Februar 1968 beim Antivietnamkriegskongress und der anschließenden Demonstration in Berlin mit mehr als 10.000 Teilnehmern. Der Protest im Land vervielfachte sich und mit ihm die Eintrittszahlen in den SDS.

Die aufgebrachten Studenten stellten infrage, was sie als bürgerliche Ordnung verstanden: Militarismus, Autorität, Hierarchie, Konsumrausch, Kapitalismus, kritische Vorstellungen. Sie waren unter anderem von dem 1923 gegründeten Frankfurter Institut für Sozialforschung beeinflusst, dem Intellektuelle aller Bereiche wie der Literatursoziologe Leo Löwenthal, der Ökonom Friedrich Pollock, der Psychoanalytiker Erich Fromm, die Philosophen Max Horkheimer, Theodor W. Adorno, Walter Benjamin und Herbert Marcuse angehörten.

Angesichts der in Deutschland gescheiterten kommunistischen Revolution und des Abdriftens der Sowjetunion in den Totalitarismus schlugen diese Intellektuellen eine neuartige Form der Kritik des Kapitalismus und der Bourgeoisie vor, die den von Moskau gleichgeschalteten Dogmatismus der kommunistischen Parteien ablehnte. Unter dem Namen Kritische Theorie ging dieser neue Ansatz davon aus, dass Karl Marx' Analyse nicht ausreichte, um die kapitalistische Gesellschaft zu beschreiben, und empfahl eine multidisziplinäre Herangehensweise, die weitere Denkansätze miteinbezog, insbesondere die Psychoanalyse von Sigmund Freud und die Soziologie Max Webers. 1933 wurde das Institut von den Nationalsozialisten geschlossen und unter der Leitung von Max Horkheimer an die Columbia University von New York überführt, wo er die Kritische Theorie der westlichen Zivilisation mit Theodor W. Adorno weiterentwickelte.

1944 veröffentlichten Horkheimer und Adorno eines ihrer zentralen Werke, das später unter dem Titel *Dialektik der Aufklärung* bekannt wurde. Der Faschismus wird von ihnen als Resultat einer Fehlentwicklung der Aufklärung des 18. Jahrhunderts beschrieben, die zu einer übermäßigen Rationalisierung von Technik und Bürokratie führte. Die Macht der Technik und der Bürokratie habe die Menschen zu Leistungsfanatikern, zu Robotern degradiert, die nun bar jeglicher Spontaneität und Sensibilität sich selbst und anderen gegenüber zur Barbarei fähig waren.

Der »Verwaltungsmord« des Dritten Reiches war der grausamste Ausdruck davon: vom Schreibtisch aus kaltblütig organisierte Massaker, welche in eine Vielzahl von Vorgängen aufgegliedert wurden, was jedem Einzelnen ersparte, an den finalen Zweck seiner Arbeit zu denken. Dazu kam ein codiertes Vokabular, das die Verbrechen verschleierte: Sonderzug, Sonderbehandlung, Himmelsweg, Gesundpille … Die in den Tötungsfabriken von Auschwitz oder Treblinka angewandte Methode erinnert in allem an die Fließbandarbeit des Industriezeitalters: Die Henker waren wahrhafte Maschinen, auf eine präzise, getaktete, sich wiederholende und begrenzte Aufgabe angesetzt, um in Rekordzeit massenhaft Menschen zu töten, die auf

Nummern reduziert worden waren und die es galt, in wenigen Stunden zu Asche zu verwandeln.

Nach dem Krieg entschieden Horkheimer, Adorno und Pollock nach Deutschland zurückzukehren, um das Institut in Frankfurt am Main mit der Idee neu zu eröffnen, an der Demokratisierung in Deutschland mitzuwirken. In kürzester Zeit bildeten sie das Epizentrum eines tief reichenden Nachdenkens über die kapitalistische Gesellschaft und den Faschismus. Es war noch ein weiter Weg, um die Demokratie in der deutschen Gesellschaft fest zu verankern. Laut einer Studie des Frankfurter Instituts aus den Fünfzigerjahren zeigten sich zwei Drittel der Bevölkerung dem politischen Modell der Demokratie gegenüber abweisend. Die Denkrichtung aus Frankfurt jedoch gewann an Einfluss und gebar eine Generation von Intellektuellen, die als Multiplikatoren dienen sollten, so etwa Hans Magnus Enzensberger, Alexander Mitscherlich, Ivan Nagel, Jürgen Habermas.

1959 übergab Horkheimer die Leitung des Instituts an Adorno, der zu einer unumgänglichen Referenzgröße wurde und, präsent wie kaum ein anderer Intellektueller im Fernsehen, im Radio, in den Tageszeitungen, die Hörsäle zum Bersten brachte. Anfangs sympathisierte der Philosoph mit der Studentenbewegung, dann wandte er sich aber von ihr ab, da er in ihr eine zum Scheitern verurteilte Bewegung erblickte, die seiner Meinung nach keiner inneren Logik folgte. Horkheimer setzte sich ihr noch radikaler entgegen. Herbert Marcuse wiederum unterstützte sie aus den Vereinigten Staaten und wurde mit seinem Bestseller *Der eindimensionale Mensch* zum neuen Mentor der jungen Generation. 1969 besetzten Studenten das Frankfurter Institut, die Polizei wurde gerufen. Der Bruch zwischen dem Meister und seinen Schülern war vollendet.

»Wir versammelten uns in den Hörsälen, um über die ungerechte Verteilung der Reichtümer in der Welt zu diskutieren oder über die Absurdität, von 50 unterschiedlichen Zahnpastamarken, wo doch zwei allemal genügt hätten«, erzählt mein Vater. »Ich interessierte mich für diese Fragen, aber ich war kein Antikapitalist. Ich studierte Wirtschaft und bewunderte Ludwig Erhard dafür, dass er Deutschland aus den Ruinen herausgeführt und dem Land ein Wirtschaftswunder in Rekordgeschwindigkeit beschert hat.« »Hinter ihrem Antikapitalismus griffen einige Studenten tatsächlich die Figur jener Väter an, die am Wirtschaftswunder mitgewirkt hatten«, meint Volker. »Was für mich gar nicht erst gelten konnte, ich hätte meinen Vater ja kaum mit diesem Wunder in Verbindung bringen können ...« Die Gespräche mit meiner Tante brachten mich zu der Überlegung, ob die Enttäuschungen, wie sie Karl Schwarz im Geschäftsleben widerfahren waren, seinen Sohn nicht dazu ermutigt hatten, später gleichsam als Reaktion auf das Scheitern seines Vaters in der Großindustrie Karriere zu machen.

Jahr um Jahr hatte Opa hohe Summen abzweigen müssen, um die Hypothek zu löschen, mit der das Haus belastet worden war, als Julius Löbmann und Max Schmidt, sein ehemaliger Partner, ausbezahlt werden mussten. Außerdem zahlte er auch noch immer den Lastenausgleich, eine Steuer, die darauf abzielte, all jene Deutschen zu unterstützen, deren Eigentum während des Krieges vollkommen zerstört worden war. »Meine Mutter sagte, dass wir dank dieses Geldes besser dagestanden hätten, wäre das Haus vollständig vernichtet worden!«, erzählt meine Tante Ingrid. Sie war es, die sich um die Überweisungen und viele andere Dinge auch in Opas Firma kümmerte, nachdem sie mit ihrer Schule fertig war. »Mit Steinen aus den Kriegsruinen hatte mein Vater ein neues Gebäude errichtet, um dasjenige zu ersetzen, das 1943 zerstört worden war. Aber es war so gut wie nicht isoliert und derart feucht, dass die Farbe zusehends von den Wänden blätterte. Wenn ein Kunde anrief, machten wir auf große Firma, und ich tat so, als wäre ich die Sekretärin: ›Sekretariat Schwarz & Co. ... Bleiben Sie bitte am Apparat, ich stelle Ihren Anruf ins Büro von Herrn Schwarz durch.‹ In Wirklichkeit saß er direkt neben mir, und ich reichte ihm den Hörer.« Es gab Hunderte von Visitenkarten in eleganter Kursivschrift, die nutzlos herumlagen. Als ich klein war, begegnete ich ihnen überall, wie sie sich, von der Zeit vergilbt, in den Schubladen bei meinen Großeltern in der

Chamissostraße noch immer stapelten. Mitte der Sechzigerjahre, als es langsam wieder bergauf ging, musste Opa neuem Unbill ins Auge blicken. »Große Ölfirmen wie ESSO haben die Preise gesenkt, wenn die Kunden ausschließlich bei ihnen kauften.« Diese aggressive Vorgehensweise bedeutete für kleine Firmen wie die Schwarz & Co. Mineralölgesellschaft das Todesurteil. »Zwei oder drei unserer Kunden, die meinen Vater schätzten, akzeptierten einen Trick, der es ihm erlaubte, ihnen einige Fässer an der großen Ölfirma vorbei zu liefern«, fährt meine Tante fort. »Er musste seine eigenen Fässer in den Farben des Hauptlieferanten anmalen, damit dieser den Schwindel nicht bemerkte, wenn er die Lager seiner Kunden aufsuchte.«

Während seiner Studienzeit hat mein Vater einige Samstage damit verbracht, die Fässer von Karl Schwarz zu übermalen, später dann, als er in seinem Studium gelernt hatte, Buchhaltung zu machen, schlug er ihm vor, seine Bücher in Ordnung zu bringen. »Es war die reinste Katastrophe, er hatte keine Ahnung von Buchführung, er hatte viel zu viele Ausgaben, das war alles andere als ein rentables Geschäft, dazu war er einfach nicht geschaffen.« In ebendiesem Augenblick war die Frage der Konfrontation zwischen Volker und seinem Vater über die Vergangenheit überflüssig geworden, jeder wusste, was der andere dachte, und versuchte, die Beziehung zu normalisieren.

Für viele andere junge Deutsche hingegen war ein ganz spezifischer und zentraler Punkt der Studentenbewegung die Auseinandersetzung mit der Geschichte und der Rolle, die sowohl Vertreter des Establishments als auch die eigenen Eltern im Dritten Reich eingenommen hatten. Sie stellten endlich die Frage, die lange niemand zu denken, geschweige denn zu stellen gewagt hatte: »Was habt ihr eigentlich im Dritten Reich gemacht?« Es ging dabei nicht nur darum, die schlimmsten unter den Nazi-Verbrechern anzuklagen, die rangohen Verantwortlichen, die Mörder, die Monster, nein, nun wurden die vielen anderen, die zig Millionen Mitläufer ins Visier genommen, jene, die davon profitiert hatten, dass die »Volksgemeinschaft«, die sich begeistert hinter den Führer und seine Politik gestellt hatte, so lange nach dem Krieg zum Tabu im öffentlichen Diskurs erklärt worden war. Die Studenten klagten die Generation des Wirtschaftswunders an, die Verbrechen der Vergangenheit unter Bergen materiellen Wohlstands vergraben zu haben. »Wegen der Fortdauer dieser autistischen Haltung ist es einer großen Zahl, wenn nicht der Mehrheit der Bewohner unseres Staates nicht gelungen, sich in unserer demokratischen Gesellschaft mit mehr als ihrem Wirtschaftssystem zu identifizieren«, warnten bereits Alexander und Margarete Mitscherlich in ihrem brisanten, 1967 publizierten Buch *Die Unfähigkeit zu trauern.*

Zugleich verlangten die Studenten, die Wahrheit auch von ihren Professoren zu erfahren, denen sie vorwarfen, die Vergangenheit verharmlost zu haben. Eine neue Generation an Pädagogen pflichtete ihnen bei und focht die Art und Weise an, in der die Zeit des Nationalsozialismus an den Universitäten gelehrt wurde. Ringvorlesungen wurden organisiert, um an die Haltung der Universitäten unterm Hakenkreuz zu erinnern. Licht in den Schatten der Vergangenheit zu bringen wurde zum wichtigen Merkmal der deutschen Studentenbewegung, die mit ihrem Hauptslogan »Unter den Talaren – Muff von 1000 Jahren« einen Vorwurf zusammenfasste, der auf die Komplizenschaft der Professoren mit dem Dritten Reich zielte, das sich als »Tausendjähriges Reich« selbst verherrlicht hatte.

Ganz grundsätzlich stellten die Studenten einen Staat infrage, der seit der Gründung der Bundesrepublik die schlimmsten Henker protegiert hatte, anstatt sich auf die Seite der Opfer zu stellen. Diese Kritik bezog ihre Kraft daraus, dass sie nicht aus dem Ausland kam, sondern plötzlich im Land selbst laut wurde, dessen eigene Kinder von nun an mögliche Missstände in den Blick nahmen. Zehntausende von ihnen gingen im Mai 1968 in Bonn auf die Straße, um gegen die Notstandsgesetze zu demonstrieren, mit denen die Handlungsfähigkeit des Staates zum Preis einer Einschränkung des Grundgesetzes in Krisensituationen gesichert werden sollte. Die Demonstranten spitzten ihre Kritik kurzerhand in einer Abkürzung zu und bezeichneten die Maßnahme als »NS-Gesetz«, während sie Banner hochhielten, die da warnten: »Kein zweites 1933!«

Wenige Monate später, am 7. November 1968, bestieg eine junge Frau während des CDU-Parteitags in Westberlin die Rednerbühne, ohrfeigte den christdemokratischen Kanzler Kurt Kiesinger vor laufenden Kameras und schrie: »Nazi! Nazi! Nazi!« Die junge Frau war Beate Klarsfeld. Sie sollte zu einer führenden Anti-Nazi-Aktivistin werden an der Seite ihres jüdischen Mannes, Serge Klarsfeld, eines französischen Anwalts, der seinen Vater in Auschwitz verloren hatte. Die Wahl Kiesingers zum Kanzler 1966 hatte wegen seines Parteieintritts in die NSDAP im Jahr 1933, seines frühen Engagements in einer der SA nahestehenden paramilitärischen Organisation und seiner Beschäftigung während des Krieges als stellvertretender Leiter der Rundfunkabteilung Kontroversen ausgelöst. Vor seiner Ernennung hatte der Schriftsteller Günter Grass in der *Frankfurter Allgemeinen Zeitung* einen offenen Brief publiziert, in welchem er ihn aufforderte, wegen seiner Vergangenheit auf die Kanzlerschaft zu verzichten. Heinrich Böll hatte diesen Aufruf unterstützt, Karl Jaspers gemeinsam mit seiner Frau gaben zum Zeichen des Protests ihre deutschen Pässe zurück. Im Kielwasser von Beate Klarsfeld ließen die Studenten ein Traktat zirkulieren, in dem sie »endlich eine richtige Entnazifizierung« verlangten: »Machen wir Schluss damit, dass nazistische Rassenhetzer, dass die Juden-Mörder, die Slawen-Killer, die Sozialisten-Schlächter, dass die ganze Nazi-Scheiße von gestern weiterhin ihren Gestank über unsere Generation bringt. Holen wir nach, was 1945 versäumt worden war: Treiben wir die Nazi-Pest zur Stadt hinaus. (...) Damit legen wir den gesamten Apparat dieser miesen Gesellschaft lahm, denn er besteht – bezeichnenderweise! – zu einem lebenswichtigen Teil aus den alten Nazis.«

1969 kam dann zum ersten Mal seit Gründung der Bundesrepublik die SPD an die Regierung, mit ihrem Kanzler Willy Brandt an der Spitze. Brandt verkündete sofort, dass er sich »als Kanzler nicht mehr eines besiegten, sondern eines befreiten Deutschlands« begreife. Während eines Besuchs in Polen kniete er nieder vor dem Ehrenmal für die Toten des Warschauer Gettos, um seinen Wunsch zu signalisieren, die Doppeldeutigkeit seiner Amtsvorgänger im Umgang mit der Vergangenheit beenden zu wollen.

»Das war eine schöne Zeit«, erinnert sich mein Vater. »Der Horizont erweiterte sich wie nie zuvor. Wir fühlten uns mit den jungen Leuten der ganzen Welt verbunden, wir reisten, hörten Popmusik, hatten einen neuen Kleidungsstil aus Großbritannien, aus Amerika ... Die Stimmung war tolerant und festlich.« Dank der Austauschprogramme zog Volker los, Europa zu entdecken, Lissabon und vor allem Frankreich, Lille, Lyon. Während eines Aufenthaltes in Paris knüpfte er Freundschaft mit einer Israelin, Ilana, mit der er sich aufmachte, Spanien zu erkunden, zwei weitere Deutsche schlossen sich ihnen an. »Es gab keinerlei Spannungen; dies vielleicht aber auch, weil ihr klar war, dass wir den Nazismus verdammten. Ilana sprach kaum über die Vergangenheit ihrer Familie, so wie die meisten Israelis, die ich kennengelernt habe«, erinnert er sich. »Wir wollten eine Gemeinschaft der Völker, wir wollten die alten patriotischen und konservativen Werte über Bord werfen. Alles geriet ins Wanken, die Vorstellung von Familie, Heirat, Bildung, Unterricht, alles schien möglich zu sein.«

Volker genoss schon als Jugendlicher große Freiheit. Wenn auch autoritär, so hatte Karl Schwarz seinen Sohn früh Herr über sich selbst sein lassen. Mit 14 Jahren hatte er ihn außerhalb der familiären Wohnung in eine Mansarde unterm Dach auf der Chamissostraße ausgelagert, wo er mehr oder weniger tun und lassen konnte, was er wollte, Reisen auf eigene Faust inbegriffen. Da er selbst ausreichend davon gekostet hatte, besaß Opa einen gewissen Respekt vor der Freiheit, vor allem was den Bereich der Sexualität betraf. »Er war von den neuen Moden der Sechzigerjahre nicht besonders begeistert, mit Ausnahme der Pille. Er sagte zu mir: ›Hiermit kannst du sichergehen, ein Mädchen nicht zu schwängern, und also verhindern, später eine Summe im Wert eines Porsches bezahlen zu müssen.‹« In den Sechzigerjahren war es in Deutschland noch verboten, eine Wohnung oder ein Zimmer an unverheiratete Paare zu vermieten. Und so »verbot mir mein Vater auch, Mädchen mit rauf unter die Mansarde zu schleppen, aber nicht aus moralischen Gründen, sondern aus Angst, denunziert zu werden, denn er konnte dafür im Gefängnis landen und eine Geldstrafe aufgehalst bekommen«. Karl war häufig abwesend, unterwegs in seinem Lieferwagen, um seinen Kunden Ölfässer zu bringen oder um allein in die Ferien zu fahren. Es war darum Lydia, die ihren Sohn mit unendlichem Wohlwollen umsorgte und seine Eskapaden tolerierte. Allerdings gingen die Veränderungen in der Gesellschaft an ihr vorbei. »Meine Mutter war von dieser neuen Redefreiheit gegenüber Eltern, Professoren, Politikern schockiert. Wenn wir einen satirischen Sketch über den deutschen Kanzler hörten, sagte sie: ›Man kann doch so net vom Führer spreche.‹«

Im Frühjahr 1968 reiste mein Vater nach Westberlin, um zwei Wochen in einer der vielen Wohngemeinschaften in Kreuzberg zu verbringen, ein damals alternatives Viertel, das bei linken Aktivisten beliebt war. Kurz zuvor, am 11. April 1968, hatte vor dem Berliner Büro des SDS ein Anhänger der Neonazi-Szene dreimal hintereinander auf den Anführer der Bewegung, Rudi Dutschke, geschossen, der dabei lebensgefährlich am Kopf verletzt worden war. Der SDS, der sich bereits radikalisiert hatte, verschärfte von nun an noch einmal seine Linie. »Die jungen Menschen, die ich in Berlin getroffen hatte, waren weitaus extremer als in Mannheim, sie waren Richtung Anarchie abgedriftet. Ich habe mich in diesen Gruppen nicht wiedererkannt, die derart rigide mit ihren Dogmen verfuhren, dass sie für mein Empfinden jenen zu ähneln begannen, die sie kritisierten.« Letztere wurden von Teilen der deutschen Gesellschaft des »Linksfaschismus« angeklagt, selbst von Vertretern der Linken, die inzwischen eine Radikalisierung des Protests und vor allem seiner Methoden befürchteten, wie etwa der Philosoph Jürgen Habermas.

Der Kreis der angeblichen Feinde des Antifaschismus erweiterte sich immer mehr. »Die neue Form des Faschismus«, so 1968 der Wortführer der Protestbewegung, Rudi Dutschke, »ist nicht mehr in einer Partei oder in einer Person zu finden, sie ist vielmehr in allen Institutionen des Spätkapitalismus vorhanden.« Das Problem dieser Definition lag darin, dass sie die Verbrechen des Nationalsozialismus minimierte, indem sie das Dritte Reich mit der Bundesrepublik verglich. Mit dieser Logik blieb im Grunde genommen für sie nur mehr ein Umsturz des politischen und gesellschaftlichen Systems als Lösung. Volker ließ sich nicht mehr länger auf die Studentenrevolte ein, die eine Wendung zu nehmen begann, die weder seiner politischen Ausrichtung noch seinem unabhängigen Charakter entsprach.

Der Staat und einige Medien hatten sich ihrerseits darauf versteift, von nun an Anhänger der Studentenbewegung als Kommunisten wahrzunehmen, die Unordnung säten und deren mögliche Verbindungen nach Ostberlin und Moskau überwacht werden sollten. Tatsächlich gab es Gemeinsamkeiten in den Positionen der Studenten und der DDR – ihre Kritik am Kapitalismus zunächst, dann aber auch ihre Anprangerung der Kontinuitäten zwischen dem Dritten Reich und der Bundesrepublik. Die Straflosigkeit und Wiedereingliederung ehemaliger Nazi-Verbrecher auf Posten mit hoher Verantwortung gehörten zum Kern der antiwestlichen Propaganda Ostberlins. 1963 hatte ein ostdeutsches Gericht Hans Globke in Abwesenheit zu lebenslänglicher Haftstrafe verurteilt wegen seiner Rolle, die er als Mitverfasser der Nürnberger Rassengesetze gespielt hatte. Zwei Jahre danach hatte Ostberlin der internationalen Presse ein Buch mit dem Titel *Braunbuch: Kriegs- und Naziverbrecher in der Bundesrepublik* vorgelegt, in dem die SS-Dienstränge und NS-Parteiämter von 1.800 Führungsmitgliedern aus der Wirtschaft, der Bundeswehr, der Justiz und den Wissenschaften aufgelistet waren. Die westdeutschen Behörden beschlagnahmten das Buch als Propagandainstrument des Ostens. In Wirklichkeit trafen die meisten Einträge zu. Auch wenn sich die DDR eher von einem politischen Kalkül leiten ließ und nicht von einer moralischen Aufgabe, so hatten ihre Veröffentlichungen doch positive Nebenwirkungen, denn sie trugen dazu bei, die Bundesrepublik zu zwingen, ihrer Vergangenheit ins Auge zu blicken.

Diese Gemeinsamkeiten waren für die Studentenbewegung jedoch schädlich, denn inmitten des Kalten Krieges war es für die eigene Glaubwürdigkeit fatal, wenn einem ein heimliches Einverständnis mit dem Kommunismus unterstellt wurde. 1956 war die kommunistische Partei Deutschlands verboten worden, woraufhin deutlich mehr als 100.000 angebliche Sympathisanten ermittelt wurde. Es kam zu 10.000 Verurteilungen, eine weitaus größere Anzahl, als es Parteimitglieder gegeben hatte. Dieses Parteiverbot wird bis heute kontrovers diskutiert, denn selbst wenn die Bundesrepublik gute Gründe gehabt haben mochte, Verbindungen mit der DDR zu befürchten, so überzeichnete sie doch in hohem Maße deren Bedrohung, da die KPD politisch unbedeutend war, nicht im Bundestag und in so gut wie keinem Landtag saß.

Der äußerst mächtige Medienkonzern Axel Springer, nicht zuletzt der Herausgeber der meistgelesenen Tageszeitung Westdeutschlands, der *Bild-Zeitung*, nutzte diese vermeintliche Nähe zum kommunistischen Osten, um eine aggressive Kampagne gegen die Studenten zu führen, die als beauftragte »Rädelsführer« zur Destabilisierung der Bundesrepublik dargestellt wurden. Das Blatt ging so weit, die Bürger aufzurufen: »Stoppt den Terror der Jungroten jetzt«, denn »man darf auch die ganze Drecksarbeit nicht der Polizei und ihren Wasserwerfern überlassen«. Der Zeitung wurde vorgeworfen, zum Attentat auf Rudi Dutschke aufgehetzt zu haben. Spannungen entluden sich, mehrere Tausend Demonstranten griffen am 11. April 1968 den Hauptsitz des Springer Verlags in Westberlin an, Molotowcocktails wurden gegen die Lieferwagen der Zeitung geschleudert. 40 Jahre später enthüllten Dokumente, dass Letztere von einem Agent Provocateur der deutschen Nachrichtendienste verteilt worden waren, die Gewaltausbrüche benötigten, um ihre Festnahmen rechtfertigen zu können.

Die Konfrontation erreichte einen Punkt, von dem es kein Zurück mehr gab, als eine kleine Minderheit junger Extremisten sich das Recht herausnahm, ihre Weltanschauung mit Gewalt deutlich zu machen. Ihre durchgängige Gleichsetzung der Bundesrepublik und der Vereinigten Staaten mit dem Nationalsozialismus hatte sie am Ende dazu geführt, in der Gewalt den letzten Ausweg gegen die »Unterdrückung« zu sehen. Der noch junge westdeutsche Staat, in keiner Weise darauf vorbereitet, reagierte mit einer übertrieben harten Niederschlagung durch die Polizei, was im Gegenzug wiederum die Angst vor einer autoritären Entwicklung verstärkte.

Ich war keine Zeugin dieses Jahrzehnts, ich erinnere mich aber, wie ich gemeinsam mit meiner Mutter in den Achtzigerjahren in Deutschland Zug fuhr und an den Bahnhöfen große Plakate hängen sah, auf denen ein fett gedrucktes Wort sofort die Aufmerksamkeit auf sich zog: Terroristen. Näherte man sich einem der Plakate, erkannte man ein Mosaik aus vielen Schwarz-Weiß-Fotos, Porträtbilder von Männern und Frauen mit Angaben zu deren Namen, Vornamen, Alter, Körpergröße, Augenfarbe und besonderen Kennzeichen, die helfen sollten, sie zu identifizieren. Darunter die Warnung: »Vorsicht Schusswaffen!« Und ganz klein gedruckt wurde eine Belohnung von 50.000 Deutsche Mark für jede Information, die zur Erfassung dieser Terroristen führt, versprochen. Für das Kind, das ich war, schien diese Ankündigung direkt der Welt der Western zu entspringen oder der von Lucky Luke mit den Fahndungsplakaten, auf denen in großen Buchstaben »WANTED!« stand, die am Eingang der Saloons hingen und demjenigen einen Dollarregen versprachen, der den Mann auf den Phantombildern zu finden half. In Wirklichkeit aber verkörperten die Gesichter auf den Plakaten in den Bahnhöfen eine der größten Herausforderungen für die junge deutsche Demokratie.

Zu einer der zentralen Figuren des Terrorismus der extremen Linken in Deutschland wurde die Journalistin Ulrike Meinhof, die schon in der Studentenbewegung eine wichtige Rolle gespielt hatte. Am 14. Mai 1970 schloss sich diese brillante Intellektuelle endgültig dem Terrorismus an, indem sie half, Andreas Baader aus dem Gefängnis zu befreien, einen jungen antikapitalistischen Rebellen, der zusammen mit seiner Freundin Gudrun Ensslin, einer Pfarrerstochter, in großen Frankfurter Kaufhäusern Feuer gelegt hatte. Der Gesinnungswandel der Journalistin nährte zahlreiche Spekulationen, die so weit gingen, dass man sich fragte, ob nicht eine Hirnoperation, der sie sich 1962 unterzogen hatte, ihr geistiges Gleichgewicht verändert habe. Der Grund für ihre nicht umkehrbare Wende ist vielleicht schlichtweg in jener Erklärung der schwarz-amerikanischen Black Panther Party zu finden, die sie 1968 in *Konkret* zitiert hatte: »Protest ist, wenn ich sage, das und das passt mir nicht. Widerstand ist, wenn ich dafür sorge, dass das, was mir nicht passt, nicht länger geschieht. Protest ist, wenn ich sage, ich mache nicht mehr mit. Widerstand ist, wenn ich dafür sorge, dass alle anderen auch nicht mehr mitmachen.«

In gewisser Hinsicht sah sich die RAF als jene Art Widerstand, wie er im Dritten Reich gefehlt hat. Es ist gewiss kein Zufall, dass die einzigen Länder, in denen die Studentenproteste in Terrorismus umschlugen, ehemalige Verbündete des Reiches waren: Italien mit den dortigen Roten Brigaden und Japan mit der Japanischen Roten Armee.

Die Mitgliedschaft von Ulrike Meinhof in der RAF verlieh dem Terrorismus der extremen Linken eine intellektuelle Glaubwürdigkeit. Am 5. Juni 1970 erschien der Gründungstext der Roten Armee Fraktion: *Die Rote Armee aufbauen.* Gerichtet an die »potenziell revolutionären Teile des Volkes«, pries dieser »das Ende der Bullenherrschaft« und den Beginn eines »bewaffneten Widerstands«, um das Proletariat für den Klassenkampf vorzubereiten. Im April 1971 dann erklärte Ulrike Meinhof in einem Artikel mit der Überschrift *Das Konzept Stadtguerilla* dem amerikanischen und deutschen Imperialismus den Krieg. Von der Bundesrepublik wurde sie zum Staatsfeind Nummer 1 erklärt.

Terroristische Organisationen schossen wie Pilze aus dem Boden: Neben der RAF gab es die Revolutionären Zellen, die Rote Zora und die Bewegung 2. Juni, benannt nach dem Todesdatum des Studenten Benno Ohnesorg. Viele der ehemaligen Aktivisten aus der Studentenrevolte und linke Intellektuelle waren von der Kompromisslosigkeit dieser Bewegungen verführt und nahmen die Warnungen vor einem »neuen Faschismus«, wie er sich angeblich im neuen Gesellschaftssystem der Bundesrepublik abzeichnete, ausgesprochen ernst. Einige von ihnen waren bereit, die Terroristen mit

175

Wohnungen, Verstecken oder Autos zu unterstützen. Denn paradoxerweise hatte die Reaktion der Behörden für eine gewisse Zeit wohl jene Unterstellungen legitimiert, denen zufolge die Bundesrepublik sich in einen Polizeistaat verwandelte. »Ich wohnte damals in Frankreich, erinnere mich aber, wie schockiert ich bei meinen Deutschlandreisen war, als ich die vielen bewaffneten Polizisten auf den Flughäfen sah«, berichtet mein Vater. »Das wirkte merkwürdig.« Die junge Bundesrepublik griff zurück auf martialische Polizeimethoden, die in einem nicht erklärten Ausnahmezustand gipfelten und im Widerspruch zu ihren freiheitlich demokratischen Grundprinzipien standen. Bürgerrechte wurden eingeschränkt, diejenigen der Polizei und der Justiz graduell ausgeweitet. Der Staat errichtete eine engmaschige Überwachung seines Territoriums und seiner Bürger mit einer massiven Präsenz an Ordnungskräften, mit aggressiven Kontrollen, Verkehrschaos stiftenden Straßensperren, Hausdurchsuchungen bei geringstem Verdacht, und er entwickelte Datensammlungen, die den Schutz des Privatlebens verletzten. Die Regenbogenpresse, insbesondere die *Bild-Zeitung*, säte Hass und Argwohn in sämtliche Richtungen, indem sie das Leben einfacher Verdächtiger zunichtemachte und Karrieren zerstörte, wenn sich die Betreffenden nicht bedingungslos auf die Seite der Behörden stellten.

Medien und Staatsmacht fühlten sich von den »Sympathisanten« des Terrorismus herausgefordert und nahmen eine Jagd mit beängstigendem Ausmaß auf. Am 1. Juni 1972, der Tag, an dem Andreas Baader festgenommen wurde, umstellte die Polizei das Landhaus von Heinrich Böll und verlangte von zwei seiner Gäste, sich auszuweisen. Der Nobelpreisträger stand unter Beobachtung, seit er im *Spiegel* einen an die *Bild-Zeitung* gerichteten öffentlichen Brief publiziert hatte, in welchem er das Boulevardblatt beschuldigte, die journalistischen Maßstäbe zu untergraben, da sie die Unschuldsvermutung gegenüber der Baader-Meinhof-Gruppe systematisch verletzt habe: »Die Überschrift ›*Baader-Meinhof-Gruppe mordet weiter*‹ ist eine Aufforderung zur Lynchjustiz (...). Das ist nicht mehr kryptofaschistisch, nicht mehr faschistoid, das ist nackter Faschismus. Verhetzung,

Lüge, Dreck.« Er prangerte die allgemeine Hysterie angesichts eines Krieges von »6 gegen 60 Millionen« an und verteidigte so in gewisser Weise die Gruppe: »Die Kriegserklärung, die im Manifest enthalten ist, richtet sich eindeutig gegen das System, nicht gegen seine ausführenden Organe.« Der Schriftsteller verglich das Schicksal ehemaliger Nazis, die »so mühelos und schmerzlos vom Faschismus in die freiheitlich demokratische Grundordnung übergewechselt haben oder worden sind«, mit demjenigen von Ulrike Meinhof, die damit rechnen musste, »sich einer totalen Gnadenlosigkeit ausgeliefert zu sehen«.

Zahlreiche Persönlichkeiten stellten sich gegen Heinrich Böll und warfen ihm vor, den Terrorismus zu verherrlichen und sich derselben Rhetorik zu bedienen wie die RAF, die den Begriff »Faschismus« zu allen erdenklichen Zwecken beugte. Der Schriftsteller jedoch fand in anderen Teilen der Bevölkerung auch Unterstützung, die nach der lang anhaltenden Nachkriegsamnesie ebenfalls zu einer regelrechten Jagd auf »Faschisten« übergegangen waren, die sie in einer großen Begriffsverwirrung mehr oder weniger überall zu sehen glaubten: hinter dem Kapitalismus, den Banken, den Konsumtempeln, der Armee, den Medien und selbst der parlamentarischen Demokratie. »Nazi« war zu einer Beschimpfung geworden, die auf alles und jeden angewandt werden konnte, und dies weltweit – ein für die Aufarbeitung der NS-Diktatur nicht unbedingt produktiver Vorgang.

Im Mai 1972 schlug die RAF plötzlich in immer kürzeren Abständen und immer brutaler zu. In einem einzigen Monat beging sie sechs Attentate, tötete vier Personen und ließ 70 teilweise schwer Verletzte zurück. Die Bomben waren unter anderem auf amerikanische Truppen und Polizeigebäude gerichtet. Die Polizei und sogar Zollbeamte wurden in Alarmbereitschaft versetzt und in einem Ausmaß mobilisiert wie nie zuvor. Bis Ende Juni waren sämtliche Anführer der RAF festgenommen und ins Gefängnis nach Stammheim überführt worden, einer nagelneuen Festung in der Nähe von Stuttgart, von der es hieß, sie sei ausbruchsicher. Doch anstatt der Bewegung ein Ende zu setzen, gaben diese Festnahmen der RAF neuen Aufwind, die nun aus ihren Zellen heraus mithilfe externer Unterstützung eine äußerst wirksame Kommunikationsstrategie entwickelte.

Die Aura der Gruppe reichte über die Grenzen Deutschlands hinaus. Sie besaß Kontakte zu zahlreichen internationalen Terroristen: von der irischen IRA bis hin zu den italienischen Roten Brigaden und der französischen Action directe. Am engsten aber war die Kooperation mit palästinensischen Terroristen. Als am 5. September 1972 im Schatten der Olympischen Spiele in München ein Kommando der palästinensischen Terrororganisation Schwarzer September neun Mitglieder der israelischen Sportlerdelegation in Geiselhaft nahm, verlangten die Entführer nicht nur die Freilassung von 200 in Israel inhaftierten palästinensischen Aktivisten, sondern auch von Ulrike Meinhof und Andreas Baader. Nach einem Tag langwieriger Verhandlungen zwischen den Entführern und den deutschen Behörden eskalierte die Situation, alle Geiseln wurden ermordet. Aus dem Gefängnis heraus gratulierte Ulrike Meinhof den Terroristen und klagte Israel an, es habe »seine Sportler verheizt wie die Nazis die Juden – Brennmaterial für die imperialistische Ausrottungspolitik«. Wenige Monate danach wurde sie noch schärfer, in einem Prozess gegen Horst Mahler – einem Mitglied der RAF, das sich später der NPD anschliessen sollte – wo sie als Zeugin aussagte: »Auschwitz heißt, dass sechs Millionen Juden ermordet und auf die Müllkippe Europas gekarrt wurden als das, als was man sie ausgab – als Geldjuden. Der Antisemitismus war seinem Wesen nach antikapitalistisch.« Diese Rhetorik, die in den antizionistischen Kreisen der Linken nicht selten war, stellte nicht den einzigen Widerspruch der RAF in ihrem Verhältnis zur Nazi-Vergangenheit dar. So zögerte die Gruppe auch nicht, Auschwitz und die Bombardierung von Dresden durch die Alliierten oder das amerikanische Eingreifen in Vietnam auf eine Ebene zu stellen, um ihre Attentate gegen die amerikanischen Truppen in Deutschland zu rechtfertigen.

Trotz dieser Positionen nahmen die Sympathien für die Gefangenen unter den linken Aktivisten und Intellektuellen zu. 1974 publizierte Heinrich Böll *Die verlorene Ehre der Katharina Blum*, ein Roman, der das kritische Verhältnis zwischen der radikalen Linken und den Massenmedien beleuchtet und aus dem die Regisseure Volker Schlöndorff und Margarethe von Trotta einen gewagten Film unter dem gleichnamigen Titel machten. Als das Buch erschien, forderte der CDU-Abgeordnete und spätere Bundespräsident Karl Carstens Heinrich Böll auf, sich vom Terrorismus zu distanzieren. Diese Einmischung in die künstlerische Freiheit, und dies auch noch wegen eines Romans, der die Gewalt nicht verherrlicht, zeigt den Grad an Nervosität, die damals in Deutschland herrschte.

Böll war nicht der einzige Intellektuelle, den die autoritären Methoden der Bundesrepublik so sehr in Alarmbereitschaft versetzten, dass er manchmal eine zum Terrorismus der radikalen Linken mehr als zweideutige Haltung einnahm. Niemand aber wagte, die rote Linie so sehr zu durchbrechen wie Jean-Paul Sartre. Im Februar 1973 rechtfertigte der französische Philosoph in einem Interview mit dem *Spiegel* zu Teilen die Aktionen der RAF. Am 4. Dezember 1974 besuchte er Andreas Baader im Gefängnis, um sich selbst ein Bild von den Haftbedingungen zu machen, nachdem der Anwalt des Gefangenen, Klaus Croissant, behauptet hatte, der RAF-Anführer werde der »Isolationsfolter« ausgesetzt. Er sprach ungefähr eine halbe Stunde lang mit Baader und erklärte anschließend gegenüber der Presse, die Gefangenen der RAF säßen in schallgedämmten Isolationszellen und seien einer unablässigen Lichtbestrahlung ausgesetzt. Dies sei keine »Folter wie bei den Nazis«, sondern eine »andere Folter, eine Folter, die psychische Störungen herbeiführen soll«, sagte er. Diese Anschuldigungen waren falsch. Sartre hatte nicht mal die Zellen zu sehen bekommen. Die Gefangenen besaßen gegenüber anderen sogar das Privileg, dass sich Frauen und Männer gegenseitig besuchen durften, und verfügten über Plattenspieler, Fernsehgeräte, Hunderte von Büchern sowie Tageszeitungen.

Vor einigen Jahren hat der *Spiegel* die Protokolle des im Gefängnis geführten Gesprächs zwischen Jean-Paul Sartre und Andreas Baader erhalten. In einer recht angespannten Atmosphäre wirft der Philosoph dem Gefangenen vor, »die RAF [habe] klare Aktionen unternommen, mit denen das Volk nicht einverstanden war«, und versucht, ihn davon abzubringen, Mord als Mittel der Politik einzusetzen. Baader wiederholt wie ein Automat die Prinzipien seiner Organisation, ohne dass es ihm gelang, diese zu vertiefen, als der französische Intellektuelle ihn darum bat. »Was für ein Depp, dieser Baader!«, soll Sartre laut seinem Dolmetscher, einem der Hauptanführer der Pariser Studentenbewegung, Daniel Cohn-Bendit, nach dem Treffen gesagt haben. Warum verteidigte er in aller Öffentlichkeit einen Mann, den er persönlich missbilligte?

Die falschen Anschuldigungen eines Intellektuellen, der international großen Einfluss besaß, vermittelten ein desaströses Bild von Westdeutschland, dem unterstellt wurde, seine Gefangenen wie unlängst das Dritte Reich in den Lagern zu behandeln. Vor allem aber hatte der Philosoph, indem er Andreas Baader als Opfer ebendieses Deutschlands darstellte, im Grunde genommen den linksextremen Terrorismus legitimiert. Womöglich hatte Sartre – abgesehen von seiner Unredlichkeit –, wie andere Linksintellektuellen auch, die Gefahr eines ganz neuartigen Terrorismus nicht wahrgenommen, ein buchstäblich internationales und machtvolles Unternehmen mit weltweiten Ablegern, dessen zahlreiche Beweggründe sich zu einem eher konfusen Brei vermengten.

Die Entwicklung des Linksterrorismus von 1975 an sollte dessen Gefährlichkeit noch einmal bestätigen. Während der Prozess gegen die inhaftierten RAF-Gründungsmitglieder noch nicht begonnen hatte, wuchs eine zweite Generation nach, die mit erhöhter Gewaltbereitschaft maximalen Druck aufbauen wollte, um die Gefangenen freizubekommen. Sie eröffnete den Kampf, indem sie die Mitarbeiter der deutschen Botschaft in Stockholm als Geisel nahm und zwei Diplomaten hinrichtete. Nach einer Serie von Attentaten erreichte der Terrorismus 1977 seinen Höhepunkt. Am 7. April schoss aus einer Maschinenpistole der Beifahrer eines Motorradfahrers auf das Auto des Generalstaatsanwaltes Siegfried Buback, NSDAP-Mitglied im Dritten Reich, der ebenso wie sein Chauffeur und der Leiter der Fahrbereitschaft der Bundesanwaltschaft tödlich getroffen wurde. Am 30. Juli erwartete der Vorstandssprecher der Dresdner Bank, Jürgen

Ponto, die Schwester seiner Patentochter, Susanne Albrecht, die sich bei ihm zu Hause zum Tee mit ihm verabredet hatte, als diese an der Spitze eines Kommandos der RAF eintraf, um ihn zu entführen. Als Ponto sich wehrte, töteten die Terroristen ihn. Am 5. September wurde Hanns Martin Schleyer, der deutsche Arbeitgeberpräsident, von einer Gruppe entführt, die nicht zögerte, seinen Fahrer und drei Personenschützer, die ihn begleiteten, zu erschießen. Abgesehen von dessen damaliger Funktion hatte die RAF es bei Schleyer auch auf jenen Mann abgesehen, der 1933 in die SS und 1937 in die NSDAP eingetreten war und die Tochter eines nationalsozialistischen Mediziners und Politikers geheiratet hatte, der das Euthanasieprogramm Hitlers für richtig befand. Die Entführer verlangten die Freilassung der RAF-Gefangenen.

Bundeskanzler Helmut Schmidt rief einen Krisenstab zusammen und haderte mehrere Wochen Tag und Nacht kettenrauchend mit der Entscheidung, entweder auf die Forderung der Entführer einzugehen und damit den Staat erpressbar zu machen oder dem sehr menschlichen Antrieb nachzugeben, das Leben von Hanns Martin Schleyer zu retten. Am 13. Oktober 1977, als die Geisel in ihrem Versteck dahinvegetierte, kam eine Maschine der Lufthansa, die auf dem Weg von Palma de Mallorca nach Frankfurt am Main war, vom Kurs ab. Aus der Maschine gab ein Mann bekannt, dass die PFLP, die Volksfront zur Befreiung Palästinas, das Flugzeug mitsamt seinen Passagieren und Besatzungsmitgliedern umgeleitet habe, und drohte, die Geiseln zu töten, sollten die Gefangenen der RAF und einsitzende Palästinenser nicht umgehend freigelassen werden. Am 18. Oktober stürmte ein Kommando der Spezialeinheit GSG 9 das Flugzeug in Mogadischu und befreite seine Passagiere und die Crew.

Als die Nachricht vom Scheitern der Operation der PFLP bekannt wurde, jagten sich Andreas Baader und Jan-Carl Raspe mit einer Waffe eine Kugel in den Kopf, Gudrun Ensslin erhängte sich mit einem Kabel an der Decke ihrer Zelle, und Irmgard Möller stach sich viermal in die Brust, überlebte aber. Eineinhalb Jahre zuvor hatte Ulrike Meinhof sich bereits mit einem Stofffetzen an ihrem Fenster erhängt. Am 19. Oktober schickten Schleyers Entführer eine

Nachricht an die französische Tageszeitung *Libération*, die besagte, dass sich sein Leichnam im Kofferraum eines in Mulhouse geparkten Wagens befand. Die RAF wirkte noch anderthalb Jahrzehnte lang, hatte aber sämtliche Sympathie im Herzen der Bevölkerung verloren.

Linke Intellektuelle in Frankreich hingegen überhöhten weiterhin, was jenseits des Rheins als inakzeptabel galt. Am 2. September 1977, drei Tage vor der Entführung von Hanns Martin Schleyer, publizierte *Le Monde* in Bezug auf Deutschland einen Text des Schriftstellers Jean Genet, aus dem ein unerhörter Zorn sprach und der gespickt war mit aus dem Boden gestampften Behauptungen: »Deutschland, welches die Todesstrafe abgeschafft hat, führt mit Hunger- und Durststreiks zum Tode, durch Isolation und Entzug jeglicher Geräusche bis auf den Herzschlag des Inhaftierten (...)«. Und er fuhr fort: »Es ist die Brutalität der deutschen Gesellschaft selbst, welche die Gewalt der RAF notwendig machte (...), dieses von den Amerikanern gewollten so unmenschlichen Deutschlands.« *Libération* wiederum erklärte Deutschland den Krieg, FAZ und *Spiegel* bezeichneten in ihrer Erwiderung die französische Linke als »Chauvinisten« und »Anti-Deutsche«. Deutschland hatte in diesen Kreisen einen umso schlechteren Ruf, als es zusammen mit dem faschistischen Franco-Spanien das einzige europäische Land war, das die kommunistische Partei verboten hatte.

Die Solidarität mit den Terroristen wuchs im Juli 1977 noch an, als Klaus Croissant in Frankreich verhaftet wurde. Der Anwalt der RAF, gegen den in Deutschland ein Haftbefehl vorlag, da er Anweisungen der Inhaftierten an ihre Komplizen nach draußen geschleust hatte, war nach Frankreich geflohen, wo ihm die Behörden politisches Asyl verweigerten. Eine Kampagne gegen seine Festnahme wurde von Philosophen wie Michel Foucault und Jean-Paul Sartre unterstützt. Gilles Deleuze und Félix Guattari unterzeichneten eine in *Le Monde* veröffentlichte Stellungnahme vom 2. November 1977, in der sie Deutschland anprangerten, ein Land zu sein, in dem »viele Menschen der deutschen Linken unter einem organisierten Denunziantentum litten und ihr Leben dort als unannehmbar« empfänden.

Sie warnten vor der »Perspektive, dass ganz Europa dieser Art von Kontrolle unterzogen werden könnte, wie sie Deutschland verlangt«. Frankreich lieferte Croissant schließlich an Westdeutschland aus, wo er zu zwei Jahren Freiheitsstrafe wegen Unterstützung einer terroristischen Vereinigung verurteilt wurde.

Die deutschfeindliche Gesinnung und die Anspielung auf den unabänderlichen »Nazi-Charakter« der Deutschen, die, so fürchteten manche, in alte Muster zurückfallen mochten, hielt sich in Frankreich über einen langen Zeitraum. Tatsächlich aber hatte die Bundesrepublik, indem es ihr gelungen war, trotz der gefährlichen Herausforderungen der Siebzigerjahre ihre Demokratie zu bewahren, bewiesen, dass diese weitaus belastbarer war, als Kritiker vorausgesagt hatten. Langsam aber doch allmählich trug die Vergangenheitsbewältigung ihre Früchte. Im selben Augenblick erwachte Frankreich seinerseits aus einer 30-jährigen Amnesie.

8 Süßes Frankreich ...

MEINE MUTTER JOSIANE, eine hervorragende Schülerin und eine der wenigen ihres Lycées, die anschließend an der Sorbonne studieren durfte, war der ganze Stolz ihres Vaters, eines Gendarmen, und ihrer Mutter, einer Hausfrau, mit denen sie zusammen in einer kleinen Wohnung in Le Blanc-Mesnil lebte, am Stadtrand von Paris. Nach einem Aufenthalt mit ihrer Freundin Françoise in einer kleinen englischen Partnerstadt, wo ihr, die Frankreich zuvor so gut wie nie verlassen hatte, die Engländer »exotisch« vorgekommen waren, entschied sie sich, Englisch zu studieren.

Der tägliche Weg zur Uni und zurück war weit, sodass viel Zeit zum Lernen verloren ging, weshalb Josiane sich noch abends über ihre Bücher beugte, anstatt mit anderen Studenten der Sorbonne auszugehen, Söhne von Ärzten und Rechtsanwälten, mit denen sie sich nie wirklich wohlgefühlt hatte. Auch wenn strebsam, führte Josiane dennoch kein klösterliches Dasein; ein Stipendium erlaubte es ihr, in den Ferien Skifahren zu gehen, in die Bretagne oder ans Mittelmeer zu reisen, Orte, an denen sie auf Fotos oft von jungen Männern umgeben zu sehen ist. Sie war eine hübsche junge Frau, dunkelhaarig, stets lächelnd und sehr sorgsam gekleidet, eine Koketterie, die sie von ihrer Mutter, einer außergewöhnlichen Schneiderin, übernommen hatte. »Ich habe niemals über den Krieg nachgedacht, ich war jung, ich wollte Leichtigkeit. Im Übrigen glaube ich, dass dieses Thema damals nicht besonders viele Menschen beschäftigte, weder in den Medien noch an der Universität. Wenn ich doch Erzählungen darüber hörte, dann vor allem über die Résistance oder furchtbare Horrorgeschichten wie die von Doktor Marcel Petiot ...«

Dieser Pariser Arzt, der schon vor dem Krieg unter diversen psychischen Störungen litt, hatte während der deutschen Besatzung die Not der verfolgten Juden ausgenutzt, indem er sie glauben machte, er könne sie nach Argentinien ausschleusen. Er lud sie ein, mit all ihren Wertsachen in seine Praxis zu kommen, nur um sie auszurauben, zu ermorden und anschließend zu verbrennen. In einem Fall geriet sogar eine ganze Familie in seine Hände. Diese Affäre schockierte die Franzosen. Petiot, der – wie in Deutschland ein Josef Mengele – als das »absolute Böse« wahrgenommen wurde, lenkte die Aufmerksamkeit ab von einem anderen Übel, das weniger spektakulär, aber darum nicht minder erschreckend war, gerade weil es unter vielen Millionen verbreitet und also nur umso gängiger war: die Haltung eines Teils der Franzosen unter dem Regime von Vichy.

Tagtäglich durchquerte Josiane auf dem Weg zur Universität mit dem Bus die Nachbargemeinde Drancy, wo die große Mehrheit der 76.000 aus Frankreich deportierten französischen, aber vor allem ausländischen Juden unter verabscheuungswürdigen Bedingungen inhaftiert worden waren, bevor sie von den Deutschen in die Todeslager gebracht wurden. Wenn es auch der Leitung der Gestapo unterstand, so wurde das Lager von Drancy, das im modernen Bauensemble der Cité de la Muette errichtet worden war, bis zum Sommer 1943 doch von der Pariser Präfektur geleitet, die zur inneren und äußeren Überwachung des Lagers französische Gendarmen eingesetzt hatte. »Ich hatte überhaupt keine Ahnung, was Drancy eigentlich bedeutete, weder in den Fünfzigerjahren noch in den Sechzigern«, gibt meine Mutter mit einem Hauch von Schuldbewusstsein zu. Ich frage mich, wie es ihr gelingen konnte, keinerlei Kenntnis davon erhalten zu haben, dass eines der größten Dramen unter dem Vichy-Regime in ihrer Nachbarschaft stattgefunden hatte, und dies ja nur wenige Jahre vor der Ankunft ihrer Familie in eben dieser Gegend.

In Wirklichkeit interessierte sich in Frankreich damals niemand für Drancy. Nach dem Krieg hatten Opferverbände und religiöse Vereinigungen damit begonnen, vor Ort unauffällige Zeremonien zu organisieren, später, zu Beginn der Sechzigerjahre, wurden am Eingang der Cité de la Muette erste Gedenktafeln angebracht. Erst Anfang der Siebzigerjahre begann man, schrittweise einen Gedenkort aufzubauen. Es verwundert also nicht, dass meine Mutter erst so viel später davon erfahren hatte. Allerdings habe ich bei meinen Nachforschungen herausgefunden, dass Teile der großen Türme der Cité de la Muette den ehemaligen Gendarmen des Lagers nach dem Krieg weiterhin als Kasernen gedient hatten. Und auch Josiane lebte in Le Blanc-Mesnil in einer Kaserne, deren Gendarmen mit großer Wahrscheinlichkeit Kontakte mit ihren Kollegen aus der so nahe gelegenen

Cité de la Muette unterhalten haben dürften. Ihr Vater Lucien musste als Gendarm notgedrungen mit ihnen in Berührung gekommen sein. Ist es vorstellbar, dass sie untereinander nicht darüber gesprochen haben, dass ihnen niemals auch nur ein Kommentar, eine Frage, eine Anekdote, ein Bedauern herausgerutscht ist? Vielleicht hatten sie ja Angst, die Justiz könnte sich einmischen.

Und die Einwohner, hatten sie vergessen? Das Lager befand sich mitten in Drancy, ihm gegenüber stand sogar ein Hotel, in dem die Verwandten der Insassen in den oberen Etagen Zimmer zu exorbitanten Preisen anmieten konnten, um ihre Angehörigen im Inneren der Anlage für einen Moment erblicken zu können und ihnen sodann ein Zeichen zuzusenden. Der Bahnhof von Bourget-Drancy, von dem zwischen März 1942 und Juli 1943 42 Transporte abgingen, lag genau an der Grenze von Drancy und Le Bourget, eine Gegend, in der viele wichtige Persönlichkeiten verkehrten, weil sich dort damals der nach Berlin-Tempelhof zweitgrößte Flughafen Europas befand. Von Juli 1943 an fuhren 21 weitere Transporte von dem etwas weiter abseits gelegenen Bahnhof von Bobigny ab, wo man die Juden diskreter und schneller in die Züge bekam. Noch kurz vor der Befreiung von Paris gingen von hier am 31. Juli und 17. August 1944 die beiden letzten Transporte nach Auschwitz und Buchenwald ab. Der damalige Kommandant von Drancy, SS-Hauptsturmführer Alois Brunner, hatte auf diese Transporte beharrt, in denen sich 1.327 jüdische Kinder befanden, die Brunner noch in aller Eile Ende Juli in Paris hatte verhaften lassen.

Die Einwohner mussten diese Männer, diese Frauen und diese Kinder gesehen haben, die man zu Hunderten in Viehwaggons mit von Urin feuchtem Stroh gequetscht hatte, in denen ein mit Wasser gefüllter Kübel und statt einer Toilette ein Holzkübel als einzige Ausstattung standen. Hatten sie das kein einziges Mal nach dem Krieg in einem Bistro, in der Kirche oder beim Einkaufen in den Geschäften angesprochen? Mir scheint das unvorstellbar, aber ich unterschätze möglicherweise die Kraft des Schweigens in diesem Frankreich nach dem Kriege. »Die Vergangenheit war zu Hause niemals Thema«, sagt

meine Mutter. »Ich verstand mich gut mit meinem Vater, aber er hat
fast nichts erzählt.« Und doch hatte er was zu erzählen: Während der
Zeit der Besatzung war mein Großvater Lucien Gendarm im Dienste
von Vichy.

Während des Krieges war Papi, wie man den Großvater liebevoll in
Frankreich nennt, Gendarm in Mont-Saint-Vincent, einem Dorf mit
einigen Hundert Einwohnern im Departement Saône-et-Loire, das
in der »freien« Zone lag. Nach der schmählichen Niederlage gegen
Nazi-Deutschland hatte Frankreich im Juni 1940 einen Waffenstillstand mit dem Dritten Reich unterschrieben, der das Land in zwei
Teile gliederte: im Norden eine von den Deutschen besetzte Zone;
im Süden eine sogenannte »freie« Zone, die der Amtsgewalt einer in
Vichy sitzenden und von Marschall Pétain geleiteten französischen
Regierung unterlag. Papi liebte es, aus dieser Zeit eine einzige Geschichte zu erzählen, die er gebetsmühlenartig wiederholte. Als im
November 1942 die Deutschen in die unbesetzte Zone einfielen, um
unter anderem die Mittelmeerküste kontrollieren zu können, nachdem die Briten und Amerikaner in Nordafrika gelandet waren, wurde
die Region um Mont-Saint-Vincent von den Deutschen besetzt.
Diese verlangten von den dortigen Gendarmen, ihnen ihre Waffen
auszuhändigen. Lucien und seine Kollegen aber behielten in einer
Anwandlung von Mut einige zurück und versteckten sie.
   Eines Tages dann, nachdem Widerstandskämpfer ein Attentat
begangen hatten, stürmten die Deutschen wie die Wahnsinnigen in
die Kasernen und drohten, Geiseln zu exekutieren, sollten sie auch
nur eine einzige Waffe vorfinden. Mein Großvater erlebte eine furchtbare Viertelstunde, während sie nach der seinen suchten, merkwürdigerweise aber kamen sie nicht auf die Idee, dass sie einfach
hinterm Schrank gegen die Wand gelehnt stand. Ansonsten hätten
sie wahrscheinlich das Dorf verwüstet, es vielleicht sogar angezün-
det und die Geiseln getötet, eine nicht seltene Maßnahme, mit der
verhindert werden sollte, dass die Bevölkerung Widerstandsgruppen
unterstützte. Eine Kompanie des SS-Panzergrenadier-Regiments 4
»Der Führer« zerstörte so am 10. Juni 1944, nachdem Partisanen aus

der Region Limousin eine Reihe von Erfolgen errungen und einen Bataillonskommandeur gefangen genommen hatten, das gesamte Dorf von Oradour-sur-Glane und ermordete auf brutale Weise fast all seine Einwohner, insgesamt mehr als 600 Menschen. Dieses Massaker gilt als eines der schlimmsten Kriegsverbrechen, das an der nicht jüdischen Zivilbevölkerung in Westeuropa verübt wurde.

Papi starb, als ich zehn Jahre alt war, und mir war leider nicht die Zeit gewährt, mehr von ihm über den Krieg zu erfahren. Ein Freund der Familie aber, Claude, der 1929 geboren wurde, schlug mir eines Tages vor, zu erzählen, wie er selbst die Zeit des Krieges und der Besatzung erlebt hat. Claude ist in einer weitaus wohlhabenderen Familie aufgewachsen als meine Mutter; sie besaßen ein Haus mit Garten und Garage in einer vornehmen Gegend in der Nähe von Paris. Sein Großvater hatte bereits zwei Invasionen der Deutschen in Frankreich miterlebt, erst 1870, dann 1914, und drei seiner Onkel waren während des Ersten Weltkriegs eingezogen worden. Sie sprachen, wie die meisten ihrer Kameraden, niemals darüber, niedergeschmettert, wie sie waren von all dem, was sie durchgemacht hatten in den Gräben, diesen über Hunderte von Kilometern miteinander verbundenen Verteidigungslinien, in denen die Soldaten auf beiden Seiten vier Jahre lang unter unerträglichen Bedingungen von Angesicht zu Angesicht in der Falle gesessen hatten, ohne weiterzukommen, und nur darauf warteten, dass der Tod kommen sollte, gleichgültig wann und wo. Frankreich war aus diesem Krieg äußerst geschwächt hervorgegangen, und zwar ebenso moralisch wie demografisch und wirtschaftlich. Man skandierte: »Nie wieder!«, »Das ist ›la Der des Ders‹!«, »la Dernière des Dernières«, der letzte aller Kriege.

21 Jahre später jedoch setzte Europa ein weiteres Mal nach. »Ich hatte ihn deutlich kommen spüren, diesen Krieg«, sagt Claude, der 1939 zehn Jahre alt war. »Überall hatte es Aushänge zur Mobilmachung gegeben, und an die Fenster hatte man Pappen geklebt, um die Folgen der Erschütterungen durch die Bombardements abzuschwächen. In den Schulen wurden Gasmasken verteilt, was mir stark in der Erinnerung haften geblieben ist.« Die Gegend, in der

er lebte, wurde schließlich von den deutschen Bomben verschont, aber einer seiner Freunde, der in Paris unweit des Bahnhofs Gare du Nord wohnte, hatte ihm von Toten und Verletzten erzählt, die überall auf den Straßen lagen. »Im Mai 1940 entschieden sich meine Eltern, beim Vormarsch der Wehrmacht zu fliehen, wir verschlossen also das Haus und ließen alles zurück. Die Straßen waren völlig verstopft, alle hatten Angst vor den Deutschen.« Sie flüchteten sich in die schöne Villa einer Verwandten an der Mündung der Loire. Einen Monat später beschlagnahmten deutsche Offiziere das Erdgeschoss des Hauses. »Sie verhielten sich völlig korrekt. Das Benehmen der Deutschen beruhigte viele Franzosen, die wie wir nach Hause zurückkehrten.«

Angesichts der vollständigen Niederlage der französischen Armee, die als eine der mächtigsten der Welt galt, wurde Marschall Philippe Pétain zu Hilfe gerufen, der »Sieger der Schlacht von Verdun«, ein sehr populärer Held des Krieges von 1914 bis 1918, der sofort zur Kapitulation riet. Als Entgegnung darauf rief General Charles de Gaulle auf BBC von London aus seinen legendären *L'appel du 18 Juin* aus, in welchem er alle Franzosen dazu aufforderte, den Kampf weiterzuführen, und damit den Gründungsakt der Widerstandsbewegung vollzog. Vier Tage später unterzeichnete Pétain das Waffenstillstandsabkommen mit Adolf Hitler, das vorsah, Frankreich durch eine Demarkationslinie in zwei Teile aufzuteilen: in die von der deutschen Armee besetzte Zone, die im Norden gelegen entlang des gesamten Küstenstreifens des Atlantiks verlief, und in eine »freie« Zone südlich der Loire. Frankreich musste die Besatzungskosten zahlen und akzeptierte, die »deutschen und österreichischen politischen Flüchtlinge, die sich noch auf seinem Boden befanden«, auszuliefern – der erste Schritt zum Verlust der moralischen Integrität, dem viele weitere folgen sollten.

Die neue Regierung Frankreichs verließ Paris und ließ sich in Vichy nieder. Theoretisch erstreckte sich ihre Macht über die Gesamtheit des Landes und auf das Kolonialreich, faktisch aber befand es sich in enger Abhängigkeit von Nazi-Deutschland, was zunächst vor allem für die besetzte Zone galt, dann aber auch immer stärker für das gesamte Territorium. Am 24. Juni unterzeichnete Frankreich einen Waffenstillstand mit Italien, dem Verbündeten des Dritten Reiches, das damit einen kleinen Streifen der besetzten Zone entlang der italienischen Grenze erhielt, der sich im weiteren Verlauf des Krieges noch vergrößern sollte.

»Zurück von der Loire«, so erzählt Claude weiter, »fing ich an, gemeinsam mit einigen Schulfreunden von Tür zu Tür zu laufen und Porträtbilder von Pétain im Namen einer Wohltätigkeitsorganisation zu verkaufen. Ich erinnere mich nicht, dass man mir auch nur ein Mal die Tür vor der Nase zugeschlagen hätte. Damals genoß der Marschall ein hervorragendes Ansehen, die Leute sagten sich: Das ist der Typ, der nicht alles den Bach runtergehen lassen wird!« Pétain umstrahlte die Aura eines mächtigen Prestiges. Die Franzosen waren ihm dankbar dafür, dass er mit der Unterzeichnung des Waffenstillstands ein Blutbad verhindert hatte, und sie machten sich gegenseitig Mut, dass Hitler immerhin wohl das stärkste Bollwerk gegen den anrückenden Bolschewismus darstellte, den man so sehr fürchtete. Das Parlament stimmte mit überwältigender Mehrheit für die Übertragung sämtlicher Machtbefugnisse an den Marschall. Das war der Tod des Parlamentarismus und der ungeliebten Dritten Republik, denen vorgehalten wurde, das Land wirtschaftlich, militärisch und diplomatisch geschwächt zu haben. Der Übergang zu einem autoritären Regime, dessen Werte denen der Republik entgegenstanden, scheint die Franzosen nicht sonderlich gestört zu haben, die auch die Verhaftung bekannter Gaullisten und ehemaliger Führungsköpfe der Dritten Republik kaltließ.

Am 24. Oktober 1940, als Adolf Hitler Frankreich auf dem Rückweg von seiner Reise nach Spanien, wo er den dortigen Diktator Franco getroffen hatte, mit dem Zug durchquerte, fand sich der alte Marschall zu einem Treffen mit ihm auf dem Bahnhof von Montoire-sur-le-Loir ein und feierte mit einem von den Medien intensiv begleiteten Handschlag öffentlich den Eintritt Frankreichs auf »den Weg der Kollaboration«. »Für mich hatte dieser Handschlag alles verändert, ich hörte auf, Pétains Porträts zu verkaufen«, sagt Claude. Ein neues Kapitel begann für Frankreich, das sich von diesem Augenblick an einließ auf die aktive Mittäterschaft bei den Verbrechen des Dritten Reiches gegen Widerstandskämpfer und Juden.

Vichy hatte sich verkalkuliert. Trotz seines Entgegenkommens behandelten die Deutschen Frankreich nicht wirklich besser als andere. Die übermäßigen Beschlagnahmungen des Dritten Reiches in Form von Geld, Lebensmitteln und Rohstoffen schnürten dem Land die Luft ab. In Paris, wo Claude jeden Tag zur Schule ging, »hatten die Geschäfte reihenweise zugemacht, und vor den noch geöffneten standen lange Schlangen«. Viele Einwohner lebten von weniger als 1.500 Kalorien pro Tag, der Strom wurde rationiert, Kohle zum Heizen war eine Seltenheit, und der Mangel an Treibstoff machte es mehr oder weniger unmöglich, überhaupt mobil zu sein. Auf dem Land jedoch war das Leben weniger hart als in der Stadt. »Wir litten nicht so sehr unter den Entbehrungen, da wir Obstbäume hatten, unseren Gemüsegarten, unseren Hühnerstall, sogar eine familiäre Verbindung zu einem Metzger bestand, und ein kleineres Tauschgeschäft hier und da brachte uns genug Kohlen ein, um im Winter in zwei Zimmern heizen zu können«, sagt Claude. »Man hatte das bedrückende Gefühl, in einem herumirrenden Boot ohne Kapitän an Bord zu sitzen. In der Gegend, in der ich wohnte, in der besetzten Zone, waren die französischen Behörden gar nicht erst sichtbar: So zeigte sich der Bürgermeister meiner Gemeinde nicht ein einziges Mal, zu keinem einzigen Anlass«, erinnert er sich.

In der südlichen Zone hingegen machten sich die französischen Behörden sehr bemerkbar, aber auf ungute Weise. Das Vichy-Regime war angesichts des steigenden Widerstands von der Charmeoffensive zur Unterdrückung übergegangen. Nach dem Überfall Deutschlands auf die Sowjetunion im Juni 1941, entgegen dem von beiden Ländern im August 1939 unterzeichneten Nichtangriffspakt, hatten die kommunistischen Franzosen ihre neutrale Haltung aufgegeben und begannen, zahlreiche Attentate und Sabotageaktionen zu verüben, zunächst noch unabhängig von den Gaullisten, später dann mit ihnen gemeinsam. Die Deutschen reagierten mit Gegenangriffen, indem sie Geiseln zu Dutzenden hinrichteten, die sie mehr oder weniger willkürlich aus den Gefängnissen holten. Pétain versuchte einzuschreiten. Das Einzige, was er erreichte, war jedoch, dass Vichy die schmutzige Arbeit für die Deutschen erledigen musste und Widerstandskämpfer und französische Geiseln selbst exekutierte.

»Ich sah selten irgendwelche Deutschen, es gab sie in meiner Gemeinde nicht. Wir lebten in einer Blase, wie andere Franzosen auch. Hingegen waren diejenigen, die in Paris lebten, der Besatzung ausgesetzt. Ich habe sogar einen Freund, dessen Eltern von der Gestapo befragt wurden, weil er Paul Éluard kannte.« Dieser Dichter, der international zu den wichtigsten Surrealisten zählte, lieh seine flammende Feder dem Widerstand. – »Ich bin geboren, Dich zu kennen / Dich zu nennen: Freiheit.« Von der Widerstandsbewegung wusste Claude so gut wie nichts, abgesehen von den Plakaten der Erschossenen, die von den Deutschen in den Zügen angebracht wurden, um all jene, die es möglicherweise hätten wagen wollen, davon abzubringen, der Bewegung beizutreten. Sein Vater aber hörte BBC, da er Englisch verstand. »Er hatte eine große Karte von ganz Europa ausgebreitet und verbrachte viel Zeit damit, entsprechend der gegebenen Informationen Spielfiguren nach vorn oder zurück zu bewegen.«

Ab November 1942, als das Reich in die »freie« Zone eindrang, nahm die Popularität des Regimes schnell ab. Der versprochene Frieden schien in weite Entfernung gerückt. Entbehrungen und der Druck, Franzosen zur Arbeit nach Deutschland zu zwingen, wurden immer unerträglicher. Auch wenn es für alle hart war, hatte das Leben unter der Besatzung viele Gesichter, je nachdem, über welche Verbindungen man verfügte, ob man politisiert war oder nicht, ob man in der unbesetzten Zone lebte oder in der besetzten, auf dem Land oder in der Stadt und ob man Widerstandskämpfer, Kollaborateure, Gefangene in der Familie hatte. Am 6. Juni 1944 landeten die Alliierten an den Stränden der Normandie. Ende August war Paris befreit.

Wie die große Mehrheit der Franzosen war auch meine Mutter nach dem Krieg lange Zeit mit der offiziellen Geschichte in den Schlaf gewiegt worden, dass ihr Land den Deutschen mehrheitlich Widerstand geleistet und sich aus deren Joch durch Kämpfe befreit hätte. Aber haben die Franzosen im tiefsten Inneren wirklich an diese Geschichte geglaubt? Im Freundeskreis von Claude, der nach der Befreiung Student war, fühlte man »deutlich, dass es nichts Glorreiches über diese Zeit zu sagen gab, und also zogen wir es vor, nicht darüber zu reden.« Der Mythos hatte sich schon in den ersten Stunden nach der Befreiung von Paris am 25. August 1944 tief ins Bewusstsein eingegraben, als de Gaulle ausgerufen hatte: »Paris ist befreit! Es hat sich selbst befreit. Befreit durch sein Volk mithilfe der französischen Armee und der Unterstützung von ganz Frankreich [...], dem wahren Frankreich, dem ewigen Frankreich.« Doch Paris wurde nicht von der Résistance befreit, die gewiss wehrhaft gekämpft hatte, aber für eine solche Aufgabe viel zu gering ausgerüstet war, sondern die amerikanische Armee hatte de Gaulle zugestanden, die französische Division von General Leclerc zuerst einmarschieren zu lassen.

Roosevelt bezweifelte, dass Frankreich zu einem zuverlässigen und demokratischen Partner werden könnte, da es nicht nur den Kampf aufgegeben und somit Großbritannien gegen Nazi-Deutschland im Stich gelassen hatte, sondern weil es darüber hinaus das einzige nicht mit dem Dritten Reich verbündete Land war, das eng mit Hitler kollaboriert hatte. Dennoch ließ sich Roosevelt dank des Engagements der Widerstandskämpfer in der neuen, nach der Befreiung an der Seite der Alliierten gegründeten französischen Armee und ihrer demokratischen Ausrichtung und vor allem aufgrund de Gaulles Beharrlichkeit, schließlich dazu bewegen, Frankreich 1945 zu den Siegern über Nazi-Deutschland zu zählen. Somit blieb ihm die Schmach erspart, als besiegtes Land behandelt zu werden. Und auch wenn es nicht als Hauptsieger galt und es auch nicht zu den interalliierten Konferenzen über das Schicksal des besiegten Dritten Reiches geladen wurde, erhielt Frankreich paradoxerweise doch eine kleine Besatzungszone in Deutschland sowie einen permanenten Sitz im Sicherheitsrat der Vereinten Nationen.

Aufbauend auf dieser ursprünglichen Lüge eines »siegreichen Frankreichs«, sollte sich der Mythos eines »widerständigen Frankreichs«

etablieren. Am 9. August 1944 erklärte Charles de Gaulle, der das Land nach der Befreiung regierte, das Vichy-Regime per Dekret für »null und nichtig«, da es seiner Ansicht nach Frankreich niemals repräsentiert habe, weil »die Republik nie aufgehört hatte zu existieren«, und sie »im freien Frankreich, im kämpfenden Frankreich, im französischen Komitee für die Nationale Befreiung«, sprich: der Résistance, stets gegenwärtig gewesen sei. So wurde jene Interpretation in die Welt gesetzt, an die sich der französische Staat über ein halbes Jahrhundert klammern sollte: Frankreich wälzte sein kompromittierendes Vermächtnis von sich ab, als wäre das Vichy-Regime der Bevölkerung, die sich mit aller Kraft gewehrt habe, von einer kleinen Gruppe Krimineller aufgezwungen worden. Selbst die nationale Polizei wurde gefeiert, obwohl sie an der Massenverhaftung von Juden und an der Bewachung der Lager beteiligt gewesen war.

»Plötzlich krochen haufenweise selbst ernannte Widerstandskämpfer aus ihren Löchern ... wir hielten sie für Hanswurste«, sagt Claude. Es herrschte Opportunismus. Man schlug sich darum, eine Bescheinigung als freiwilliger Kämpfer der Résistance zu ergattern, von denen zwischen 220.000 und 300.000 ausgeteilt wurden und die manchmal statt eines lebensgefährlichen Engagements das Talent belohnten, sich für jemanden auszugeben, der man nie gewesen war. Die vage Bezeichnung für die »der Résistance geleisteten Dienste« wurde geltend gemacht, um Kollaborateuren, die ihr Mäntelchen noch in letzter Minute nach dem Wind gehängt hatten, Straflosigkeit zu garantieren.

Selbst unter jenen, die tatsächlich die Waffen gegen die Deutschen erhoben hatten, bog man sich die Erinnerung an die Résistance zurecht, um sie sich anzueignen. So stand das Lager von de Gaulle in unmittelbarer Konkurrenz zu den Kommunisten, die sich in Anspielung auf die angebliche Anzahl hingerichteter Kommunisten als die Partei der »75.000 Erschossenen« definierte – eine Zahl, die Historiker für sehr übertrieben halten. Die Partei glorifizierte die große antifaschistische Familie, in der sie sich selbst eine vorrangige Rolle zuschrieb, und nutzte dieses Selbstbild zu einem spektakulären Durchbruch bei den Wahlen, die sie unter den Parteien Frankreichs auf den ersten Platz katapultierten. Es ist richtig, dass die Kommunisten in der Résistance eine zentrale Rolle gespielt haben, aber sie schienen zu vergessen, dass sie aufgrund ihrer Hörigkeit gegenüber Stalin mit ihrem Engagement gegen Nazi-Deutschland bis zum Sommer 1941 gewartet hatten, statt den Widerstand von Anfang an mit ihren zahlreichen Netzwerken und Sympathisanten zu organisieren.

Trotzdem besaß die kommunistische Partei bei der Befreiung die Aufrichtigkeit, aller Opfer zu gedenken, der Kriegsgefangenen ebenso wie der Veteranen, der Juden, der Zivilisten und der Zwangsarbeiter, während General de Gaulle es vorzog, diese zu ignorieren und allein die Helden der Résistance ins Licht zu rücken, um so das Bild eines kämpferischen Frankreichs zu verkaufen und vergessen zu machen, dass es vor den Nazis kapituliert hatte. Das Kino war ein hervorragender Ort, diese Propaganda zu verbreiten. Von 1944 an wurde das Comité de libération du cinéma français, das von Künstlern aus der Welt des Films gegründet worden war, von den Behörden dazu stark ermuntert, mit seinen Produktionen eine positive nationale Identität zu stärken. Ein sinnbildlicher Film dieser ideologischen Vorgabe ist die 1946 erschienene *Schienenschlacht* von René Clément, in der die Sabotageakte der französischen Eisenbahner nachgezeichnet werden, mit denen diese versucht hatten, den Zugverkehr während der Nazi-Besatzung zu stören.

Diese Verklärung der Rolle Frankreichs war willkommen, denn wenn die Situation auch weniger extrem war als in Deutschland, so litten die Franzosen doch hart unter den Folgen des Krieges: zerstörte Städte und Infrastruktur, Rationierung von Lebensmitteln, Kohleknappheit … Dies wurde noch gesteigert durch eine vergiftete Stimmung, in der man sich gegenseitig misstrauisch mit der Frage beäugte, wer wohl aus den gewalttätigen Abrechnungen mit den Kollaborateuren als Denunziant und wer als Denunzierter hervorgehen würde.

Im Augenblick der Befreiung erlebten Zehntausende Franzosen einen Volkszorn, bei dem sich der Wunsch nach Gerechtigkeit und Rache mit anderen Beweggründen mischte: die Eifersucht eines betrogenen Ehemanns, alte Familienkonflikte, Profiteure, die einen Konkurrenten loswerden oder sich heiß begehrte Güter aneignen wollten. Beweisstücke wurden fabriziert, und sobald auch nur der geringste Verdacht gegen jemanden bestand, lief dieser Gefahr, gelyncht zu werden. Ungefähr 9.000 Personen wurden im Schnellverfahren hingerichtet. Etwa 20.000 Frauen, die der »horizontalen Kollaboration« angeklagt, also bezichtigt wurden, mit Deutschen ein sexuelles Verhältnis gehabt zu haben, wurden auf offener Straße geschoren und im Tross einer hasserfüllten Menge ausgeliefert – Geiseln eines aus einem anderen Zeitalter herrührenden männlichen Patriotismus, der den weiblichen Körper als Eigentum der Nation betrachtete. »In der Nähe des Dorfes ihrer Kindheit kannte meine Mutter eine Frau, die mit anderen zusammen auf dem zentralen Platz geschoren wurde, da diese »Umgang« mit Deutschen gepflegt hatten«, erzählt Josiane. »Meine Mutter, die ihr immer wieder einmal einen Besuch abstattete, missbilligte zwar offen ihr Verhalten, und dies auch noch zehn Jahre später, aber sie fand doch, dass das Urteil zu hart ausgefallen war.«

Die Gewalt, mit der die Säuberungen betrieben wurden, beschleunigte die juristische Aufarbeitung. Eine neue Strafe wurde unter dem Namen Dégradation nationale eingeführt, die all jene ins Visier nahm, die an den Aktivitäten, den Organisationen und politischen Parteien des Vichy-Regimes teilgenommen und dessen Ideen verbreitet hatten. Ungefähr 100.000 Personen wurden mit Entzug der Bürgerrechte und einem Ausschluss aus bestimmten Funktionen in der Wirtschaft und besonders einflussreichen Berufen bestraft. Den Angaben des französischen Historikers Henry Rousso zufolge wurden etwa 100 Minister und Politiker vor ein spezielles Gericht gestellt, vor den Haute Cour de justice. Die Hälfte von ihnen wurde zu Haftstrafen verurteilt, drei Todesurteile wurden vollstreckt. Insgesamt, so Rousso, sind in Frankreich 7.000 Todesurteile ausgesprochen und davon 1.600 vollstreckt worden und damit sechs bis sieben Mal so viele wie im gesamten Deutschland.

In den Verwaltungen der Departements, der Ministerien und der nationalen Unternehmen richtete man Kommissionen ein, die

Zehntausende Beamte und Angestellte bestraften. Die Säuberungen erstreckten sich auch auf die Kirche, die Armee, die Wirtschaft und die Medien. Viele aber entkamen den Prozessen: Richter, obwohl sie in hohem Maße dazu beigetragen hatten, die Gesetze von Vichy durchzusetzen, hohe Beamte des französischen Staates und die Geschäftsleute, mit Ausnahme von wenigen, wie Louis Renault, dem Gründer des gleichnamigen Autoimperiums, der allerdings noch vor seiner Verurteilung im Gefängnis verstarb.

Diejenigen, die am härtesten bestraft wurden, waren die exponierten Ideologen von Vichy und die dem Kollaborationsmilieu nahe stehenden Journalisten und Intellektuellen. Der Schriftsteller Louis-Ferdinand Céline, brillanter Autor der pazifistischen *Reise ans Ende der Nacht*, der später Sympathien für den Faschismus entwickelte, konnte nach Dänemark fliehen, von wo er 1951 nach seiner Begnadigung zurückkehrte. Pierre Drieu la Rochelle, Dandy-Romancier, Frauenheld, Freund der Dadaisten und Surrealisten, dann Anhänger eines »faschistischen Sozialismus«, über den er schon 1934 in einem Sammelband geschrieben hatte, nahm sich das Leben. Journalisten wurden erschossen, darunter der äußerst einflussreiche Schriftsteller und Filmkritiker sowie ehemalige Chefredakteur der antisemitischen Kollaborationszeitung *Je suis partout*, Robert Brasillach. Zahlreiche Schriftsteller hatten sich vergeblich zusammengetan, um bei General de Gaulle für ihn um Gnade zu bitten. »Talent ist ein Titel der Verantwortung«, entgegnete der Staatschef, und somit ein erschwerender Umstand, da es den Einfluss des Schriftstellers vergrößert habe. Sein Tod mit 35 Jahren machte aus Brasillach einen Märtyrer, der noch heute unter Nostalgikern gefeiert wird.

Voller Spannung erwartete Frankreich die Prozesse gegen die Hauptakteure. Im Juli 1945 wurde derjenige gegen Marschall Philippe Pétain eröffnet, der damals 89 Jahre alt war und eine recht kühne Verteidigungsstrategie verfolgte: »Dieser Macht habe ich mich wie eines Schutzschilds bedient, um das französische Volk zu schützen ... Tag um Tag habe ich, einen Würgegriff am Hals, gegen die Forderungen des Feindes gekämpft. Die Geschichte wird alles, was ich Ihnen erspart habe, erweisen, während meine Gegenspieler an nichts anderes denken, als mir das Unvermeidbare vorzuwerfen ... Während General de Gaulle außerhalb unserer Grenzen seinen Kampf weiterführte, habe ich die Wege zur Befreiung geebnet, indem ich ein leidendes, aber lebendiges Frankreich aufrechterhielt.« Seine Anwälte gingen sogar so weit, zu behaupten, dass der Kopf von Vichy aufgrund seines hohen Alters von der neben ihm zweitwichtigsten Figur des Regimes, Pierre Laval, missbraucht worden sei, der ihn in eine zunehmende Kollaboration mit den Nazis hineingezogen habe. Der Marschall wurde zum Tode verurteilt, General de Gaulle wähnte es jedoch als klüger, das Urteil in eine lebenslange Haftstrafe umzuwandeln. Immerhin waren viele Franzosen Pétainisten gewesen ...

Einem aber musste die Rolle des Hauptverantwortlichen zugeschrieben werden. Es sollte Pierre Laval sein, die Nummer zwei von Vichy, der am 22. Juni 1942 während einer Radiorede einen Satz ausgesprochen hatte, der die Franzosen schockierte: »Ich wünsche den Sieg Deutschlands, denn ohne diesen würde sich mogren der Bolschewismus überall ausbreiten.« Während seines Prozesses hatte Pétain angegeben, dass er von dieser Verkündung empört gewesen sei. In Wirklichkeit aber hatte der Marschall, wie der Historiker Marc Ferro aufdecken konnte, diese in der Tat gutgeheißen und ihre ursprüngliche Version – »Ich glaube an den Sieg Deutschlands« – sogar noch verschärft und durch »Ich wünsche den Sieg Deutschlands« ersetzen lassen. Der Prozess von Laval geriet zu einem Desaster. Vom Publikum permanent ausgebuht, von einer parteiischen Jury bedroht, von der Presse heftig angegriffen, wurde er schließlich wegen Hochverrats zum Tode verurteilt und eine Woche später, nachdem er sich geweigert hatte, um Gnade zu bitten, hingerichtet. In seinen *Mémoires de Guerre* schreibt de Gaulle: »Laval hatte gespielt. Er hatte verloren. Er besaß den Mut zuzugeben, dass er für die Konsequenzen einzustehen hatte.«

Nur wenige Jahre nach der Befreiung und dem großen Zorn der Franzosen gegen angebliche oder tatsächliche Kollaborateure legte sich der Sturm plötzlich und ebnete den Weg für etwas, was die Historiker im Nachhinein als »désépuration« bezeichneten, als »Ent-Säuberung«. Frankreich konnte nicht auf das gesamte Korps seiner hochrangigen Beamten verzichten, zudem waren viele Widerstandskämpfer nicht dazu ausgebildet, deren Aufgaben auszuführen. Die massenhafte Reintegration der Beamten von Vichy und die Amnestie der Verurteilten spielte sich aufgrund der allgemein herrschenden Gleichgültigkeit mit verwirrender Leichtigkeit ab, die vielleicht durch die Abwesenheit von General de Gaulle, der 1946 zurückgetreten war, noch begünstigt wurde. Bis Dezember 1948 waren 69 Prozent der Verurteilten begnadigt worden. 1953 vollendete ein neues Amnestiegesetz die juristische Grundlage für die Straflosigkeit und erlaubte so, die große Mehrheit der im Kontext von Vichy Eingesperrten freizulassen. 1958 saßen 14 ehemalige Amtsträger von Vichy in der Nationalversammlung, 1965 konnte Jean-Louis Tixier-Vignancour, der in der Anfangszeit von Vichy für Propaganda und Zensur zuständig war, 5,2 Prozent der Stimmen bei der Präsidentschaftswahl auf sich versammeln. Die Kontinuität des Regimes war hinter den Kulissen und in den obersten Verwaltungsorganen noch deutlicher: Dort saßen zwischen zwei Dritteln und 98 Prozent der Beamten bereits unter Vichy auf ihren Posten.

»In der Schule sprachen wir so gut wie nie vom Krieg«, berichtet meine Mutter. »Im Unterricht behandelten wir die Antike, das Mittelalter und vor allem die glorreichen Etappen Frankreichs: Ludwig XIV., die Französische Revolution, Napoleon, dann die strahlende Kolonialgeschichte Frankreichs als Wohltäterin und Überbringerin der Zivilisation, wir waren stolz darauf zu sehen, was uns da nicht alles gehörte überall in der Welt ...« Claude, der an der Science Po studierte, einer Pariser Eliteschule, die unter anderem zukünftige hohe Beamte ausbildet, hat ähnliche Erinnerungen: »Die Geschichtskurse hörten mit dem Jahr 1939 auf. Hingegen wurde viel über den Kommunismus gesprochen, man hatte Angst, er würde Europa überschwemmen.«

Schon bald sollte ein ganz anderes Ereignis die Aufmerksamkeit der Franzosen gefangen nehmen: der Verlust des Kolonialreiches, wo die Schwächung Frankreichs während des Krieges das Erstarken von Emanzipationsbewegungen begünstigt hatte. Innerhalb nur weniger Jahre musste die Kolonialmacht sich – nach einem Krieg – von Indochina trennen, dann von Tunesien, von Marokko und all seinen schwarzafrikanischen Territorien. Das nachhaltigste Trauma aber brachte der Verlust Algeriens, das den Status eines französischen Departements besaß und als natürliche Verlängerung Frankreichs am jenseitigen Ufer des Mittelmeeres wahrgenommen wurde. Der Krieg war 1954 ausgebrochen, als algerische Unabhängigkeitskämpfer des Front de Libération Nationale (FLN) zu den Waffen griffen, um sich vom Kolonialjoch zu befreien. »Die französischen Männer zitterten vor Angst, eingezogen zu werden«, berichtet meine Mutter. »Ich erinnere mich noch an den Tag, als sie kamen und in Le Blanc-Mesnil nach den Jungen suchten, um sie in den Kampf dort drüben zu schicken. Alle sagten: Die kommen nie mehr wieder.«

Frankreich durchlief eine regelrechte Staatskrise wegen des Algerienkriegs, sodass 1958 mehrere französische Persönlichkeiten einen Appell an General de Gaulle richteten, der nach einem Jahrzehnt Abwesenheit akzeptierte, die Zügel der Macht wieder in die Hand zu nehmen. Er ließ per Referendum die Verfassung der Fünften Republik, deren Hauptinitiator er war, bestätigen und wurde anschließend zu ihrem Präsidenten gewählt. Er ebnete der Unabhängigkeit Algeriens den Weg und rief damit den Zorn der Pieds-noirs, hervor, jener etwa einer Million Franzosen, die in Algerien lebten und von denen 80 Prozent plötzlich ihr Land verlassen mussten, in dem sie teilweise seit Generationen gelebt hatten, nur um schließlich in Frankreich, einem Land, das sie kaum kannten, herzlos aufgenommen zu werden.

Der Algerienkrieg hatte zudem den Glauben an ein Frankreich der Menschenrechte erschüttert, als bekannt wurde, dass die französische Armee systematisch Folter einsetzte, um aus den Gefangenen Informationen zu erpressen. Intellektuelle und ehemalige Widerstandskämpfer, unter ihnen Jean-Paul Sartre und seine Lebensgefährtin, die Philosophin und Feministin Simone de Beauvoir, verglichen diese Praktiken mit jenen der Gestapo und der Nazis. Der Strahlenkranz einer französischen Republik, die der Nazi-Barbarei die Stirn geboten hatte und gegen solche Grausamkeiten immun war, verblasste schlagartig.

Aber de Gaulle hielt an seinem Nationalmythos fest. Einmal an der Macht, wiederbelebte er 1960 die ein wenig ins Vergessen geratene Erinnerung an die »kämpfenden Franzosen« mit der Einweihung einer Gedenkstätte auf dem Mont Valérien, einem Hügel, auf dem um die 1.000 Widerstandskämpfer hingerichtet worden waren. Unter der Präsidentschaft des Generals erlebten Widerstandsfilme ein mächtiges Comeback, so etwa *La ligne de démarcation* von Claude Chabrol (1966) oder *L'armée des ombres* von Jean-Pierre Melville (1969), um nur diese beiden zu nennen. Sie feierten das Geschick und die Opferbereitschaft dieser Helden, ohne das konventionelle Bild eines um seine Widerstandskämpfer vereinten Frankreichs zu unterlaufen.

1962 sah Josiane, als sie gerade mit ihrer Freundin auf dem tadellosen Rasen des Saint James Garden in London picknickte, einen jungen langgliedrigen Mann sich nähern, dessen Haar blonder als Weizen und dessen Blick in tiefstes Blau getaucht war. In einem zögerlichen, aber charmanten Französisch fragte er die beiden, ob er sich zu ihrem Festmahl hinzugesellen dürfe. Es war Volker, der am Käse, an den Cornichons und dem auf der Decke drapierten Wein erkannt hatte, dass er es mit Französinnen zu tun hatte, die vor lauter Angst, in einem Land, dessen gastronomischer Ruf in jenen Zeiten nicht gerade der beste war, verhungern zu müssen, Lebensmittel aus Frankreich mitgenommen hatten. Niemand weiß, welches der in Aussicht gestellten Gelüste meinen Vater geleitet hatte, dass er sich den beiden jungen Frauen näherte. Als er aber Abschied nahm, geschah dies mit der Adresse von Josiane in seiner Tasche. Zwei Jahre später, auf der Durchreise in Paris, hat er sie dann kontaktiert, ihr einen Strauß Veilchen geschenkt und sie geküsst.

Das erste Mal, als sie schließlich meinem Vater in Mannheim 1966 am Steuer ihrer Ente einen Besuch abstattete, war Josiane von der Infrastruktur der Straßen zutiefst beeindruckt, von der »grünen Welle«, die es einem ermöglichte, bei eingehaltener Geschwindigkeitsbegrenzung eine grüne Ampel nach der anderen zu durchfahren, von den Richtungspfeilen auf dem Asphalt, von den Kreuzungen, den großen modernen Brücken, den komplexen Knotenpunkten und natürlich von den Autobahnen. Das deutsche Wirtschaftswunder war weiterentwickelt als das französische. »Das war überwältigend, ich fand alles viel moderner als bei uns. Und auch die D-Mark in Händen zu halten, das war schon was im Vergleich zum ständig abgewerteten Franc.« Meine Mutter fühlte sich in Deutschland sofort wohl. »Ich spürte niemals diesen Reflex, hinter jedem Deutschen einen Nazi zu sehen. Wir, die jungen Leute, wir waren eher positiv gestimmt, es gab ja schon die Europäische Wirtschaftsgemeinschaft, man vergaß alles gemeinsam und begann auch alles gemeinsam von Neuem, voller Vertrauen in die Zukunft und die Solidarität.« Es muss erwähnt werden, dass Josiane das Land schon ein wenig kannte. Sie hatte zwischen 1947 und 1949 in Lindau in der französischen Besatzungszone, wohin ihr Vater versetzt worden war, in einer beschlagnahmten Wohnung gelebt. Deren deutsche Mieterin war verpflichtet worden, ihnen als Dienstmädchen zur Seite zu stehen, auch wenn meine französische Großmutter, die nicht daran gewohnt war, Personal zu haben, sich lieber selbst um den Haushalt kümmerte. Aber Josiane erinnert sich an Feste, an Feuerwerk und Nahrung in Überfülle in ebenjenen Momenten, in denen die Deutschen damit zu kämpfen hatten, nicht im Elend zu versinken.

In Mannheim dann genoss meine Mutter die Freundlichkeit der Familie ihres Verlobten, und dies nur umso mehr, als sie mit dieser doch einige Brocken austauschen konnte. Nach ihrer Rückkehr aus Lindau, sie war damals acht Jahre alt, hatte die Lehrerin ihre Eltern überzeugt, ihr einen Sonderkurs für Deutsch zu finanzieren. »Diese Ausgaben wogen schwer in dem eh schon bescheidenen Budget der Familie; meine Eltern aber hatten stets den Gürtel enger geschnallt, um uns die Bildung zukommen zu lassen, die sie selbst nie erhalten hatten.« Karl Schwarz war überaus stolz, sich mit dieser romanischen Schönheit auf der Straße in Szene setzen zu können, und Lydia Schwarz glücklich darüber, eine neue Bewunderin ihrer legendären Kuchen gefunden zu haben. Und doch war Oma ein wenig erschüttert gewesen, als ihr Sohn schließlich verkündete, dass er sich mit einer »katholischen Französin« vermählen wolle. Sie hatte ihm geantwortet: »Bei all diese anständigen Mädels bei uns, hättest du dir da keine Deutsche aussuchen könne?« Eher noch als die Nationalität war es die Religion, die es zu schlucken galt, denn für sie, die eine eiserne Protestantin war, hatte der Katholizismus mit seinen von Farben und Goldfäden geschmückten Bischöfen, seinen von Weihrauchdämpfen durchzogenen Messen und Ritualen, bei denen der Priester seine Lippen in einen Weinkelch versenkt, viel von einer »Sekte«; dass deren Anhänger eines Tages ins Paradies würden eintreten dürfen, bezweifelte sie stark. Als Trostpflaster konnte sie erreichen, dass die Hochzeit, die in Frankreich gefeiert werden sollte, in einer protestantischen Kirche stattfand. Meine Eltern mussten sich in Paris monatelang im Voraus darauf vorbereiten, indem sie nicht enden wollende Gebetsstunden bei einem Pietisten-Priester verbrachten, der einem sehr strenggläubigen Zweig des Protestantismus anhing. Was Oma aber vor allem unglücklich stimmte, war, dass sie ihren Sohn, ihren »Gott auf Erden«, in ein unbekanntes Land fortgehen sah, in dem ihre Enkelkinder ohne sie aufwachsen sollten.

1971, so wurde entschieden, sollte Volker über Silvester mit seiner Mutter und seiner Schwester nach Paris reisen, um Josianes Vater und dessen neue Ehefrau, Geneviève, zu treffen und gemeinsam mit ihnen die Vorbereitungen zur Hochzeit zu besprechen. Josianes Mutter war einige Jahre zuvor verstorben, ohne dass sie Volker kennengelernt hatte. Die Reise sollte im Auto von Mannheim aus angetreten werden, und so geschah es ohne irgendeine Unruhe aufseiten von Oma, der die Qualität der deutschen Autobahnen bekannt war, dass auch sie einstieg. Nach der Grenze aber schon musste man sich mit der Nationale 3 zufriedengeben, die Metz mit Paris verbindet, eine zweispurige gefährliche Straße, überfüllt von Lastkraftwagen und zu jener Jahreszeit überdies auch noch mit Glatteis und Schnee bedeckt. Sie durchquerten eine öde Champagne ohne jede Infrastruktur, wo sie beinahe ohne Benzin gestrandet wären, bevor sie nach zehnstündiger Reise in Paris ankamen, erschöpft, hungrig und durstig. Oma war fassungslos angesichts dieser von Schlaglöchern gespickten Straßen, dem Mangel an Restaurants und öffentlichen Toiletten auf der Wegstrecke und diesen Landschaften der Champagne – ohne Spuren von Bebauung weit und breit, was für sie wohl einen scharfen Kontrast zur urbanen Dichte der Mannheimer Region bot. Sie hatte zweifellos die Autobahn vermisst, denn darin waren die Deutschen – daran war einfach nicht zu rütteln – den Franzosen um einiges voraus. Und dies war, nun, wem zu verdanken? Wenn nur Hitler die Zeit gehabt hätte, während der Besatzung in Frankreich welche bauen zu lassen!

In Paris machte Volker mit seiner Mutter und seiner Schwester eine Tour mit dem Auto, um ihnen die Sorbonne zu zeigen, dieses noble Gebäude, in dem seine Braut studiert hatte und das alle Leute stets beeindruckte, während meine Oma ausrief: »Diese Franzose sin 'n Lumpenpack, schäme sie sich net?« Vom Auto aus hatte sie im Vorbeifahren die Abkürzung des Verlages Presses universitaires de France, PUF, auf dem Aushängeschild eines Ladens gesehen, ohne die Auslagen des Schaufensters zu erfassen. Sie hielt es für einen Puff und mutmaßte, dass am Fuße der Sorbonne ein Haus der fleischlichen Gelüste sein florierendes Geschäft betreibe, damit sich die Studierenden zwischen zwei Hauptseminaren ablenken konnten, was sie wiederum für einen Moment lang in eben jener Vorstellung bestätigte, die sie von diesem Land der würdelosen katholischen Sitten besaß.

Am Silvesterabend dann hatten meine Mutter, Papi und dessen neue Frau sich ins Zeug gelegt, um ein königliches Abendessen zuzubereiten, das nicht vor 22.00 Uhr serviert werden sollte, damit das Dessert um Punkt Mitternacht aufgetischt werden konnte. Sterbenshungrig, da sie die Gewohnheit hatten, um 18.30 Uhr zu Abend zu essen, trösteten Ingrid und ihre Mutter sich mit Aperitif-Häppchen, und als die ersehnte Stunde des Dinners dann endlich zu läuten begann, dürften sie voller Mut den Austern und Schnecken die Stirn geboten haben, denn was man ihnen servierte, war für sie eine Herausforderung, die für einen Franzosen dem Verspeisen einer frittierten Spinne in Kambodscha gleichkam. An jenem Abend aber sagten sie nichts, Jahre später jedoch hielten sie sich nicht mehr zurück, die Küche meiner Mutter zu bemäkeln, die ihnen zufolge unter den Standards der Deutschen lag, die ja für ihr kulinarisches Talent so unglaublich bekannt waren ... Anfangs noch entführte Josiane ihre Schwiegermutter auf die französischen Märkte, aber dieser Gourmet-Tourismus war nur von kurzer Dauer, da sie das Unwohlsein nicht bedacht hatte, das einem Laien beim Anblick von Fleischauslagen an freier Luft, der von Haken herabhängenden Rinderzungen, der in Schallen präsentierten Lammhirne, der in ihrem Blut badenden Nieren, aufsteigen konnten. Merkwürdigerweise waren es die mit Erde bedeckten Gemüse, die auf Zeitungspapier ausgebreitet direkt auf dem Boden lagen, worüber Oma sich empörte: »Ein Deutscher würd' im Lebe nett so dreckige Spinaht esse!«

Meine Mutter wollte nicht wirklich wissen, was der Vater ihres Verlobten im Krieg getan hatte. Volker hatte ihr versichert, dass er nicht der Partei angehört hatte. »Wenn ich gewusst hätte, dass er Mitglied der NSDAP gewesen war, hätte dies meine Entscheidung nicht beeinflusst, es hätte mich aber doch ein wenig irritiert ... Der Sohn eines Nazis ...«, sagt sie heute. Ihr Vater Lucien stellte ebenfalls keine Fragen, hielt sich aber nicht zurück, anzügliche Bemerkungen über Volker fallen zu lassen. »Er sagte zu mir: ›Was schleppst du uns denn da an? Gibt es hier nicht genug Franzosen? Ein grobschlächtig gewachsener Kerl, dem wie allen Deutschen der Kopf direkt auf den Schultern hockt. Ich frage mich, was du an dem findest!‹ Später dann lernte er ihn schätzen. Er fand ihn intelligent.« Andere Mitglieder aus Josianes Familie empfingen ihn übrigens eisig, denn einige dieser Franzosen hatten unter den Deutschen furchtbar gelitten.

Um ihre Heirat zu verkünden, reisten Volker und Josiane in ihrer Ente in den Jura, in jene Gegend, aus der Lucien stammte, um dessen Bruder Prosper und seiner Frau Madeleine einen Besuch abzustatten. Während des Krieges waren die Deutschen auf dem Bauernhof ebenjener Tante eingefallen, um deren Bruder zu suchen, einen Widerstandskämpfer, der verraten worden war. Er konnte aber rechtzeitig fliehen und schloss sich einer Widerstandsgruppe, einem Maquis, an, der in dieser Bergregion mit ihren für die Tarnung günstigen Wäldern besonders stark war. Während sie das Haus vollkommen auf den Kopf stellten, befürchtete Madeleines Familie, dass sie die Spuren eines englischen Fallschirms entdecken würden, der für diese armen Bauern ein wertvolles Fundstück dargestellt hatte, als sie ihn von den umliegenden Feldern aufgelesen und mit nach Hause geschleppt hatten, um aus ihm Laken anzufertigen. Wütend darüber, dass der Bruder im Widerstand ihnen entkommen war, setzten die Deutschen den Hof in Brand. Hätten sie den Stoff des Fallschirms unter der Bettwäsche wiedererkannt, so hätten sie womöglich daraus geschlossen, es mit einer Widerstandsfamilie zu tun zu haben, und deren Mitglieder vielleicht an Ort und Stelle erschossen. So verkrampften sich Madeleine und Prosper, als Josiane sich mit Volker und dessen starken deutschen Akzent in der Stube niederließen. Und sie, die sonst ihre Nichte so gastfreundlich empfangen hatten, boten ihr dieses Mal nun nicht an, bei ihnen zu übernachten.

Die nächste Etappe sollte Bellegarde-en-Forez sein, ein kleines idyllisches Dorf unweit von Lyon, aus dem Josianes Mutter stammte und wo sie eine Großtante hatte, zu der sie eine enge Verbindung fühlte und bei der sie stets ihre Ferien verbracht hatte. Als ich klein war, haben wir auf dem Weg in den Süden immer bei ihr übernachtet, sie besaß kein Badezimmer und wusch niemals unsere Gläser aus, dafür aber besaß sie einen Hühnerstall und einen riesigen Käfig voller Kanarienvögel, was für mich und meine Schwester Nathalie einen willkommenen Ausgleich darstellte. »Tante Jeanne sagte niemals ›Deutsche‹, sondern ›boches‹ oder ›dorefin‹«, erzählt Josiane. »Als ich ihr mitteilte, dass ich einen Deutschen heiraten würde, sagte sie: ›Das setzt ja allem die Krone auf! Na, wenn deine Mutter noch hier wäre …‹.« Tatsächlich hatte Tante Jeanne mehr als nur dies von sich gegeben, sie hatte es sogar schriftlich in einem Brief geäußert, den Josiane vergessen und den ich wiedergefunden habe. Als ich ihn dann meiner Mutter und ihrem Bruder vorlas, dachte dieser, dass es sich um eine Fälschung handele, so sehr sprüht er vor Hass. Hier ein Auszug: »Was muss ich da erfahren, dass du einen ›boche‹ heiratest, das ist eine Schande für die Familie, ich wusste ja schon immer, dass wir schlichte Geister in der Familie haben, aber ich wusste nicht, dass eine Verrückte unter uns weilt, Dein Vater, der ist ebenso verrückt wie Du, Ihr habt wirklich alle Vernunft verloren, ich glaube, es gibt doch wohl genügend Franzosen, sodass Du dich nicht mit dieser dreckigen Rasse vermählen musst [...]. Wenn Deine arme Mutter noch lebte, was nur würde sie sagen, sie, die weiß, was Kriege bedeuten, sie, die so viel eingesteckt, die gehungert hat und vieles mehr, und Du gibst dich diesen Ulanen zum Fraß hin.« Ich habe recherchieren müssen, was Ulanen sind, und so klingt die Definition: »Eine Gattung der Kavallerie, die mit Lanzen bewaffnet ist.« Tante Jeanne beendete ihren Brief mit folgenden Worten: »Ich verweise Dich wie eine Pestkranke aus meiner Familie. [...] Nimm einen Franzosen, und sei's ein Schafhirte, er wäre doch Franzose.«

Tante Jeanne hatte jedoch nicht sonderlich gelitten unter der Besatzung in Bellegarde-en-Forez, das in der unbesetzten Zone lag und während des Krieges für keinerlei Aufsehen gesorgt hatte, aber sie gehörte zu den Franzosen, die nach dem Abzug der Deutschen mit wildem Hass über diejenigen herzogen, denen sie unterstellten, mit dem Besatzer paktiert zu haben. »Sie erzählte sehr viel mehr als mein Vater vom Krieg, sie ging uns mit den Kollaborateuren auf den Wecker und vor allem mit den Frauen aus der Gegend, die mit dem Besatzer geschlafen hatten.«

In den Siebzigerjahren schließlich stürzte der Mythos, den Frankreich über seine Rolle während des Krieges aufrechterhalten wollte, in sich zusammen. Es war ein Dokumentarfilm, der die Bresche für eine ganz andere Sicht auf die Geschichte geschlagen hatte, *Le Chagrin et la Pitié* (*Das Haus nebenan*, 1971) von Marcel Ophuls, der das gespaltene Verhalten der Franzosen gegenüber den Deutschen im Frankreich unter Vichy aufdeckte, und zwar am Beispiel der Stadt Clermont-Ferrand, deren Einwohner der Regisseur ebenso interviewt hatte wie ehemals dort stationierte deutsche Soldaten. Der Film wurde vom staatlichen französischen Rundfunk ORTF abgelehnt und konnte nur in einem kleinen Kinosaal im 5. Arrondissement von Paris gezeigt werden. Die Zensur und die zahlreichen Angriffe brachten ihm besonders viel Aufmerksamkeit ein. Ophuls berichtete, dass der Generaldirektor des ORTF, der anfangs eher angetan zu sein schien, General de Gaulle in seinem Herrenhaus in Colombey-les-Deux-Églises, wohin er sich 1969 nach seinem Rücktritt als Präsident der Republik zurückgezogen hatte, besuchte, um ihn nach seiner Meinung über diesen Film, der »unangenehme Wahrheiten« aussprach, zu befragen. De Gaulle antwortete: »Frankreich braucht keine Wahrheiten; Frankreich braucht Hoffnung.«

Wer wusste besser als General de Gaulle, dass im Sommer 1940 nur wenige Tausend Franzosen auf seinen Rundfunkaufruf vom 18. Juni 1940 zum Kampf reagiert hatten und dass die Résistance sich wirklich ernsthaft erst ab Ende 1942 organisiert hatte – und zwar nicht zuletzt auch darum, weil man dem obligatorischen Arbeitsdienst in Deutschland entkommen wollte? Der General verstarb noch vor der endgültigen Zerstörung des Mythos, an dessen Entstehen er selbst einen erheblichen Beitrag geleistet hatte.

Das Erdbeben ereignete sich 1973, als in Frankreich das Buch *La France de Vichy* des amerikanischen Historikers Robert O. Paxton erschien, der mithilfe von deutschen und amerikanischen Archiven ein bemerkenswertes und so bislang nicht bekanntes Porträt jener Zeit zeichnete, zu der die französischen Archive noch immer verschlossen waren. Er zerlegte alle jene Legenden, die nach dem Krieg die Wahrheit übertüncht hatten. Er deckte auf, dass zur aktiven Résistance niemals mehr als zwei Prozent der erwachsenen französischen Bevölkerung gehört hatten, Kämpfer von meist beispielhaftem Mut, die der Unterdrückung durch die Sicherheitsorgane von Vichy und der deutschen Armee einen hohen Tribut entrichtet hatten. Des Großteil der Historiker teilt heute diese Einsicht und geht von 200.000 bis 300.000 Mitgliedern des organisierten Widerstands aus. Zu ihnen gesellten sich Helfer und Sympathisanten aus der Bevölkerung, die Paxton auf zehn Prozent schätzt und die mehr oder weniger bereit waren, Risiken einzugehen, indem sie etwa Botschaften übermittelten, den Deutschen gegenüber logen, Verfolgte versteckten oder verbotene Zeitungen der Résistance lasen.

Paxton wies außerdem nach, dass die Kollaboration von Vichy selbst ausgegangen war, weil man an den Sieg Deutschlands glaubte und sich in einem zukünftigen Hitler-Europa einen Platz sichern wollte, wohingegen Deutschland sich eher reserviert gezeigt hatte, da Hitler in Frankreich nur eine potenzielle Kriegsbeute und eine militärische Basis gegen Großbritannien erblickte. Der Historiker zeigte, wie die Franzosen es durch die freiwillige Entscheidung der Regierung, das Dritte Reich aktiv zu unterstützen, statt sich an die Klauseln des Waffenstillstands zu halten, die lediglich eine einfache Verwaltung des Territoriums verlangten, den Deutschen möglich machten, ihre Ziele um ein Vielfaches einfacher zu erreichen: die Plünderung der Wirtschaft und von Nahrungsmitteln, die Zwangs-rekrutierung französischer Arbeiter nach Deutschland und vor allem die blutige Unterdrückung der Widerstandskämpfer und die Deportation von 76.000 Juden aus Frankreich, die mehrheitlich aus dem Ausland stammten. Mit ihrem Mangel an Truppen und Personal hätten die Deutschen ein so gut entwickeltes und so großes Land wie Frankreich schwerlich kontrollieren können.

Ein weiterer äußerst wichtiger Punkt bestand in Paxtons Darlegung, dass das Regime von Vichy nicht nur als pragmatische Reaktion auf die deutsche Besatzung eine Fehlkalkulation war, sondern zugleich auch einem politischen, ja sogar ideologischen Streben eines Teils der Franzosen entsprochen hatte. Er zerlegte damit den Mythos, demgemäß die Deutschen Frankreich ihre Ideologie aufzwingen wollten. In Wirklichkeit hatte Pétain versucht, sich mit der neuen Ordnung der Nazis durch sein Vorhaben einer Révolution nationale zu verbinden, die einiges gemein hatte mit dem Faschismus und dem Nationalsozialismus: die Ablehnung des Parlamentarismus, der Republik, des kulturellen Modernismus sowie der urbanen und intellektuellen Eliten; die Zerschlagung der Gewerkschaften und das Verbot des Streikrechts; die Huldigung der traditionellen Werte Arbeit, Familie, Vaterland; staatlicher Antisemitismus; Persönlichkeitskult des Staatschefs – das Bildnis des Marschalls war überall präsent: auf den Münzen, den Briefmarken, den Wänden der öffentlichen Gebäude oder in Form von Büsten, während zugleich das berüchtigte *Maréchal, nous voilà!* zur offiziellen Nationalhymne erklärt wurde.

Das Vorhaben der Révolution nationale löste große Begeisterung in mehreren politischen Lagern aus, die ihren Kampf gegen die Republik schon lange vor Vichy begonnen hatten. Angesichts der Schwäche der aufeinanderfolgenden republikanischen Regierungen und des wachsenden Einflusses des Bolschewismus hatten sich in der Zwischenkriegszeit zahlreiche paramilitärische, nationalistische oder faschistische Organisationen gebildet, die sich »Liga« nannten und zu Teilen aus Kriegsveteranen zusammensetzten. Zu den einflussreichsten gehörte die bereits Ende des 19. Jahrhunderts gegründete Action française (AF), die vom Charisma des Schriftstellers Charles Maurras getragen wurde, einem antiliberalen Royalisten, der die Juden aus Frankreich ausschließen wollte. Am 6. Februar 1934 marschierten die Ligen in den ersten Reihen einer Demonstration gegen das Parlament, an der etwa 40.000 Personen teilnahmen. Einige von ihnen planten, das gerade tagende Parlament zu stürmen und die Republik zu stürzen. Der Protestzug eskalierte in einem blutigen und zum Teil tödlichen Straßenkampf. Zwei Jahre später wurden die Ligen aufgelöst. Vichy bedeutete schließlich den Sieg ihrer Ideen.

Das Buch von Paxton rüttelte die französische Gesellschaft auf. Im Kino verlor die Résistance ihren unberührbaren Kultstatus. Louis Malle wagte mit *Lacombe, Lucien* (1974) das Porträt eines reichlich frustrierten Bauernsohns, der, nachdem er von der lokalen Widerstandsgruppe zurückgewiesen wurde, aus Trotz zum Kollaborateur und Gestapo-Gehilfen wird. Erst ist er an Übergriffen auf die Résistance beteiligt, bevor er dann mit einer Jüdin flieht, in die er sich verliebt hat. Der Regisseur löste eine für die Franzosen neuartige Frage aus: Im Jahr 1940, auf welcher Seite hätte ich da gestanden?

Als die Heirat von Josiane und Volker im Mai 1971 mit Unmengen von Champagner und Wein gefeiert wurde, verstand sich alle Welt wieder aufs Beste: die zahlreichen Freunde meines Vaters, die ohne ihre Ehefrauen angereist waren und Papi damit beeindruckten, dass sie seinen ganzen Vorrat an Ricard auf ex und ohne Wasser tranken, als handelte es sich um Schnaps, die Familie Schwarz, diejenige der ersten Frau von Lucien und auch die seiner zweiten. Diese explosive Mischung endete in einer überaus rauschhaften Stimmung, während man unter und auf den Tischen tanzte, lachte, Grimassen schnitt und gestikulierte bei dem Versuch, sich seinem Nachbarn, dessen Sprache man nicht beherrschte, verständlich zu machen.

»Wir hatten ein wenig den Eindruck, gegen die Regeln zu verstoßen, wir setzten uns über die alten Hassgefühle hinweg«, erinnert sich meine Mutter. »Es war schon eine kleine Provokation, das Symbol eines neuen europäischen Geistes, es war aufregend.« Papi lud Oma zum Tanz, und sie fand ihn charmant. Ich glaube nicht, dass er ihr von seinen Jahren während der französischen Besatzung in Lindau erzählt hat. Und ich glaube nicht, dass sie ihm gegenüber wiederholt haben mochte, was sie Josiane gegenüber eines Tages mit erhobener Stimme geäußert hatte, in einem Restaurant in Lothringen: »Das hier, das gehört' uns mal, ihr habt's weggenomme, das braucht ihr doch net, wir sind's, die net genug Platz habe!« Die alte von Hitler ausgelöste Phobie wegen des angeblichen Mangels an Lebensraum hatte ihre Spuren hinterlassen.

9 Der Holocaust? Sagt mir nichts.

BEI OMA ZU HAUSE beeindruckte mich stets das Esszimmer mit seinen schweren, aus dunklem Holz geschnitzten Möbeln, die eine einschüchternde Vornehmheit ausstrahlten, wie sie ansonsten nicht in der Wohnung vorkam. Ein imposantes Buffet von beinahe drei Metern Länge, dessen Türen mit einem Labyrinth aus Blumenarabesken verziert waren, stand gegenüber einer Vitrine mit hohen, gebogenen Füßen, in welcher Oma die Perlen ihres zarten Porzellans aufbewahrte, das auf mich, sobald ich auch nur dieses Zimmer betrat, stets eine köstliche Faszination ausübte. Sie hatte ihre Sammlung in den Dreißigerjahren begonnen, in einer Zeit also, als chinesisches Porzellan ausgesprochen populär war und die Damen sich die seltensten Stücke gegenseitig auf Versteigerungen aus den Händen rissen. Ich stelle mir gern das fiebrige Stimmengewirr und die Hysterie der mit Regenschirmen und Absätzen ausgeteilten Schläge vor, die eine winzige Tasse mit zarter Bemalung auslösen könnte.

Meine Großmutter hatte sich wacker geschlagen, denn ihre Vitrine war mit Tassen von verblüffender Mannigfaltigkeit angefüllt, die sich allesamt in Größe und Gestalt voneinander unterschieden; mal wiesen sie die Form einer Halbkugel auf, mal eines Sechsecks oder eines Zylinders, während die jeweiligen Henkel ebenso stark variierten und sich an die kalligrafischen Bögen eines rätselhaften Alphabets anzuschmiegen schienen. Was diese Gegenstände so beunruhigend machte, waren die minutiös wie von märchenhafter Hand auf die Oberfläche des Porzellans gemalten Szenen – hier eine Reise im Einbaum auf einem von drachenähnlichen Fischen überbordenden Fluss, dort ein zartgrünes Reisfeld unter weiß glühender Sonne ... Und erst die Figuren! Was für eine Grazie in der Darstellung dieser luftigen, bestickten Kleidung, aus der geschminkte Gesichter hervorragten, die an Masken mythologischer Geschöpfe erinnerten.

Ihren großen Auftritt hatten die Tassen sonntagnachmittags, wenn Oma Familie und Freunde zu »Kaffee und Kuchen« einlud, ein Ereignis, auf das sie sich schon früh am Samstag mit der Herstellung von Blechkuchen vorbereitete und dabei die Küche in ein vermintes Kampfgebiet verwandelte, wo jeder Schritt dazu führen konnte, dass man an der klebrigen Süße von Kristallzucker oder Zwetschgenkompott haften blieb, während meine Mutter mit ihrem Putzfimmel bereits im Morgengrauen in die Stadt geflohen war, um erst nach der üblichen deutschen Mittagessenszeit zurückzukehren, sehr zur Verzweiflung meiner Großmutter, die sich darüber beklagte, eine »emanzipierte« Schwiegertochter zu haben, die »ihre eigenen Kinder verhungern« lässt.

Ich erinnere mich an einige dieser Nachmittagsempfänge in der Chamissostraße, wie wir da vereint um den großen ovalen Tisch saßen, der aus dem gleichen geschliffenen Holz gefertigt war wie alle anderen Möbel des Esszimmers auch und der die Besonderheit aufwies, statt auf gewöhnlichen Füßen auf Löwenpranken im Empirestil zu stehen und eine Platte zu besitzen, die so hoch war, dass selbst die groß gewachsenen Deutschen sich aufrecht halten mussten wie ein I, wollten sie nicht mit dem Kinn in ihrem Cremekuchen landen. Lydias alte Freundinnen, aus gegebenem Anlass frisch frisiert und schmuckbehangen, ließen sich über die letzten Klatschgeschichten aus, ein paar Witwer rauchten schweigend ihre Pfeife, und ich vertrieb mir die Langeweile dieser Erwachsenenrituale damit, dass ich aus nächster Nähe die Schätze der Tassen betrachtete, welche nun, von Oma aus der Vitrine geholt, auf Armeslänge vor mir standen. Ich brauchte nur noch darauf zu warten, dass sie sich leerten, um ihre großartige Eleganz wirklich ermessen zu können. Denn es ist ihr Inneres, in welchem sie ihr Geheimnis verbergen, winzige Miniaturzeichnungen nämlich, deren Schöpfung, so schien es mir, allein das Werk himmlischer Finger sein konnte. Und während ich, versunken in die Beobachtung dieser Szenen einer wundersam rätselhaften Welt, mir vorstellte, wie sich der Tisch mit den Löwenpranken in einen wirklichen Löwen verwandelte, der uns alle fressen würde, uns und die Kuchen, saß mein Vater an meiner Seite und sah in dieser Erbmasse aus Möbeln und Porzellan eine vollkommen andere Geschichte als ich mit meinen exotischen Träumereien.

Volker begann das Esszimmer seiner Eltern unter einem neuen Blickwinkel zu beobachten, nachdem er Fotografien der Wohnung gesehen hatte, die aus der Zeit vor dem Krieg stammten. Man sah darauf ganz andere Möbel, rustikalere, die aus der Aussteuer von Lydia stammten, von der sie eine vollständige Liste in einer Schublade ihres Zimmers aufbewahrt hatte. Auch ein weiterer Raum hatte sich mit dem Krieg stark verändert, das sogenannte Herrenzimmer, in dem auf einmal eine hübsche Art-déco-Möblierung, bestehend aus einer Bibliothek, einem mächtigen Schreibtisch und einem Kaffeetisch, auftauchte.

»Dieses Mobiliar, besonders das im Esszimmer, das so sehr nach Großbürgertum riecht, entsprach mitnichten dem damaligen sozialen Stand meiner Eltern, und da sie ja bereits welches hatten und also gar kein neues benötigten, wird der Grund für diesen Einkauf wohl an sehr niedrigen Preisen gelegen haben. Allerdings waren es die Güter der Juden, die während des Krieges so billig zu haben waren, und eben das wussten alle«, sagt mein Vater. Zu diesen Neuanschaffungen gehörten auch Teppiche und ein Klavier, an dem mein Vater und seine Schwester nach dem Krieg begannen zu musizieren, und wahrscheinlich auch einige von Omas kostbaren Porzellantassen. Mein Vater hat gegenüber seinen Eltern diesen Verdacht niemals erwähnt. »Warum auch. Sobald ich auch nur den Namen Löbmann aussprach, wurde mein Vater zornesrot im Gesicht, er schloss das Fenster, damit die Nachbarn ihn nicht hören sollten, und begann so lautstark zu brüllen, dass man ihn bis ans Ende der Straße hören konnte.«

Die Enteignung, die Verfolgung und die Deportation der Juden bilden jene Aspekte des Dritten Reiches, die dem Schuldbewusstsein der deutschen Bevölkerung nach dem Krieg das größte Problem bereiteten, denn wenn es auch einfach gewesen sein mag, Erklärungen dafür zu finden, warum sie scharenweise der angeblichen Anziehungskraft Hitlers erlegen waren und seine kurzfristigen ökonomischen Erfolge begrüßt hatten, die nach Jahren der Not ein willkommener Trost waren, so ist es weitaus schwieriger gewesen, die passive Komplizenschaft von Millionen Bürgern angesichts der Verschleppung von mehr als 130.000 deutschen Juden am helllichten Tage und manchmal direkt vor ihren Augen zu rechtfertigen.

So war der Genozid an den Juden, obgleich die Aufarbeitung der Geschichte in Deutschland nach der Amnesie der Fünfzigerjahre große Fortschritte gemacht hatte, bis Ende der Siebzigerjahre noch immer ein Tabu. Gewiss, Auschwitz war inzwischen allen ein Begriff, ebenso wie die Tatsache, dass die SS am Rande des Krieges im Osten Gräuel begangen hatte, aber diese Tatsachen wurden nicht als Teil eines zusammengehörenden Ganzen wahrgenommen, eines monströsen Projektes, dessen ungeheuerliche Dimensionen das kollektive Bewusstsein noch nicht erfasst hatte. »Was die Juden betraf, so herrschte wenig Mitleid, das war regelrecht schockierend«, sagt mein Vater. »Manchmal konnte man sagen hören: ›Es waren die Engländer, die in Südafrika die Konzentrationslager erfunden haben!‹, oder auch Sätze wie: ›Wir haben auch gelitten!‹ In den allermeisten Fällen aber vermied man die Frage einfach.«

Dieses Schweigegebot wurde von der Zurückhaltung der Juden obendrein erleichtert. Sie waren so wenige. Die Gemeinde zählte 15.000 Mitglieder im Gegensatz zu etwa 500.000 im Jahr der Machtergreifung 1933. Sie gründeten einen Zentralrat der Juden in Deutschland, bauten mithilfe des Staates Synagogen und Gemeindehäuser wieder auf, litten aber unter der Geringschätzung vonseiten der jüdischen Gemeinden in Israel und in den Vereinigten Staaten, wo man nicht verstand, warum sie im Land ihrer Henker blieben. Sie waren innerlich zu sehr gebrochen, zu sehr von Angst geprägt, um einzugreifen, als die Deutschen das Gedenken an die jüdischen Opfer in dem an die Gesamtheit aller Opfer des Nationalsozialismus untergehen ließen, um nur nicht der Wirklichkeit des Genozids ins Auge blicken zu müssen.

Das galt umso mehr, als viele Historiker die Schoah nur als Randerscheinung abhandelten. Einer der wenigen Autoren, die diese Frage frontal angingen, war der US-Österreicher Raul Hilberg, Verfasser der wegweisenden Studie *Die Vernichtung der europäischen Juden*, die auf gut 1.000 Seiten beschreibt, wie eine der meistindustrialisierten und modernsten Gesellschaften der Welt all ihre Kräfte mit dem Ziel mobilisierte, eine Volksgruppe mit den Mitteln der wirtschaftlichen und technischen Rationalisierung zu ermorden. Raul Hilberg hatte die allergrößten Schwierigkeiten, einen Verleger zu finden. Das galt auch für die Vereinigten Staaten, wo er von drei Verlagshäusern abgelehnt worden war, bevor sein Buch dann schließlich 1961 am Ende einer langen Odyssee publiziert wurde. Selbst Hannah Arendt riet dem Verleger der Princeton University Press davon ab, das Werk zu verlegen, unter anderem, weil sie mit seiner Darstellung nicht einverstanden war, die Juden hätten schon seit der Antike gelernt, keinen Widerstand zu leisten, und daher akzeptiert, über die Judenräte mit den Nazis zu kollaborieren. Auch die israelische Holocaust-Gedenkstätte Yad Vashem lehnte Hilbergs Manuskript ab, weil er sich geweigert hatte, diese Abschnitte über die Judenräte zu streichen. In Deutschland wurde *Die Vernichtung der europäischen Juden* nach 20 Jahren voller Absagen erst 1982 publiziert, und das bei einem Werk, das mit chirurgischer Präzision sämtliche Stationen der »Endlösung« schildert und die unterschiedlichsten Bereiche der Gesellschaft, die daran beteiligt gewesen waren, belastet.

Wie stark die Kraft der Verleugnung war, zeigte sich unter anderem in der Unfähigkeit der nach dem Krieg verurteilten hochrangigen Nazi-Verantwortlichen, nicht einmal nach ihrer Entlassung aus dem Gefängnis zugeben zu können, dass sie tatsächlich von der Endlösung gewusst hatten. So Albert Speer, Hitlers ehemaliger Architekt und Reichsminister für Bewaffnung und Munition, der nach dem Krieg zu 20 Jahren Haft verurteilt worden war und dem es gelang, über seinen Tod 1981 hinaus viele Deutsche glauben zu machen, dass er nichts gewusst habe.

Bei den Nürnberger Prozessen war er der einzige, der der Todesstrafe entkam, da er als einer von wenigen zumindest eine Art formaler Mitschuld an den Verbrechen der Nazis anerkannte. Er hatte geschrieben: »Der Prozess ist notwendig, es gibt eine Gesamtverantwortung, auch in einem autoritären System.« Dieses halbe Geständnis entsprach seiner letztlich erfolgreichen Strategie, den eigenen Kopf zu retten. Im Gefängnis dann feilte er am Mythos, ein »anständiger Nazi« gewesen zu sein, indem er mit Gewandtheit diese Rolle mimte und dabei, um seine Glaubwürdigkeit zu untermauern, stets starke Gewissensbisse zum Ausdruck brachte. Er arbeitete mit Historikern und Journalisten zusammen, charakterisierte Hitler als Kriminellen und ließ seine Autorenhonorare anonym an karitativ tätige jüdische Vereine weiterleiten. Tatsächlich hatte Albert Speer Millionen Menschenleben auf dem Gewissen.

Der Führer war Feuer und Flamme gewesen für diesen raffinierten und charmanten jungen Architekten, dem er die architektonische Konzeption der Kongresshalle auf dem Nürnberger Reichsparteitagsgelände anvertraute. Speer schuf in Übereinkunft mit dem Geschmack seines Geldgebers monumentale Strukturen, die an die klassische griechisch-römische Architektur erinnerten, aber weitaus massiver waren und kälter, und die darauf abzielen sollten, Bewunderung und Ehrfurcht zu erzeugen. Später sollte er selbst dazu sagen: »Für einen großen Bau hätte ich wie Faust meine Seele verkauft. Nun hatte ich meinen Mephisto gefunden.« Gemeinsam konzipierten sie Germania, ein größenwahnsinniges Vorhaben, dessen Absicht es war, Berlin in eine »Welthauptstadt« zu verwandeln mit der größten Halle der Welt sowie einem Palais für den Führer, das dem Besucher das Gefühl geben sollte, beim »Herrn der Welt« einzutreten, wie Hitler sich ausdrückte. Um Raum für seine Projekte zu schaffen, mussten andere Gebäude abgerissen werden. Speer begann als der Generalbauinspektor, die Juden aus ihren Wohnungen zu verjagen und gemeinsam mit der Gestapo Deportationslisten anzufertigen, während er zugleich auf Zwangsarbeiter zurückgriff, die ihm die Steine für seine Bauten liefern sollten. Im Übrigen gab er seine Zustimmung für die Erweiterung des Konzentrationslagers in Auschwitz und stellte dafür ein Budget von 13,7 Millionen Reichsmark zur Verfügung. Die Bauleitung der SS, die ihm unterstellt war, konnte gar nicht mehr deutlicher sein: Sie besagte aufs Genaueste, welchen Typ Materials sie benötigte, um die »Entwesungsanlagen für die Sonderbehandlung«, also die Gaskammern, und die »Leichenhallen mit Verbrennungsöfen« bauen zu können. Im Januar 1942 ernannte der Führer seinen Schützling zum Reichsminister für Bewaffnung und Munition. Die Macht von Albert Speer wuchs immer weiter an und erlangte ihren Höhepunkt in der Verfügungsgewalt über die Aufteilung der Zwangsarbeiter, deren Anzahl sich im Jahre 1944 auf bis zu acht Millionen belief. Unter seiner Leitung erreichte die Waffenproduktion mitten im Krieg unter widrigsten Bedingungen ein unverhofftes Niveau. Ohne Speer hätte der Krieg nicht so lange gedauert und Millionen von Leben wären verschont worden.

In Marcel Ophuls bemerkenswerten Dokumentationsfilm *The Memory of Justice*, der 1976 erstmals ausgestrahlt wurde und heute leider ein wenig in Vergessenheit geraten ist, spricht der Regisseur ausführlich mit Albert Speer und stellt ihm schließlich die Frage, die ihm auf den Lippen brennt: »Herr Speer, was wussten Sie?« Der ehemalige Reichsminister antwortet: »Wenn er [Hitler] es auch nie direkt ausgesprochen hat, nach 1942, was mit den Juden geschieht, so waren doch die Hinweise darauf deutlich genug, dass man hätte verstehen können, wenn man hätte verstehen wollen, dass ich hätte verstehen müssen, wenn ich hätte verstehen wollen.« Indem er darüber log, was er wusste, und sich seiner persönlichen Verantwortung entzog, ermutigte Speer eine ganze Nation dazu, sich von ihrer Schuld freizusprechen. Denn wenn derjenige Freund Hitlers, der ihm am nächsten gestanden hatte, wenn der mächtigste Minister des Reiches es nicht gewusst hatte, wie hätten es dann alle anderen Deutschen wissen sollen?

Auf mehrere Hunderttausend schätzt Raul Hilberg die Anzahl der Personen, die wissentlich an der logistischen Organisation und Ausführung der Schoah beteiligt waren: die gesamte höchste Führungsebene des Dritten Reiches, Beamte in fast allen Ministerien, die Folterknechte in den Lagern, die Einsatzgruppen, ein Teil der Wehrmacht, Eisenbahner, Ärzte, die Spezialisten der IG Farben, die deutschen Firmen, die die Zwangsarbeiter der Konzentrationslager ausbeuteten ... Was die Anzahl derjenigen betrifft, die, ohne den genauen Zweck ihrer kriminellen Beteiligung zu kennen, den Boden für die Endlösung bereiteten, so liegt diese erschreckend hoch, insbesondere innerhalb der Verwaltung und der Bürokratie. Diese »waren nicht neutral«, schreibt der Historiker Dietmar Süß, »sondern eigenverantwortliche Akteure, egal ob Arbeit oder Gesundheit,

Auswärtiges, Justiz, Ernährung, Wirtschaft oder Bildung: Es waren ganz ›normale Beamte‹, die an der Enteignung der Juden, der Ausbeutung der besetzten Gebiete oder der antisemitischen Steuergesetzgebung mitwirkten und mit deutscher Gründlichkeit die Vernichtungsmaschinerie in Gang setzten.«

Was alle anderen Deutschen betrifft, so konnte der Großteil von ihnen nicht wissen, dass die Juden am Ende ihrer »Umsiedlung« wie Insekten vergast wurden. Selbst jemand wie der Philosoph Karl Jaspers, der ein entschiedener Gegner des Nationalsozialismus war, hat erklärt, vor 1945 niemals von den Gaskammern gehört zu haben.

Selbst die in den Konzentrationslagern inhaftierten Juden, die ihre Kameraden in den Zügen Richtung Osten wegfahren sahen und unter den Gefangenen dunkle Gerüchte kursieren hörten, glaubten es nicht. Überlebende, Opfer wie Henker, haben bezeugt, dass die Juden nicht gewusst haben, was sie erwartete, als die Schiebetüren der Viehwaggons, in denen sie für Tage, manchmal über eine ganze Woche eingepfercht waren, ohne zu trinken und dazu gezwungen, sich direkt auf den Boden zu entleeren, an einer Rampe öffneten, an der bestialische Aufpasser sie mit Peitschenhieben drängten und dabei »Schnell, Laufschritt!« brüllten.

In dem gewaltigen Dokumentarfilm von Claude Lanzmann, *Shoah*, berichtet ein Zeuge, der von Beruf Friseur war, wie er, dem die Aufgabe zugewiesen war, den Frauen das Haar zu schneiden, bevor sie vergast wurden, Personen aus seiner polnischen Heimatstadt Częstochowa/Tschenstochau wiedererkannte. »Als sie mich sahen, klammerten sie sich alle regelrecht an mich: ›Abe, dies und das, was machst du hier, was wird mit uns geschehen?‹ Was konnte man ihnen schon sagen? Was konnte man sagen? Ein Freund von mir, er arbeitete als Barbier, er war in meiner Heimatstadt schon ein guter Barbier, als seine Frau und seine Schwester ... in die Gaskammer kamen ...« Der Friseur hält für einen geraumen Moment inne, übermannt von seiner Emotion. »Es ist zu hart«, gibt er von sich, bevor er dann ermutigt vom Regisseur fortfährt. »Man konnte nichts sagen [...], denn hinter einem stand der deutsche Nazi, der SS-Mann, man wusste, in dem Augenblick, wo man was sagte, würde man mit ihnen dasselbe Schicksal teilen. Aber man versuchte, das Bestmögliche für sie zu tun, bei ihnen zu bleiben, und wenn auch nur für eine Sekunde, eine Minute mehr, nur um sie zu umarmen und zu küssen, denn man wusste, man würde sie nie mehr wiedersehen.«

Das Geheimnis nicht zu verbreiten war die unabdingbare Voraussetzung für den funktionierenden Ablauf der »Endlösung«. Ein anderes Opfer erklärt in dem Film: »Die ganze Mordmaschinerie konnte nur aufgrund eines einzigen Prinzips arbeiten: dass die Menschen, die nach Auschwitz kamen, nicht wussten, wohin sie gelangt waren und aus welchem Grund. Die Neuankömmlinge sollten ohne Panik in geordneter Abfolge in die Gaskammern gehen. Besonders die Panik von Frauen mit Kindern stellte eine Gefahr dar, und also war es den Nazis wichtig, dass niemand von uns auch nur irgendeine Form von Botschaft verbreitete, die eine Panik hätte auslösen können – und dies bis zum letzten Augenblick. Und wer auch immer versucht hatte, mit den Neuankömmlingen in Kontakt zu treten, wurde entweder zu Tode geschlagen oder hinter die Waggons verschleppt und erschossen. Denn wäre Panik an der Rampe ausgebrochen und hätte dort ein Massaker stattgefunden, hätte dies bereits einen Makel in der Maschinerie dargestellt. Du kannst keinen Folgetransport einfahren lassen, wenn Leichen in ihrem Blut herumliegen, da dies die Panik nur noch steigern würde. Die Nazis waren auf eine Sache fokussiert: Es sollte ordentlich ablaufen, damit alles ungehindert geschehen konnte und keine Zeit verloren wurde.«

Die Unkenntnis über das genaue Ziel der Deportationen der Juden wäscht die Mehrheit der deutschen Bevölkerung nicht von ihrer Verantwortung rein, es geduldet zu haben, dass ihre Nachbarn, Kollegen, Kaufleute des Viertels gedemütigt, verfolgt und beraubt wurden, dass sie sich selbst manchmal daran beteiligt haben und sie still dabei zusahen, wie die Juden deportiert wurden. »Denn während das deutsche Volk nicht über alle Verbrechen der Nazis informiert und sogar vorsätzlich über deren genaue Art in Unwissenheit gehalten wurde, hatten die Nazis doch dafür gesorgt, dass jeder Deutsche von irgendeiner schrecklichen Geschichte wusste«, schrieb Hannah Arendt. »Er brauchte also gar nicht alle in seinem Namen verübten Untaten genau zu kennen, um zu begreifen, dass er zum Komplizen eines unsäglichen Verbrechens gemacht worden war.«

Wer den Proklamationen Hitlers gegenüber auch nur ein wenig aufmerksam war, musste sich doch fragen: Bis zu welchem Punkt wird er gehen mit den Juden? Am 30. Januar 1939 sprach Hitler anlässlich seiner Jahresrede zur Machtergreifung diesen düsteren Satz aus: »Ich will heute wieder ein Prophet sein: Wenn es dem internationalen Finanzjudentum in und außerhalb Europas gelingen sollte, die Völker noch einmal in einen Weltkrieg zu stürzen, dann wird das Ergebnis nicht die Bolschewisierung der Erde und damit der Sieg des Judentums sein, sondern die Vernichtung der jüdischen Rasse in Europa.«

Wenn es auch schwierig war, sich Auschwitz vorzustellen, so war es zugleich doch auch unmöglich, »nichts gesehen, nichts gehört« und für manche auch »nichts gemacht« zu haben, wie es die Generation meiner Großeltern bis zu ihrem Tode behauptete.

Mein Vater hat kürzlich erst einen Spaziergang in der Gegend des Hauses seiner Eltern in Mannheim unternommen und ist auf einen einzigen Stolperstein gestoßen – diese kleinen Messingquadrate, die den Namen des Opfers der Nazis tragen und in den Bürgersteig vor ihrem ehemaligen Wohnsitz in Deutschland und anderswo in Europa eingelassen sind. Es hatten wohl anscheinend nur sehr wenige Juden im Viertel von Karl und Lydia Schwarz gelebt, dabei war die Gemeinde von Mannheim eine der wichtigsten in der Region, die nicht in einem Getto isoliert als Gruppe, sondern assimiliert und wie alle anderen Bürger auch verstreut über die Stadt lebten. Es genügte, dass meine Großeltern die wenige Minuten von der Chamissostraße entfernte Brücke über den Neckar passierten, um die Schaufensterauslagen der jüdischen Geschäfte mit Davidsternen beschmiert zu sehen. Und es ist undenkbar, dass meine Großeltern die antisemitische Propaganda nicht bemerkt hätten, die ihnen überall begegnete. Sie, die so viele Bekannte hatten, hatten sie denn nie davon gehört, dass dieser und jener Arzt, Rechtsanwalt, Beamte sich auf der Straße wiederfand, nachdem er jahrelang loyal seinen Dienst verrichtet hatte? Oder dass eine Mutter mit angesehen hatte, wie die Schule ihrer Kinder plötzlich einen Teil der Schüler verjagte, weil diese Juden waren?

Ingrid erinnert sich, wie sie eines Tages mit ihrer Mutter unterwegs war und sie einem Mann begegneten mit einem gelben Stern an seinem Mantel, eine aus dem Mittelalter inspirierte und vom Dritten Reich seit dem 1. September 1941 vorgeschriebene Kennzeichnung, mit der die Juden unterscheidbar gemacht und erniedrigt werden sollten. »Ich fragte sie: ›Mama, was bedeutet das Zeichen, das dieser Herr hat?‹ Ich habe ihr diese Frage mehrmals gestellt, schließlich sagte sie zu mir: ›Das ist unwichtig.‹ Was aber auch hätte sie einem Kind gegenüber sagen sollen?« Was Karl Schwarz betrifft, so musste er nur umso klarer über die Verfolgung im Bilde gewesen sein, da er gemeinsam mit Julius Löbmann mehrere Reisen unternommen hatte, und dies eben just in jener Zeit, als sich die Lage für die Juden dramatisch verschlechterte. Er hatte fraglos die Beschädigungen der Reichspogromnacht gesehen, als er am 10. November von seiner Geschäftsreise zurückkam, und das Skelett der angezündeten Synagoge mitten im Stadtzentrum und in unmittelbarer Nähe des Großen Marktes konnte Oma einfach nicht entgangen sein, wie im Übrigen auch niemandem sonst.

Es war vor allem der 22. Oktober 1940, an dem die Bevölkerung zumindest eine Anwandlung von Menschlichkeit, von Mitleid und Revolte hätte zeigen müssen, als ungefähr 2.000 Mannheimer Juden aus ihren Wohnungen herausgezerrt, an verschiedenen Sammelpunkten der Stadt zusammengeführt und anschließend zu Fuß und in Bussen zum Bahnhof verbracht wurden, um von dort deportiert zu werden. Nicht wenige durchquerten in Kolonnen das Stadtzentrum vor den Augen der Anwohner, die beim Anblick dieser so aus ihrer eigenen Stadt verjagten Familien in regungsloser Würde ruhig und aufrecht, viele in ihren Sonntagsgewändern, verharrten, wo sie doch wenigstens den Kindern und Alten hätten helfen müssen, diesen

Alten, die nicht den Mut gehabt hatten, zu flüchten, oder eben kein Visum erhalten hatten, da ja kein Land alte Menschen empfangen wollte. Niemand mischte sich ein, niemand fragte die Polizei: Mit welchem Recht bringt ihr unsere Kameraden und Nachbarn weg, die im Krieg für Deutschland gekämpft hatten, den Friseur, der uns seit Jahren die Haare schneidet, den Kommilitonen von der Universität, den Schneider und die Spielkameraden unserer Kinder? Doch das Schauspiel lief nach der Beschreibung jüdischer Zeugen so ab: »Einige haben applaudiert, andere schauten zu, einige drehten sich weg, offensichtlich voller Scham.«

Um die Bevölkerung vorzubereiten, war im Vorfeld der antisemitische Propagandafilm *Jud Süß* von Veit Harlan in den Kinosälen gezeigt worden: die Geschichte eines Juden, der sich dank Wucherzinsen auf Leihgüter hinterhältig an die Spitze eines Staates hievt und dem es gelingt, die Herrschaft der Juden über die Christen zu etablieren. Damit nicht genug, vergewaltigt er auch noch eine junge Christin, die sich anschließend das Leben nimmt. Dieser gefeierte Film, der am 24. September 1940 erstmals in Deutschland gezeigt worden war, hatte gewiss die Stimmung angeheizt. Aber doch nicht genug, um die vollständige Kapitulation jeglicher Menschlichkeit vier Wochen danach zu erklären. Die Deportation der Mannheimer Juden und weiterer 4.500 Juden aus dem Südwesten Deutschlands war die erste dieses Ausmaßes im Reich und diente als Test, um die Reaktion der Bevölkerung zu ermitteln. Hätten nur ausreichend viele protestiert, hätten Persönlichkeiten der Stadt und Kirchenvertreter sich eingemischt, hätte Adolf Hitler sein Vorhaben vielleicht aufgegeben, so wie er es bei seinem Euthanasieprogramm für Behinderte getan hatte. Doch die Operation konnte »reibungslos und ohne Zwischenfälle abgewickelt« werden, kommentierte Reinhard Heydrich, der Leiter des Reichssicherheitshauptamts (RSHA), in einem Bericht.

Ich habe zwei Archivfotografien von diesem für Mannheim so schwarzen Tag gefunden: Auf der einen sieht man eine Gruppe von gut 20 Juden vor einem leeren Bus wartend, einige sitzen auf Koffern, andere stehen aufrecht und haben Decken unterm Arm, sie sind elegant gekleidet, die Herren in kompletten Dreiteilern mit Krawatte, Überzieher und Filzhut, die Damen in langen dunklen Mänteln und mit umgelegtem Schal, einige von ihnen tragen einen Topfhut. Auf einem anderen Bild scheint ein dickbäuchiger uniformierter Polizist vor einer Backsteinmauer drei Frauen und Männern den Ablauf zu erklären. Sie stehen aufgereiht an seiner Seite, als würden sie warten, bis sie dran sind. Der letzte Mann in der Reihe – er ist von den anderen ein wenig verdeckt – hat die Augen aufs Objektiv der Kamera gerichtet. Sein Blick ist alarmiert. Sein Mund scheint kurz davor zu sein, einen Hilferuf an diejenigen zu richten, die das Bild betrachten. Ich suche nach Julius und Siegmund Löbmann, denn auch sie wurden an diesem Tag zusammen mit den Ihren deportiert. Aber es ist vergeblich, ich weiß ja nicht einmal, wie sie ausgesehen haben mochten. Abgesehen von den drei Schwestern Mathilde, Irma und Sophie sowie dem kleinen Fritz, einem der Kinder aus Izieu, habe ich von dieser verschwundenen Familie nie auch nur ein einziges Gesicht ausfindig machen können.

Ich weiß nicht, ob meine Großeltern die Juden gesehen haben, die man zum Bahnhof führte, aber als Karl Schwarz sich am Morgen zur Arbeit begab, als er ausging, um sein Mittagessen einzunehmen, und als Lydia ihre kleine vierjährige Tochter Ingrid durch die Straßen spazieren führte, hatten sie da nicht diesen tiefen Schmerz in der Luft liegen gespürt, dieses drückende Gewicht auf den Gesichtern der Passanten, die es unüblich eilig hatten? Und abends dann, hatten sie da beim Essen oder auch mit den Nachbarn der Chamissostraße über die Razzien gesprochen? Wurden darüber Fragen aufgeworfen, als man am nächsten Tag auf Kollegen traf, auf die Ladenbesitzer im Viertel, auf Freunde? Das alles wird wohl schweigend vorübergegangen sein wie ein übler Traum, den man einige Minuten nach dem Aufwachen bereits vergessen hat.

Lange lag mein Augenmerk auf diesem 22. Oktober, und ich versuchte zu verstehen, ob es möglich gewesen wäre einzuschreiten und ob es nicht ungerecht war, meine Großeltern zu verurteilen, ohne selbst unter den Bedingungen dieser Diktatur gelebt zu haben. Doch nachdem ich auf eine Passage im Buch der Historikerin Christiane Fritsche gestoßen war, schien mir das Schlüsseldatum, um die Verstrickung der Mannheimer Mitläufer in das Verbrechen ermessen zu können, nicht der 22. Oktober, sondern die Zeit kurz danach zu sein.

Kaum waren die Juden deportiert, wurden ihre Wohnungen verplombt. Nach den ersten Luftangriffen auf Mannheim am 16. Dezember 1940 wurde entschieden, in diesen Unterkünften jene unterzubringen, die durch die Bomben ihr Dach über dem Kopf verloren hatten. Der Plan sah vor, ihnen das Nötigste zu belassen, einige Möbel, Matratzen und Bettzeug, und den wertvollen Rest innerhalb weniger Monaten bei Versteigerungen zu veräußern: Geschirr, Porzellan, Teppiche, Bücher, Silberwaren, Möbel ... Diese Auktionen wurden in den Tageszeitungen angekündigt, und es war klar ersichtlich, dass es sich um jüdischen Besitz handelte – die Anzeigen hoben manchmal deutlich hervor: »Haushaltsgegenstände aus nichtarischem Besitz.«

Was diese Versteigerungen so widerlich machte, war die Tatsache, dass die meisten von ihnen direkt in den Wohnungen stattfanden, sodass die Mitbieter genau wussten, wem die Dinge zuvor gehört hatten. Angesichts der massiven Größe ihrer Möbel mussten auch meine Großeltern diese vor Ort ersteigert haben. Hatten sie die ehemaligen Besitzer gekannt? Wahrscheinlich nicht, aber ich stelle mir vor, wie sie, oder zumindest mein Opa, gleich Dieben in diesen in der Eile eines Aufbruchs verlassenen Haushalt eingedrungen sind, in dem vielleicht noch die Wäsche zum Trocknen hing, Kaffeetassen auf dem Küchentisch standen und einige Haare im Ausguss des Badezimmers lagen. Wie ist es möglich, dass der Anblick eines Kinderzimmers mit zurückgelassenem Spielzeug und den kleinen Schühchen, die auf die Rückkehr ihrer jungen Besitzer warteten, der Anblick eines Familienfotos an den Wänden dieser brutal unterbrochenen Existenzen, ihnen nicht die Kehle zuschnürte und sie zurückschrecken ließ?

Habsucht und Gier ließen sie erbarmungslos werden. Auch wenn man die tatsächlichen Summen dieser Transaktionen nicht kennt, so musste es sich doch um Schnäppchen gehandelt haben, bedenkt man die von den Beobachtern beschriebene »Goldgräberstimmung« quer durchs ganze Land. Joseph Goebbels beobachtete, so ein von der Historikerin Christiane Kuller zitierter Gesprächsvermerk eines Vertreters des Reichsfinanzministeriums vom November 1941, wie sich die arischen »Volksgenossen [...] wie die Aasgeier auf die warmen Judensemmeln« stürzten. Kuller berichtet zugleich von Interessierten, die die Behörden darum baten, ihnen dieses oder jenes Gut zu reservieren, Wohnungen oder Gegenstände, die sie in manchen Fällen schon vor der Deportation ihrer Eigentümer für sich ausfindig gemacht hatten.

Dieses Verhalten scheint mir entscheidend, denn es diskreditiert die Hauptentschuldigung der Generation dieser Zeit – nämlich, nichts vom endgültigen Schicksal der Juden gewusst zu haben: Jene, die wie bei der Aufteilung der Beute eines Raubzuges Güter erstanden, ahnten sie denn wirklich nicht, dass ihre Eigentümer nie wieder zurückkehren noch in der Lage sein würden, sie zurückzufordern, da sie so gut wie oder tatsächlich tot waren?

In dem Zug, der Mannheim am 22. Oktober 1940 verließ, war die Furcht unter den Juden groß, die nicht wussten, wohin man sie deportierte. Ein Zeuge hat von der großen Erleichterung berichtet, die sich unter den Passagieren verbreitete, als sie verstanden, dass der Konvoi Richtung Westen, also Frankreich fuhr und nicht in den Osten, einem Ziel, von dem sie bereits vermuteten, dass es nichts Gutes verhieß.

Sie wussten nicht, dass Vichy bereits eingeschwenkt war in die Hysterie antisemitischer Gesetze. Nach einer drei Tage dauernden Fahrt kamen die Deportierten in Camp de Gurs an, einem Internierungslager, das in der unbesetzten Zone lag und vollständig unter der Verwaltung von Vichy stand.

Die Verfolgung der Juden in Frankreich und ihre Deportation in die Todeslager ist die größte Schande des Vichy-Regimes. Kein Thema, das die Besatzungszeit betraf, ist mit so viel Leidenschaft diskutiert worden und hat derart viele Fragen, Verletzungen, Kontroversen und auch Relativierungsversuche hervorgerufen. Nichts war unerträglicher, als akzeptieren zu müssen, was Robert O. Paxton aufgedeckt hatte: dass die ganz große Mehrzahl der 76.000 deportierten Juden von der französischen Polizei und Gendarmerie festgenommen worden war und dass die französischen Behörden in einigen Fällen mehr Juden ausgeliefert haben, als die Deutschen verlangt hatten.

Mein Großvater Lucien ist nicht mehr unter uns, um als Zeuge dienen zu können. Abgesehen von der Geschichte mit den vor den Augen der Deutschen versteckten Waffen ist über die beiden Generationen hinweg, die uns trennen, nichts überliefert worden. Gewiss, er war nur eine winzige Schachfigur des Regimes, die ihren Posten in einem abgelegenen Kaff im Süden der Bourgogne innehatte. Dennoch wollte ich mir dieses kleine, hoch oben auf der Kuppe eines Hügels gelegene Dorf namens Mont-Saint-Vincent ansehen, das sich dem Blick entzieht, während man gemächlich den Serpentinen folgt, bevor es dann plötzlich seinen reizenden Charme offenbart mit seinen Steinhäusern, an denen wilde Blumen wachsen, seiner romanischen Kirche und seinem mittelalterlichen Befestigungsring, der einen freien Panoramablick über die Täler der Umgebung gewährt. Das Gebäude der Gendarmerie steht noch immer da, zumindest behaupten dies die in schwarzer Farbe auf das große helle, dem Parkplatz gegenübergelegene Haus aufgebrachten Buchstaben. Mit was nur werden sich die Gendarmen an diesem abgelegenen Ort während der Besatzung beschäftigt haben?

Die Antwort findet sich weiter unten am nördlichen Abhang des Dorfes. Dort entlang verlief die Demarkationslinie zwischen der besetzten und der »freien« Zone, in der sich Mont-Saint-Vincent befand. Dort entlang kamen die Illegalen auf der Flucht wie auch die Widerstandskämpfer aus ihrer Hochburg in der Bergregion von Morvan, die ganz in der Nähe in der nördlichen, besetzten Zone lag. Hatte mein Großvater einige von ihnen festgenommen? Hatte er sie zurück auf die andere Seite geschickt und den Deutschen ausgeliefert? Ich werde es wohl niemals wissen. Meine Mutter und mein Onkel erinnern sich aber, dass ihr Vater nach dem Krieg gesagt hat, er habe, wann immer es ihm möglich gewesen sei, die Augen zugedrückt. Und bei dem wenigen, was ich von ihm in Erinnerung habe, neige ich dazu, es glauben zu wollen.

Lucien wurde in einem entlegenen Bauernhof im Jura geboren, von wo aus er täglich zwei Stunden zu Fuß zurücklegen musste, um zur Schule gehen zu können, und Gott weiß, dass auf diesen Hochplateaus die Winter hart sind, wenn die peitschenden Winde über die verschneiten Ebenen ziehen und einem das Gesicht zu zerreißen scheinen. Sobald er wieder zu Hause war, erwarteten ihn Schindereien wie Holz hacken, die Kühe melken oder sich auf den Feldern abplagen, bevor er dann schlafen ging nach einem mageren Abendessen, das zu Weihnachten als Nachtisch noch eine Orange extra bot. Aber schon früh hatte mein Großvater einen Traum, die UdSSR, »dieses Schlaraffenland«, über das er zu seinen Kindern sprach, ein Land, wo die Genossen es nicht zuließen, dass man sich am unteren Ende der Leiter befand – eine süße Illusion, die er sich ausmalte, um am Ende eines jeden seiner mühseligen Tage noch den Mut aufzubringen, sich auf den Abschluss vorzubereiten, mit dem er schließlich Beamter werden konnte, ein Gendarm, das Beste, was ein Bursche seiner Herkunft sich erhoffen durfte. Und dann hat er Jeanne getroffen. Sie hat sich in diesen Mann verliebt, der stolz in seiner Uniform wirkte, sehr groß und hübsch, wie ein Prachtjunge, und er hat sein Herz an diese junge Frau verloren, die ihm bis zur Brust reichte und so elegant in ihren tadellosen Kleidern wirkte, die sie selbst anfertigte, immer mit passender Handtasche und Schuhen. Sie heirateten ein Jahr nach dem Waffenstillstand und waren wie die meisten Franzosen erleichtert, dass der Krieg vorüber war, da andernfalls mein Großvater womöglich eingezogen worden wäre. Anschließend wurde Lucien nach Mont-Saint-Vincent versetzt, und Jeanne wurde im Sommer 1942 mit meiner Mutter schwanger.

Dieses glückliche Ereignis geschah zur selben Zeit wie eine besonders dunkle Episode in der Gegend. Am 13. und 14. Juli wurden in Montceau-les-Mines, der dem Dorf in gut zehn Kilometern Entfernung nächstgelegenen Stadt, 34 Juden, was einem Drittel der Gemeinde entsprach, festgenommen und deportiert. Es gibt darüber eine unter dem Namen *La Tragédie des Juifs montcelliens* von Georges Legras und Roger Marchandeau veröffentlichte Studie aus dem Jahr 2010, für die die beiden Autoren Zeugen befragt haben.

Montceau-les-Mines befindet sich auf der anderen Seite der Demarkationslinie in der von den Deutschen besetzten Zone, aber die Zeugen sind eindeutig: Es sind französische Polizisten und Gendarmen gewesen, die die Festnahmen durchgeführt haben. Die Juden aus Montceau-les-Mines werden bitter überrascht gewesen sein, dass Menschen, die sie gut kannten, so mit ihnen umgingen. Sie hatten ihnen die Uniformen geschneidert, ihren Frauen Ratschläge in der Apotheke erteilt oder im Bistro Karten ausgegeben, um gemeinsam zu spielen. Unter ihnen befanden sich auch deutsche Juden, die vor den Verfolgungen unter dem Nationalsozialismus geflohen waren, vor allem aber polnische Minenarbeiter, von denen einige in den Jahren zwischen 1920 und 1930 gekommen waren, andere schon zum Ende des 19. Jahrhunderts aus Armut und aus Furcht vor den immer häufigeren Pogromen in ihrem Land.

Die Ältesten von ihnen hatten womöglich vom Einbürgerungsgesetz von 1927 profitiert, mit dem der Rechtsanspruch auf die französische Staatsbürgerschaft ausgeweitet worden war, wodurch sich für viele Immigranten ein Traum erfüllte, der Traum, Franzose zu sein. Sarah Pulvermacher, in Frankreich geborene Überlebende der Razzia von Montceau-les-Mines, hat den Autoren der oben genannten Studie anvertraut, dass ihre Eltern »unglaublich stolz darauf gewesen wären, hätten sie die französische Staatsbürgerschaft erhalten«, und dass sie alles dafür getan haben, sich wie gute Franzosen zu benehmen. Sie hatten gar nicht erst daran gedacht zu fliehen, weil sie »überhaupt keine Zweifel hegten«. Viele waren Frankreich unendlich dankbar, dass es sie aufgenommen hatte, und sahen es weiterhin als das Vaterland der Menschenrechte an, das sein Versprechen, sie vor Diskriminierung zu schützen, niemals brechen würde.

Was für einen Schock müssen sie wohl empfunden haben, als die Ordnungskräfte von Montceau-les-Mines am helllichten Tage ihren Befehl ausführten und vor nichts zurückschreckten. Gemäß der Zeugenaussagen rissen sie kranke Frauen aus ihren Betten, nahmen Männer an ihren Arbeitsplätzen in Gegenwart ihrer Kollegen fest, zögerten nicht, denjenigen, die Widerstand leisteten, Handschellen anzulegen, als seien sie Kriminelle, und überließen die von ihren Eltern verlassenen Kinder der Verzweiflung. Am Bahnhof wartete ein Zug auf die Verhafteten, Viehwaggons mit Stroh auf dem Boden und von Gittern versperrten Luken. Angehörige der Ortspolizei bewachten den Konvoi bis zum Durchgangslager von Pithiviers, von wo aus 928 Gefangene mit dem Konvoi Nummer 6 direkt nach Auschwitz deportiert wurden, der sich am 17. Juli um 6.15 Uhr in der Früh in Bewegung setzte, Gefangene, von denen die allermeisten aus Russland und Polen stammten. Dieser Konvoi war der erste mit so vielen Frauen und Kindern, und er wurde bis zur Grenze von französischen Gendarmen begleitet. Diese mussten die Schreie der Passagiere gehört haben, die wie Rinder eingepfercht waren, mit ein paar Tropfen Wasser und ohne Nahrung, mit einem einzigen Abortkübel pro Waggon. Als sie die Türen der Waggons zur Abfahrt zuschoben, war das Letzte, was sie von den Juden sahen, die von Angst gezeichneten Gesichter der Jugendlichen, Frauen und Männer mit ihren im stickigen Raum zusammengedrängten Körpern, ihren Stern tragend wie vom glühenden Eisen markiertes Vieh, wobei in ihren Taschen eine Arbeitsuniform lag, da sie zu Sklaven des Dritten Reiches weitab im Osten werden sollten, über den die britischen Medien bereits seit Monaten berichteten, dass die Deutschen dort Zehntausende Juden mit Gewehrkugeln erschossen hatten. Dieser Anblick und diese Berichte hätten ausreichen müssen, jedwede Kollaboration auf der Seite Frankreichs sofort zu beenden.

Aber die Zahl der Razzien nahm zu. Freunde meiner Eltern, Moïse und Jacqueline, die ursprünglich aus Polen stammten und 1932 in Polen beziehungsweise 1933 in Frankreich geboren wurden, haben diesen Albtraum erlebt. In Paris, in der Nacht vom 15. auf den 16. Juli 1942, kam plötzlich ein benachbarter Polizist an die Tür von Moïses Familie und warnte sie: »Verschwindet von hier, morgen werden alle

Juden festgenommen.« Es war der Vorabend der größten Massenverhaftung von Juden in Frankreich, die in Paris und Umgebung organisiert worden war, der sogenannten Razzia des Vélodrome d'Hiver oder kurz: Vél' d'Hiv'. »Meine Mutter antwortete ihm: ›Sind Sie noch bei Trost, es herrscht Ausgangssperre, ich kann nicht so einfach auf die Straße, da werden die Deutschen auf uns schießen!‹«, erinnert sich Moïse. Am 16. Juli mittags klopfte dann die französische Polizei an ihre Tür. »Ich war mit meinem jüngeren Bruder da, mit meiner Mutter und meiner Großmutter. Natürlich haben wir nicht reagiert. Ich habe noch gehört, wie sie sagten: ›Nicht schlimm, wir kommen in zwei Stunden wieder, jetzt gehen wir erst mal was essen.‹ Die Mittagspause, die ist in Frankreich heilig! Wegen ihr sind wir gerettet worden.« Moïse und seine Familie flüchteten zu einem Nachbarn, der inzwischen bei seiner Tochter wohnte und ihnen den Schlüssel dagelassen hatte. »Wir durften keinen Lärm machen, nicht die Klospülung benutzen, denn die Wohnung wurde für leer gehalten. Die Bullen kamen zurück, sie kamen zu unserer Wohnung und zu der einer Nachbarin und brachen die Türen auf. Wir konnten sie hören. Ich erinnere mich noch genau, es war ein Donnerstag, es war sehr heiß.«

Zwei Tage lang hat sich die Familie nicht gerührt. »Wir haben den Samstag abgewartet, den Tag, an dem die Concierge auf den Markt geht. Die Bullen hatten ihr 500 Mäuse für jede Schießbudenfigur versprochen; Sie können sich also denken, sie hätte uns sofort denunziert, schon darum, weil sie eine notorische Antisemitin war.« Dank der Hilfe eines Kommunisten, der im spanischen Bürgerkrieg mitgekämpft hatte, gelang es der Familie, sich aus dem Haus zu schleichen. Am selben Abend noch saßen Moïse und sein Bruder in einem Zug in Richtung Normandie. »Meine Mutter konnte nicht mitkommen, die Bahnhöfe standen unter Bewachung, für uns Kinder aber war es weniger gefährlich. Wir wussten nicht, ob wir sie jemals wiedersehen würden.« Während der Zugfahrt kontrollierten die Deutschen zweimal die Reisenden, interessierten sich aber nicht für die beiden Jungen. »Es war Vichy, das die Knirpse deportieren wollte, dem Reich war das damals noch egal.« Nach der Massenverhaftung begann Moïse, einen Monat lang wieder ins Bett zu machen, er war zwölf Jahre alt. »Sie kriegen das nicht in den Griff, die Angst. Man muss sich das vorstellen, ich war ein kleiner Junge, naiv, schüchtern, an diesem Juli-Tag in Paris war die Welt für mich zusammengebrochen.«

Seine Ehefrau Jacqueline wurde wie durch ein Wunder gerettet. Nur wenige Tage vor der Massenverhaftung des Vél' d'Hiv' war sie gemeinsam mit ihrer kleinen Schwester und ihrer Mutter auf einen Lastwagen losgefahren, um ihrem geflohenen Vater nach Lyon zu folgen. »Wir waren mit zwei anderen Typen zusammen im Bereich der Batterien des Fahrzeugs versteckt, in einer Art Kiste, in der es Stroh gab. Bei der Demarkationslinie dann, da sind sie mit ihren Hunden gekommen, die überall herumschnüffelten, wir, wir waren in dem Versteck, sie haben uns nicht gefunden, da die Schwefelsäure der Batterien ihren Geruchssinn irritierte. Als sie endlich mit ihren Hunden weg waren, begann ich mich zu erbrechen. Es gab auch Menschenschmuggler, die ihre Leute auslieferten. Sie wissen, es gibt so Sachen, die einen ein Leben lang begleiten ... Ich war neun Jahre alt.«

Bei der Massenverhaftung des Vél' d'Hiv' wurden mehr als 13.000 Juden, von denen beinahe ein Drittel Kinder waren, unter der Mitwirkung von 6.000 Angehörigen der französischen Polizei auf Befehl von René Bousquet verhaftet, dem Chef der Polizei von Vichy, dem die gesamte Polizei in Frankreich unterstand; 8.000 Gefangene sind unter französischer Bewachung im Pariser Vélodrome d'Hiver fünf Tage lang bei brütender Hitze und beißendem Gestank ohne jede Nahrung und mit nur einer einzigen Wasserstelle eingesperrt gewesen. Adolf Eichmann hatte von den Franzosen ein erstes Kontingent von 40.000 Juden verlangt. Da das Dritte Reich aber in Frankreich nicht genügend Personal stationiert hatte, zwang es Vichy, diese Festnahmen von der französischen Polizei ausführen zu lassen. Die Präfektur von Paris stellte mehr als 27.000 Personaldaten von »staatenlosen Juden«, die sich in der Region aufhielten, mitsamt deren Adressen zur Verfügung. Ganze Familien wurden in Übergangslager deportiert, obwohl die Deutschen keine Kinder unter 16 Jahren verlangt hatten. Es war Pierre Laval, der Chef der Regierung von Vichy, der sie loswerden wollte, um Frankreich nicht mit zukünftigen Waisenkindern zu belasten. Der Pfarrer Marc Boegner intervenierte, um Laval vorzuschlagen, sie doch von französischen Familien adoptieren zu lassen, aber vergeblich. Entsetzliche Szenen spielten sich in den Lagern ab, in denen man den Kindern die Mütter wegriss, um zunächst die Erwachsenen zu deportieren und auf die Antwort von Eichmann zu warten. 3.000 Kinder blieben ohne Eltern seelisch und materiell verzweifelt zurück, bis aus Deutschland die »Erlaubnis« kam, auch sie zu deportieren. Überlebt hat niemand.

René Bousquet hatte mit den Deutschen darüber verhandelt, die Festnahmen der französischen Juden zu begrenzen, und vorgeschlagen, als Ausgleich 10.000 ausländische Juden aus der »freien« Zone auszuliefern. Der angebliche Schutz für französische Juden ist eine Entschuldigung, die selbst noch heute einige Franzosen hochhalten, um Vichy zu verteidigen. Doch welchen Unterschied macht es denn? Wer das für ein Argument hält, unterstellt, dass menschliches Leben nicht gleichwertig ist und verliert damit unversehens die eigentlich wesentliche Seite dieser Geschehnisse aus den Augen: Ohne die massive Mobilmachung der französischen Polizei und ohne die Bereitstellung der Akten durch die französische Verwaltung hätten in so kurzer Zeit niemals 76.000 Juden festgenommen und deportiert werden können. Das Argument ist umso unhaltbarer, als sich unter diesen von Vichy ausgelieferten »ausländischen Juden« in Frankreich geborene Kinder befanden sowie Franzosen ausländischer Abstammung, die zuvor von Vichy ausgebürgert worden waren.

Die Familie von Moïse hat auch diese Erniedrigung erleiden müssen. Im Mai 1940, als die Deutschen über Frankreich hereinbrachen, klopfte ein französischer Polizist an die Tür von Moïses Familie und hielt in der einen Hand das Zertifikat der Einbürgerung und in der anderen einen Befehl zur Mobilisierung, der an den Vater gerichtet war. »Meine Mutter sagte zu ihm: ›Was denken Sie bloß, er hat doch nicht erst auf seine Einbürgerung gewartet, um mitzumachen, er ist bereits freiwillig in den Kampf gegangen!‹« Der Lohn dafür fiel bitter aus:

Am 20. Juli 1940 bürgerte das Regime von Vichy Moïses gesamte Familie wieder aus und mit ihr eine große Zahl von Juden, die plötzlich staatenlos wurden und dadurch viel einfacher zu deportieren waren als die »französischen« Juden. Welche Verletzung musste dieser Bescheid den Eingebürgerten zugefügt haben, den der Justizminister Raphaël Alibert folgendermaßen rechtfertigte: »Die Ausländer dürfen nicht vergessen, dass man sich die Eigenschaft, Franzose zu sein, erst einmal verdienen muss.«

Im Frühling 1941 erhielt Moïses Vater wie viele andere »staatenlose« Juden eine Vorladung zum Kommissariat des Arrondissements, um die »Legalisierung seiner Situation« zu klären. »Ich erinnere mich noch, wie alle Männer der Familie sich zusammensetzten. Die einen sagten: ›Wir dürfen da unter keinen Umständen hin, das ist eine Falle für Idioten.‹ Andere sagten: ›Ach was, nein, es ist ja die französische Regierung, die uns vorlädt, und nicht die Deutschen.‹ Vichy hatte sich aber bereits mit einer ganzen Reihe antisemitischer Verordnungen diskreditiert. Mein Vater ist nicht hingegangen, sondern der Résistance beigetreten.« Die Familie sah ihn zu Hause nicht mehr, bis er eines Tages wiederkam, um heimlich alle zu umarmen. Jemand, der ihn gesehen haben musste, denunzierte ihn. Als der Polizei bewusst wurde, dass er nicht nur Widerstandskämpfer, sondern obendrein auch Jude war, schickten sie ihn nach Auschwitz.

Jacquelines Vater hatte dieselbe Vorladung erhalten, war ihr aber gefolgt, da er Vertrauen in die französischen Behörden hatte. »Wir waren klein, meine Schwester und ich, also hatte uns Mama zum Kommissariat mitgenommen, wo mein Vater vorstellig wurde. Sie haben gesagt: ›Würden Sie bitte, meine Damen, für Ihre Männer einen kleinen Koffer mit Toilettenartikeln und Wäsche packen gehen.‹ Wir sind zurück nach Hause, um für ihn den Koffer zu packen, und brachten ihm diesen.« Am nächsten Tag wurde ihr Vater im Lager Beaune-la-Rolande interniert. Einige Zeit später, als er in der Lagerverwaltung arbeitete, sah er Listen, die ihm den Beginn der Deportationen nach Auschwitz verkündeten. Gemeinsam mit einem befreundeten Widerstandskämpfer überzeugte er einen Bauern, der den Müll aus dem Lager holte, sie doch verborgen unter einem Haufen Abfall auf seinem

Fuhrwerk herauszuschaffen. Anschließend gelang es ihm, nach Lyon zu fliehen, wo er sich aktiv an der Résistance sowie an Attentaten gegen Deutsche beteiligte.

Eine ganze Zeit lang zeigte sich die französische Bevölkerung gegenüber den ersten Verhaftungen von 1940 und den im März 1942 begonnenen Deportationen nach Auschwitz gleichgültig. Die Massenverhaftung des Vél' d'Hiv' jedoch veränderte aufgrund ihres Ausmaßes – und weil sie auch Franzosen selbst betraf – die öffentliche Meinung in Paris. Ein Polizeibericht hielt fest: »Die französische Bevölkerung in ihrer Gesamtheit und im Allgemeinen ist zwar antisemitisch eingestellt, aber verurteilt diese Maßnahmen streng, die sie als unmenschlich betrachtet.« Doch niemand griff ein, als die Autobusse voller Juden, welche den gelben Stern trugen, am helllichten Tage durch Paris fuhren, um zum Velodrom zu gelangen. In Pithivers und in Beaune-la-Rolande, wo sich die Durchgangslager befanden, »nehmen die Bewohner fast durchgehend die vorbeiziehenden Konvois mit Gleichgültigkeit hin«, notierte der Präfekt von Loiret.

Es gab heftige Proteste, besonders aufseiten der Kirchenvertreter, die ihre Missbilligung deutlich ausdrückten, sogar während der Gottesdienste. Das Episkopat protestierte öffentlich, religiöse und karitative Einrichtungen organisierten sich, um Juden zu schützen und jüdischen Organisationen zu helfen. Die Résistance, die viele Juden in ihren Reihen zählte, arbeitete mit mutigen Bürgern zusammen, um Flüchtenden zu helfen und sie zu verstecken. Moïse und sein Bruder lebten so über zwei Jahre in einem Dorf in der Normandie bei einer Pflegemutter, die Waisenkinder bei sich aufnahm, sich um sie kümmerte und als Dauergäste ihres Hauses ausgab. Hier gehörte auch die örtliche Polizei zu den Mitwissern und alarmierte das Waisenheim, sobald eine Inspektion durch die Behörden angekündigt wurde. »Die Diensthabenden kamen und sagten zu der Bäuerin: ›Wissen Sie, morgen wäre es besser, wenn die neuen Kleinen im Wald Holz sammeln gehen, damit man sie nicht sieht ...‹« Moïses Ehefrau Jacqueline, die in der Schule die Einzige war, die einen gelben Stern trug, erinnert sich, dass ihre Lehrerin sehr freundlich zu ihr gewesen sei und ihr sogar angeboten habe, sie gemeinsam mit ihrer Schwester in ihrer kleinen Wohnung zu beherbergen. »Es gab nicht nur Schweine«, meinen die beiden. Es gab sogar auch Helden. Wie der Chef des Ausländeramts im Kommissariat von Nancy, Édouard Vigneron, der gemeinsam mit seinen Männern die Flucht von 350 Juden per Zug organisierte, indem er ihnen Passierscheine ausstellte, um in die unbesetzte Zone gelangen zu können. Édouard Vigneron wurde seines Postens enthoben und für einige Monate festgenommen.

Am 9. Oktober 1942 trug eine weitere Welle an Festnahmen 17 Juden aus Montceau-les-Mines mit sich fort. Diesmal suchte man auch nach den Kindern, selbst in den Schulen. Und diesmal wussten die Verhafteten sehr genau, was sie auf den ersten Etappen erwartete, da in der Zwischenzeit die örtliche Polizei, die den ersten Konvoi im Juli bewacht hatte, ihrerseits erzählt haben musste, was sie in Pithivers gesehen und gehört hatte. Nachdem sie nach Drancy verschleppt worden waren, wurden die neuen Gefangenen am 6. November mit dem Transport Nummer 42 nach Auschwitz deportiert. Andere Mitglieder der jüdischen Gemeinde konnten sich verstecken oder fliehen, zehn von ihnen wurden jedoch letztendlich anderorts festgenommen. Von den Deportierten kehrten nur vier lebend aus den Lagern zurück.

Um der Razzia zu entkommen, versuchten Juden von Montceau-les-Mines, heimlich über die Demarkationslinie aus der besetzten in die »freie« Zone zu gelangen, genau dort, wo mein Großvater stationiert war. Hat Lucien ihnen geholfen oder hat er sie festgenommen? Sollte er sie nach Montceau-les-Mines zurückgeschickt haben, dann muss ihm klar gewesen sein, dass sie direkt in ein Übergangslager mit erbärmlichen Lebensbedingungen gebracht und dann weit fernab in eine dunkle Zukunft im Osten deportiert wurden. Ich habe in Mont-Saint-Vincent keine Spuren von solchen Verhaftungen finden können, wahrscheinlich hat es in diesem kleinen Dorf gar keine Juden gegeben, mit Ausnahme von George Levy, der in Montceau-les-Mines eine große Eisenwarenhandlung besaß und bereits im

August 1940 in die »freie« Zone nach Mont-Saint-Vincent geflohen war, wo er ein Haus besaß. Am 7. März 1944 wurde er nach Auschwitz deportiert, nachdem er in seinem Wohnhaus festgenommen worden war. Von wem? Von den örtlichen Gendarmen? Den Deutschen? Und warum so spät? Das gesamte Dorf, die Gendarmerie mit inbegriffen, musste gewusst haben, dass George Levy Jude war, und ihn wahrscheinlich seit 1940 geschützt haben. Es musste dennoch einen Verräter gegeben haben. Denn die Archive bezeugen, dass George Levy »denunziert« worden ist.

Dass Moïse und Jacqueline überlebt haben, liegt vor allem daran, dass beider Väter der Résistance angehörten und sie von deren im Verborgenen operierenden Netzwerken profitieren konnten. Und selbst wenn man in Betracht zieht, dass auch außerhalb dieser illegalen Zirkel viele Franzosen mutig ihre Solidarität mit den Juden bewiesen haben, so war dies alles doch offensichtlich nicht genug. Es fehlte an der spontanen menschlichen Anteilnahme, mit der die bulgarischen Bürger die Deportation der Juden aus ihrem Lande verhinderten und mit der die italienischen Beamten die Auslieferung der Juden aus ihrer Zone im Südosten Frankreichs kategorisch ablehnten.

Was riskierte ein französischer Beamter, wenn er sich den antisemitischen Befehlen widersetzte? Das folgende Telegramm des Regionalpräfekten von Saône-et-Loire noch vor den Razzien gewährt Einblick in die Sanktionen: »Nachlässigkeit bei der Ausführung« der Massenverhaftungen »zieht eine sofortige Abberufung nach sich«. Es ist weder die Rede von Exekution noch von Gefängnis noch von einer Geldstrafe, sondern davon, dass einer seine Arbeit verlor oder seine Karriereaussichten. Es gab auch strengere Direktiven, wie jene von René Bousquet, der eine behördliche Internierung von »Personen« vorsah, deren »Haltung oder Handlungen die Ausführungen meiner Anweisungen zur Zusammenführung der israelitischen Bevölkerung behindern sollten«, und darum bat, »die Beamten anzuzeigen, deren Indiskretion, Passivität, Widerwille« den Auftrag erschwert habe. Diese Befehle aber wurden selten konsequent angewandt.

Vielleicht wäre Vichy am Ende nicht bei der Komplizenschaft zum Morden gelandet, wenn die französische Bevölkerung von Anfang an auf die Verfolgung der Juden reagiert hätte. Aber sie blieb viel zu lange ungerührt, nicht nur angesichts der Massenverhaftungen der ausländischen Juden, sondern auch gegenüber einer ganzen Serie antisemitischer Gesetze, die von Vichy selbst verordnet worden waren: die Einführung eines Numerus Clausus in vielen professionellen Bereichen; das Verbot, verantwortliche Posten im öffentlichen Sektor zu besetzen, sprich: in der Justizbehörde und der Armee, sowie eine Aktivität auszuüben, die Einfluss auf das kulturelle Leben hatte; die Erlaubnis, ausländische Juden in speziellen Lagern zu internieren.

Es protestierte auch niemand, als Vichy begann, jüdischen Besitz zu arisieren – und dies weniger aus Überzeugung, als vielmehr um die Kontrolle der Deutschen über die Arisierung zu begrenzen. Doch auch Letztere bedienten sich nach Kräften und stopften Züge, die in Richtung Deutschland fuhren, mit geplünderten Kunstwerken voll. In Frankreich profitierte die Bevölkerung von der Arisierung deutlich weniger als in Deutschland, während der Staat sich nicht zu schade war, bei der Verhaftung von den Juden Devisen zu stehlen, Bargeld, Edelmetalle, Schmuckstücke oder Kunstwerke. Es gab noch eine ganze Reihe anderer Profiteure, provisorische Treuhänder geraubter Firmen, Erwerber, die deren Wert auf Schleuderpreise drückten, Wettbewerber, die einen Rivalen loswerden wollten, ganz zu schweigen von den Notaren, den öffentlich bestellten Versteigerern, den Galeristen, Sammlern und Museen, die in diesen Raubzug verwickelt waren. Es fehlt auch nicht an Zeugen, die berichten, wie die Nachbarn in die verlassenen Wohnungen der Deportierten eindrangen und sich an dem, was in den Schränken war, bedienten.

Dieser judenfeindlichen Politik begegnete die Bevölkerung teilweise auch mit Zustimmung. Robert O. Paxton schätzt, dass in der französischen Gesellschaft wie auch anderswo in Europa die Idee eines »Judenproblems« vorherrschte, das es zu regeln gelte, und dies bereits in den letzten Jahrzehnten des 19. Jahrhunderts, als die französische Presse und die Verlagshäuser entschieden antijüdisch eingestellt waren. Einer der bösartigsten Brandherde dieses Ressentiments war das französische Algerien, wo die Verleihung der französischen Staatsbürgerschaft an Juden im Jahr 1870 durch den Crémieux-Erlass einen ungeheuren Hass gegen diese Gemeinde ausgelöst hatte.

Der französische Antijudaismus kulminierte in der Dreyfus-affäre, die nach einem jüdischen Artillerie-Hauptmann der französischen Armee benannt ist, der in ein Straflager auf eine Insel vor Guayana mit höllischem Klima verbannt worden war, weil er angeblich den Deutschen Geheimdokumente zugespielt haben sollte, obwohl die Beweise klar einen anderen Mann belasteten. Die Affäre wurde zum großen öffentlichen Skandal, viele Persönlichkeiten engagierten sich in harten Auseinandersetzungen zwischen Dreyfus' Verteidigern und Gegnern. Zum ersten Lager zählten Schriftsteller wie Marcel Proust und Émile Zola, zum anderen nationalistische Schriftsteller wie Maurice Barrès und vor allem Charles Maurras, der später zur Galionsfigur der extrem rechts ausgerichteten Action française wurde.

Im Gegensatz zu den Nazis war der Antisemitismus von Vichy nicht rassisch, sondern kulturell und national. Die Regierung zog keinen Mord an den Juden, keine »Endlösung« in Betracht und beteiligte sich nur widerwillig an den Deportationen. Pétain gelang es, die Einführung des gelben Sterns in der unbesetzten Zone zu verhindern, und im Sommer 1943 weigerte Pierre Laval sich hartnäckig, dem Druck der Deutschen nachzugeben, die da forderten, allen Juden, die seit 1933 die französische Staatsbürgerschaft erhalten hatten, diese wieder zu entziehen, um so ihre Deportation leichter zu ermöglichen. Sichtlich darum bemüht, den Deutschen so viel staatliche Souveränität wie möglich zu entreißen, übernahm das Regime schließlich selber einen Teil der dreckigen Arbeit des Besatzers.

Mithilfe der Résistance konnte Moïses Mutter sich von Versteck zu Versteck retten und so der Deportation entkommen. Sein Vater hatte weniger Glück. Nachdem er die unmenschliche Arbeit in einer Zementfabrik in Auschwitz überlebt hatte, schickte ihn die SS im Januar 1945 bei der Ankunft der Alliierten auf einen Todesmarsch. Er starb auf den chaotischen Wegen des zu Ende gehenden Krieges, während die SS selbst sich davonmachte. »Ich glaube, dass er in Freiheit gestorben ist«, sagt Moïse. Nach der Befreiung wandte sich seine Mutter an die Präfektur. »Sie sagte: ›Ich möchte, dass man mir die französische Nationalität zurückgibt‹, die Typen haben geantwortet: ›Ah, das wird wohl dauern, besser wäre es, einen neuen Antrag zu stellen, da Sie zur Résistance gehörten, wird es leicht sein.‹ Sie sagte darauf: ›Nein, ich will wieder eingebürgert werden, ich will, dass man den Irrtum anerkennt, den Fehler …‹ Die Beamten ließen die Sache schleifen.« Offiziell sind Moïse und seine Mutter erst seit 1947 Franzosen. Sie haben keinerlei Ausgleichszahlungen von der französischen Regierung erhalten, da sie zum Zeitpunkt des Geschehens »staatenlos« waren. Sie mussten auf die »Wiedergutmachung« der Deutschen warten, die den staatenlosen Juden in Frankreich Entschädigungen auszahlten.

Aus den Lagern kehrten nicht mehr als 2.500 Juden zurück, drei Prozent der Deportierten. Ihre Geschichte wurde erstickt von der Rede über die politischen Deportierten – von 85.000 hatten 60 Prozent überlebt –, denn man hörte viel lieber jene Heldenerzählungen, die das Bild eines widerständigen Frankreichs bestätigten als jene der Opfer der rassischen Verfolgungen. Dabei war das Schicksal der beiden Gruppen höchst unterschiedlich, denn während die politischen Gefangenen in den meisten Fällen sicherlich den Leidensweg der Konzentrationslager erdulden mussten, blieb ihnen der Horror der Vernichtungslager erspart. Die Überlebenden der Hölle, die aller Dinge beraubten menschlichen Phantome, sie zogen es vor zu schweigen, um nicht von einer Gesellschaft marginalisiert zu werden, die erwiesenermaßen gezeigt hatte, dass sie ein neues Kapitel aufschlagen wollte. Selbst Alain Resnais brachte es in seinem so bekannten, 1956 erstmals ausgestrahlten Dokumentarfilm *Nacht und Nebel* fertig, das System der Konzentrationslager so abzuhandeln, dass nur einmal das Wort »Jude« genannt wird, verloren in einer Aufzählung einer langen Liste von nicht-jüdischen Opfern.

Dieses Verdrängen teilte die gesamte internationale Gemeinschaft. Die Haltung der Briten und Amerikaner während des Krieges angesichts der Notlage der europäischen Juden ermutigte sie kaum, ihr Gedächtnis aufzufrischen. Obgleich über den Genozid informiert, hatten sie doch vermieden, aus diesem Sachverhalt eine Rechtfertigung ihres Krieges gegen Hitler zu machen. Schließlich waren auch ihre Gesellschaften nicht frei von Antisemitismus. Im Mai 1944 hatten Vertreter der jüdischen Gemeinde sie gebeten, die Gaskammern und Krematorien in Auschwitz zu vernichten und die Eisenbahnlinien, die Budapest mit Auschwitz verbanden, zu bombardieren, um so die Deportation der ungarischen Juden zu verhindern. Die Briten und Amerikaner, die über sehr genaue Luftaufnahmen des Lagers verfügten, antworteten, dass alle ihre Flugzeuge schon für andere vordringliche Kriegsziele im Einsatz waren. Ein Argument war die Furcht, Gefangene zu töten. Nach Meinung des amerikanischen Historikers Walter Laqueur jedoch hätten ganz im Gegenteil »Hunderttausende Leben gerettet werden können«. Auch die Sowjets schritten nicht ein. Während des Aufstands der polnischen Widerstandsbewegung in Warschau, der im August 1944 einsetzte und an dem sich auch eine Anzahl Juden beteiligte, tat die Rote Armee, die sich vor den Toren der Stadt befand, nichts, um den Rebellen zur Hilfe zu kommen.

Es war ein einziges Ereignis, das all das Verdrängte schlagartig ins Bewusstsein brachte: So erstaunlich dies auch erscheinen mag, es war die amerikanische Fernsehserie *Holocaust – Die Geschichte der Familie Weiss* von Marvin J. Chomsky und Gerald Green, die 1978 in den USA ausgestrahlt wurde. Darin überschneiden sich die Lebenswege der jüdischen Familie Weiss, über die ein Verbrechen der Nazis nach dem anderen hereinbricht, mit jenem des Nazi-Paares Dorf, bei dem der Mann zunächst noch Vorbehalte gegenüber dem Nationalsozialismus hegt, dann aber doch auf Drängen seiner Frau, die eiligst die Sprossen des gesellschaftlichen Aufstiegs erklimmen möchte, der SS beitritt und dort bald in seinen neuen Aufgaben brilliert. Wie die Familie Weiss endet auch Erik Dorf in Auschwitz, allerdings aufseiten der Henker.

Die Erzählung dieser dramatischen Einzelschicksale machte plötzlich das Unvorstellbare für ein breites Publikum vorstellbar und löste weltweit ein Erdbeben aus. In den Vereinigten Staaten, wo jeder Zweite die Serie gesehen hatte, begann die Planung für ein umfassendes Holocaust-Gedenkmuseum in Washington, zu dem ein Dokumentationszentrum gehören sollte, für dessen Einrichtung Spenden von allen Seiten strömten. Die Zahl der Konferenzen und Ausstellungen zum Thema nahm stetig zu.

1979 wurde die Serie *Holocaust* in Europa ausgestrahlt. In Westdeutschland, wo ein Drittel der Bevölkerung, also 20 Millionen Menschen, sie sahen, ergriff die Bürger ein Zorn gegen den Staat, dem nun vorgeworfen wurde, seiner Verpflichtung nicht nachgekommen zu sein, das Gedenken wachzuhalten. Auch Scham war spürbar, darüber, ein Verbrechen missachtet zu haben, dessen Nachhall die ganze Zeit über zum Greifen nahe gewesen ist. Nach jeder einzelnen Folge von *Holocaust* riefen Tausende und Abertausende Zuschauer den Sender an, wo im Anschluss an die Ausstrahlung Historiker vor der Kamera Fragen beantworteten und Einsichten beisteuerten. Die Telefonzentrale wurde überschwemmt von der drängenden Wissbegierde fassungsloser, ungläubiger Menschen; manche weinten, andere entrüsteten sich: »Wie konnte man solche Dinge geschehen lassen?« Einer Umfrage zufolge waren 65 Prozent der Zuschauer »erschüttert«, 45 Prozent »beschämt«, und 81 Prozent bestätigten, dass die Serie in ihrer Umgebung Diskussionen ausgelöst hat.

»Holocaust« wurde von der Gesellschaft für deutsche Sprache zum Wort des Jahres gewählt. Drei Monate nach der Ausstrahlung fasste der Deutsche Bundestag den Beschluss, die Verjährung von Mord und Völkermord gänzlich aufzuheben. Kurze Zeit darauf erschien 1982 endlich auch in Deutschland das monumentale Buch von Raul Hilberg, *Die Vernichtung der europäischen Juden*. Es wurde dann 1988 ins Französische übersetzt, 1999 ins Italienische und 2005 ins Spanische, und es wurde zu einem unumgänglichen Standardwerk.

In Frankreich lief die Serie *Holocaust* kurz nach der Veröffentlichung von Serge Klarfelds *Mémorial de la déportation des Juifs de France*, ein Werk, das jedem Zuschauer kalte Schauer über den Rücken jagte, da es die Namen der Deportierten aus Frankreich einen nach dem anderen aneinanderreihte. Praktisch direkt im Anschluss daran wurde 1981 Marcel Ophuls' Film *Le Chagrin et la Pitié*, der zehn Jahre zuvor noch zensiert worden war, ausgestrahlt und erreichte zwischen 15 und 20 Millionen Zuschauer. Nach der amerikanischen Serie ist es aber vor allem ein 1985 erschienener Dokumentarfilm, der das Bewusstsein in Frankreich besonders erschütterte, in jenem Land also, in welchem die größte jüdische Gemeinde Europas lebt: *Shoah* von Claude Lanzmann, ein zehnstündiger Monumentalfilm, das Ergebnis von zwölf Jahren Arbeit. Die letzten Überlebenden, für die man sich nie interessiert hatte, tauchten plötzlich aus dem Vergessen auf, ihre Zeugnisse wurden zu einer absoluten Priorität. Ihre Zungen lösten sich, die Juden, so lange im Schweigen verharrt, begannen zu reden. Claude Lanzmann machte sich auf in sämtliche Winkel der Erde, um Überlebende des Holocaust aufzusuchen und anhand ihrer Zeugnisse Schritt für Schritt die Endlösung zu rekonstruieren.

Ich habe mir *Shoah* zweimal angesehen, aber stets in kleinen Dosen, da die Intensität so unerträglich ist. Niemals werde ich die melodiöse Stimme dieses Mannes vergessen, der vor der Kamera singt, wie die Nazis es von ihm, einem Kind damals, verlangt hatten, um ihnen Abwechslung zu bieten, während ganz in seiner Nähe seine Familie, sein ganzes Dorf in den Gaswagen mit dem Tode rangen. Und auch nicht die Erzählung jenes Gefangenen aus Treblinka, der davon berichtet, wie er beim Ausgraben der nackten Leichen aus den Massengräbern, die die Nazis auf riesigen Scheiterhaufen verbrennen wollten, seine Angehörigen unter den Massen der verwesenden Leichen erkannte.

Eines der großen Verdienste des Filmes besteht darin, dass er dank der verschränkten Beschreibungen der Orte, der Akteure, der Methoden, der Daten und Vorgehensweisen zeigt, dass es die industrielle Organisation und massenhafte Vernichtung der europäischen Juden in den Gaskammern und Gaswagen tatsächlich gegeben hat. In dieser Hinsicht ist einer der Schlüsselzeugen des Filmes *Shoah* der SS-Oberfeldwebel Franz Suchomel, ein ehemaliger Oberfeldwebel der SS im Vernichtungslager Treblinka und einer der wenigen, der freiwillig und mit äußerster Präzision beschrieben hat, wie der Ablauf im Lager funktionierte.

Bei seiner Ankunft im August 1942 arbeiteten die Gaskammern von Treblinka auf Hochtouren: »In zwei Stunden, zweieinhalb Stunden war alles vorbei zwischen Ankommen und Sterben, ein ganzer Zug«, so erklärt er. »Die Wagen sind nacheinander gekommen, und die Leute kamen immer wieder neu hinein, verstehen Sie? Da haben schon Leute, Juden, gewartet, zwei Tage, weil die kleinen Gaskammern das nicht mehr verarbeitet haben, die waren Tag und Nacht in Betrieb. Die Männer kamen zuerst dran, die Frauen mussten warten, nackt, im Sommer und im Winter, bei minus 15 Grad. Die hörten die Motoren der Gaskammern, vielleicht hörten sie auch die Leute in den Gaskammern schreien und beten. Wenn sie dagestanden sind, kam die Todesangst.«

10 Der Pakt

ICH HABE OPA nie kennengelernt. Als er am 20. September 1970, er war 67 Jahre alt, einen Spaziergang durch das Zentrum von Mannheim machte, stürzte er, niedergestreckt von einem Herzinfarkt, zu Boden. »Mein Vater wusste, dass er am Ende des Jahres das Grundstück, auf dem seine Firma stand und das Eigentum der Stadt war, würde räumen müssen«, erzählt meine Tante. »Alles wurde damals abgerissen, um das Viertel zu modernisieren. Meine Mutter sagte zu ihm: ›Das ist nicht schlimm, in deinem Alter hast du genug gearbeitet!‹ Aber ich glaube, dass es ihn sehr belastet hat, mit ansehen zu müssen, wie diese Firma, für die er sich zu Tode geschuftet hatte, plötzlich verschwand: Er war darüber gestorben.« Im Dezember 1970 wurde das Gebäude der Schwarz & Co. Mineralölgesellschaft zerstört und seine unglückselige Vergangenheit verschwand unter der Asphaltdecke einer nagelneuen Straße. Bis ich schließlich damit begann, die einzelnen Trümmer ihrer Geschichte und die der Erinnerung an meinen Großvater zusammenzusammeln – ein Mann, von dem ich lange Zeit nichts anderes kannte als sein in Mannheim an der Wand hängendes Porträt, auf dem er im Alter von 60 Jahren zu sehen ist, mit schneeweißem Haar, ausstaffiert mit einer dicken, eckigen schwarzen Brille, die ihm ein strenges Aussehen verleiht.

Heute scheint es mir, dass ich ihn besser kenne. Meine Tante Ingrid hat ihn stets verteidigt, wenn ich sie befragte, und sie entschuldigte sein Handeln, indem sie übertrieben stark seine Sorgen schilderte, gerade so, als befürchtete sie, ich könnte die Erinnerung an ihn beschmutzen. Mein Vater hingegen hat eine ganz andere Sicht auf Karl Schwarz: »Was das materielle Wohl betrifft, so hat er stets darauf geachtet, dass es uns an nichts fehlte, ansonsten aber ist er für mich kein Vorbild gewesen. Er hat sich nie bemüht, mir nahe zu sein. Alles, was ich je gelernt habe, habe ich ohne ihn gelernt. Er hat nicht versucht, mir die Dinge des Lebens beizubringen«, vertraut er mir an. Meine Tante sagt, ihr Vater sei stolz darauf gewesen, dass sein Sohn einen Universitätsabschluss gemeistert habe.

Wenn ich sie über die Nazi-Vergangenheit ihrer Eltern befragte, sagte Ingrid: »Wir können uns nicht in die Leute einer Epoche versetzen, die wir selbst nicht erlebt haben und in der alles so anders war.« Sie hat ihre Eltern nie damit konfrontiert, gut möglich, dass sie die Empathie, die sie ihnen angesichts der schwierigen Lebensumstände der Nachkriegszeit entgegenbrachte, hemmte, vielleicht war es auch der blinde Respekt, den damals Kinder der elterlichen Autorität bezeugten. Als mein Vater, der sieben Jahre jünger ist als Ingrid, seinerseits in die Blüte der Jugend kam, hatte sich die finanzielle Situation der Familie bereits entspannt, was ihm erlaubte, sich mit anderen Dingen zu beschäftigen. Die Zeit am Gymnasium, die Bücher, die er las und ganz allgemein sein Charakter begünstigten die Entwicklung eines kritischen Geistes, der ihn dazu führen sollte, die Haltung seiner Eltern aus einem anderen Blickwinkel zu betrachten. »Ich sagte zu ihnen: ›Was mich am meisten stört, ist nicht, dass ihr den Arm erhoben habt, denn wer weiß, vielleicht hätte ich das ja auch getan, aus Begeisterung oder auch aus Feigheit. Mich stört, dass ihr trotz aller Erkenntnis über dieses Regime und seine Verbrechen, die unvorstellbar schlimm waren, es immer noch nicht richtig verurteilt.‹«

Der Meinungsunterschied zwischen den beiden Geschwistern ist vielleicht auch der Tatsache geschuldet, dass meine 1936 geborene Tante anders als Volker eine klare Erinnerung an den Bombenterror in Mannheim hat, an die Flucht aufs Land und die traumatisierende Rückkehr in eine verwüstete, von herumirrenden Gespenstern bevölkerte Stadt. Ganz anders als ihr Bruder, der damals noch ein Kind war, hat sie den lang anhaltenden Konflikt ihres Vaters mit Julius Löbmann miterlebt, den sie, gefiltert durch die Liebe eines Kindes zu seinen Eltern, als Ungerechtigkeit gegenüber ihrer Familie wahrnahm.

Im Laufe meiner Recherchen hat mich eine Frage nicht in Ruhe gelassen: War es für gewöhnliche Männer und Frauen wie meine Großeltern möglich, im Dritten Reich kein Nazi zu sein? Nein zu sagen, ohne das Zeug zum Helden zu haben, ohne sein Leben zu riskieren oder ins Lager geschickt zu werden?

Das Nazi-Regime war zweischneidig: Auf der einen Seite verführte es die Bevölkerung mit einem ganzen Arsenal an Verlockungen, für die es Zustimmung und Bewunderung erntete, auf der anderen Seite verfügte es über ein hartes repressives System, das die Menschen in Angst versetzte und jeglicher Form von Widerspruch die Spitze brach. Ich stelle mir vor, wie schwierig es gewesen sein muss, sich nicht von der Gewalt der SA abschrecken zu lassen, von der Deportation von Kommunisten und Sozialdemokraten und deren Ermordung. Gerade weil die Repression sich auf unscharfe Kategorien wie »Asoziale« und »Gemeinschaftsfremde« erstreckte, schwebte über vielen Köpfen die dauernde Gefahr, verhaftet zu werden. Als das Dritte Reich während des Krieges deutliche Zeichen des Niedergangs zeigte, wurden die Sanktionen nur umso heftiger. Die »Sondergerichte« und »Volksgerichte« wandelten sich zu Vorzimmern des Todes, da sie in einer von Terror, Paranoia und Denunziation geprägten Atmosphäre für geringste Vergehen die Todesstrafe aussprachen. Wer das Pech hatte, an einen fanatischen Richter zu geraten, konnte für einen defätistischen Satz – und war er auch nur im kleinsten Kreise gefallen – zu dieser Höchststrafe verurteilt werden, was übrigens auch schon für den Diebstahl einiger harmloser Hühner galt, der als »Sabotage« geahndet wurde. Zwischen 1940 und dem Zeitpunkt der Kapitulation wurden gegen deutsche Bürger etwa 16.000 Todesstrafen verhängt.

Vor dem Krieg waren die Handlungsspielräume für die Bevölkerung größer. Die Mitgliedschaft bei einer nationalsozialistischen Organisation war empfehlenswert, wenn man seine Karrierechancen verbessern wollte, sie war aber nicht verpflichtend. Wer lieber »Guten Tag« sagte, als den Hitler-Gruß zu machen, das alltägliche Symbol der Loyalität gegenüber dem Führer, das die Nationalsozialisten durchzusetzen versuchten, oder wer das Regime kritisierte, dem drohten kaum Konsequenzen, zumindest wenn er keine öffentliche Person war. Es gibt eine Fotografie, auf der man einen Mann sieht, der inmitten einer Menschenmenge, die anlässlich der Einweihung eines Schiffes in Hamburg 1936 in Anwesenheit von Adolf Hitler den Arm hebt, ostentativ seine Arme verschränkt. Trotz dieser mutigen Geste wurde der Mann nicht belangt. Aber für eine andere Tat wurde

er 1938 zu drei Jahren Gefängnisstrafe verurteilt: Er hatte sich der
»Rassenschande« schuldig gemacht, da er eine uneheliche Beziehung mit einer Jüdin unterhielt und zwei Kinder mit ihr hatte.

Wenn die Mehrheit der Deutschen sich dem nationalsozialistischen System unterwarf, dann auch deshalb, weil sie der von den Nazis ausgeübten Gewalt nicht unbedingt negativ gegenüberstanden. Die einen hatten sich mit der Zeit an sie gewöhnt, da sie sich von der Notwendigkeit zu ihrem Einsatz hatten überzeugen lassen, um die »neue Ordnung« zu sichern, die das Land vor der angeblichen Gefahr einer bolschewistischen Invasion ebenso bewahren sollte wie vor einem Rückfall in eine »unbeliebte« Republik nach Weimarer Vorbild. Andere hatten sich von der Verherrlichung männlicher Kraft und dem Mythos der Überlegenheit der Deutschen verführen lassen oder von der Aussicht auf ein berufliches und materielles Sprungbrett. Die Gewalt war umso leichter zu ertragen, als die Juristen ihr eiligst mit Gesetzen eine Legitimation verschafften und sie all jenen, die nicht von ihr bedroht waren, die narzisstische Befriedigung verschaffte, sich aufgrund der Zugehörigkeit zu einer Volksgemeinschaft privilegiert zu fühlen, als handelte es sich bei dieser um einen sehr selektiven privaten Klub.

Von der Tolerierung der Verbrechen bis zur aktiven Teilnahme war es nur ein Schritt, den man gehen konnte oder nicht: Es war leicht, sich zu weigern, einen Posten anzunehmen, von dem ein Kollege entlassen wurde, da er Jude war, und ebenso einfach war es, sich nicht an der Arisierung zu beteiligen. Es war für lange Zeit auch noch möglich, bei jüdischen Kaufleuten und Unternehmen einzukaufen, da dies kein Gesetz verbot.

Was die Rettung von Juden während des Krieges betrifft, so war diese weitaus riskanter, aber nicht unmöglich. Einige Zehntausend deutsche Bürger hatten daran Anteil – und zwar die einen aus Empathie, die anderen, um sich zu bereichern. Wurden sie denunziert, drohte ihnen ein höchst unterschiedliches Schicksal: Sie konnten in ein Lager geschickt oder verschont werden, die Todesstrafe aber wurde nur selten verhängt, anders als in Polen, wo es lebensgefährlich war, Juden zu retten. Ein Soldat der Wehrmacht an der Front riskierte die Todesstrafe, wenn er desertierte. Wenn es ihm jedoch widerstrebte, einen Juden, einen Zivilisten oder einen sowjetischen Kriegsgefangenen zu töten, verlor er gegenüber seinen Kameraden zwar an Ansehen, erhielt aber meistens nur eine Abmahnung durch die Vorgesetzten oder wurde versetzt. Die Zentralstelle zur Aufklärung nationalsozialistischer Verbrechen in Ludwigsburg hat bis heute keinen einzigen Fall auffinden können, wo ein Soldat eine solche Weigerung mit dem Leben bezahlt hätte.

Sicherlich war damals nicht all das bekannt, was wir inzwischen wissen, und von daher war es auch nicht immer einfach, die Gefahr abzuschätzen. Auch noch heute ist ein Urteil nicht unkompliziert. »Meine Eltern«, sagt meine Tante, »lebten unter einer Diktatur. Wer den Forderungen der Partei widerstand oder Juden rettete, der musste schon ein Held sein. Die Leute, die das taten, riskierten ihr Leben, man brauchte Mut, wie ihn nur sehr wenige aufbrachten.« Volker zeigt sich weniger milde. »Mein Vater machte mit, ohne dazu gezwungen zu sein. Er war in der Partei und hatte einem Juden eine Firma abgekauft, von dem er wusste, dass ihm das Messer an der Kehle saß.« Es gab eben Situationen, in denen es eindeutig möglich und moralisch gesehen besser war, Nein zu sagen. Und wie mein Vater sagt: »Wenn von Anfang an die Leute sich geweigert hätten, Schritt für Schritt mitzumachen, wären die Nazis wahrscheinlich nicht so weit gekommen.« Ich frage mich häufig, wie ich wohl gehandelt hätte. Ich werde es niemals wissen. Das Wesentliche, das habe ich begriffen, als ich diese Zeilen von Norbert Frei las: Dass wir es nicht wissen können, »heißt ja nicht, dass wir nicht wüssten, wie wir uns hätten verhalten sollen«. Und verhalten sollten, wenn sich ähnliche Verhältnisse wiederholen.

Ein anderer Punkt, bei dem sich Volker und Ingrid auch nicht wirklich einig sind, betrifft die Bedeutung der Erinnerungsarbeit. Auf dem Nachttisch meines Vaters liegt stets ein Buch über das Dritte Reich. Kürzlich erst handelte es sich dabei um eine Biografie von Joseph Goebbels, der x-ten über dessen Leben, was meinen Vater aber nicht davon abhält, ein Bonvivant voller Lebenslust zu sein. Seine Schwester hingegen sagt, dass sie es vorziehe, »in der Gegenwart zu leben«, und dass sie »genug von all diesen Geschichten« habe, wobei sie gerade diese Geschichten immer wieder erzählt, aber eben nur die kleinen, die der Leute, nicht aber die große, mit der sie sich weniger identifiziert.

Ingrid steht gewissermaßen zwischen zwei Generationen: Jener meines Vaters, die während oder nach dem Krieg geboren wurde und sich in den Sechzigerjahren gegen den Gedächtnisschwund der deutschen Gesellschaft erhoben hat, und jener, deren Geburt Ende der Zwanziger-, Anfang der Dreißigerjahre liegt und die ihre Kindheit und Jugend im Dritten Reich verlebt hat, in der Hitlerjugend oder als Flakhelfer. Die Letzteren haben eine besondere Beziehung zum Nationalsozialismus. Sie sind zugleich Opfer des Systems wie auch dessen Akteure, zum größten Teil gewiss unschuldig, aber unabwendbar gezeichnet. Sie sind es, die – nachdem sie viel zu jung gewesen waren, um im Dritten Reich Verantwortung zu tragen – nach dem Krieg Jahrzehnte lang das schwere Erbe der »deutschen Schuld« zu tragen hatten.

Als dann einer von ihnen, Helmut Kohl, nachdem die Sozialdemokraten 13 Jahre an der Macht gewesen waren, 1982 die Kanzlerschaft übernahm, erhofften sich nicht wenige von ihnen einen Schlussstrich. Sie begrüssten seinen Wunsch, eine »geistig-moralische Wende« ebenso einzuläuten wie ein stärkeres Selbstbewusstsein der Deutschen auf dem internationalem Parkett, was durch eine Befreiung von der nationalsozialistischen Vergangenheit erreicht werden sollte, die von manchen Staaten tatsächlich gern instrumentalisiert wurde, um die Bundesrepublik klein zu halten. Diese Neuausrichtung kam aber zu keinem günstigen Zeitpunkt, da nach der Ausstrahlung der Miniserie *Holocaust* die internationale Öffentlichkeit das Bedürfnis verspürte, unbedingt verstehen zu wollen, wie solche Verbrechen überhaupt möglich gewesen waren.

1984 gab Helmut Kohl vor dem israelischen Parlament, der Knesset, eine Erklärung ab, welche die Geister aufmerken ließ: »Ich rede vor Ihnen als einer, der in der Nazizeit nicht in Schuld geraten konnte, weil er die Gnade der späten Geburt und das Glück eines besonderen Elternhauses gehabt hat.« Dem Kanzler wurde vorgehalten, sich dieses Alibis zu bedienen, um sein Land von dessen historischer Verantwortung gegenüber Israel freizusprechen. Diesem ausgebildeten Historiker wurde allgemein vorgeworfen, dass er das weltweite Interesse am Dritten Reich schwächen wollte. »In den Achtzigerjahren hat die Kohl-Regierung das neue Interesse an der Historie dazu benutzt, die Kontinuitäten und langen Dauern der Geschichte herauszustreichen, sodass die Zeit des ›Dritten Reiches‹ zunehmend zur Episode zusammenschrumpfte«, schreibt die Historikerin Franziska Augstein. So führte Kohl mit einer Geste von enorm starker Symbolkraft eine andere Erinnerung, die in Deutschland von der Allgegenwart des Zweiten Weltkrieges erdrückt worden war, aus ihrem Schattendasein heraus: diejenige an den Ersten Weltkrieg. Noch heute erschaudere ich angesichts dieser am 22. September 1984 in Verdun gefilmten Szene, dem wohl mörderischsten Gelände des Ersten Weltkrieges, auf dem in zehn Monaten mehr als 310.000 Soldaten zu Tode kamen: Präsident François Mitterrand mit Helmut Kohl, beide erstarrt in weihevoller Würde am Fuße des Beinhauses, in dem die Überreste von 130.000 deutschen und französischen Soldaten ruhen, die deutsche Nationalhymne verklingt, ihre Hände erheben sich beinahe gleichzeitig, vereinigen sich und verharren ineinander, während die Marseillaise ertönt. Der Koloss und der kleine Mann, verbunden durch diese Geste von umwerfender Demut, wählten die Toten als Zeugen, um gemeinsam zu sagen: Nie wieder!

Für seine Sehnsucht nach einem Schlussstrich fand Helmut Kohl bei Teilen der Bevölkerung Unterstützung, viele andere aber, die der plötzliche Zustrom von Zeugenaussagen über die Schoah geschockt hatte, verspürten das Bedürfnis nach Wahrheit. Das waren insbesondere jene, die nach dem Krieg geboren und erst jetzt auf den fahrenden Zug des Gedenkens aufgesprungen waren.

Die Konfrontation dieser beiden Lager verschärfte sich, als 1985 anlässlich eines Staatsbesuches des amerikanischen Präsidenten Ronald Reagan zum 40. Jahrestag des Kriegsendes Helmut Kohl seinen Gast einlud, den Soldaten des Reiches auf dem deutschen Soldatenfriedhof in Bitburg die Ehre zu erweisen, auf dem auch Mitglieder der Waffen-SS ruhen. Dieser Besuch, der dem amerikanischen Präsidenten Unbehagen bereitete und als Relativierungsversuch der Nazi-Verbrechen wahrgenommen wurde, löste heftige Polemik aus. Das amerikanische Magazin *Time* appellierte an Ronald Reagan, er möge in Zukunft darauf verzichten, auch nur irgendeinen deutschen Soldatenfriedhof zu besuchen. Günter Grass beschuldigte Kohl, sich in die Haltung des wegen Unwissenheit Unschuldigen zu flüchten: »Unwissenheit«, so schrieb er, »ist selbst verschuldet, zumal die besagte Mehrheit wohl wusste, dass es Konzentrationslager gab ... Kein selbstgefälliger Freispruch hebt dieses Wissen auf. Alle wussten, konnten wissen, hätten wissen müssen.« Der Kanzler wollte mit diesem Manöver eine Weichenstellung unternehmen, um mit den einstigen Siegermächten, die ihre Truppen noch immer in Deutschland stationiert hatten, eine Beziehung auf Augenhöhe erreichen zu können. Tatsächlich aber rief seine Geste im Ausland alte Ängste wach und goss Wasser auf die Mühlen deutscher Revisionisten.

Drei Tage danach, am 8. Mai, dem Jahrestag des Sieges der Alliierten über das nationalsozialistische Deutschland, sollte der christdemokratische deutsche Bundespräsident Richard von Weizsäcker mit einer legendären Rede dieser Vergangenheitspolitik deutlich widersprechen. Ich habe mir seine etwa 45-minütige Rede noch einmal angesehen. Und wenn man den jungen Generationen nur eine einzige Sache zeigen wollte, dann wäre es diese Rede. Weizsäcker, selbst Sohn eines Diplomaten und Staatssekretärs im Dritten Reich, besiegelte an jenem Tag die Grundfeste eines Erinnerungskonsenses, der sämtliche Klüfte in der deutschen Gesellschaft überbrücken sollte.

»Der 8. Mai war ein Tag der Befreiung«, verkündete er bescheiden in seinem Auftreten hinter einem kleinen Rednerpult vor dem Bundestag. »Er hat uns alle befreit von dem menschenverachtenden System der nationalsozialistischen Gewaltherrschaft.« Eine Erklärung, die heutzutage evident erscheinen mag, die es aber 1985 keineswegs war, da viele Menschen damals noch größte Schwierigkeiten damit hatten, solche historischen Wahrheiten auszusprechen oder sich anzuhören. »Wir brauchen und wir haben die Kraft, der Wahrheit, so gut wir es können, ins Auge zu sehen, ohne Beschönigung und ohne Einseitigkeit«, insistierte er. Darauf bedacht, dem Leiden der Deutschen während der Diktatur, des Krieges und der Nachkriegszeit zu gedenken, erinnerte Weizsäcker mit Nachdruck daran, dass diese Belastungsproben auf das Konto des Dritten Reiches gingen und nicht auf das der Alliierten. »Wir dürfen nicht im Ende des Krieges die Ursache für Flucht, Vertreibung und Unfreiheit sehen. Sie liegt vielmehr in seinem Anfang und im Beginn jener Gewaltherrschaft, die zum Krieg führte.« Und er unterstrich, dass »ohne den von Hitler begonnenen Krieg« die »Spaltung Europas in zwei verschiedene politische Systeme« gar nicht erst aufgekommen wäre.

Richard von Weizsäcker, der an der Ost- und an der Westfront gekämpft hatte, dabei zweimal verletzt wurde, zählte die lange Serie an Gewalttaten der nationalsozialistischen Barbarei auf und besaß den ungewöhnlichen Mut, die Haltung der Bevölkerung unter dem Nationalsozialismus scharf zu kritisieren: »Wer konnte arglos bleiben nach den Bränden der Synagogen, den Plünderungen, der Stigmatisierung mit dem Judenstern, dem Rechtsentzug, der unaufhörlichen Schändung der menschlichen Würde? Wer seine Ohren und Augen aufmachte, wer sich informieren wollte, dem konnte nicht entgehen, dass Deportationszüge rollten. (...) Es gab viele Formen, das Gewissen ablenken zu lassen, nicht zuständig gewesen zu sein, wegzuschauen, zu schweigen. Als dann am Ende des Krieges die ganze unsagbare Wahrheit des Holocaust herauskam, beriefen sich allzu viele von uns darauf, nichts gewusst oder auch nur geahnt zu haben.« Der deutsche Präsident beendete seine Rede mit einer Warnung: »Wir lernen aus unserer eigenen Geschichte, wozu der Mensch fähig ist. Deshalb dürfen wir uns nicht einbilden, wir seien nun als Menschen anders und besser geworden.« Und deshalb sollten wir auch »das eigene historische Gedächtnis als Leitlinie für unser Verhalten in der Gegenwart und für die ungelösten Aufgaben, die auf uns warten, nutzen«.

Seine Rede, international gefeiert, in mindestens 13 Sprachen übersetzt und mehr als zwei Millionen Mal gedruckt, ermöglichte es, auf internationaler Ebene wieder ein Klima des Vertrauens herzustellen, das Helmut Kohl gefährdet hatte. Die *New York Times* druckte auf ihren Seiten die vollständige Fassung ab, und mehr als 60.000 Deutsche schrieben dem Bundespräsidenten. Richard von Weizsäcker hatte damit den Pakt zwischen der deutschen Politik und einer aus ihrer Geschichte gezogenen Moral besiegelt.

Nicht alle deutschen Intellektuellen und Historiker zeigten sich mit diesem politischen Konsens einverstanden. Der Großteil der Experten war sich einig, dass die Recherchen über die nationalsozialistischen Verbrechen noch recht unvollständig waren. Während aber die einen eindringlich dazu rieten, aus dem Genozid das Herz der deutschen Gedächtniskultur zu machen und die öffentliche Meinung mithilfe der Errichtung von Museen, Denkmälern und Gedächtnisorten für diese zu sensibilisieren, zeigten andere sich demgegenüber eher abgeneigt und stellten die Einzigartigkeit des Holocaust in Abrede und verlangten das Recht, die Verbrechen der Nazis mit denen der Bolschewisten unter Stalin zu vergleichen. Zeugen haben den Alltag im Gulag geschildert, wo mindestens 18 Millionen Menschen einen ungeheuren Leidensweg durchlaufen haben: im mörderisch eisigen Wind der weiten Ebenen im Eis nach Erz schürfen, wobei die Gesichtshaut vor lauter Kälte zerfetzt war und die Schuhsohlen festgefroren an den Füßen hafteten, während man anschließend seinen vor Kälte verrenkten Körper direkt auf eisigem Betonboden bettete, um zu schlafen, wenn man nicht direkt vor Hunger starb – und zwar für einen Staat, der alle Arbeitskraft stahl. Die Zahl der Toten des Gulags beläuft sich auf mehrere Millionen. Dazu kommen mehr als zehn Millionen Opfer der Hungersnöte, die der sowjetischen Politik geschuldet sind, sechs Millionen deportierte Menschen und unzählige von einem gnadenlosen Regime zerbrochene Leben. Hinter diesen unfassbaren Zahlen taucht Josef Stalin auf, der Vater des Heimatlandes, der Verehrer von Tschaikowsky und den Tänzerinnen des *Schwanensees*, dem es keinerlei Mühe bereitet hatte, in den Jahren zwischen 1936 und 1938 mit einer bloßen Unterschrift so gut wie alle seine bolschewistischen Kameraden hinrichten zu lassen, die während der Russischen Revolution von 1917 eine erstrangige Rolle gespielt hatten. Ein Massenmörder, dem zu Ehren der russische Präsident Vladimir Putin, dieser Oberverfälscher der Geschichte, 2017 in Moskau eine Büste hat errichten lassen.

Ab Juni 1986 fand die Uneinigkeit zwischen deutschen Historikern bezüglich der Geschichtsschreibung der Nazi-Zeit im sogenannten »Historikerstreit« ihren Höhepunkt, nachdem Ernst Nolte in der *FAZ* einen Artikel mit der Überschrift »Vergangenheit, die nicht vergehen will« veröffentlicht hatte. Es müsse, so Nolte, »die Frage als zulässig, ja unvermeidbar erscheinen: [...] War nicht der ›Archipel Gulag‹ ursprünglicher als Auschwitz? War nicht der ›Klassenmord‹ der Bolschewiki das logische und faktische Prius des ›Rassenmords‹ der Nationalsozialisten?‹« Der Faschismus-Experte stellte die These auf, dass der von den Bolschewiki organisierte Klassenmord zugleich das Vor- und Schreckensbild gewesen sei, das Hitler zum Genozid an den Juden getrieben habe. Zum gleichen Zeitpunkt publizierte Andreas Hillgruber *Zweierlei Untergang*, ein Buch, in dem er die Tragödie des Holocaust mit derjenigen der Flucht der Vertriebenen vor der Roten Armee verglich.

Der Gegenschlag ließ nicht lange auf sich warten und wurde von Jürgen Habermas angeführt. In einem in der Wochenzeitung *Die Zeit* erschienenen Artikel mit der Überschrift »Eine Art Schadensabwicklung« prangerte der Philosoph »die apologetischen Tendenzen in der deutschen Zeitgeschichtsschreibung« an. Nolte, so schrieb er, »schlägt zwei Fliegen mit einer Klappe: Die Nazi-Verbrechen verlieren ihre Singularität dadurch, dass sie als Antwort auf bolschewistische Vernichtungsdrohungen mindestens verständlich gemacht werden.« Der Position von Andreas Hillgruber warf Habermas vor, die Geschichte zu verdrehen, indem er das Drama der Vertriebenen als Resultat einer antigermanischen Zielsetzung der Alliierten darstellte, obgleich es die Folge eines von Hitler losgetretenen Krieges war.

Mehrere Historiker bezichtigten nun wiederum den Philosophen, ihre Arbeit einer moralischen Zensur zu unterziehen, viele aber ergriffen für ihn Partei. Eberhard Jäckel ließ verlauten, dass das Problem nicht im Vergleich der bolschewistischen Verbrechen mit jenen der Nationalsozialisten gelegen habe, sondern in Noltes ursächlichem Zusammenhang zwischen Gulag und Holocaust, der die »These von einem Präventivmord« suggerierte, die historisch schlicht falsch sei. »Der Arier hatte keine Angst vor slawischen und jüdischen ›Untermenschen‹«, schrieb Jäckel in der *Zeit*, wohingegen Hitler es jedoch »vorzüglich« verstanden habe, die »antibolschewistischen Ängste der Bourgeoisie für seine Zwecke zu mobilisieren«. Weit davon entfernt, eine akademische Debatte zu sein, so der Historiker Hans Mommsen, zeigte dieser Streit eine Tendenz in Teilen der deutschen Geschichtsschreibung, »durch historische Relativierung des Nationalsozialismus ältere obrigkeitsstaatliche Einstellungen wieder hoffähig« machen zu wollen. Dieser Versuch scheiterte jedoch und trug stattdessen dazu bei, dass sich die Vorstellung des Holocaust als identitätsstiftendes Geschichtsbild Deutschlands durchsetzen konnte.

Im November 1989 sollte der Fall der Mauer den Erinnerungsimperativ an den Nationalsozialismus endgültig besiegeln. Das Verschwinden der DDR entzog all jenen ein Argument, die der Erinnerungskultur der BRD vorwarfen, Wasser auf die Mühlen der antifaschistischen Propaganda des kommunistischen Feindes zu gießen. Nun war keine Instrumentalisierung durch die DDR mehr zu befürchten. Anlässlich des 50. Jahrestages des Endes des Zweiten Weltkrieges fand 1995 ein regelrechter »Gedenkmarathon« statt, der ohne jede Zurückhaltung die »Befreiung« der Deutschen feiern sollte. »Bewältigte Vergangenheit« proklamierte *Der Spiegel* auf seiner Titelseite. Ein Jahr später machte der deutsche Bundespräsident Roman Herzog aus dem Jahrestag der Befreiung von Auschwitz, dem 27. Januar, den »Tag des Gedenkens an die Opfer des Nationalsozialismus«.

Der Fall der Mauer machte die letzten Mythen hinfällig, insbesondere aber den einer »sauberen Wehrmacht«. Die Legende war bei den Nürnberger Prozessen entstanden, als das Tribunal entschieden hatte, die Wehrmacht nicht in die Liste der »verbrecherischen Organisationen« aufzunehmen. Der Eindruck einer »sauberen Wehrmacht« verfestigte sich in den darauffolgenden Nachkriegsprozessen noch, als immer wieder Mitglieder der Wehmacht freigesprochen wurden. Dann sorgte eine Vielzahl von Autobiografien, Zeugenaussagen, Filmen und Büchern, welche die Wehrmacht beschönigten, ja sogar heroisierten, dafür, dass sich in der öffentlichen Meinung das Bild eines »anständigen Soldaten« und einer Armee festschrieb, die gegenüber der NS-Ideologie immun geblieben sei und die sich an den Massakern an Zivilisten und Juden nicht beteiligt habe.

1995 gab eine vom Hamburger Institut für Sozialforschung und mithilfe von Historikern organisierte Wanderausstellung mit dem Titel *Vernichtungskrieg. Verbrechen der Wehrmacht 1941 bis 1944* dieser Legende den Gnadenstoß. Sie konnte zeigen, dass die Wehrmacht zwar anfänglich den Verbrechen der SS ablehnend gegenüberstand, sich diesen aber schließlich erst gefügt, dann aktiv an ihnen teilgenommen und am Ende sogar unabhängig von der SS unzählige kriminelle Befehle gegen Juden, Zivilisten und Kriegsgefangene erteilt und ausgeführt hatte, da auch sie in ihrem Kern von Antisemitismus und Rassismus gegen die slawischen »Untermenschen« zerfressen war. Die Ausstellung rief eine derart heftige Polemik hervor, dass sich in einer ganzen Reihe von Städten oppositionelle Lager um die Frage bildeten, ob sie gezeigt werden sollte oder nicht: In München versammelten sich sogar 5.000 Neonazis gegen die »volksverhetzende« und »antideutsche Schand-Ausstellung«. Diese Spaltung aber konnte nicht verhindern, dass die Ausstellung beim Publikum unglaublich erfolgreich war – und zwar unabhängig von Alter, sozialer Klasse und Berufsschicht: Insgesamt knapp eine Million Besucher stellte sich in langen Warteschlangen an, um sie zu sehen.

Ein weiterer Komplize nationalsozialistischer Verbrechen, dem es gelungen war, seine Mittäterschaft vergessen zu machen, kehrte in den Fokus zurück: die Wirtschaftswelt. Neben den Erträgen aus der Arisierung jüdischen Eigentums und aus den Geschäften mit dem NS-Regime hatten private und staatliche Unternehmen im großen

Maßstab aus den mehr als zehn Millionen Zwangsarbeitern im Dritten Reich Profit geschlagen. Nach dem Krieg bedienten sie sich des Vorwands, dass der Großteil ihrer Opfer hinter dem Eisernen Vorhang lebte, um keine Anstrengungen zur Entschädigung erbringen zu müssen. Der Fall der Mauer machte den Weg frei für global geltende Kriegsreparationszusagen des deutschen Staates gegenüber den Ländern des ehemaligen Ostblocks. Aber die deutsche Wirtschaft verzögerte bewusst ihre Entschädigungszahlungen für ehemalige Zwangsarbeiter – eine beschämende Haltung, wenn man bedenkt, dass die Opfer schon über 50 Jahre gewartet hatten, dass viele bereits verstorben, andere sehr alt waren und das Geld angesichts der damaligen Armut im Osten dringend benötigten. Schließlich wurde im Jahr 2000 die Stiftung Erinnerung, Verantwortung und Zukunft ins Leben gerufen, deren Hauptzweck in der »Entschädigung« ehemaliger Zwangsarbeiter bestand. Sie wurde mit mehr als zehn Milliarden Deutsche Mark ausgestattet, die zu gleichen Teilen vom Bund und mehr als 6.000 privaten Firmen stammten.

Unter dem Druck der öffentlichen Meinung, die sich nun für diesen kaum untersuchten Aspekt der NS-Geschichte interessierte, und dem Druck von Klagen vor deutschen und US-amerikanischen Gerichten öffneten zudem nacheinander große Unternehmen und Banken ihre Archive für Historiker und unabhängige Kommissionen, die deren Nazi-Vergangenheit aufklären sollten. Einige von ihnen weigerten sich weiterhin, ihre Verantwortung anzuerkennen, so etwa Quandt, Flick und Oetker, die sich erst allmählich dem hohen Mediendruck beugten. Andere wie Siemens und Bayer lassen die Sache bis heute skrupellos schleifen oder aber tun wie Henkel, Röchling und Wella so, als hätten sie damit nichts zu schaffen. Dennoch bilden diese Beispiele eher die Ausnahme, im Allgemeinen hat die Mehrheit aller großen Unternehmen und deutschen Banken, wenn auch sehr verspätet, am Ende doch auf Transparenz gesetzt.

So war der Stand der deutschen Geschichtsaufarbeitung, als ich mich im Jahre 2000 in Berlin niederließ, um dort für eine französische Presseagentur als Korrespondentin zu arbeiten. Ich fühlte mich in dieser von Kriegen und Diktaturen zwar verunstalteten, aber von einem ungeheuer ansteckenden Freiheitshunger belebten Stadt sofort wohl. In Berlin ist die Erinnerung an das 20. Jahrhundert unumgänglich, sie lebt mit der Gegenwart, im Stadtbild, in den Köpfen der Bürger. Allgemeiner gesprochen ist es geradezu unmöglich, dieses Land zu begreifen, wenn man sein politisches Handeln sowie seine gesellschaftlichen Empfindungen und Werte nicht in eine historische Perspektive stellt.

Zeitgleich mit meiner Ankunft in Berlin begann eine weitere Entwicklung des Verhältnisses, das Deutschland zu seiner Vergangenheit pflegte, angestoßen von der Regierung der rot-grünen Koalition, die seit 1998 an der Macht war. Gerade diesen Parteien, denen traditionell kaum ein Hang zum Revisionismus unterstellt werden konnte, gelang nun, woran Helmut Kohl gescheitert war: eine Normalisierung der Stellung des Landes auf internationaler Bühne. So nahm Deutschland 1999 zum ersten Mal seit 1945 an einer Militärintervention der NATO im Kosovo teil. Obwohl der Pazifismus tief in die deutsche Gesellschaft eingeschrieben war, gelang der Regierung dieses Kunststück, da sie die Gefahr eines Genozids im damaligen Ex-Jugoslawien heraufbeschwor. »Nie wieder Auschwitz« war wichtiger geworden als »Nie wieder Krieg«. Dieser Schritt zur Rückkehr des Landes als außenpolitischer Mitspieler wurde noch bekräftigt, als Bundeskanzler Gerhard Schröder sich 2003 weigerte, die engen Verbündeten aus den Vereinigten Staaten bei deren militärischer Intervention im Irak zu unterstützen, und gleichzeitig eine Kampagne führte, um einen permanenten Sitz seines Landes im Sicherheitsrat der Vereinten Nationen zu erhalten.

Eines der stärksten Symbole dieser »Normalisierung« war die erste Teilnahme eines deutschen Kanzlers bei den alljährlichen Feierlichkeiten zur Landung der Alliierten in der Normandie 1944. Im Juni 2004 wurde ich dorthin geschickt, um über den 60. Jahrestag dieses Ereignisses zu berichten. Gerhard Schröder hatte die Einladung zur Teilnahme angenommen und damit jene Geste zu Ende geführt, die Richard von Weizsäcker 20 Jahre zuvor initiiert hatte.

Die Region Calvados, wo 22 Staats- und Regierungschefs erwartet wurden, hatte sich in eine gesicherte Festung verwandelt. In diesem Tumult traf ich auf eine Gruppe deutscher Senioren, die extra aus Nürnberg angereist waren, um der deutschen Soldaten zu gedenken, die in der Normandie gefallen waren. Drei Schwestern gehörten dieser Gruppe an, sie hatten ihren Bruder Hans verloren, von dem sie mir ein Foto zeigten: das Gesicht kaum erwachsen, große braune, sensible Augen und ein leicht schüchternes Lächeln, kontrastiert von der dunklen Uniform mit ihren polierten Knöpfen und dem Waffen-SS-Zeichen, diese beiden wie Blitze geschnittenen S-Formen, am Kragen. Ihr Bus war gerade im Begriff, sie zum großen deutschen Friedhof von La Cambe zu fahren, und so schlug ich ihnen vor, sie zu begleiten.

Ich entdeckte einen schönen Friedhof, der mich an einen großen weiten Golfplatz denken ließ mit seinem makellosen, leuchtenden, ja beinahe phosphoreszierenden englischen Rasen, auf dem Tausende Grabplatten sich Reihe um Reihe in der Weite verloren; hier und dort erhoben sich in Fünferreihen kleine Granitkreuze, die so dicht beieinanderstanden, als reichten sie sich die Hände – eine letzte Hommage an die Kameradschaftlichkeit gegen die Einsamkeit des Todes. 1.200 Ahornbäume kühlten das Refugium mit ihren riesigen Ästen. Ich durchschritt die Alleen und entdeckte meine Gruppe vor einem Grab, das stärker mit Blumen geschmückt war als andere: das Grab des gefürchteten SS-Hauptsturmführers Michael Wittmann, dem höchstdekorierten Panzerkommandanten Deutschlands, einem Helden der Nazi-Propaganda, der 138 Panzer in Staub und Asche verwandelt hatte, bevor er schließlich in seinem Tiger 007 starb, der in der Normandie zerstört wurde. In einem Blumentopf, der nahe seiner Grabplatte stand, flatterte eine kleine schwarze Fahne, auf der sich ein weißer Schlüssel abzeichnete, das Insigne der Leibstandarte SS Adolf Hitler. Als ich mich gerade anschickte, die deutschen Senioren zu fragen, warum sie just dieses Grab ausgewählt hätten, huben sie an, im Chor ein deutsches Kriegslied zu singen. Ich war erleichtert, dass sie nicht auch noch ihren rechten Arm in die Höhe streckten. Als sie ausgesungen hatten, fragte ich die drei Schwestern, die ihre feuchten Augen mit einem Taschentuch trockneten, ob sie wüssten, dass sie vor dem Grab eines SS-Mannes stünden? »Aber unser Bruder war in der Waffen-SS, was ändert das, sie waren doch auch tapfere Soldaten«, antworteten sie mir. In den Augen dieser Schwestern und vieler anderer Deutschen ihrer Generation war das Ende des Krieges alles andere als ein Tag der Befreiung.

Am nächsten Morgen fand ich mich mitten unter den anderen Journalisten auf dem anglokanadischen Friedhof von Ranville wieder, wo Gerhard Schröder zwei Kränze niederlegen sollte, einen für die Soldaten der Alliierten und einen für die deutschen Soldaten. Alle Welt hielt den Atmen an angesichts dieser delikaten Choreografie eines deutschen Kanzlers, der allein durch ein Meer von Kreuzen zu schreiten hatte, wohl wissend, dass jede einzelne seiner Gesten, jeder einzelne seine Gesichtsausdrücke geprüft, verglichen, interpretiert werden sollte. Schröder aber gelang die Übung fehlerlos, weder zu tragend noch zu leicht vermittelte er das Bild eines Deutschlands, dem man nicht mehr vorschreiben konnte, sich gefälligst schuldig zu fühlen, sondern welches aus seiner Vergangenheitsbewältigung ein unabänderliches Fundament seiner Identität und Kraft geschaffen hatte.

In diesem Klima wiedergefundenen Selbstbewusstseins begann man in Deutschland bestehende Tabus zu brechen. Für die Presseagentur verfolgte ich die leidenschaftliche Debatte, die Günter Grass 2002 mit einem Buch auslöste, das ein bis dahin verbotenes Feld beackerte: das Leiden der Deutschen während des Krieges. Realität und Fiktion, Vergangenheit und Gegenwart miteinander verwebend, erzählt *Im Krebsgang* das Drama der *Wilhelm Gustloff*, einem deutschen Schiff, das im Januar 1945 den Ostseehafen von Gotenhafen verlässt, um ganze Kolonnen deutscher Vertriebener aus Ostpreußen vor dem Zugriff der Roten Armee zu retten. Grass beschreibt ihre Bemühungen, um einen Platz auf der *Gustloff* zu erhalten, dem einzigen Unterpfand des Überlebens, denn auf dem Festland zu bleiben bedeutete unweigerlich, in die Fänge der Roten Armee zu geraten. Gerüchte erzählten davon, dass deren Soldaten die Männer umbrachten, die Frauen vergewaltigten und den Kindern vor den Augen ihrer Mütter die Kehle durchschnitten, und zwar auch als Vergeltung für die Politik der verbrannten Erde, mit der sich die Wehrmacht aus Russland zurückgezogen hatte. Aber das Schicksal derer, die an Bord gingen, war kaum besser: Torpediert von einem sowjetischen Unterseeboot, dessen Besatzung wusste, dass sich an Bord des Schiffes mehrheitlich Zivilisten befanden, ging die *Gustloff* in den eiskalten Wassern der Ostsee mit ihren 10.500 Flüchtlingen unter, von denen nur sehr wenige überlebten. Die Torpedos trugen folgende Namen: »Für Leningrad«, »Für das sowjetische Volk« und »Für Stalin«. Es war dasselbe Schiff, das meine Großmutter 1938 genommen hatte, um in der allgemeinen Euphorie, die in jenen Jahren in Deutschland herrschte, die Fjorde Norwegens zu besuchen.

Fast zeitgleich publizierte *Der Spiegel*, begleitet von einer Analyse über »Die Deutschen als Opfer«, eine groß angelegte Serie mit dem Titel »Die Flucht« über die Vertreibung der Deutschen aus den Ostgebieten. Der Bund der Vertriebenen nutzte die Gelegenheit, um sein Vorhaben, ein Zentrum gegen Vertreibung zu errichten, vorwärtszubringen, mit dem die über zwölf Millionen deutschen aber auch andere Flüchtlinge geehrt werden sollten. Dieses Vorhaben erregte in Polen, in der Tschechischen Republik und bei der SPD Zorn, die dem Bund der Vertriebenen Nostalgie und Revisionismus unterstellten. Am Ende wurde das Vorhaben fallen gelassen. Aber diese Debatten nährten erneut ein Interesse für die Verbrechen der Roten Armee. 2003 entriss die Wiederauflage des autobiografischen Buches von Marta Hillers, *Eine Frau in Berlin*, das den Alltag einer zum sexuellen Freiwild erklärten Frau während der sowjetischen Besatzung in Berlin 1945 erzählt, die Massenvergewaltigungen von mehr als 1,4 Millionen deutschen Frauen durch russische Soldaten dem Vergessen.

Vor diesem Hintergrund habe ich in Berlin zwei Opfer dieser Vergewaltigungen interviewt: Elizabeth und Martha, die ursprünglich aus Schlesien stammten, von wo sie im Winter 1945 vor der Ankunft der Roten Armee fliehen mussten. Sie empfingen mich in ihrer kleinen Wohnung in Berlin, in der sie gemeinsam wohnten, seit ihre Ehemänner verstorben waren. »Wir beide haben so viel erlebt«, sagte

Martha mit einem unsicheren Lächeln, und ihre so sanften Blicke füreinander, die Liebenswürdigkeit, mit der sie mich empfingen, und der Tisch, der mit liebevollen Details gedeckt war, um mir Tee zu servieren und kleines Gebäck, ließen mir die Tränen in die Augen steigen, noch bevor das Interview überhaupt begonnen hatte.

Sie waren 15 und 16 Jahre alt, als sie gemeinsam, nachdem sie im Chaos der Flucht den Anschluss an ihre Familien verloren hatten, auf einen Karren inmitten einer unendlichen Kolonne von Fliehenden sprangen, der schon übervoll bepackt war mit all dem, was die Leute noch in letzter Minute von ihrer mageren Habe hatten mitnehmen können. Die Zugpferde hatten nicht genug Ausdauer, um in der beißenden Kälte des Winters die 600 Kilometer laufen zu können, die sie von Berlin trennten, und die Straßen, auf denen man dahinzog, waren in schlechtem Zustand, hatte man doch kleinere Nebenwege wählen müssen, um nicht in die Hände der Russen zu fallen, deren alleinige Nennung Elizabeth und Martha bereits das Blut gefrieren ließ. Sie schreckten jedes Mal zusammen, wenn sie in der Ferne menschliche Gestalten wahrnahmen, eines Tages aber waren es tatsächlich Russen, die da auftauchten und sie einkreisten. Die beiden jungen Mädchen wurden umgehend auf den Boden gerissen, ein paar Meter weiter in den Wald gezerrt, die Soldaten rissen ihre Hosen herunter und vergewaltigten auf gefrorener Erde ihre bereits von lauter Hunger, Angst und Kälte gebeutelten Körper und sie wissen nicht mehr, wie häufig. »Ich erinnere mich noch, dass ich eine fixe Idee im Kopf hatte: dass ich meine Regel hatte und es überall auf meinen Kleidern Blut geben würde«, erzählt Elizabeth, die in Tränen ausbricht. Martha beginnt gleichfalls zu weinen, kann dann aber sagen: »In solchen Momenten hat man so einen einzigen Überlebensinstinkt: an etwas anderes denken, um sich vom Horror abzulenken.«

Nachdem sie ihre Lust befriedigt hatten, interessierten sich die Soldaten für die Fracht des Karrens, und während sie alles durchwühlten, soffen und die Bauernfamilien drangsalierten, nutzten die beiden abseits auf dem Boden zurückgelassenen Mädchen ihre Unachtsamkeit und flohen. Sie hatten das Ende ihrer Marter noch nicht hinter sich. Auf dem Weg trafen sie auf einen Tross Deutscher, die sich auf der Flucht befanden und sie aufnahmen. Noch einmal hielt die Rote Armee sie auf, noch einmal wurden sie vergewaltigt und misshandelt. In der amerikanischen Zone trafen Martha und Elizabeth auf ihre Familien und begannen ihr Leben neu, logen aber eine ganze Zeit lang ihre Kollegen, ihre Freunde, ihre Nachbarn bezüglich ihrer Herkunft an. »Alle wussten, dass eine deutsche Frau, die aus dem Osten gekommen ist, von den Russen missbraucht worden war. Wir schämten uns.«

Während dieser Berliner Jahre habe ich – wie viele andere Journalisten auch – zahlreiche Zeitzeugen interviewt. Wir wussten: Sie sind die letzten Überlebenden. Wer würde sie ablösen, um die Erinnerung zu bewahren?

Zunächst die Gedenkstätten. Das Denkmal für die ermordeten Juden Europas wurde 2005 nahe des Brandenburger Tors eingeweiht, 2.711 anthrazitgraue Betonstelen erstrecken sich über ein immens großes Feld, ein Labyrinth an Platten, deren höchst unterschiedliche Höhen Schwindel erregen, Grabstätten, auf die die Toten der Schoah kein Recht besaßen. Mehrere Intellektuelle, die kaum des Revisionismus verdächtig sind, prangerten dieses Bauwerk im Herzen Berlins an. Rudolf Augstein empörte sich über dieses »Schandmal«, und Martin Walser rebellierte gegen eine »Instrumentalisierung des Holocaust« und nahm für sich das Recht in Anspruch, »wegzuschauen«. Andere Denkmäler folgten, zu Ehren derjenigen Opfer des Nationalsozialismus, die im Schatten geblieben waren. Inmitten einer Lichtung des großen zentralen Parks, dem Tiergarten, symbolisiert eine kreisrundes, mit Wasser gefülltes Becken die um die Sinti und Roma vergossenen Tränen. Nicht weit entfernt erinnert ein unter den Bäumen stehender Betonblock, in den ein Sichtfenster eingelassen ist, durch das man einen Film sehen kann, an die verfolgten Homosexuellen. Am Rande des Parks erinnert des Weiteren eine lange durchsichtige blaue Glasplatte, die auf den Ruinen jener Villa errichtet steht, in der das Programm der Aktion T4 ausgearbeitet wurde, an die Märtyrer der Euthanasie. Den Zwangsarbeitern ist in Leipzig eine Gedenkstätte errichtet worden.

Die Archive bilden ebenfalls einen Festungswall gegen das Vergessen. Seit 2005 haben die Ministerien und öffentlichen Institutionen nach und nach unabhängige Historikerkommissionen gebeten, ihre jeweilige Rolle während des Nationalsozialismus und in den ersten Dekaden nach dem Krieg zu untersuchen, für die eine personenbezogene und ideologische Kontinuität zwischen dem Dritten Reich und der Bundesrepublik charakteristisch war. Sogar der westdeutsche Geheimdienst, der BND, für den unter der Leitung des ehemaligen Generalmajors der Wehrmacht, Reinhard Gehlen, viele ehemalige Nazis arbeiteten, öffnete für die Zeit bis 1970 seine Archive.

Heute, da die Zeitzeugen, Opfer wie Henker, tot sind, bleibt die Erinnerung ihrer Worte und Gesichter, die Gedenkstätten und die Bücher der Historiker, um die Lebenden zu mahnen, was Deutschland nicht mehr sein will. Es bleibt auch die Erinnerung in den Familien. Ich wollte die Fäden der großen Geschichte mit jenen der persönlichen verweben, diese Spuren auf einer imaginären Leinwand skizzieren, sie so lange miteinander kreuzen und überlagern, bis ein lebendiges Tableau sich abhebt, eine vergangene Welt mit ihrem Geist, ihren Empfindungen, und all ihren Licht- und Schattenseiten wiedersteht. Mein Vater und meine Tante haben sie gekannt, diese Existenzen der Vergangenheit. Das Gefühl filtert ihr Gedächtnis, die Wut einer getrübten Kindheit, die Erinnerung an eine empfundene Ungerechtigkeit, die Wunde einer Enttäuschung, die Trauer darüber, nicht mehr länger mit jenen reden zu können, die für immer gegangen sind – und ja, auch die Liebe, die Loyalität trotz allem. Meine Großeltern sind für mich wie ferne Wesen. Opa starb vor meiner Geburt und Oma sechs Jahre danach. Ich kann mit kühlem Kopf analysieren, die Suche nach Wahrheit der Emotion vorziehen. Aber die Fakten allein eröffnen nicht die Tore in die Wirklichkeit, ich muss aus der Kraft der Vorstellung schöpfen, der Intuition und der Psychologie, und aus meiner Empathie für Lydia und Karl, die das Unglück besaßen, im Morgengrauen eines verdammten Jahrhunderts geboren worden zu sein.

Eines Tages, niemand weiß, wann genau, fing es an, dass Oma von Angstattacken heimgesucht wurde. Sie war davon überzeugt, dass es ihr an Geld mangeln und sie in Armut vergehen, dass sie sich in ihrem Alter noch erniedrigen müsse, Geld von anderen zu erbetteln. Nach dem Tod ihres Ehemannes hatte sie allein im Haus der Familie leben wollen. Ihre Kinder und Freunde konnten ihr noch so sehr sagen, dass sie mit den Mieteinnahmen aus den Wohnungen des von ihrem Vater geerbten Hauses nichts zu befürchten habe, es war vergeblich. »Sie sagte zu mir: ›Ohne Geld, da lohnt das Leben einfach nicht‹«, erinnert sich meine Tante Ingrid, die bis zu ihrem Ende ihr sehr nahe blieb. Aber wer vermag schon die Traumata einer 1901 geborenen deutschen Frau verstehen, die nur Kriege und Nachkriegszeiten kannte und für die jeder kommende Morgen nur schlimmer werden konnte als die Gegenwart? Nachdem sie ein halbes Jahrhundert wie auf glühenden Kohlen durchlaufen hatte, hatte sie all ihre noch verbliebene Kraft dafür aufgebracht, ihre Tochter zu behüten, bis diese sich verheiratete, und in einer Weise für ihren Sohn zu kämpfen, wie allein Mütter es zu tun vermögen, damit er gegen den Willen von Karl studieren konnte. Und dann hatte sie voller Sehnsucht darauf gewartet, dass ihr Sohn ihr Enkelkinder schenken würde, um diese liebkosen und anbeten zu können.

Als Oma endlich glaubte, sich ausruhen zu können, muss sie erkannt haben, dass ihr dies nicht gelang. Die Samen der schmerzhaften Vergangenheit, die sie ihre gesamte Existenz hindurch begleitet haben, gingen plötzlich mit rasender Geschwindigkeit auf und sonderten ohne Unterlass ihr Gift ab. Die Krisen nahmen unablässig zu, und die irrationale Angst, verarmt zu enden, stürzte meine Großmutter in eine höllische Abwärtsspirale, aus der sie weder Medikamente noch Menschen zu retten vermochten. Sie litt zutiefst und wiederholte Tag um Tag das nämliche Gebet zu Gott: »Hole mich doch bitte heim zu Dir.«

Eines Tages dann entschied sie trotz ihres tiefen protestantischen Glaubens, der es ihr verbot, den Tag ihres Todes selbst zu wählen, nicht mehr länger auf Gott warten zu wollen. Eine Freundin, die in unmittelbarer Nähe wohnte, war gekommen, um mit ihr gemeinsam fernzusehen. Gegen 11 Uhr abends verabschiedete sie sich und sagte: »Sie machen mir heute Abend Angst, Lydia, gehen Sie schlafen.« Oma schloss die Tür, nicht ohne sie vorher beruhigt zu haben, dann trat sie noch einmal auf den Hausflur hinaus und stieg hinauf bis zum letzten Fenster des Treppenhauses. Es war spät genug, um keine Nachbarn auf sich aufmerksam zu machen, und als sie das Doppelfenster öffnete, überblickte Oma die mit Licht und Leben erfüllten Heimstätten, die den Halbschatten von Ferne durchdrangen, und grüßte die dunkle Gestalt der großen Eichen im Hof, die sie hatte aufwachsen sehen. Dann sprang sie ins Leere.

11 Erinnerungen einer Deutsch-Französin

ICH BIN MIR RECHT SICHER, seit meiner Kindheit bis zum Erwachsenenalter jedes Weihnachtsfest in dem von unseren Großeltern geerbten Haus in Mannheim verbracht zu haben. Dieses unverbrüchliche Ritual gehörte zur doppelten deutsch-französischen Erziehung, auf die meine Eltern besonderen Wert legten: Da wir in Frankreich lebten, war aus Sorge um ein entsprechendes Gleichgewicht beschlossen worden, fast alle Schulferien dem Eintauchen in die deutsche Gesellschaft zu widmen.

Als ich im Alter von 20 Jahren Weihnachten dann zum ersten Mal in Frankreich erlebte, verblüffte mich die Art und Weise, mit der die Franzosen dieses ernste und feierliche Ereignis der Geburt Christi beinahe in eine heidnische Orgie verwandeln. Nicht weniger als acht oder zehn Gänge, Austern, Gänsestopfleber, gefüllter Kapaun, geräucherter Lachs, Jakobsmuscheln, Ente à l'Orange sowie das traditionelle Weihnachtsdessert, die Bûche, eine mit Creme gefüllte Biskuitrolle, wurden aufgetischt, es flossen in rauen Mengen Champagner, Wein und Digestif, und in einem bunten und blinkenden Lichterrausch stand, verloren unter einer Lawine von Weihnachtsschmuck, ein Tannenbaum. Am ersten Weihnachtstag drehten sich die Unterhaltungen um die Qualität der Gerichte des Vorabends, die nun, nachdem sie am Heiligabend schon ausführlich kommentiert worden waren, einer neuerlichen Prüfung unterzogen wurden, die der Abstand, den die Nacht gewährte, rechtfertigte.

In Mannheim feierten wir Heiligabend in einer protestantischen Kirche, die nur durch Kerzenlicht erleuchtet war. Im Zusammenspiel mit den klaren, strahlenden Klängen der Musik von Händel und Bach verliehen die flackernden Flammen dem nüchtern-lutherischen Bauwerk für einen Abend Erhabenheit. Die Messe war unabdingbarer Teil des weihnachtlichen Zaubers, und niemals hätten meine ältere Schwester und ich auf diese Einführung in das Geheimnis des Christentums verzichtet, die wir jedes Jahr am gleichen Tag und zur gleichen Uhrzeit wieder aufleben ließen. Mit Ausnahme der Predigt und der Vorlesung von Bibelauszügen bestand der Gottesdienst aus nichts anderem als einer gewaltig erklingenden Musik, die

Orgelpfeifen schienen sich aus den Tiefen der Schöpfung zu erheben, um sich sodann, gereinigt von aller Weltlichkeit, mit dem soghaften Gesang des Chores zu vereinen.

Ich spüre in dieser Art des Begehens der weihnachtlichen Festlichkeit, die sich von der französischen so stark unterscheidet, eine Suche nach dem Reinen und Wesentlichen, die ich gern mit der deutschen Seele in Verbindung bringe. So nehme ich diese Kultur als Französin von außen und so nehme ich sie als Deutsche von innen wahr mit ihrem Widerwillen gegen alles Leichte, ihrem Hang zum Absoluten, der sich im Monströsen ebenso zeigt wie im Schönen. Selbst im Reich der Liebe herrscht eine Ernsthaftigkeit, die vielleicht auf das Erbe von Goethe und den deutschen Romantikern zurückzuführen ist, bei denen die Vorstellung einer mystischen und vorherbestimmten, einzigartigen, verzweifelten und aller Vernunft baren Liebe beschrieben wird – ein absoluter Wert, der keiner Erwiderung bedarf, um aufzublühen, eine Liebe, die stets bereit ist, in tiefster Verzweiflung und im Tod zu enden.

Was für ein Kontrast zu jener französischen »Kunst zu lieben«! In der Libertinage-Literatur der 18. Jahrhunderts, die abgesehen vom Œuvre des Marquis de Sade, von Pierre Choderlos de Laclos' Roman *Gefährliche Liebschaften* geprägt wurde, wird die Verführung als Lebensprinzip umgesetzt und bedient sich skrupelloser Mittel der psychologischen Manipulation nur um des spielerischen und sinnlichen Vergnügens willen. Dann, im 19. Jahrhundert, wird die Liebe bei Stendhal, Flaubert oder Balzac etwas weniger berechnend und zynisch, aber sie bleibt doch vom Kopf gesteuert – »l'amour de tête«. Stendhal erfindet das Konzept des Kristallisationsprozesses, die Liebe als Illusion: »Kurz, es genügt, an eine Perfektion zu denken, um sie dort zu sehen, wo man liebt.«

Erst spät habe ich Germaine de Staëls *Über Deutschland* gelesen, das sie 1813 nach einer langen Reise durch dieses Land publiziert hat, und ich war äußerst überrascht, in ihren Zeilen meine eigenen Gedanken so anschaulich gespiegelt zu sehen: In Frankreich wählt »der Weiberheld, von denen uns das letzte Jahrhundert unzählige

Beispiele beschert hat, die Frauen als Opfer seiner Eitelkeit aus; und diese Eitelkeit besteht nicht nur darin, sie zu verführen, sondern sie sitzen zu lassen. Er muss mit leichtem und in sich selbst unanfechtbarem Worte darauf hinweisen können, dass jene Frau ihn geliebt habe und ihn dies nun keinen Deut mehr schere. [...] Die Liebe ist in Deutschland eine sehr viel ernsthaftere Leidenschaft als in Frankreich. [...] Der Geist der Ritterlichkeit herrscht unter den Deutschen gleichsam noch immer vor; sie sind unfähig, einander zu betrügen, und ihre Loyalität findet sich in allen intimen Verbindungen wieder.«

Nach der Weihnachtsmesse gingen wir zurück in die Wohnung der Familie, wo mein Vater, dem es stets gelang, die Kirche vorzeitig zu verlassen, das Wohnzimmer bereits in eine zauberhafte, von Geschenken nur so überbordende Kulisse umgestaltet hatte. Eine Verwandlung, die meine Schwester und ich, obgleich längst über das Weihnachtsmärchen aufgeklärt, dem Schein nach immer noch dem Besuch des Christkinds zuschrieben, das alljährlich unsere Abwesenheit dazu nutzte, Geschenke und süße Leckereien zu bringen, Kerzen anzuzünden und eine Schallplatte mit feierlichen Gesängen aufzulegen. Ich erinnere mich noch, wie wir, denen es nicht erlaubt war, das Zimmer vor der Ankunft meiner Tante Ingrid und meines Onkels zu betreten, vor der Tür ungeduldig von einem Fuß auf den anderen traten, während ihr Glasmosaik das Kerzenlicht in ein Sternenmeer brach und den hypnotischen Moment des Augenblicks nur noch verstärkte.

Sobald das Läuten einer Glocke den Beginn der Festlichkeiten verkündete, liefen wir ins Zimmer und erstarrten in Bewunderung vor einer Ali-Baba-Höhle, in deren Mitte ein großer, mit roten Figuren behangener Tannenbaum in einem Kerzenschimmer leuchtete, dessen harziger Duft sich mit jenem der Zimt-, Mandel- und Orangenplätzchen vermischte, kleine Monde, Sterne und Herzen, die meine Eltern liebevoll gebacken hatten. Diese Verzauberung zwischen Glanz und Aromen begleitete der Klang eines Weihnachtsoratoriums, beim dem wir, ganz wie der Brauch es wollte, mitsangen. Allein die helle Stimme meiner Mutter, die eine Begabung für Gesang mitbrachte, wurde dieser erhabenen Musik gerecht, und ich bewahre ein bewegendes Andenken an diese Begegnung mit dem Heiligen, wie sie bei uns, die wir so wenig religiös waren, selten vorkam.

Nichtsdestotrotz war unsere Art, das Fest zu begehen, konsumgeprägt. Während mein Onkel, ein wahrer Musiknarr, bereits seinen Lieblingsplatz eingenommen und sich gemütlich zurückgelehnt hatte, um mit halb geschlossenen Augen und summenden Lippen in die Musik einzutauchen, wobei seine Finger sanft auf den Lehnen seines Sessels hin- und herwiegten, packten meine Schwester Nathalie und ich unsere Geschenke aus. Die größte Freude meines Vaters bestand darin, uns dabei zu beobachten, wie wir die Überraschungen entdeckten, die er für uns ausgewählt hatte. Sobald wir lesen konnten, war er stets darauf bedacht, auch Romane darunterzumischen, die unser Bewusstsein über das Trauma der Nazizeit vertiefen sollten.

Er besaß dabei die Qual der Wahl, so zahlreich sind die deutschsprachigen Autoren, die bis zur Versessenheit diese dunkle Seite der deutschen Geschichte behandelt haben. Unmittelbar nach Kriegsende etablierte sich die sogenannte Trümmerliteratur, die einen vollständigen Bruch mit dem Vokabular, den Werten, dem aufgeladenen Pathos des »alten« Deutschlands vollzog und nach Wahrhaftigkeit suchte. Diese Geschichten erzählen vom Überlebenskampf im Nachkriegsdeutschland, der Armut und dem Chaos in den zerstörten Städten, dem hoffnungslosen Herumirren von Millionen von Deutschen ohne Unterkunft und der traumatischen Rückkehr von Soldaten in eine nicht mehr wiederzuerkennende, materiell und seelisch zerstörte Heimat.

Einer der Autoren dieser Bewegung ist Heinrich Böll, der, nachdem er in der Wehrmacht gedient hatte, in seine Geburtsstadt Köln zurückkehrte, wo ihn ein apokalyptisches Szenario erwartete, das ihn sein ganzes Leben lang heimsuchen sollte. Als ich mit zwölf Jahren seine Erzählung *Wanderer, kommst du nach Spa...* las, wurde mir durch eine Figur im Alter meiner Schwester zum ersten Mal die grausame Sinnlosigkeit des Krieges bewusst. Dieser Jugendliche hatte

einige Jahrzehnte zuvor auf ebendemselben europäischen Land-
strich, auf dem ich meine unschuldige Kindheit verbrachte, im Volkssturm nach den Waffen gegriffen, gemordet und seine Kameraden
sowie einen Teil seiner selbst sterben sehen. Ich war ergriffen von
seinem inneren Monolog. Schwer verletzt im Bett liegend, dämmert
dem Erzähler allmählich, dass er sich in seinem ehemaligen Gymnasium befindet, das er drei Monate zuvor verlassen hat und das inzwischen als Lazarett dient, wo er sich nun einen inneren Kampf liefert,
um diese schmerzhafte Ironie zu leugnen. Am Tag seiner Operation
wird er in ein zum Operationssaal umfunktioniertes Klassenzimmer
verlegt und erkennt an der Tafel seine eigene Handschrift wieder.
Gezwungen, der Wirklichkeit ins Auge zu blicken, begreift er in diesem Augenblick, dass er keine Arme mehr hat und nur noch ein Bein.
Was hatte er, kurz bevor er an die Front geschickt wurde, an die Tafel
geschrieben? »Wanderer, kommst du nach Spa...« – der Anfang einer
altgriechischen Grabschrift zum Gedenken an die Spartaner, die 480
vor Christus, so die Überlieferung, bis zum letzten Mann alles geopfert hatten, um den strategisch wichtigen Thermophylen-Pass gegen
die Perser zu verteidigen. Diese antike Geschichte, die im Dritten
Reich unterrichtet wurde, sollte den Deutschen als Vorbild dienen,
damit sie von Kindesbeinen an Geschmack an der von Hitler verlangten bedingungslosen Opferbereitschaft fanden.

In der Nachfolge der Trümmerliteratur, die Anfang der Fünfzigerjahre wieder erlosch, vertieften deutschsprachige Schriftsteller zunehmend die Kritik an heroischen Werten, patriotischem Opfertum
und dem Konformismus der deutschten Gesellschaft. 1947 gründeten einige von ihnen die Gruppe 47, die zunächst eine schlichte
Bühne für informelle Diskussionen und Lesungen darstellte, sich
aber zu einer literarischen Institution der zweiten Hälfte des 20. Jahrhunderts entwickelte.

Einer der wegweisenden Autoren dieser Gruppe, den mein Vater anscheinend besonders schätzte, da seine Bücher regelmäßig zu
unseren Weihnachtsgeschenken gehörten, war Günter Grass. *Die
Blechtrommel*, sein 1959 erschienener Bestseller, der sich weltweit

millionenfach verkaufte und von Volker Schlöndorff verfilmt wurde, erzählt voller Überschwang und Vorstellungskraft das Leben des Oskar Matzerath. Oskar, 1924 in der freien Hansestadt Danzig geboren, entscheidet sich als Kind, nicht mehr wachsen zu wollen, um nicht in die heuchlerische und mittelmäßige Welt der Erwachsenen eintreten zu müssen. Er wird Zeuge, wie die Einwohner seiner Stadt, weniger aus Blindheit denn aus Opportunismus, zum Nationalsozialismus umschwenken, und er wird schließlich selbst, von Egoismus getrieben, in der Plattheit des Nationalsozialismus versinken. Millionen Deutsche aller Generationen haben wie auch ich diesen kompromisslosen Roman gelesen, der ein Sittengemälde des deutschen Kleinbürgertums zeichnet und es anklagt, stillgehalten zu haben, ohne sich die dramatischen Konsequenzen klarzumachen, welche die Verkettung ihrer kleinen Absagen für die Gesellschaft insgesamt hatte. Wer war nicht in jenem Moment, da Oskar sich trotz seiner Hellsichtigkeit über die Unmoral des Regimes schließlich »anpasst«, von der Frage gequält: Was hätte ich an seiner Stelle getan?

2006 gab Grass schließlich öffentlich preis, im Alter von 17 Jahren zur Waffen-SS gegangen zu sein. Dass ausgerechnet der Wächter des deutschen Gewissens dieses Geständnis so spät ablegte, rief Empörung hervor, aber es ändert nichts daran, dass Grass wie kein anderer die persönliche und kollektive Erinnerung der Deutschen befragt und durchpflügt hat.

Bis zu meinem zehnten Lebensjahr besuchte ich die französische Grundschule des Dorfes, in dem wir im Großraum von Paris lebten. Ich erinnere mich, dass ich mich niemals wirklich zugehörig fühlte, und ohne mich der genauen Gründe dieses Unbehagens zu entsinnen, die in diesem Alter ja zahlreich sein können, bin ich mir doch sicher, dass einer von ihnen in der Herkunft aus zwei Kulturen lag, die mich von anderen unterschied.

In den Achtzigerjahren war Deutschland in Frankreich nicht gerade in Mode. Es wimmelte nur so von negativ empfundenen Vorstellungen über dieses Land. Die Plattitüden, das muss man zugeben, gingen nicht immer ganz an der Wahrheit vorbei: die Mittelmäßigkeit der Küche, der fehlende Charme der Stadtzentren, die Plumpheit des Kleidungsstils, wie sie in der berühmten Kombination von weißen Socken und Sandalen einen nahezu perfekten Ausdruck fand. Aber dieses Gespött blieb doch harmlos im Vergleich zu der damals in Frankreich weitverbreiteten Unterstellung, hinter jedem Deutschen verberge sich ein potenzieller Nazi oder zumindest eine Art Roboter, der Befehlen mechanisch gehorcht und bar jeglicher Gefühle vollkommen unfähig sei, gegen Gesetze und Befehle aufzubegehren – ein Konstrukt, das nebenbei auch den Vorteil hatte, den wirtschaftlichen Erfolg zu erklären, um den man die Deutschen heimlich beneidete.

Ich erinnere mich nicht, dass meine Familie Zielscheibe einer übertriebenen Deutschenfeindlichkeit gewesen wäre, aber als die gute Deutsche, die ich nun einmal war, hat es mir wohl an Humor gefehlt, als mein Grundschullehrer uns einen Film über den Ersten Weltkrieg zeigte und am Ende laut ausrief: »Hurra! Denen haben wir's gezeigt, diesen dreckigen boches!«, wobei er das V für Victory machte. Das musste ihm rausgerutscht sein, aber als alle Mitschüler im Chor sein »Hurra« nachbrüllten, fühlte ich mich wie gelähmt auf dieser Welt zurückgelassen. Ein anderes traumatisierendes Erlebnis war das Spiel zwischen Frankreich und Deutschland während der Weltmeisterschaft 1982, das meine Schwester und ich uns gemeinsam mit unseren beiden französischen Cousinen ansahen – sie waren für die französische, wir für die deutsche Mannschaft. Das Spiel nahm eine schlechte Wendung, als der deutsche Torhüter Toni Schumacher derart heftig gegen den französischen Spieler Patrick Battiston prallte, dass Letzterer drei Zähne verlor und in die Notaufnahme gebracht werden musste, nachdem er mehrere Minuten bewusstlos liegen geblieben war. Die schockierende Haltung des deutschen Spielers, den das Schicksal Battistons nicht zu rühren schien, war für Deutschland eine äußerst schlechte Werbung, und die französischen Medien stürzten sich mit aller Herzenslust auf diesen Vorfall, um ihren Deutschenhass aufleben zu lassen – Monster bist du gewesen, Monster wirst du bleiben.

Ich denke nicht, dass Toni Schumacher dabei eine Rolle gespielt hat, aber kurz nachdem er die deutsch-französische Aussöhnung aufs

Spiel gesetzt hatte, hörte ich auf, mit meinem Vater Deutsch zu sprechen und hielt ihm stattdessen das Französische entgegen. Paradoxerweise war es dann meine französische Mutter, deren Auffassung von Autorität um einiges von derjenigen meines Vaters abwich, die mich dann – Grammatikbücher, Konjugations- und Vokabellisten zur Hand – dazu zwang, Deutsch zu lernen, obwohl ihre Abende schon recht ausgefüllt waren. Und so lieferten meine Mutter und ich uns allabendlich ein erbittertes Kräfteringen. Sie war als Englischlehrerin darin trainiert, tagtäglich gut 30 Gören in den Griff zu bekommen, und ich, dank der Erziehung meines Vaters daran gewöhnt, mich von Autorität nicht einschüchtern zu lassen, gab nur klein bei, wenn sie ihre Drohungen wahr machte. Strategisch gesehen war das eher eine naive Haltung, die mir eine ganze Reihe von Ohrfeigen eingebracht und mich viel Zeit gekostet hat. Angesichts des cholerischen und halsstarrigen Kinds, das ich war, ist es dem Durchhaltevermögen und dem Großmut meiner Mutter geschuldet, dass ich in diesem höllischen Chaos wie durch ein Wunder dennoch genug lernte, um die Übergangsprüfung in die sechste Klasse des internationalen Gymnasiums in Saint-Germain-en-Laye zu schaffen.

Trotz des beschwerlich langen Schulwegs mit dem Bus fühlte ich mich in der liberalen Geisteshaltung, wie sie in dieser Schule vorherrschte, umgehend wohl. Diese war während des Kalten Krieges gegründet worden und versammelte Kinder aus westlichen Ländern – Italiener, Portugiesen, Spanier, Skandinavier, Deutsche, Briten, Niederländer und Amerikaner, die gemischt in den Klassen saßen, dem französischen Lehrplan folgten und zusätzlich die Literatur und Geschichte ihres jeweiligen Landes lernten.

Der deutsche Lehrplan war so so wie der jenseits des Rheins aufgebaut, und meine Lehrer, Deutsche im Alter zwischen 35 und 50 Jahren, gaben dem Nachdenken über die Nazi-Vergangenheit sowohl im Geschichts- als auch Deutschunterricht reichlich Raum. Lebendige und offene Diskussionen über Werke wie *Andorra* von Max Frisch oder *Der Besuch der alten Dame* von Friedrich Dürrenmatt trugen dazu bei, unsere Charakterstärke auszuloten und den Mut zur eigenen Meinung zu fördern. Es geschah im Deutschunterricht, dass ich zum ersten Mal von einem Lehrer zum Ungehorsam eingeladen wurde, wenn uns unser Bauchgefühl angesichts einer Ungerechtigkeit keine Wahl ließ.

Im Französischunterricht, der dem klassischen Lehrplan der französischen Schulen folgte, erinnere ich mich nicht, jemals diese Themen behandelt zu haben. Nach dem Krieg haben die französischen Romanautoren die zwiespältige Rolle ihres Landes und seiner Gesellschaft während der Besatzung wenig behandelt, mit der Ausnahme von Marcel Aymé in *Le chemin des écoliers* oder Jean Dutourd in *Au bon beurre*. In den ersten Jahrzehnten nach der *Libération* ist der Zweite Weltkrieg nicht im selben Maße Gegenstand einer blühenden Literatur geworden, wie es der Erste in der Zwischenkriegszeit gewesen war. Louis-Ferdinand Céline, Henri Barbusse, Blaise Cendrars, Roland Dorgelès, Jean Giono und Pierre Drieu la Rochelle haben das Entsetzen in den Gräben beschrieben, den Tod, der in jedem Augenblick plötzlich eintreten konnte, die unerträglichen Leiden der Verletzten, denen ohne Morphium zerfetzte Gliedmaßen amputiert wurden, die ihr Leben lang entstellt, ertaubt, erblindet und zudem dazu verflucht waren, Nacht für Nacht das apokalyptische Feuer des Krieges wieder und wieder zu erleben.

Insgesamt starben in diesem ersten modernen, industrialisierten und dadurch besonders brutalen Krieg etwa 1,4 Millionen Soldaten in französischer Uniform und 3,5 Millionen wurden verwundet. Fast 36 Prozent derjenigen, die 1914 zwischen 19 und 22 Jahren alt waren, starben. Etwa 36.000 Totendenkmäler wurden in so gut wie allen Gemeinden Frankreichs errichtet. In dieser Hinsicht wirkten diese Traumata aus dem Ersten Weltkrieg in Frankreich sehr viel länger und tiefer nach als die aus dem Zweiten, der etwas über eine halbe Million Opfer in Frankreich und seinen damaligen Kolonien forderte.

Ein Jahr nach dem Mauerfall machten wir 1990 eine Klassenfahrt nach Berlin und entdeckten eine Stadt von verblüffender Nonchalance, die mit den überall sichtbaren Wunden der beiden Weltkriege und des Kalten Krieges in starkem Kontrast stand. Von Berlin aus ging es weiter nach Weimar, jener Stadt, die das Herz der deutschen Klassik war, bevor sie in den Zwanzigerjahren zur Wiege der revolutionären Bauhaus-Architektur, aber auch zum Sitz eines schwachen demokratischen Zwischenspiels wurde. Nachdem wir den Gipfel der deutschen Kultur erstiegen hatten, war der darauf folgende Absturz umso heftiger. Im Lager von Buchenwald waren viele von uns von den schockierenden Bildern eines Films erschüttert, den die Alliierten bei der Befreiung des Lagers gedreht hatten. Plötzlich offenbarten die Verse der *Todesfuge* von Paul Celan, die wir im Unterricht gelernt hatten, ihren dunklen Sinn. Celan, dieser düster-geniale Dichter, dessen jüdische Familie in den Lagern ermordet worden war und der nicht aufhörte, die deutsche Kultur und Sprache anzuklagen, auch den Terror dieser Gräuel genährt zu haben, schrieb:

»... der Tod ist ein Meister aus Deutschland sein Auge ist blau
er trifft dich mit bleierner Kugel er trifft dich genau
ein Mann wohnt im Haus dein goldenes Haar Margarete
er hetzt seine Rüden auf uns er schenkt uns ein Grab in der Luft
er spielt mit den Schlangen und träumet der Tod ist ein Meister
      aus Deutschland«

Im April 1970 wurde Paul Celan tot in der Seine aufgefunden.

Nach dem Abitur entschied ich mich, meine Wurzeln väterlicherseits genauer zu untersuchen und deswegen ein Jahr in Mannheim zu verbringen. Mein Vater half mir beim Einzug in die Familienwohnung in der Chamissostraße und begleitete mich, als ich mich an der Universität einschrieb, an der auch er studiert hatte. Er war sichtbar glücklich über diese unerwartete Germanophilie aufseiten einer Tochter, die seine Sprache im Verlauf einer präpubertären Krise von sich gewiesen hatte, was ihn – das sehe ich erst heute – traurig gestimmt haben wird, wo er sich doch bereits einsam gefühlt haben muss, in einer anderen Kultur und Sprache als der seinen zu leben. Volker wurde nie ganz heimisch in Frankreich, er hat stets eine feste Verbindung nach

Deutschland aufrechterhalten, indem er bis heute fast nur deutsche Zeitungen und Bücher liest und seinen Jugendfreunden die Treue hält. So gelang es ihm, seiner Familie eine klare deutsche Prägung zu geben, die sich, da wir ja in Frankreich lebten, so leicht hätte verflüchtigen können.

Ich verbrachte ein schönes Jahr in Mannheim, wo man doch recht gut leben kann, trotz des hastig nach den Plänen eines Rastermusters wiederaufgebauten Zentrums, dem etwas Geschmeidigkeit fehlt. Ich mochte es, die grünen Ufer von Rhein und Neckar und die ländliche Umgebung zu erkunden, die einen Charme besitzen, den das Stadtzentrum nicht vermuten lässt. In der Universität habe ich es geliebt, dass die Studenten so viel Mitspracherecht besaßen, Dozenten und Professoren widersprechen durften und als vollwertige Erwachsene behandelt wurden. Ich hatte eine Freundschaft zu Tina entwickelt, einer jungen Frau, die ein paar Jahre älter war als ich und mich mit ihrer blonden Mähne ebenso beeindruckte wie mit ihrer Zungenfertigkeit in den politikwissenschaftlichen Seminaren. Sie nahm mich unter ihre Fittiche und brachte mir bei, wie das interne Demokratiesystem der Universität funktionierte, an dem sie als gewähltes Mitglied des Studentenparlaments aktiv teilnahm, ein Organ, das Studenten vor möglichem Machtmissbrauch durch die Lehrkräfte bewahrt.

Nach diesem ersten Studienjahr im deutschen Bildungssystem entschied ich mich 1993, mein Studium an der Fakultät für Geschichtswissenschaften der Pariser Sorbonne IV weiterzuführen, die meine erste Erfahrung mit dem französischen Bildungssystem seit der Grundschule werden sollte.

Ich hatte einen Kurs über das Goldene Zeitalter in Spanien belegt. Während des Unterrichts lauschte ich vollkommen verblüfft den Kommentaren des Dozenten über die Massaker an den Indianern seitens der spanischen Eroberer, die er als ein »intrinsisch notwendiges Übel der Eroberungen« bezeichnete. Er verkündete, dass manchmal das Instrument der Folter durchaus notwendig sei und dass er zu jenen gehöre, die deren Einsatz durch die französische Armee während des Algerienkrieges verteidigen. Ich erinnere mich , dass ich einmal bei einem schriftlichen Test unter ausführlicher Würdigung des kulturellen Einflusses Spaniens deutlich dessen Schattenseiten hervorgehoben habe: den »religiösen Obskurantismus« der blutigen Inquisition gegen die »Häresie«, vor allem aber auch der Massenmord an den amerikanischen Indianern. Ich erhielt eine schlechte Note, die von dem Kommentar begleitet war: »Marxistische Sicht der Geschichte«.

Fassungslos, aber von der Erinnerung an meine Mannheimer Freundin Tina und ihre engagierte Verteidigung der Studenten ermutigt, machte ich mich auf die Suche nach einem Vertreter, der zuständig dafür sein sollte, Beschwerden von Studenten gegen Diskriminierungen und ideologisch gefärbte Ausrutscher in den Seminaren aufzugreifen. Ich fand in dieser Wiege der französischen Bildung, dem Symbol der Aufklärung und der Menschenrechte, keinen einzigen. Als letzte Instanz wandte ich mich an den Lehrstuhlinhaber, einen Spezialisten der Militärgeschichte der Moderne. Er empfing mich, ohne den Blick von seinem Podest zu heben, auf dem uns sein großer Schreibtisch voneinander trennte. Und als ich gesagt hatte, was ich zu sagen hatte, und meine Absicht kundtat, Klage einreichen zu wollen, antwortete er mir: »Für wen halten Sie sich? Wir können Sie jeden Moment erledigen.«

Ganz abgesehen von dieser ziemlich anfechtbaren Formulierung, war es dieser infantilierende Ton, dieser Machtmissbrauch, dem ich im Laufe meines Studiums und meiner beruflichen Karriere in Frankreich noch häufiger begegnen sollte. Unterdessen erwartete mich an der Pariser Sorbonne IV ein weiterer Rückschlag, diesmal betraf er den Inhalt selbst.

Ich hatte mich für Geopolitik eingeschrieben. Ein faszinierendes, aber verzwicktes Fach, das sehr leicht für ideologische Ziele instrumentalisiert werden kann. Tatsächlich aber fand ich mich dort nur einmal ein, denn ich muss diesem Professor eins zugutehalten: Er hat von der ersten Minute an vollkommen unverhohlen einen Ton angeschlagen, der mich noch am selben Tag und ohne weiteren Zeitverlust dazu brachte, mich wieder auszutragen. Er stellte die rhetorische Frage, warum wohl Schwarzafrika »der einzige Kontinent ohne nennenswerte Zivilisation« wäre, wo dort doch, abgesehen von der Sahara, eine reichhaltige Natur und nährstoffreiche Böden zur Verfügung stünden. Anderen Völkern, von jenen im Himalaja bis hin zu den Inkas, sei der zivilisatorische Prozess doch sehr gut gelungen und dies »trotz der sehr schwierigen klimatischen und geografischen Bedingungen«. – »Ich stelle nur die Frage«, hatte er noch mit einem Lächeln präzisiert, sichtbar stolz auf das, was er möglicherweise als Kühnheit erachtete: seine indirekte Bezugnahme auf die zur Rechtfertigung des Kolonialismus im 19. Jahrhundert aufgestellten rassischen Theorien. Kein einziger Student, ich selbst inbegriffen, machte einen Mucks oder verließ unter Protest den Hörsaal.

Ich hatte den Namen dieses Professors mehr oder weniger vergessen, als ich ihn ganz überraschend in einem dieser grandiosen, von Geschichte und Würde überbordenden Hörsäle der Sorbonne ein weiteres Mal antraf. Von der Rednertribüne aus hielt er eine Vorlesung über Vichy-Frankreich. Entgegen der These des amerikanischen Vichy-Experten Robert O. Paxton versuchte er den alten Mythos zu rehabilitieren, demzufolge die Vichy-Regierung verdeckt gegen die deutsche Besatzungsmacht agiert hätte. Er rühmte gleichfalls die Wirtschaftspolitik von Vichy, die seiner Meinung nach die Erfolgsgeschichte der sogenannten Trente Glorieuses, also des wirtschaftlichen Aufschwungs in Frankreich zwischen 1945 und 1973, vorbereitet haben sollte. Im Laufe des Semesters leerte sich der Saal, da die Studenten dagegen rebellierten, dass man ihnen in einer Institution von so ehrenwertem Ruf solches Zeug vorsetzte. Trotzdem durfte der Professor weiter über Vichy an dieser Universität unterrichten, obwohl die Mehrheit der französischen Historiker die *Geschichte von Vichy*, die von ihm veröffentlicht worden war, wegen Ungenauigkeit und mangels intellektueller Strenge kritisiert hatte. Dieser Professor war im Übrigen Mitglied des Club de l'horloge, einem Kreis, der dem Gedankengut der extremen Rechten in Frankreich nahesteht.

Dies alles ereignete sich kurz nach dem Ende der Präsidentschaft des Sozialisten François Mitterrand, eine Zeit, in der wichtige Veränderungen in der Geschichtsaufarbeitung Frankreichs stattfanden. Mitterrand hatte es wie seine Vorgänger vermieden, die Vergangenheit ehrlich auszuleuchten. Er wies jede Verantwortung Frankreichs für die Verbrechen von Vichy zurück, indem er weiterhin schlicht verkündete: »Vichy ist nicht Frankreich!«, und bis 1992 an jedem 11. November das Grab von Pétain auf der Île d'Yeu schmücken ließ. 1995, zwei Monate nach seiner Amtseinführung, entschied der neue konservative Präsident, Jacques Chirac, mit dieser Politik zu brechen. Während der Gedenkfeierlichkeiten zu den Massenverhaftungen des Vel' d'Hiv' am 16. Juli erkannte er als erstes französisches Staatsoberhaupt öffentlich an, dass Vichy und seine Verbrechen Teil der französischen Geschichte waren: »Diese dunklen Stunden besudeln für immer unsere Geschichte und sind eine Beleidigung für unsere Vergangenheit und unsere Traditionen. Ja, dieser verbrecherische Wahn des Besatzers wurde von Franzosen unterstützt, vom französischen Staat. [...] Frankreich, das Land der Aufklärung, das Land der Menschenrechte, Frankreich hat an jenem Tag das Irreparable vollzogen. Es hielt nicht Wort und lieferte seine Schützlinge ihren Henkern aus.« Chirac reagierte damit auf ein dringendes Bedürfnis der französischen Gesellschaft, die seit den 80er Jahren eine offene Auseinandersetzung mit der Vergangenheit und die Köpfe der Henker forderte.

Der Erste, den es traf, war Maurice Papon, der unter Vichy Generalsekretär der Präfektur Gironde gewesen war. Im Mai 1981 veröffentliche das satirische Wochenmagazin *Le Canard enchaîné* von ihm signierte Dokumente, die seine Rolle bei der Deportation von 1.690 Juden – unter ihnen 130 Kinder, die jünger als 13 Jahre alt waren – aus Bordeaux ins Lager von Drancy beweisen sollten. Diese Enthüllungen kamen Papon höchst ungelegen, da er 1981 Minister für den Haushalt unter Präsident Valéry Giscard d'Estaing war. Zwei Jahre später wurde Klage gegen ihn erhoben. Er selbst dürfte recht erstaunt darüber gewesen sein, da er seine Vergangenheit niemals wirklich hatte verbergen müssen und nach dem Krieg eine ungebrochene Karriere als hoher Funktionär im öffentlichen Dienst hingelegt hatte.

Nach einem von vielen Hindernissen gezeichneten juristischen Marathon wurde er 1998 zu zehn Jahren Zuchthaus wegen Beteiligung an »Verbrechen gegen die Menschlichkeit« verurteilt. Bis zum Schluss behauptete der Angeklagte, ganz wie es Tradition war, nichts von der Endlösung gewusst zu haben.

In seinem Plädoyer als Staatsanwalt beschrieb der Jurist Arno Klarsfeld, der Sohn von Serge und Beate Klarsfeld, zusammenfassend den Mechanismus, der Schritt für Schritt aus diesem anständigen Republikaner einen Verbrecher gemacht hat: »Man glaubt, es führe zu keiner Konsequenz, kleine Dinge einfach hinzunehmen. Am Ende ballt sich alles zusammen, eins fügt sich zum nächsten, ein Kompromiss folgt auf den anderen. Man findet sich am Scheideweg von Gut und Böse wieder. Man akzeptiert, man akzeptiert ein weiteres Mal. Man weicht vor sich selbst zurück. Man vergisst den Menschen, der man einmal war, den Menschen, der man sein sollte. Man wähnt sich ein Zuschauer, während man doch schon Akteur ist. Und so kommt es wie von allein, dass man das Irreparable akzeptiert.«

1989 dann wurde Paul Touvier festgenommen, der frühere Chef der Miliz der Region von Lyon. Die französische Miliz war eine paramilitärische Organisation, die vom Vichy-Regime gegründet worden war und die Gestapo bei ihrer Jagd auf Widerstandskämpfer und Juden unterstützt hatte. Sie hatte gefoltert, Massenhinrichtungen durchgeführt und Terror verbreitet. Nach dem Krieg war Touvier mehr als 40 Jahre lang abgetaucht, wobei er sich dank der Großzügigkeit kirchlich-katholischer Kreise von einem Schlupfwinkel in den nächsten hatte retten können. Auf seinem unruhigen Lebensweg kam er auch in den Genuss einer erstaunlichen Begnadigung, die ihm im November 1971 von Präsident Georges Pompidou gewährt wurde, was einen solchen Empörungssturm in der Öffentlichkeit ausgelöst hatte, dass Touvier sich gezwungen sah, wieder abzutauchen. 1994 schließlich wurde er wegen Verbrechen gegen die Menschlichkeit noch einmal verurteilt.

Im selben Jahr erschien *Une jeunesse française* von Pierre Péan, das die Verbindungen, die François Mitterrand mit der extremen

Rechten und Vichy unterhalten hatte, bevor er 1943 der Résistance beigetreten war, ebenso aufdeckte wie seine Freundschaft zu René Bousquet, dem von April 1942 tätigen Generalsekretär der Polizei des Vichy-Regimes. Bousquet war bei der Befreiung durch die Maschen des Säuberungsnetzes geschlüpft. Er durchlief eine Karriere als Banker und einflussreicher Hintermann der Spitzen der französischen Politik, die seine Vergangenheit nicht im Mindesten zu stören schien. 1989 wurde er von der Geschichte eingeholt und wegen Verbrechen gegen die Menschlichkeit angeklagt. Doch die Ermittlungen zogen sich beachtlich in die Länge, Mitterrand wurde vorgeworfen, interveniert zu haben, um das Prozedere absichtlich zu verzögern. 1993 wurde René Bousquet von einem offensichtlich geistesgestörten Attentäter erschossen.

Als Nächster wurde ein Deutscher verurteilt, Klaus Barbie. Der ehemalige Leiter der Gestapo in Lyon, der sich unter dem falschen Namen Klaus Altmann in Bolivien versteckt hielt, war von den dortigen Behörden lange Zeit geschützt worden, bis man ihn 1983 ausliefern musste. Der Prozess in Lyon, bei dem zahlreiche Opfer die Misshandlungen bezeugten, die Barbie und seine Männer ihnen zugefügt hatten, offenbarte den Franzosen einen Blick in die Hölle, welche die Deutschen und ihre französischen Kollaborateure während der Zeit der Besatzung den Juden und Widerstandskämpfern bereitet hatten: Zerquetschen von Genitalien, Ausreißen von Fuß- und Fingernägeln, Verabreichung von Elektroschocks, Hammerschläge und Schläge mit Eisenstangen. Am 4. Juli 1987 wurde Barbie, der keinerlei Reue zeigte, wegen Verbrechen gegen die Menschlichkeit zu lebenslanger Haftstrafe verurteilt.

Parallel zu dieser politischen und juristischen Aufarbeitung stieg die Zahl historischer Publikationen zu diesen Themen stark an, die bislang vernachlässigte Aspekte des Vichy-Regimes wie etwa den Beamtenapparat aufgriffen, das Militär, die Unternehmen oder auch die Universität. Das Archivmaterial zum Zweiten Weltkrieg wurde leichter zugänglich gemacht, der Staat schrieb Veränderungen der schulischen Lehrpläne vor und ließ in Paris Denkmäler wie etwa das Mémorial de la Shoah mit einem dazugehörigen Museum errichten sowie jenes vom Vélodrome d'Hiver, eine Skulptur, die mitten in Paris an die Schande Frankreichs erinnert.

Dieser Drang, über die Vergangenheit aufzuklären, war zugleich durch eine neue politische Entwicklung motiviert: der Durchbruch eines Politikers und seiner Partei, die eine zwiespältige Beziehung mit Vichy kultivierten. Ich erinnere mich an das Auftreten von Jean-Marie Le Pen im Fernsehen in den Achtziger- und Neunziger-jahren, wie er nach jedem seiner Wahlsiege wie ein Boxweltmeister die geballte Faust in die Höhe reckte und mit einem durchdringenden Blick in die Kameras schaute. Ich sehe ihn noch immer vor mir, die-sen charismatischen und listigen Mann, der sich mit seiner Schlag-fertigkeit vor keinem Gegner fürchtete, keine Provokation ausließ und kein Klischee scheute, denen er einen großen Teil seines Erfolgs schuldete.

1972 hatte er den Front National gegründet, eine Gruppierung versprengter Rechtsextremer, unter denen Kollaborateure des Vichy-Regimes waren, die nach dem Ende des Krieges keine politische Hei-mat mehr hatten. Ein Teil von ihnen hatte im Algerienkrieg ein neues Thema gefunden und verteidigte bis zum bitteren Ende die koloni-ale Herrschaft über dieses von Frankreich seit 1830 besetzte Land. Jean-Marie Le Pen hatte an diesem Krieg als Nachrichtendienst-Offizier teilgenommen und wurde später angeklagt, Gefangene fol-tern lassen zu haben, was er zwar abstritt, Folter aber als zulässiges Mittel rechtfertigte. Einer der Mitgründer des Front National war noch weiter gegangen: Er war Mitglied der Organisation de l'armée secrète (OAS, Organisation der geheimen Armee), einer terroristi-schen, prokolonialistischen Vereinigung, die von 1961 an in Algerien und Frankreich Attentate verübte, obwohl die Unabhängigkeit zu dieser Zeit bereits so gut wie feststand. Nach anfänglichen Schwie-rigkeiten vervielfachte Jean-Marie Le Pen seine Wahlerfolge in den Achtzigerjahren, da er die Sorgen um die steigende Arbeitslosen-quote und die Immigration in die urbanen Ballungszentren für sich instrumentalisierte. Im Laufe der Neunzigerjahre festigte seine Par-tei ihren Platz in der französischen Politik und gewann Wähler aus der Arbeitschicht hinzu: ehemalige Anhänger der untergehenden kommunistischen Partei, die nach dem Ende der Sowjetunion politisch verwaist waren.

Bis zuletzt, als er 2011 seinen Parteivorsitz an seine etwas moderater auftretende Tochter Marine abtrat, hat Jean-Marie Le Pen niemals kaschiert, welches Erbe er weiterreichen wollte: Er verteidigte Marschall Pétain als großen Staatsmann, der die Franzosen gut verteidigt habe, und ließ dessen Porträt auf Straßenumzügen der Partei hochhalten. Er schien es auch irgendwie zu genießen, mit seiner Haltung zum Nationalsozialismus und zum Holocaust bewusst zweideutig aufzutreten. Im September 1987, als er von Journalisten gefragt wurde, was er von denjenigen halte, die die Existenz der Gaskammern in den Konzentrationslagern abstritten, antwortete Jean-Marie Le Pen: »Ich habe mich mit dieser Frage nicht im Einzelnen befasst, aber ich glaube, dass es sich dabei um ein Detail der Geschichte des Zweiten Weltkrieges handelt.« Diese Äußerung verursachte eine Schockwelle selbst in seiner eigenen Partei, was ihn aber nicht daran hinderte, sie zu wiederholen. Es gab für diese Art von Provokationen in Frankreich damals eine Zielgruppe in Teilen der extremen Rechten wie auch der extremen Linken, unter denen eine These kursierte, die im Widerspruch zu allen Aussagen von Zeugen und Historikern die Existenz der Gaskammern bestritt. Leider stieß diese These noch bis in die Neunzigerjahre auf ein Echo, da Politiker und Medien sie immer wieder aufgriffen. Als dann aber 1990 auf dem Friedhof von Carpentras in der Provence 34 jüdische Grabstätten geschändet wurden, schlug dieses Ereignis solche Wellen, dass zwei Monate später das Gayssot-Gesetz verabschiedet wurde, das die Leugnung von Verbrechen gegen die Menschlichkeit unter Strafe stellt.

Dieses Erinnerungsgesetz war das erste von dann mehreren: 2001 wurden Sklaverei und der Völkermord an den Armeniern als Verbrechen gegen die Menschlichkeit anerkannt. 2005 sorgte ein neues Erinnerungsgesetz für große Aufregung, da ein Paragraf den Schullehrplänen auferlegte, auf »der positiven Rolle der französischen Präsenz in Übersee« zu bestehen. Historiker, Juristen, Schriftsteller und Lehrer beschuldigten den Staat, die Geschichte für politische Zwecke zu instrumentalisieren, sie unterzeichneten Petitionen und brachten Präsident Jacques Chirac schließlich dazu, sich zu beugen, sodass er 2006 persönlich die Aufhebung des fraglichen Paragrafen verkündete.

Angesichts des wachsenden Einflusses des Staates und der Zeitzeugen in das nationale Gedenken fürchteten die Historiker eine Vermengung von historischer Forschung, staatlich organisiertem Gedenken und persönlichen Erinnerungen. Zudem beklagten sie eine »Obsession« der Franzosen für Vichy und warnten vor einem »Trop-plein de mémoire«, einem Zuviel an Gedächtnis, einer »Hypermnesie der Erinnerung«, wie etwa der Historiker Henry Rousso. Sein Kollege Pierre Nora sprach von einer »Tyrannei des Erinnerns«. Der für diese Frage unumgängliche, 2005 verstorbene Philosoph Paul Ricœur brachte es auf den Punkt: »Das Erinnern zum Imperativ zu erheben ist der Anfang eines Missbrauchs.« Er sei eher vorsichtig, wenn für Zeitzeugen von einer Pflicht zur Erinnerung die Rede sei. »Ich spreche lieber von Erinnerungsarbeit.«

Diese Überlegung von Ricœur liefert meiner Meinung nach einen Schlüssel, um einen wichtigen Unterschied zwischen der Art und Weise zu verstehen, mit der Frankreich und Deutschland ihrer jeweiligen Vergangenheit begegnen. Den Beginn liefern bereits die unterschiedlichen semantischen Begriffsfelder. In Frankreich ist die terminologische Vielfalt, mit der dieser Prozess beschrieben wird, beschränkt. Der Begriff devoir de mémoire, »Erinnerungspflicht«, ist weiterhin vorherrschend, wohingegen in Deutschland die Begriffsvielfalt die Intensität widerspiegelt, mit der sich das Land seiner Geschichte stellt: Vergangenheitsbewältigung, Geschichtsaufarbeitung, Erinnerungskultur, Geschichtspolitik, Vergangenheitspolitik. In Deutschland war die Erinnerungsarbeit ein kollektiver Prozess, sie wurde von einer Vielzahl an Akteuren getragen, die aus unterschiedlichen gesellschaftlichen Feldern stammten, wohingegen sie in Frankreich lange Zeit über hauptsächlich vom Staat, den Historikern und den Opfern getragen wurde. In ihrem 2017 erschienenen Buch *A quoi servent les politiques de mémoire?* unterstreichen die

Soziologinnen Sarah Gensburger und Sandrine Lefranc: »Um dauerhafte und weitverbreitete Werte zu etablieren«, müssten diese sich »auf zahlreiche und starke Akteure verlassen« können. Und sie fügen hinzu: »Als Soziologen zweifeln wir die Kraft des Einflusses politischer Autoritäten in Bezug auf das Verhalten von Individuen an.« Statt einer Gedenkkultur von oben plädieren sie für die Förderung eines »kritischen Geistes« beim Einzelnen.

Gerade darin sehe ich einen der großen Erfolge der deutschen Geschichtsaufarbeitung, die von zahlreichen Akteuren getragen wurde, welche sich auch mit der Frage auseinandersetzten, wie jemand zum Täter oder doch zumindest zum Mitläufer werden konnte, womit insgesamt ein kritisches Denken befördert wurde. In Frankreich »hat man sich weniger oder eher gar nicht die Frage gestellt, wie einer zum Täter wird, man hat sich eher die Frage gestellt, wie einer zum Helden wird und über die Verantwortlichkeit eines jeden Einzelnen hat man hinweggesehen«, sagt Alain Chouraqui, der Gründungspräsident der Fondation du Camp d'internement des Milles, von wo aus Tausende Juden, und unter ihnen viele Kinder, in den Tod geschickt worden sind.

Gewiss herrschte in Frankreich nicht die fanatische Vorstellung einer »Volksgemeinschaft«, die in Übereinstimmung mit ihrem »Führer« steht, und natürlich gab es in Frankreich – schon weil es ein besetztes Land war – weitaus mehr Widerstandskämpfer und Bürger, die diesen halfen und Juden versteckten, als in Deutschland. Aber es hatte unter der Bevölkerung auch solche gegeben, die denunzierten und von der Lage profitierten, und bei den vielen übrigen herrscht der Eindruck, dass sie gegenüber den Opfern recht apathisch geblieben waren und sich an die politische Entwicklung des Landes angepasst hatten. Die Haltung dieses Großteils der Bevölkerung, die weder Widerstandskämpfer noch aktive Kollaborateure waren, ist nicht so gründlich erforscht worden wie in Deutschland.

Das 2012 eröffnete Gedenkmuseum Camp des Milles ist in Frankreich das erste, das die Frage des »Was?« auf die des »Wie?« erweitert hat, indem es einen Schwerpunkt auf die Untersuchung nach den psychologischen und sozialpsychologischen Mechanismen legt, die Einzelne und eine Gesellschaft insgesamt zu solchen Verbrechen bewegen können. »Die historischen Fakten reichen nicht aus, der Blick muss auf das individuelle Verhalten gelegt werden und zeigen, dass jeder Einzelne eine Wahl treffen kann und unwiderrufliche Verantwortung besitzt«, worunter auch jene fällt, »Widerstand zu leisten oder zumindest nicht passiv zu bleiben«, sagt Alain Chouraqui.

Es geht hier nicht darum, die Franzosen anzuprangern, sondern darum, die Reflexe von Konformismus, Opportunismus, Gleichgültigkeit, Verblendung oder Angst zu analysieren, die das Verhalten einer Gesellschaft und ihrer Bürger im Kontext einer Krise bestimmen, um sie frühzeitig erkennen und ihnen entgegenwirken zu können. Dabei besteht natürlich kein Zweifel daran, dass sich die Diskrepanz der Erinnerungsarbeit dies- und jenseits des Rheins auch aus der Tatsache heraus erklärt, dass die französische Bevölkerung nicht dasselbe Trauma zu tragen hatte wie die deutsche, da die Verbrechen von Vichy-Frankreich mit den Gräueltaten des Dritten Reiches nicht zu vergleichen sind. Aber vielleicht hat demzufolge Frankreich die Chance, mit der Erinnerungsarbeit die Demokratie in seinen Institutionen und in seiner Gesellschaft stärker zu verankern, weniger ausgeschöpft.

Als ich in Paris die Journalisten-Schule besuchte, gingen wir auf Studienreise nach Bonn, und zwar kurz bevor die Regierung nach Berlin umzog. Ich erinnere mich noch, wie beeindruckt ich davon war, dass wir völlig problemlos das Kanzleramt betreten konnten, ein Gebäude aus Glas und Funktionsstahl ohne jeglichen Schnickschnack. Formlos empfing uns ein hoher Beamter in seinem schlichten Büro. Was für ein Kontrast zum Dekor des Élysée-Palastes, des Hôtel Matignon und der französischen Ministerien! Diese Paläste mit ihren Interieurs voller Vergoldungen, Spiegel und Kandelaber umgeben den Staat mit einer Aura monarchischer Unzugänglichkeit. Hohe Staatsbeamte halten sich in riesigen Räumen auf, in denen sich der Besucher angesichts der unendlichen Decken klein und bedeutungslos fühlt. Diese architektonische Differenz spiegelt die institutionellen

Unterschiede beider Länder wider. In Frankreich personalisiert das Präsidialsystem die Macht, die vom Präsidenten verkörpert wird, der manchmal der Versuchung erliegt, wie ein Souverän zu regieren. In Deutschland hingegen ist die Macht stärker aufgeteilt, und zwar mit einer dem Bundestag zugeschriebenen zentralen Rolle, der die Exekutive kontrolliert und als Arena von Grundsatzdebatten dient, die wiederum im Fernsehen übertragen werden. Der französische Zentralismus lässt den Regionen kaum Raum, wohingegen der deutsche Föderalismus den Ländern viele Rechte einräumt. Die Bürger sind näher an der Macht. Darüber hinaus behindert das System der Mehrheitswahl in Frankreich die kleinen Parteien und damit auch ihre Themen, während in Deutschland das System eines abgeschwächten Verhältniswahlrechts ihnen die Chance auf einen Platz im Bundestag gewährt. Die Begegnung dieser unterschiedlichen politischen Positionen zwingt die deutschen politischen Repräsentanten ebenso zum Dialog, zur Argumentationsführung und zur Aushandlung von Kompromissen wie das Machtverhältnis zwischen Bund und Ländern. Es hindert sie daran, eine einzige Vision durchzusetzen, wie ein Präsident in Frankreich es zu tun vermag.

In Deutschland ist die Presse eine weitere effektive Gegenmacht zur Exekutive. Sie ist von einem Reichtum, einer Vielfalt und einer Qualität, wie sie sonst in Europa selten vorkommt. In Frankreich haben nur zwei der überregionalen Tageszeitungen, die sich mit der aktuellen politischen Welt befassen, eine höhere gedruckte Auflage als 100.000 Exemplare, *Le Monde* und *Le Figaro* mit rund 300.000 Exemplaren. Dank ihrer elektronischen Ausgaben steigt jedoch die Zahl ihrer Leser kontinuierlich an.

Außerdem ist die Beziehung der Journalisten zur Macht in Frankreich nicht dieselbe wie in Deutschland. Als ich in den Jahren nach 2000 für eine französische Presseagentur gearbeitet habe, wurde ich mehrmals mit kleinen Einschüchterungs- oder verkappten Korruptionsversuchen konfrontiert. Angefangen bei orgiastischen Mittagessen, die von einem Politiker bezahlt wurden, der dafür einen bestimmten Ton in meinen Artikel einforderte. Die Pressesprecherin eines Ministers, die mir mehr Informationen als anderen Journalisten versprach, erwartete dafür aber eine positive Einstellung meinerseits gegenüber ihrem Chef. Oder der persönliche Anruf eines Staatsbeamten, der anordnen wollte, eine Agenturmeldung über was weiß ich für eine ministerielle Leistung zu schreiben. Und schließlich eine Botschaft, die sich weigerte, mir die exorbitanten Baukosten ihres neuen Gebäudes zu nennen, das vom Steuerzahler bezahlt worden war – und dies mit der schlichten Erklärung, dass »das die Presse nichts angeht«. Bei diesen Beziehungen hat sich jedoch die Transparenz verbessert, und das Personal des französischen öffentlichen Dienstes scheint einen Prozess der Veränderung durchlaufen zu haben. Es ist inzwischen offener, zugänglicher, weniger arrogant. Die Symptome aber bestehen weiterhin, noch immer muss man sich im Hof des Élysée-Palastes die Beine in den Bauch stehen und darauf warten, dass die Minister aus ihrer wöchentlichen Sitzung kommen, ganz anders als in Berlin bei der Bundespressekonferenz, wo man mit einem Mikrofon ausgestattet in einem großen Saal Platz nimmt und die Pressesprecher der jeweiligen Minister drei Mal pro Woche noch bis auf die allerletzte Frage der Journalisten antworten. Abgesehen von diesen regelmäßigen Konferenzen können die Journalisten der Bundespressekonferenz Politiker bei besonderen Anlässen bitten, vor den Kollegen aufzutreten: Es sind die Mächtigen, die sich zu den Journalisten begeben und sich deren Regeln unterwerfen und nicht anders herum, wie in den meisten anderen Ländern. Ein starkes Symbol der Pressefreiheit und der Funktion der Medien in der Demokratie.

In Deutschland drückt sich die Demokratie dank des Mitbestimmungsrechts auch im Leben vieler Unternehmen aus, wo die Arbeitnehmer in Entscheidungsprozesse eingebunden werden müssen, was den Gewerkschaften erlaubt, weitaus konstruktiver zu agieren als in Frankreich, wo dieses Verhältnis viel konfrontativer ist. Ein befreundeter Coach, der nach Paris versetzten ausländischen Führungskräften half, den »french touch« in den Unternehmen zu verstehen, erzählte mir, wie überrascht diese von den dort vorherrschenden hierarchischen Verhältnissen waren, welche zu unendlichen Entscheidungs- und Befehlsketten führen. In vergleichbaren Positionen

besaßen diese Ausländer mehr Macht als ihre französischen Gegenüber, die erst ihren Chef fragen mussten, der wiederum erst seinen
Chef fragen musste, der wiederum erst ... Diesen Unterschied stelle
ich häufig fest, ob nun in Restaurants, in einem Kaufhaus, am Tele-
fon, wenn ich mit einem Kundendienst spreche: In Deutschland ist
die Entscheidungsbefugnis und damit die Verantwortung für Angestellte größer und mit dieser auch ihr Sinn für Eigeninitiative und
Flexibilität im Umgang mit Kunden, was meine Mutter häufig sagen
lässt, dass »die Deutschen einen Sinn fürs Geschäft« hätten.

Solche Unterschiede erwachsen auch aus einem jeweils anderen Verhältnis zur Autorität und zum sozialem Prestige, das in Frankreich
schon in der Schule vorbestimmt wird. Dank meiner Schulzeit am internationalen Gymnasium konnte ich das französische Erziehungs-
modell lange umgehen, bevor ich schließlich an der Sorbonne und an
meiner journalistischen Grande école mit ihm konfrontiert wurde.
Meine Pariser Freunde waren ihm aber ungebremst ausgesetzt, und
zwar von Kindheit an: Ihre Eltern setzten sie in die Startlöcher, um
sich mental auf den Wettbewerb der Grandes écoles vorzubereiten.
Zugleich wurden sie von ihren Lehrern »dressiert«, die den Einsatz-
willen der Schüler auf die Probe stellten, indem sie diejenigen öffentlich demütigten, deren Noten nur mittelmäßig waren. Die Grandes
écoles und die dort verliehenen Diplome genießen in Frankreich
Kultstatus. Es ist üblich, sein Gegenüber wissen zu lassen, welche
Grande école man besucht hat – und dies selbst noch Jahrzehnte
nach dem Abschluss. Ebenso gern erwähnt man, ob man eine Aus-
zeichnung erhalten hat, jene andere Etikette, auf die die Franzosen
so versessen sind. In der Literatur ist es etwa für Romanautoren die
ultimative Ehrung, den Goncourt zu gewinnen, der die Besonderheit
besitzt, von einer der wenigen literarischen Jurys weltweit vergeben
zu werden, in die man auf Lebenszeit berufen wird und dessen Jury-
mitgliedern regelmäßig vorgeworfen wird, die ihnen nahe stehenden
Verlage sehr stark zu begünstigen. Trotzdem stürzen sich die Franzosen auf den Goncourt-Gewinner und sein Buch, dem in der Regel ein
großer kommerzieller Erfolg sicher ist.

Langsam ändert sich die Mentalität in Frankreich. Der Geheimniskult, der lange Zeit als Ausdruck von Macht zelebriert wurde, wird nicht länger akzeptiert. Die Presse ist unabhängiger und die Grandes écoles beginnen sich infrage zu stellen, einige, wie meine Journalistenschule, sind dabei, ihre Aufnahmebedingungen mit dem Ziel zu verändern, kreativere Studenten anzuziehen.

Seit meiner Jugend habe ich das reflektierte Verhältnis der Deutschen zu Autorität und Hierarchie als große Freiheit empfunden, in der sich ein gesundes Selbstvertrauen entwickeln kann. Ich denke, einer der großen Erfolge der Erinnerungsarbeit in Deutschland liegt darin begründet, dass sie ein besonderes Gewicht auf die Haltung der Bevölkerung während des Nationalsozialismus legte und es ihr dadurch gelungen ist, den Bürgern einen Sinn für individuelle moralische Verantwortung zu übertragen und damit auch einen kritischen Geist in der Bevölkerung wachzuhalten, der für jede Demokratie unabdingbar ist: das Misstrauen gegenüber selbst ernannten Heilsbringern, die Zurückhaltung angesichts linker wie rechter Extremismen, das Bewusstsein für die Notwendigkeit einer starken Zivilgesellschaft.

Solche Lehren sind auch der Erfahrung des ultimativen Beispiels politischer Manipulation und Selbsttäuschung der Massen zu verdanken: dem Dritten Reich. Adolf Hitler hat seine Manipulationsstrategien nie verheimlicht. In *Mein Kampf* schreibt er: »Die Aufnahmefähigkeit der großen Masse ist nur sehr beschränkt, das Verständnis klein, dafür jedoch die Vergesslichkeit groß. Aus diesen Tatsachen heraus hat sich jede wirkungsvolle Propaganda auf nur sehr wenige Punkte zu beschränken und diese schlagwortartig so lange zu verwenden, bis auch bestimmt der Letzte unter einem solchen Worte das Gewollte sich vorzustellen vermag.« Sein Reichspropagandaminister Joseph Goebbels riet dazu, den Bürger »ganz mit den Ideen der Propaganda zu durchtränken, ohne dass er überhaupt merkt, dass er durchtränkt wird«. Massenaufmärsche würden »den kleinen armseligen Menschen die stolze Überzeugung« verleihen, »als kleiner Wurm dennoch Glied eines großen Drachens zu sein«, schrieb er.

Einer der Urheber dieser Manipulationsregeln ist der französische Soziologe und Psychologe Gustave Le Bon, dessen Werk die *Psychologie der Massen* sowohl den faschistischen Führer Italiens, Benito Mussolini, wie Joseph Goebbels und sehr wahrscheinlich Hitler beeindruckt und beeinflusst hat. Das Werk, das bei seinem Erscheinen zur Jahrhundertwende für großes Aufsehen sorgte und auch heute nichts von seiner Aktualität verloren hat, beschreibt, wie das Individuum sich verwandelt, wenn es mit der Masse verschmilzt, die seine Fähigkeit, unabhängig zu denken, und seinen Eigensinn beachtlich reduziert: »Die Hauptmerkmale des in der Masse befindlichen Individuums sind demnach: Schwund der bewussten Persönlichkeit, Vorherrschaft der unbewussten Persönlichkeit, Orientierung der Gefühle und Gedanken in derselben Richtung durch Suggestion und Ansteckung, Tendenz zur unverzüglichen Verwirklichung der suggerierten Ideen. Das Individuum ist nicht mehr es selbst; es ist ein willenloser Automat geworden.«

Angesichts dieser Mechanismen kann ein Rädelsführer die Masse leicht manipulieren. Um dies zu erreichen, so betont Gustave Le Bon, muss er Begriffe bedienen, die starke Bilder hervorrufen, er muss beeindrucken, muss den Leidenschaften und Begierden jener schöntun, die ihm zuhören, die Neigung der Masse für Mythen befriedigen. Er muss die Grenzen zwischen dem Unwahrscheinlichen und dem Wirklichen ebenso zum Verschwinden bringen wie den Versuch, durch rationale Argumente zu überzeugen. Und schon wird er von ihnen Selbstlosigkeit ernten, Eigenaufopferung, Pflichtgefühl bis hin zum Vergessen zutiefst eingeprägter menschlicher Werte.

Das Dritte Reich war in dieser Verkehrung der Moral besonders erfolgreich. Im Oktober 1943 verkündete Himmler in seiner Rede vor den SS-Führern in Posen: »Von Euch werden die meisten wissen, was es heißt, wenn 100 Leichen beisammenliegen, wenn 500 daliegen oder wenn 1.000 daliegen. Und dies durchgehalten zu haben und dabei – abgesehen von menschlichen Ausnahmeschwächen – anständig geblieben zu sein, hat uns hart gemacht und ist ein niemals genanntes und niemals zu nennendes Ruhmesblatt.«

Die Geschichte meiner Verbundenheit zu Deutschland ist die Geschichte einer leidenschaftlichen und ambivalenten Beziehung: In ihr halten sich Begeisterung und Verärgerung die Waage, Vertrauen und Sorge, Respekt und Langeweile.

In Berlin denke ich wehmütig an die Kunst der Konversation der Franzosen, diese »Art Elektrizität, die Funken sprühen lässt«, wie Madame de Staël es beschrieb. Trotz der beiden Jahrhunderte, die uns voneinander trennen, bin ich weiterhin erstaunt darüber, wie sehr ich ihr zustimmen kann, wenn sie etwa schreibt: »Die Rechtlichkeit der Deutschen gestattet ihnen nichts dergleichen [...], denn sie vernehmen kein Wort, ohne etwas daraus zu folgern, und noch weniger begreifen sie, wie man die Rede als freie Kunst behandeln könne, die keinen anderen Zweck hat als das Vergnügen, das man darin findet.«

Eine weitere Besonderheit der französischen Identität, die ich manchmal vermisse, ist die sogenannte culture générale (»allgemeine Kultur«), diese allgemeine Kenntnis der Geisteswissenschaften und Künste, der in der Schullaufbahn und in Teilen der französischen Gesellschaft großer Wert beigemessen wird. Kulturelle Bildung wird dort als allgemeiner Grundstein erachtet, der dazu dient, einen »französischen Geist« auszubilden, der durchaus etwas oberflächlich sein darf, solange er glänzt, und einen Humor aufweisen sollte, der gern auch böse sein darf, solange er pikant und unterhaltsam ist. Trotzdem überwiegt in Deutschland doch mein tiefer Respekt für das Ganze meine Gereiztheit bei einigen Charakterzügen des Landes, und ich genieße es, in einer Gesellschaft zu leben, in der Urteilsfähigkeit, der Sinn fürs Gemeinwohl und für Gemessenheit stärker verbreitet ist als in vielen anderen Ländern.

Als ich meiner Schwester Nathalie erzählte, dass ich dieses Buch schreibe, war sie keineswegs erstaunt. Sie hat dieselbe Schule besucht wie ich, dieselben Bücher gelesen und dieselbe Erziehung genossen. Sie sagte zu mir: »Das ist der Einfluss von Papa.« Ich fand das zuerst merkwürdig, denn ich habe mich immer eher als Französin begriffen denn als Deutsche, und als wir klein waren, hat sich unser

Vater nicht besonders häufig mit uns über die Vergangenheit seines Landes unterhalten. Die Übertragung war auf anderem Wege erfolgt. Vielleicht weil er uns niemals irgendwelche Moralpredigten gehalten hat, nie ein Urteil über uns fällte und uns sehr früh eigene Entscheidungen für unser Leben treffen ließ, hat er gerade dadurch die Lust in uns geweckt, seinem Modell von Freiheit zu folgen, das nicht auf Desinteresse und Ignoranz beruht, sondern auf der Erinnerung an eine Diktatur.

12 Die Mauer ist tot, es lebe die Mauer!

ALS AM 9. NOVEMBER 1989 in Berlin die Mauer fiel, war ich noch zu jung, als dass ich meinen Vater hätte bitten können, mich nach Berlin mitzunehmen, um diese Revolution hautnah mitzuerleben, die wie durch ein Wunder unblutig verlief. Ich bedaure, keine Zeugin dieses Triumphes der Freiheit gewesen zu sein, dieser vielen Menschen, die, ohne sich zu kennen, einander in die Arme fielen und weinten und lachten und ungestüm mit Spitzhacken Löcher in jene Mauer schlugen, die sie jahrzehntelang getrennt hatte. Auf den Bildern, die an jenen Freudentagen aufgenommen wurden, kann ich auf den Gesichtern der Ostdeutschen, die seit fast einem halben Jahrhundert in einem Land eingesperrt waren, das sie sich nicht ausgesucht hatten, keine Bitterkeit erkennen und auf jenen der Westdeutschen keine Feindseligkeit angesichts dieser neuen Mitbürger, mit denen es von nun an zu teilen galt.

Welches Gefühl wohl muss Helmut Kohl empfunden haben, als ihn einen Monat später während einer Ansprache in Dresden Zehntausende Ostdeutsche mit »Helmut, Helmut! Einheit, Einheit!« bejubelten und dabei Flaggen der Bundesrepublik hochhielten. Später behauptete der Kanzler, dass er in diesem Moment gewusst habe, es hätte keine andere Möglichkeit gegeben als die Wiedervereinigung. Die britische Premierministerin Margaret Thatcher und der französische Präsident François Mitterrand waren nicht dieser Meinung, sie fürchteten die Wiederkehr eines großen Deutschlands im Herzen Europas.

Auch in der Bundesrepublik zeigten sich einige Intellektuelle reserviert. »Wegen Auschwitz keine Wiedervereinigung!«, lautete ihre Losung. Allen voran Günter Grass, der beim Berliner Programm-Parteitag der SPD im Dezember 1989 verkündete: »Ein Einheitsstaat, dessen wechselnde Vollstrecker während nur knapp 45 Jahren anderen und uns Leid, Trümmer, Niederlagen, Millionen Flüchtlinge, Millionen Tote und die Last nicht zu bewältigender Verbrechen ins Geschichtsbuch geschrieben haben, verlangt nicht nach einer Neuauflage.« Sollte die Nazi-Vergangenheit, die nach dem Krieg bereits für die Teilung Deutschlands verantwortlich war, nun auch noch

303

den Traum der Wiedervereinigung gefährden? Kohl entschied, dass dem nicht so sein sollte.

Am 3. Oktober 1990 wurden zwei Länder wiedervereinigt, die sich nach dem Ende des Dritten Reiches vollkommen verschieden entwickelt hatten. Auf der einen Seite eine Demokratie, gewachsen durch wirtschaftlichen Erfolg und gefestigt durch die Auseinandersetzung mit der NS-Zeit. Auf der anderen eine Diktatur, errichtet auf einem antifaschistischen Gründungsmythos, der das Land von moralisch-historischer Verantwortung entbinden sollte.

Ein knappes halbes Jahrhundert nach dem Ende des Krieges stand Deutschland also wieder vor der Herausforderung, die Demokratie in einer Gesellschaft zu verankern, die seit Jahrzehnten nur Diktaturen gekannt hatte. Gestützt auf die Erfahrungen der Nachkriegszeit, setzte man auf den Wirtschaftsaufschwung und die Vergangenheitsbewältigung.

Am Tag der Wiedervereinigung hielt unser Schulleiter am Lycée International eine euphorische Rede an uns, seine aus sämtlichen Nationen zusammengewürfelten Schüler, die er als die »neue Hoffnung auf Frieden in Europa« bezeichnete. Da begriff ich, dass dieses historische Ereignis eines der mächtigsten sein würde, das mir im Leben widerfahren sollte. Und so als junges Mädchen getragen von einer neuen Leidenschaft für die Odysseen der Geschichte, begleitete ich meine Mutter nach Ostberlin, um dort meinen Vater zu besuchen.

Er war seit September im Einsatz bei der Treuhandanstalt, eine mit der Abstimmung der ostdeutschen Volkskammer gegründete Organisation, der etwa 8.500 volkseigene DDR-Betriebe unterstellt worden waren, in denen insgesamt mehr als vier Millionen Menschen arbeiteten und die privatisiert werden sollten. Die Treuhand bemühte sich um westdeutsches Managementpersonal, und die Bonner Regierung versuchte ihrerseits, die großen westdeutschen Unternehmen dazu zu bewegen, Fachpersonal für diese enorme Aufgabe zu entsenden: die Umwandlung einer Plan- in eine Marktwirtschaft. Wir lebten damals im Umland von Paris, wo mein Vater für die französische

Niederlassung eines deutschen Autobauers arbeitete. Als dessen Vorstand ihm den Einsatz vorschlug, stimmte er sofort zu – er, der sein Vaterland nur im geteilten Zustand gekannt hatte. »Ich hatte ein professionelles Interesse und eine Art patriotisches Gefühl. Ich wollte den Ostdeutschen helfen. Mir war klar, dass sie weitaus mehr als die Westdeutschen für den verlorenen Krieg gebüßt hatten, da sie unter einem totalitären Staat hatten leiden müssen, der noch dazu das Land in den wirtschaftlichen Ruin geführt hatte. Für mich war es eine Art Ehre, mithelfen zu dürfen.«

Kurz nach dem Mauerfall herrschte in der DDR Endzeitstimmung und Unsicherheit. Die Autorität der SED war dahin. Der eine Staat war im Begriff sich aufzulösen, der andere noch nicht bereit, ihn zu ersetzen. Die Polizei der DDR verlor die Kontrolle und schaute apathisch zu, wie sich Kriminalität und Anarchie ausbreiteten. Niemand wusste mehr, was richtig oder falsch war. Bars, Clubs, Theaterszenen sprießten an allen Ecken und Enden aus dem Boden, Partys wurden gefeiert, ohne Genehmigung, ohne Strafen, man tobte sich aus, feierte frenetisch die Freiheit, der man über 40 Jahre lang beraubt gewesen war. Gewalt brach aus. Jugendliche lebten sich aus und probierten, was unter dem DDR-Regime noch streng verboten gewesen war. Punks, Skinheads, Neonazis und Linksextreme besetzten Häuser und führten Straßenkämpfe, oft ohne dafür belangt zu werden. Die DDR war ein gesetzloser Staat geworden.

Ab Dezember 1989 tagte der »Runde Tisch«, an dem sich Delegierte aus Bürgerbewegungen und Kirche, die Hauptakteure des Aufstands waren, gemeinsam mit Vertretern der DDR-Regierung, der SED und der Blockparteien, also CDU, SPD und LDPD, regelmäßig versammelten, um über die wirtschaftliche Zukunft der DDR, die Auflösung der Stasi und freie Wahlen zu debattieren. Ulrike Poppe, eine Dissidentin der DDR, die ich für einen Dokumentarfilm getroffen habe, war eine von ihnen. »Es war eigentlich allen klar, dass es auf eine Wiedervereinigung zugeht. Uneins waren wir uns nur darüber, in welchem Zeitraum. Die einen wünschten sich eine schnelle

Wiedervereinigung, aber viele der Bürgerrechtler, wie ich, waren der Meinung: Erst brauchen wir eine stabile Demokratie, um dann auf Augenhöhe sozusagen mit dem Westen zu verhandeln. Wir waren der Ansicht, dass auch die BRD reformbedürftig war und dass man durch die Wiedervereinigung Verbesserungen fördern könnte, im Bereich Umwelt, soziale Gleichheit, Demokratie und Frieden.«

Diese Streitfrage wurde endgültig bei den ersten freien Parlamentswahlen der DDR am 18. März 1990 entschieden, bei denen die CDU, die eindeutig für Wiedervereinigung stand, mit mehr als 40 Prozent der Stimmen das beste Ergebnis erzielte. Die Bürgerbewegungen erreichten nicht einmal die erforderliche Anzahl von Stimmen – fünf Prozent –, um überhaupt in die Volkskammer einziehen zu dürfen. Diejenigen, die wesentlich zum Fall der Diktatur beigetragen hatten, fanden sich nun von der parlamentarischen Mitgestaltung des Landes ausgeschlossen. Viele DDR-Oppositionelle waren verbittert und meinten, die Ostdeutschen hätten ihnen die D-Mark vorgezogen und dies in der Wahl für eine schnelle Wiedervereinigung symbolisch zum Ausdruck gebracht. »Ich glaube, es ist zu einfach zu sagen, die Bevölkerung hätte die D-Mark gewählt«, sagt Ulrike Poppe. »Nach den vielen Monaten der Unsicherheit hatte die Bevölkerung auch das Bedürfnis nach Sicherheit, nach etablierten und funktionierenden Abläufen im ganzen politischen Geschehen. Und das war am schnellsten zu bekommen durch eine möglichst rasche Übernahme der Strukturen der Bundesrepublik.«

Auf dem Weg zur Wiedervereinigung trat am 1. Juli 1990 die Währungsunion in Kraft. Die Ostmark wurde bei einem Wechselkurs von 1 : 1 bei Löhnen, Gehältern, Renten, Mieten, Pachten und Teilen des Ersparten von der D-Mark ersetzt. Damit schossen die Kosten für Arbeitskräfte in die Höhe, die internationale Wettbewerbsfähigkeit der Firmen brach vollständig zusammen. Dieser überhöhte Umtauschkurs sollte die Ostdeutschen entmutigen, in den Westen abzuwandern, um höhere Löhne in D-Mark zu verdienen. Die DDR drohte auszubluten. Am Tag der Währungsunion begann auch die Treuhandanstalt ihre Arbeit.

306

Mein Vater war einer der ersten Westdeutschen bei der Treuhandanstalt, zu einer Zeit also, als es die DDR noch gab. Er war als Projektdirektor mit der Privatisierung großer Industriebetriebe beauftragt. »Als ich dort ankam, gab es praktisch nur Ostdeutsche. Am Anfang hatte Bonn für die Treuhand nicht einmal ein Budget für Büromaterial vorgesehen, die Ausstattung insgesamt war viel zu mangelhaft, es fehlte an Schreibmaschinen, ja, sogar an Stiften. Als ich sah, wie das Ganze anfing, habe ich zu mir gesagt: Sicher ist zumindest, dass wir nicht kurz davor sind, dieses ›Vierte Reich‹ aufzubauen, das die Franzosen so sehr fürchten«, schmunzelt er. Vor allem gab es kaum mehr als sechs Telefonleitungen – lächerlich angesichts der riesigen Aufgabe, die die Treuhand zu bewältigen hatte. »Die westdeutsche Bürokratie hat es lange nicht hinbekommen, die katastrophale Grundausstattung zu verbessern.« Zu diesen Anfangsschwierigkeiten gesellte sich die extreme Zurückhaltung vieler großer westdeutscher Firmen bei der Entsendung von Spezialisten, die erbeten worden war, um die Treuhandanstalt zu unterstützen. »Sie wollten ihr qualifiziertes Personal einfach nicht hergeben. Wir mussten sie wirklich anbetteln und zwingen. Wir riefen bei ihnen an, um zu sagen: Wenn ihr uns niemanden schickt, verkaufen wir euch nichts. Schließlich haben sie geholfen.«

In seinem Team hatte mein Vater eine Reihe ehemaliger Führungskader des SED-Regimes. Manchmal lud er sie abends zu einem Glas Wein ein, um mit ihnen über ihren Alltag in der DDR und ihre Angst vor der Zukunft zu sprechen. Ihnen war nicht gerade nach Jubel zumute. Den Gründungsprinzipien eines »Arbeiter-und-Bauern-Staates« zum Hohn hatten sie über eine Reihe von Privilegien verfügt. Für sie bedeutete das Ende der DDR den Verlust ihres Status. Sie fragten sich, was aus ihnen werden würde. Mein Vater hatte zu ihnen eine Art Sympathie entwickelt. »Es bestand trotz allem eine gewisse Kohärenz zwischen ihrem Lebensweg und dem sozialistischen Ideal, sie lebten für Personen ihres Ranges immerhin relativ bescheiden. Es hieß, dass ein Metzgermeister im Westen ein schöneres Haus besaß als Erich Honecker! Ihre Privilegien liefen eher darauf hinaus, dass sie mehr Macht als Geld besaßen, und die Kluft zwischen dem

Lebensstandard eines Ministers und desjenigen seiner Sekretärin war weitaus weniger tief als im Westen.«

Eine Frau, die Mitglied des Politbüros gewesen war, dem mächtigsten Organ der DDR, hatte meinen Vater so begrüßt: »Herr Schwarz, ich warne Sie im Vorhinein, ich habe in Leningrad studiert und ich bin überzeugte Marxistin.« Er antwortete ihr: »Meine Dame, ich bin Protestant, aber wir haben gemeinsame Aufgaben.« Seine ostdeutsche Mannschaft hatte eine negative Vorstellung von den sozialen Verhältnissen im Westen. »Ich sagte zu ihnen: ›Sie haben ein falsches Bild von uns, schauen Sie sich doch einfach einen unserer Betriebe an.‹ Bei ihrer Rückkehr zeigten sie sich erstaunt über die sozialen Errungenschaften der Arbeitswelt.« Einer von ihnen, der etwas demoralisiert war, nachdem er eine westdeutsche Fabrik besucht hatte, sagte: »Ich wusste, dass ihr uns voraus wart, aber ich hätte nie geahnt, wie sehr.« Die ostdeutschen Mitarbeiter waren für Volker eine enorme Hilfe, da sie die Funktionsweisen und internen Strukturen der DDR-Unternehmen kannten, aber sie hatten keinerlei Begriff von Marketing, Produktivität und Wettbewerb und wenig Ahnung von den Wertvorstellungen im internationalen Vergleich. »Zum Beispiel wollte ein Kollege ein Grundstück auf einer Ostsee-Insel für eine D-Mark pro Quadratmeter verkaufen ...«, erinnert sich Volker.

Einen Monat nach Volkers Ankunft wurde am 3. Oktober 1990 die Wiedervereinigung überall im Land und insbesondere in Berlin ausgiebig gefeiert – nur vor dem Sitz der Treuhandanstalt auf dem Berliner Alexanderplatz, da feierte niemand. »Eine große Menge Ostdeutscher war gekommen, um zu demonstrieren, es lief völlig aus dem Ruder, sie schleuderten Molotowcocktails gegen das Gebäude, und wir mussten von der Polizei herauseskortiert werden. Sie warfen uns vor, ihre Wirtschaft und vor allem ihre Arbeitsplätze zu zerstören.« Die Bürger glaubten nicht mehr an das Versprechen von Bundeskanzler Helmut Kohl, sie würden bald schon inmitten von »blühenden Landschaften« erwachen. Die Arbeitslosigkeit hatte explosionsartig zugenommen.

Für die Ostdeutschen kam der Schock einem gesellschaftlichen Erdbeben gleich. Die DDR-Führung nahm es lieber in Kauf, unproduktive Arbeitsplätze erhalten, als das Scheitern eines ihrer Hauptansprüche anzuerkennen: die Vollbeschäftigung. Die Arbeitskraft eines Ostdeutschen produzierte etwa ein Drittel des Wertes seines Kollegen in der Bundesrepublik. »Es war unmöglich, Kündigungen auszuschließen. Kein einziger Investor hätte dann noch Interesse gezeigt. Aber das kam nicht gut an«, berichtet mein Vater.

Im Osten wie im Westen hoffte man, dass die Privatisierungen hohe Einnahmen bringen würden. Die Propaganda hatte die DDR-Wirtschaft so gerühmt, dass sogar im Westen kaum jemand ahnte, wie schlecht die Lage tatsächlich war. Die Produktivität der ostdeutschen Betriebe war seit 1980 um etwa 50 Prozent gesunken, und der Mauerfall zusammen mit dem beginnenden Zusammenbruch des Ostblocks, in dem DDR-Betriebe viele Kunden hatten, ließ die Dinge nur noch schlimmer werden.

Auf Fragen von Journalisten über den geschätzten Gesamtwert der ostdeutschen Unternehmen antwortete der damalige Präsident der Treuhandanstalt, Detlev Rohwedder: »Der ganze Salat ist 600 Milliarden wert.« Eine Schätzung, die noch heute für große Missverständnisse sorgt, denn ihr fehlte jegliche Grundlage, da niemand den realen Wert der volkseigenen Unternehmen wirklich einschätzen konnte. »Ich habe persönlich nie daran geglaubt, und soweit ich weiß, haben überhaupt nur wenige Kollegen daran geglaubt«, sagt mein Vater. »Ich bin der Auffassung, dass Rohwedder diese Marke hochgehalten hat, um die Verkäufe der Unternehmen zu erleichtern und Investoren anzulocken. Er konnte doch nicht sagen: Die Firmen sind nichts wert.«

Am Ende spielten die Privatisierungen gerade mal zwischen 60 und 70 Milliarden D-Mark ein, während die Treuhandanstalt sich mit gut 260 Milliarden D-Mark verschuldete. Diese Diskrepanz zur ursprünglichen Einschätzung nährt bis heute Spekulationen über die Kassenführung der Treuhand. Doch tatsächlich hatte sie eine Lawine an Ausgaben zu bewältigen: Sie musste die Altschulden der Betriebe, die Anschubfinanzierungen, die Sozialpläne und die ungeheuren Kosten der ökologischen Sanierungen tragen, für die sie nahezu vollständig aufkam. Managementfehler sowie interne Betrugsfälle und Korruption fügten das ihrige hinzu. Der Organisation wurden grobe Fahrlässigkeit und eine zu schnelle Abwicklung des Verkaufs der Unternehmen vorgeworfen. »Es stimmt, dass wir verhältnismäßig schnell entscheiden mussten«, bestätigt mein Vater. »Wir hatten wenig Zeit, die Akten der ostdeutschen Firmen und der Interessenten wirklich gründlich durchzugehen, wir konnten nicht ausschließen, dass wir betrogen und angelogen wurden. Deshalb haben wir von der Bundesregierung eine Zusicherung verlangt, dass wir nicht wegen grober Fahrlässigkeit verfolgt werden konnten.« Aber selbst heute sieht mein Vater keine Alternative zu diesem rasanten Tempo. »Wenn wir einen Investor nicht schnell überzeugen konnten, war es wahrscheinlich, dass gar keiner mehr kommen würde, dann war alles verloren, auch die Arbeitsplätze.«

Doch wenn Bonn von Anfang an mehr Ausstattung sowie qualifiziertes und erfahrenes Personal zur Verfügung gestellt hätte, wären wahrscheinlich weitaus weniger Fehler gemacht worden. »Sicherlich war die Situation äußerst kompliziert, und Helmut Kohl hat sich persönlich ja stark eingesetzt. Aber ich weiß noch, dass mich die Gleichgültigkeit, wie sie damals, zumindest bis zu meinem Abschied im Frühling 1991, in vielen Kreisen im Westen vorherrschte, regelrecht schockierte.«

Die Treuhandanstalt wurde zum Sündenbock. Man warf ihr vor, im Dienste der westlichen Kapitalisten zu stehen und ihnen die besten Stücke der ostdeutschen Industrie zu Schleuderpreisen zu verkaufen – ein Vorwurf, der auch heute noch nicht vom Tisch ist, den mein Vater aber zurückweist: »Es war nicht so, wie einige sich das vorstellen, es war keine Goldgrube. Einige Sachen sind gut gelaufen, wie Carl Zeiss Jena oder Radeberger, aber die Mehrheit der westdeutschen Firmen hat lange wenig Gewinn gemacht. Manche Übernahmen sind sogar negativ verlaufen.« Viele ostdeutsche Unternehmen fanden keine Käufer, da ihr Zustand schlichtweg abschreckend war. »Ich nannte sie ›Hitchcock-Betriebe‹«, sagt mein Vater. Manche musste die Treuhand noch sanieren, um mögliche Investoren interessieren zu können, viele andere musste sie liquidieren.

Im Laufe des Jahres 1991 nahmen die Demonstrationen gegen die Treuhand rasant zu; sie sah sich einem »Tornado an Vorwürfen« ausgeliefert, wie Detlev Rohwedder es beschrieb. Am 1. April 1991 wurde er in seinem Haus in Düsseldorf von einem Scharfschützen der RAF ermordet. Die Sicherheitsdienste hatten zwar die Fenster des Erdgeschosses panzern lassen, nicht jedoch die des ersten Stocks. Es war das letzte Attentat der RAF vor ihrer Selbstauflösung 1998. Rohwedder wurde von seinen Kritikern als Speerspitze eines ungezügelten Kapitalismus an den Pranger gestellt. In Wirklichkeit aber war dieser Sozialdemokrat besonders auf die sozialen Auswirkungen des Wirtschaftsumbaus bedacht gewesen, hatte Mittel für Sozialplanleistungen mobilisiert und die Einführung der vom Westen finanzierten Arbeitslosenunterstützung verfochten. Anders als in anderen Ländern des ehemaligen Ostblock, wo viele Menschen in bittere Not gerieten, wurden die Ostdeutschen materiell weitgehend von ihrem »reichen Bruder« unterstützt. Dennoch war der Schock des Arbeitsplatzverlustes verheerend. Die Tragik fand 1993 im thüringischen Bischofferode einen sinnbildhaften Ausdruck. Minenarbeiter besetzten über Monate die dortigen Kaliwerke, die geschlossen werden sollten. Herzzerreißende Bilder machten in den Medien die Runde, man sah Kinder, die Schilder hochhielten und skandierten: »Lasst unseren Vätern die Arbeit!« Frauen weinten vor laufenden Kameras, während ihre Männer sich im Hungerstreik befanden.

1994, als die Treuhandanstalt sich wie geplant selbst auflöste, hatte sie zwei Drittel der DDR-Unternehmen privatisiert und ein Drittel abgewickelt. Von den ehemals 4,1 Millionen Arbeitsplätzen waren zwischen 1,1 und 1,5 Millionen vorläufig erhalten geblieben.

Vom Besuch bei meinem Vater in Ostberlin blieb mir besonders unser Hotel in Erinnerung, in dem viele der Treuhandanstalt-Mitarbeiter untergebracht waren. Das Palasthotel, ein legendärer Ort zu DDR-Zeiten – die Krönung »kommunistischen« Luxus, der allein westlichen Gästen vorbehalten war – lag südlich des Alexanderplatzes am Ufer der Spree. Im Erdgeschoss, am Rand eines unendlich leeren Foyers, befand sich ein großes Restaurant, das ganz in Braun gehalten war – das ist das Erste, das mir in den Sinn kommt, denn diese Farbe schien auf alles, auf Boden, Wände, Fenster, auf die Uniformen des Personals, die Speisekarten und sogar auf den Inhalt der Teller in einem Maß abzufärben, dass man leicht die Orientierung in dieser monochromen Welt verlieren konnte, eine Art Metapher der Einförmigkeit, wie sie unter dem sozialistischen Regime herrschte.

Um die mehr als 600 Zimmer dieses Kolosses zu erreichen, passierte man eine Verbindungsetage in Form eines weitläufigen Mezzanins, die zu einem Labyrinth an Gängen führte. Zu DDR-Zeiten musste der abendliche Gast nach einem mit viel Schnaps angereicherten Geschäftsessen – eine der wenigen Waren, die es überreichlich gab – hier einen klaustrophobischen Moment durchleben. Wenn es ihm schließlich gelang, die Tür zu seinem Zimmer zu finden, hatten ihn bereits Dutzende verborgene Kameras beobachtet, die ihn nun bis zu seinem Bett verfolgen würden, falls er denn zu jenen zählte, denen die hübsche Empfangsdame eines der Zimmer für Spezialgäste zugeteilt hatte, deren Stofftapeten voller Mikrofone und Kameras der Stasi steckten. Die Ironie dabei: Jeder Gast wusste das, genauso übrigens, wie er wusste, dass die charmanten Damen an der Bar ihm im Auftrag der Stasi zulächelten, und trotzdem ließen sie sich verführen. Mit Ausnahme des Personals war den Ostdeutschen der Zugang zum Palasthotel verboten, um sie vor der Versuchung der westlichen Dekadenz mit amerikanischem Whiskey, französischem Käse, westlicher Musik und vor allem vor Kontakten mit dem Feind zu »bewahren«.

Mein Zimmer schien direkt aus einem alten James-Bond-Streifen zu stammen: gediegenes Mobiliar der Siebzigerjahre, ein in den Nachttisch eingelassenes Radio, ein alter Fernseher, der in einem weißen Plastikkubus steckte, und vor allem eine riesige abgerundete Fensterwand, die sich mit ihrem kupferfarbenen Glas vom Boden bis zur Decke erstreckte und den Eindruck erweckte, man könnte mit seiner Fingerspitze die nahe, schneebedeckte Kuppel des Doms berühren – ein protestantisches Kirchengebäude im Stil der Neo-Renaissance, das direkt gegenüber auf der anderen Seite der Spree stand.

Während mein Vater arbeitete, gingen meine Mutter und ich spazieren. Die urbane Landschaft durchzogen einerseits schöne Straßen, die von eleganten, aber zerfallenen historischen Gebäuden gesäumt waren, andererseits Straßenschneisen, die ebenso überdimensioniert waren wie die öden Blöcke aus Beton, die sich entlang des Bürgersteigs aneinanderreihten. Das Ganze ließ die Empfindung einer großen Leere aufkommen, hier und da gab es – im Verhältnis zur Größe der Straßen – winzig kleine Autos, und die Geschäfte waren derart dünn gesät, dass wir uns erst gar nicht allzu weit vorwagten, um uns ja nicht in dieser Geisterstadt bei heftigen Minustemperaturen zu verlaufen. Zwar gab es einige Bars und Restaurants, aber sie rochen nach abgestandenem Tabak oder gekochtem Kohl. Später sollte ich diese dürftige, in Schwarz-Weiß gehaltene Kulisse anziehend finden, aber damals sah ich in den jungen Ostdeutschen, die mir am Alex über den Weg liefen, zunächst nur Überlebende eines Albtraums. Allein die Vorstellung, dass auch sie bald Zugang zu den schillernden Farben des Westens haben sollten, jenem Schimmer des Geldes und Konsums, des Überangebots an Vergnügungen, Schnickschnack und exotischen Lebensmitteln, ließ mein naives Herz dahinschmelzen, das ich als Kind des Kapitalismus hatte.

Ich konnte mir nicht vorstellen, wie es in dieser vom Westen verteufelten Welt auch Glück gegeben haben mochte: Gefühle der Jugend, der ersten Liebe und des ersten Kindes, ganz zu schweigen von einfachen Freuden, die uns in all dem Überfluss abhandengekommen sind. Ich spürte nicht den Reiz des Verbotenen, wenn man westliche Zeitungen las, gemeinsam mit Freunden heimlich amerikanische Hits hörte, der Polizei die Stirn bot, unerlaubte Partys feierte oder auf einem Skateboard fuhr, das »made in the USA« und deshalb nicht erlaubt war. Das verstand ich erst, als ich folgenden Satz eines ehemaligen Dissidenten, dem heutigen Bundesbeauftragten für die Stasi-Unterlagen, Roland Jahn, las: »Auch in der Diktatur scheint die Sonne – aber nicht jederzeit für jeden.«

Mit der Wiedervereinigung mussten die Ostdeutschen sehr viel neu erlernen, auch wenn ihnen über das westdeutsche Fernsehen, das die Mehrheit der DDR-Haushalte heimlich eingeschaltet hatte, nicht alles fremd war. Die Autorin Jana Hensel, damals eine Jugendliche, hat diesen Umbruch in ihrem Roman *Zonenkinder* beschrieben: »Dabei haben wir in den Anfangsjahren jede freie Minute genutzt, um den Westen zu beobachten, zu erkennen und zu verstehen. Wir wollten ihn täuschend echt imitieren. Ich hatte keine Lust mehr, aufzufallen, im Supermarkt wegen meines schlechten Geschmacks angemacht zu werden oder in ein Restaurant zu gehen, in dem ich wieder irgendetwas nicht kannte. Ich wollte ebenso Bescheid wissen, und so lief die Bildmaschine in meinem Kopf ständig, scannte alles um mich herum und registrierte die Gesten, Begrüßungsfloskeln, Redewendungen, Sprüche, Frisuren und Klamotten meiner westdeutschen Mitmenschen.«

Fast nichts war mehr wie vor der Wende, alles wurde auf westliche Normen umgestellt – Gesetze, das Renten- und Steuersystem, die Krankenversicherung, die Arbeitsverträge, die Mieten ... Und man musste sich zügig anpassen: Der gewohnte Lebensrhythmus verschwand, die Kleidungsmode, der Verhaltenskodex, der Einrichtungsstil, das Fernsehprogramm, jährliche Aufmärsche und Feierlichkeiten, typische Lebensmittel ... Man musste sich an die neuen Preise gewöhnen, an Werbung, Leistungsprinzip, Konkurrenz, die Vielfalt der Angebote. Statt für Mangelwaren anzustehen, musste man lernen, auszuwählen und Entscheidungen zu treffen. »Im Osten waren die Menschen an ein kollektives System gewöhnt, wo das Individuum wenig entscheiden konnte«, erklärt mein Vater. »In vielen Wohnhäusern war man nicht einmal in der Lage, die Heizung individuell einzustellen, man konnte sie nicht einmal ausstellen! Die meisten Dinge wurden vom Staat organisiert. Und dann plötzlich gab es diese Umwälzung. Viele gerieten in Panik. Für ältere Menschen war das besonders schwer, sie wurden von den Ereignissen vollkommen überrollt.« Es gab eine Welle an Selbstmorden.

Die Wiedervereinigung wurde von einem Teil der Ostdeutschen als Erniedrigung, ja sogar als Kolonialisierung des Ostens durch den Westen erlebt. Im Rahmen der Privatisierungen wurden nur sechs Prozent der ostdeutschen Unternehmen von ihren eigenen Lands-

leuten gekauft, da diese weder die Mittel besaßen, große Firmen zu
erwerben, noch die Erfahrung, sie unter den neuen Bedingungen zu
leiten. Diejenigen, die ihre Arbeit verloren, wähnten sich plötzlich
vollkommen unbrauchbar, sie hatten das Gefühl, alles was sie in der
DDR gelernt hatten, wäre umsonst gewesen. Sie waren jedoch weniger Opfer des Westens und der Treuhandanstalt als des SED-Regimes, das seine Bevölkerung belogen, betrogen und in Unwissenheit
und Abhängigkeit gehalten hatte, um sie besser manipulieren zu können. »Trotzdem«, meint mein Vater, »hätte der Westen vielleicht von
Anfang an die Leute besser begleiten sollen, ihnen zur Seite stehen,
die Dinge erklären müssen, um das Ganze weniger schmerzhaft werden zu lassen.« Dafür jedoch war die Gleichgültigkeit der Westdeutschen zu groß.

Neben dem Übergang zur Marktwirtschaft lag eine weitere große
Herausforderung der Wiedervereinigung in der Aufarbeitung der
SED-Diktatur, die anders als nach dem Ende des Dritten Reiches unmittelbar begann und als unabdingbare Voraussetzung einer Demokratisierung galt. Am meisten hatten Parteibonzen und Mitarbeiter
der Stasi zu befürchten, die nach dem Fall der Mauer eilig bemüht
waren, Archive zu zerstören. Als Bürgerrechtler davon erfuhren, besetzten sie quer durchs Land Filialen der Stasi. Am 15 Januar 1990
wurde die Zentrale der Stasi in Berlin gestürmt. Dort fanden sie verstreute, verbrannte und zerrissene Papiere, in Tausende Streifen
geschredderte Aktenbündel, die Tausende Säcke füllten. Trotzdem
waren viele Kilometer von Akten intakt geblieben.
    Zum Zeitpunkt des Mauerfalls zählte die Stasi 91.000 offizielle
Mitarbeiter, zu denen noch etwa 180.000 inoffizielle, sogenannte IM,
dazukamen. Insgesamt hatten in den 40 Jahren ihrer Existenz mehr
als 620.000 ostdeutsche Bürger mit der Stasi kooperiert. Das Regime
war so paranoid, dass die Informanten buchstäblich überall lausch-
ten, es konnte ein Liebhaber sein, eine Schwiegermutter, ein Kollege,
der Krämer um die Ecke, der Zeitungsbote, das hübsche Mädchen,
das einem im Café schöne Augen machte, und manchmal sogar der
eigene Ehepartner. Überall herrschte Misstrauen: am Arbeitsplatz,

zwischen Freunden, in der Freizeit und selbst im Kern der Familie. Die Stasi hatte ihre Mitarbeiter in sämtliche Institutionen des Staates und selbst in die Ministerien eingeschleust.

Mein Vater konnte dieses Misstrauen bei seinem ostdeutschen Treuhandteam deutlich spüren. »Sie öffneten sich nur sehr langsam, waren sehr daran gewöhnt, auf das zu achten, was sie sagten ... Mit dem Wein lösten sich manchmal ihre Zungen. Die einfachen Angestellten sprachen über das Regime noch weniger, wahrscheinlich weil die Angst vor Denunziation noch tiefer in ihnen verwurzelt war.«

Die Stasi verdammte die Bürger zu permanenter Schizophrenie und innerer Vereinsamung, wobei der Großteil ihrer Opfer gar nicht politisch motiviert war, sondern sich nur nach mehr Freiheit sehnte. Wer in die Fänge der Stasi geriet, dem drohte, in Haft misshandelt und in ungeheizte Einzelzellen gesperrt zu werden. Man schlug und folterte sie psychologisch, um sie zum Sprechen zu bringen, um andere zu denunzieren, um mit der Stasi zusammenzuarbeiten oder um falsche Erklärungen zu unterschreiben. Man setzte Häftlinge auch als Zwangsarbeiter ein, teilweise unter fatalen Auswirkungen für ihre Gesundheit, wenn sie zum Beispiel mit gefährlichen Stoffen auf kontaminiertem Gelände wie dem Bitterfelder Chemiekombinat umgehen mussten.

Wie meist nach einer Diktatur schieden sich die Geister in jene, die verlangten, die gesamte DDR-Vergangenheit auszuleuchten, und jene, die einen »Schlussstrich« ziehen wollten. Erstere forderten, die Archive der Stasi zu öffnen, die anderen, dass sie geschlossen blieben, entweder, um ihre Haut zu retten, oder weil sie eine Spaltung der Gesellschaft und mögliche Racheakte fürchteten. Die Regierung Kohl war gegen eine Öffnung, gab aber im September 1990 am Ende eines Hungerstreiks von Bürgerrechtlern schließlich nach. Der Bundestag beschloss im Jahr darauf mit überwältigender Mehrheit das Stasi-Unterlagen-Gesetz, das diese Unterlagen für Betroffene zugänglich macht; der ehemalige Pastor und spätere Bundespräsident Joachim Gauck wurde zum ersten Chef der neu geschaffenen Bundesbehörde für Stasi-Unterlagen, eine weltweit einmalige Einrichtung.

Ihr gegenwärtiger Leiter, Roland Jahn, der 1983 aus der DDR in die Bundesrepublik vertrieben wurde, wo er zunächst als Fernsehjournalist arbeitete, war am 2. Januar 1992, dem Tag der Öffnung der Archive, vor Ort: »Es war schon ein Triumph, zu sehen, jetzt können die nicht mehr, wie sie wollen, jetzt hast du deine Akte; aber es war auch eine Ernüchterung, denn alles, was du geahnt hast – dass sie eindrangen in deine Persönlichkeit, dass sie dich zerstören wollten –, das hast du plötzlich schwarz auf weiß gesehen, das war erschreckend«, erzählt er. In seiner Reportage für das ARD-Politikmagazin *Kontraste* trifft er mehrere Stasiopfer, die erstmals ihre Akte einsehen. Die Bürgerrechtlerin Vera Lengsfeld findet Berichte vor, die von ihrem Ehemann verfasst wurden, der sie unter dem Decknamen Donald für die Stasi ausspioniert hatte. Der Lyriker Lutz Rathenow findet heraus, dass eine der schillernden Figuren der alternativen ostdeutschen Literaturszene, mit dem er häufiger Kontakt hatte – Sascha Anderson –, das gesamte Milieu ausspioniert hat. Ulrike Poppe steht noch immer unter Schock, da sie von jenen verraten worden war, die sie als ihre Freunde wähnte. »Es tut richtig weh, das missbrauchte Vertrauen ist das Schlimmste«, sagt sie. Um Familiendramen zu vermeiden, war es ausdrücklich erwünscht, eigene Familienmitglieder, besonders die Kinder, anzuwerben.

Viele IM sind in eine Falle gelockt und dann dazu erpresst worden, ganz gezielt einzelne Personen oder Freundeskreise auszuhorchen. Aber es gab unter den IM auch freiwillige Akteure, die aus ideologischer Überzeugung handelten. Roland Jahn erläutert dies am Erfahrungsbericht der »treuen Parteigenossin« Monika Haeger, der es gelungen war, in die engen Kreise der Dissidentengruppen vorzudringen und an deren Diskussionen, Sitzungen und Demonstrationen teilzunehmen, bevor sie dann abends in einer anonymen Wohnung einem Stasi-Mitarbeiter Bericht erstattete. Sie war stolz, überzeugt den »Feind« zu bekämpfen, ihren Beitrag für »die Idee des Sozialismus, des Humanen, des Menschlichen« zu leisten, die »über 40 Jahre lang meinen einzigen Lebensinhalt« darstellte, sagt sie und fährt unter Tränen fort: »Ich habe einfach Dinge weggedrückt, wo ich genau hätte sehen müssen, dass sie alles andere als human sind, dass sie zutiefst unmenschlich sind.«

Die Indoktrinierung begann sehr früh an der Schule, wo Lehrer Geschichte, Geografie, Kultur und Wirtschaft so unterrichteten, dass diese Fächer einer Vertiefung der kommunistischen Weltanschauung der Kinder dienten. Von den Schülern wurde erwartet, dass sie Erich Honecker in ihren Hausaufgaben zitierten, und eine der wichtigsten Zeugnisnoten gab es für ihr ideologisches Engagement. Das sollte dann die Freie Deutsche Jugend festigen, eine Massenorganisation, der beinahe alle Jugendlichen ab einem Alter von 14 Jahren angehörten. Wer ihr nicht angehörte, lief Gefahr, später keinen Studienplatz zu bekommen oder im Beruf diskriminiert zu werden.

Die Bundesrepublik ging juristisch behutsam gegen das alte Regime vor, um den Eindruck einer Siegerjustiz zu vermeiden. Vieles, was zu diesem Unterdrückungssystem gehörte, konnte strafrechtlich ohnehin nicht verfolgt werden, denn dazu fehlte die rechtliche Grundlage. Man konnte ja auch schlecht jedem, der mit dem SED-Staat zusammengearbeitet hatte, den Prozess machen. Selbst in der Führungsriege war es nicht einfach, Schuldige zu identifizieren.

Mein Vater blieb nachsichtig: »Ich hätte sie niemals mit den Würdenträgern der Nazis verglichen. Das war nicht zu vergleichen. Diese Menschen hatten keine Massaker begangen, keine Angriffskriege losgetreten und letztlich 1989 die politischen Forderungen der Bürger akzeptiert, ohne dass auch nur ein Tropfen Blut floss oder die Armee eingesetzt worden wäre.« Andere in Westdeutschland zogen übertriebene Parallelen zwischen der Nazi-Diktatur und der SED-Diktatur, gegen die der ehemalige DDR-Bürgerrechtler Günter Nooke sich öffentlich empörte: »Es steht ohne Zweifel: Bautzen ist nicht Auschwitz!«

Ohne konkrete Tatvorwürfe konnte man nicht klagen. Der Mord an den Mauerflüchtlingen war ein solcher. 1991 eröffnete die deutsche Justiz den ersten aus einer bis 2004 laufenden Serie von Prozessen gegen Grenzsoldaten, die für den Tod mehrerer Hundert Ostdeutscher an der Grenze angeklagt wurden. Die Verfahren stießen auf ein

Dilemma, das sich auch bei Nazi-Prozessen gezeigt hatte: Wie sollte man jemanden für ene Tat verurteilen, wenn diese damals legal war? Aber »was nach dem Ende der ›ersten Diktatur‹ irreparabel falsch gelaufen war, namentlich bei der strafrechtlichen Ahndung von NS-Verbrechen, das sollte sich bei der ›zweiten Diktaturbewältigung‹ nicht wiederholen«, unterstreicht der Historiker Norbert Frei. So wurde entschieden, dass die absichtliche Exekution von Flüchtlingen, auch wenn vom Regime verordnet, letztendlich das Naturrecht verletzte und einem Mord gleichkam. In diesem Sinne wurde der Großteil der Angeklagten wegen »Beihilfe zum Mord« verurteilt. Das Urteil blieb aber weitgehend symbolisch. Angesichts des enorm hohen Drucks, den das Regime auf die Grenzsoldaten ausgeübt hatte, sprachen die Richter sehr geringe Strafen aus. Kaum ein Angeklagter wurde zu einer Gefängnisstrafe verurteilt.

Im Zentrum standen eigentlich nicht die Grenzsoldaten, sondern diejenigen, die den Schießbefehl erteilt und das mörderische Sicherheitsregime an der Grenze mit Bodenminen, scharfen Stacheldrahtverhauen und Selbstschussanlagen errichtet hatten. Zwischen 1960 und 1989 waren dazu mehrere Verordnungen erlassen worden. Am 3. Mai 1974 hatte der seit 1971 bis zum Mauerfall amtierende Staatschef der DDR, Erich Honecker, bei einer Versammlung des Nationalen Verteidigungsrates noch einmal betont: »Nach wie vor muss bei Grenzdurchbruchversuchen von der Schusswaffe rücksichtslos Gebrauch gemacht werden, und es sind die Genossen, die die Schusswaffe erfolgreich angewandt haben, zu belobigen.«

Insgesamt wurden nach der Wiedervereinigung etwa 40 Haftstrafen ohne Bewährung ausgesprochen, darunter auch gegen ehemalige Minister und Mitglieder des Politbüros. Egon Krenz, der nach dem Fall der Mauer die Nachfolge von Erich Honecker angetreten hatte, wurde zu sechseinhalb Jahren Freiheitsstrafe verurteilt. Honecker selbst, der bei der chilenischen Botschaft in Moskau um Asyl gebeten hatte, wurde im Juli 1992 nach Berlin überstellt. Der Prozess gegen ihn konnte aus gesundheitlichen Gründen nicht zu Ende geführt werden, und so wurde ihm erlaubt, nach Chile auszuwandern, wohin seine Frau Margot bereits ausgewandert war. Kurze Zeit später starb er. Gegen Erich Mielke, der mit der Stasi eines der engmaschigsten Überwachungs- und Spitzelsysteme der Welt ausgebaut und über 30 Jahre geleitet hatte, fehlte es an Beweisen. Die Justiz löste das Problem, indem sie ihn zu sechs Jahren Gefängnisstrafe für den Mord an zwei Polizisten verurteilte, den er 1931 als Bereitschaftsführer des paramilitärischen Parteiselbstschutzes der KPD begangen hatte. Zahlenmäßig waren die Verurteilungen von Hauptverantwortlichen zu Gefängnisstrafen zwar gering, aber sie fielen doch relativ streng aus.

Die Opfer des DDR-Regimes warfen der Justiz vor, sich nur um die Toten gekümmert und die Lebenden übergangen zu haben, die sich aufgrund der erlittenen Verfolgungen innerlich gleichsam tot fühlten. Es muss für sie schmerzhaft gewesen sein, zu erleben, wie ein Großteil der Polizisten in die neuen Strukturen integriert wurde oder Anwaltslizenzen an jene Richter vergeben wurden, die eine Säule des Unterdrückungssystems der DDR dargestellt haben. Der ehemalige Bundesjustizminister Klaus Kinkel betonte 1991 in einem Interview: »Nach einer Revolution oder einem Regimewechsel ist es nicht möglich, ein ganzes Volk auszutauschen. Und selbstverständlich kann auch kein totaler Wechsel der Eliten, der geistigen Führungsschicht, folgen.«
Parallel zu Gerichten und Stasi-Behörde setzte der Bundestag 1992 eine Enquete-Kommission zur »Aufarbeitung von Geschichte und Folgen der SED-Diktatur« ein. Abgeordnete sollten darüber hinaus gemeinsam mit Experten einen Beitrag zur Versöhnung der gespaltenen Gesellschaft leisten und das demokratische Selbstbewusstsein sowie eine gemeinsame politische Kultur stärken. 1994 folgte eine weitere Enquete-Kommission.

Der Kampf um das Gedenken einer untergegangenen Epoche wurde auch auf dem Feld des baukulturellen Erbes ausgefochten. Das Stadtbild im Osten änderte sich rasant. Straßen und Fassaden in desaströsem Zustand wurden renoviert, gescheuert, gereinigt, poliert, neu gestrichen. Milliarden über Milliarden wurden in die Infrastruktur investiert. Wie so häufig nach dem Fall einer Diktatur wurden Embleme und Statuen zerstört, Straßennamen geändert, ganze Gebäude abgerissen. Die vielen, überall im Lande verteilten Lenin-Statuen mussten wieder entfernt werden. Kritiker wehrten sich gegen den Abriss eines der beeindruckensten Exemplare auf dem Berliner Leninplatz und klebten Zettel an die Absperrung um den 19 Meter hohen Koloss: »Wir protestieren gegen die primitive Bilderstürmerei«; »Ihr BRD-Besatzer! Fürchtet Ihr sogar den Lenin aus Stein?« Trotzdem hob sich am 13. November 1991 bei feinem Nieselregen der 1,7 Meter hohe Kopf von einem Kran gezogen in den Berliner Himmel.

Manchmal grenzten die Versuche, jede Spur der DDR zu beseitigen, allerdings auch an Hysterie. Namen wie Karl Marx und Friedrich Engels wären beinahe auf der roten Liste gelandet. Nahe des Berliner Fernsehturms geriet eine wuchtige Skulptur der Autoren des *Manifest der Kommunistischen Partei* vorübergehend in Gefahr. Überzeugte Verteidiger sprühten zu Füßen der bronzenen Männer das Graffiti »Wir sind unschuldig«, andere übermalten das »un« wieder. Das mythenumwobene Hotel am Alexanderplatz, in dem ich meinen Vater besucht hatte, wurde abgerissen, da es mit Asbest verseucht war. Mit dem Palast der Republik erreichte der Krieg über die Symbole schließlich seinen Höhepunkt. Der rechteckige Block, dessen Fassaden aus spiegelndem Bronzeglas bestanden, war in den Siebzigerjahren im Herzen Ostberlins erbaut worden, um die Bevölkerung zu unterhalten: ein riesiges Foyer aus weißem Marmor, das von Tausenden herabhängenden Lampen beleuchtet wurde und zu verschiedenen Boutiquen führte, zu Restaurants, Theatersälen, Bowlingbahnen, Diskotheken und Bars – ein elitärer Tempel des Konsums, ein kleiner Verrat am sozialistischen Dogma. Auch die Volkskammer, das Parlament der DDR, das faktisch keine Macht besaß, war in diesem Palast untergebracht. 1990 wurde das Gebäude wegen Asbestverseuchung geschlossen, und die Frage nach seinem Schicksal löste eine lebhafte Debatte um Abriss oder Renovierung aus. Eine ganze Generation in Ostdeutschland verband einen Teil seiner Jugend mit diesem Vergnügungsort.

Am Ende beschloss der Bundestag 2003 den Abriss und entschied später, an dieser Stelle das historische Berliner Stadtschloss nach den alten Grundrissen wiederaufzubauen. Das Barockschloss der Hohenzollern war während des Zweiten Weltkrieges bombardiert und von der DDR 1950 gesprengt worden, weil man sich keine Sanierung leisten konnte und das Schloss die gehasste Monarchie symbolisierte. Statt ein sinnbildhaftes Gebäude der DDR zu renovieren, mit dem sich die Bürger aus Ostdeutschland identifizieren konnten, votierte der Bundestag für eine unvollständige Kopie von zweifelhafter Eleganz. Es wirkte so, als wollte man auch die Spuren positiver Erfahrungen der ehemaligen DDR-Bürger tilgen. »Die DDR wird manchmal im Westen so dargestellt, wie wir sie nicht erlebt haben«, bedauert etwa Roland Jahn. »Selbst wenn man sich nicht mit dem DDR-Regime identifiziert hat, hat man sich doch sehr mit seinem Leben dort identifiziert.«

Sichtbar wurde diese Identifikation in der Nachwendezeit in einem als Ostalgie bezeichneten Phänomen. Ehemalige Ostprodukte tauchten wieder in den Regalen der Supermärkte auf, Möbel, Lampen und Alltagsgegenstände erreichten den Status von Kultobjekten. Ostalgie-Partys wurden an Orten gefeiert, die mit einer Fülle an Propaganda-Beiwerk der DDR dekoriert waren: Porträts, Flaggen, Spruchbänder. So demonstrierte man auch eine Distanzierung von der neuen Lebenswelt im vereinigten und vom Westen geprägten Deutschland; ihren politischen Ausdruck fand diese Stimmung in den Bundestagswahlen 1994, bei der die PDS immerhin 4,4 Prozent der Stimmen gewann. Ostdeutsche Wähler reagierten damit unter anderem auf das, was viele von ihnen wie eine Dämonisierung der ehemaligen DDR durch die alten Bundesländer empfanden. »Die Kritik an der DDR wurde als Kritik am Einzelnen empfunden. Und das war besonders unglücklich«, erklärt Roland Jahn. »Die Menschen hatten bestmöglich ihren Weg in der DDR gesucht, auf die Wende folgten dann Entwurzelung. Sie hatten versucht, aus eigener Kraft etwas zu schaffen. Und mit der Sorge, genau das wieder zu verlieren, wurden die Ausländer die ersten Opfer dieser Verlustangst.«

Nach der Wende wurden Aggressionen von Skinheads und Neonazis, die auf offener Straße Ausländer lynchten, vor den Flüchtlingsheimen

Beleidigungen johlten oder diese sogar angriffen, zum traurigen Alltag. Man zählte die ersten Toten. Am Abend des 24. August 1992 stürmten im Rostocker Stadtviertel Lichtenhagen Randalierende ein von Vietnamesen bewohntes Wohnheim und brüllten: »Wir kriegen Euch alle!«, »Gleich werdet ihr geröstet!« Die Angreifer brachen die Türen des Heims gewaltsam auf, schlugen die Fenster ein und warfen unter dem Beifall von gut 3.000 Zuschauern Molotowcocktails. Das Haus begann zu brennen. In seinem Inneren, wo sich ein Reportage-Team des ZDF befand, das die Ereignisse filmte, breitete sich Panik unter den Flüchtlingen aus, die in der Falle aus Flammen und Rauch saßen. Kinder brüllten, Frauen weinten, andere liefen umher und suchten verzweifelt nach einem Ausgang, den sie schließlich in einer Tür fanden, die auf das Dach führte. Die Verantwortlichen der Polizei, obwohl Tage zuvor bereits gewarnt, gingen mit unfassbarer Inkompetenz vor, die Beobachter fassungslos machte. Nachdem die Polizei zu Beginn der Ausschreitungen erschienen war, hatte sie sich wieder zurückgezogen und die Flüchtlinge vorerst ihrem Schicksal überlassen. Erst eine Stunde nach Brandbeginn griff sie wieder ein, um der Feuerwehr den Weg frei zu halten.

Diese Bilder erfüllten Deutschland mit Entsetzen. Geschockt sah man die Tausenden, die den Angreifern applaudierten oder ihnen sogar halfen: gewöhnliche Bürger unterschiedlichen Alters. Eine Frau um die sechzig, mit zurückgebundenem weißem Haar, Ohrringen und einer Halskette, sagt vor laufender Kamera: »Also irgendwie finde ich, es ist eine Schweinerei mit den Asylanten, die Deutschen fürchten um ihren Arbeitsplatz, haben keine Wohnung, sind in eine Notlage gekommen, und hier kommen die Asylanten und verunreinigen die Wohnungen, die haben ja gar keine Kultur, ich meine, der Deutsche ist bekannt, dass er reinlich ist und so ... zehn D-Mark pro Kopf am Tag bekommen sie und Essen und alles umsonst.« Eine andere, etwas älter als dreißig, stimmt ihr zu: »Das sind richtige Zigeuner, die haben Lagerfeuer gemacht, die haben alles gemacht.« Ein sorgfältig gekleideter Mann um die fünfzig sagt: »Es ist Bürgerkrieg gegen diejenigen, die glauben, uns an der Nase hier herumzuführen.«

Dass in dem Heim vietnamesische Vertragsarbeiter wohnten, die von der einstigen DDR als Gastarbeiter ins Land geholt worden waren, interessierte niemanden. Rostock zählte damals 1.640 Ausländer bei einer Bevölkerung von 240.000 Einwohnern.

Auch im Westen gab es nach dem Fall des »Eisernen Vorhangs« immer mehr ausländerfeindliche Gewalttaten. Vor allem wegen des Bürgerkriegs in Jugoslawien erreichte die Anzahl der Asylsuchenden 1992 mit mehr als 440.000 Personen einen Höhepunkt. Auch wenn die Anerkennungsquote sehr niedrig lag, brachten CDU, CSU sowie rechtsextreme Parteien eine höchst emotionale Kampagne gegen die Flüchtlinge in Gang.

Im schleswig-holsteinischen Mölln setzten im November 1992 zwei Neonazis zwei Gebäude in Brand, in denen türkische Familien lebten: Zwei Mädchen und ihre Großmutter starben in den Flammen. Wenige Monate später setzten vier Neonazis im nordrhein-westfälischen Solingen ein Zweifamilienhaus in Brand, in dem ebenfalls türkische Familien lebten: Eine Frau und ihr kleiner Sohn starben, als sie aus dem Fenster sprangen, ein junger Mann und zwei Kinder erlagen ihren Verbrennungen. Der damalige Kanzler Helmut Kohl ließ sich nicht dazu herab, auf einer der Beerdigungen zu erscheinen und schickte stattdessen Außenminister Klaus Kinkel. Sein Pressesprecher erklärte, die »Bundesregierung wolle nicht in einen ›Beileidstourismus‹ verfallen«.

Diese Indifferenz teilten viele Bürger nicht. Im Westen gingen nach und nach mehr als eine Million auf die Straßen und sagten: »Nie wieder!« In Mannheim, wo ich damals studierte, beteiligte ich mich an einer Lichterkette, in der sich Zehntausende Demonstranten mit einem Licht in der Hand aufstellten, um gemeinsam schweigend gegen den Rassismus zu protestieren. Zwei Stunden lang stand ich zwischen einer alten Dame, die in ihren zitternden Händen eine Kerze hielt, und einem jungen Punk und habe die Kraft der Erinnerung gegen den Hass gespürt.

Im Osten waren die Solidaritätsbekundungen für die Opfer des Fremdenhasses selten. Die Szenen, die sich in Rostock abgespielt hatten, riefen keinen so heftigen Schock hervor wie im Westen, wo sie die Erinnerung an die antijüdischen Pogrome während des Nationalsozialismus wachriefen. Anders als bei den Morden in Mölln oder Solingen verliefen die Angriffe im Osten offen für jedermann sichtbar, die Täter versteckten sich nicht vor den Fernsehkameras, während gewöhnliche Bürger, Menschen von nebenan, sie anspornten und Beifall klatschten.

Es war nun nicht mehr zu übersehen: Die historische Verantwortung, die bei der Identitätsbildung der Westdeutschen eine derart zentrale Rolle gespielt hatte, war in der DDR ignoriert worden – ein explosives Erbe für das wiedervereinigte Deutschland.

In ihrem Gründungsmythos verstand die DDR sich ausschließlich als Erbe der deutschen Kommunisten, die an der Seite der Sowjetunion die NS-Diktatur besiegt und ein neues Deutschland geschaffen haben. Die SED-Elite, »die im Kommunismus der Weimarer Republik sozialisiert worden war, projizierte ihre Generationserfahrung auf die gesamte Gesellschaft der DDR«, erklärt Edgar Wolfrum in *Verbrechen erinnern*. Da aber in Wahrheit sehr wenige DDR-Bürger gegen das Nazi-Regime Widerstand geleistet, es jedoch unterstützt hatten, musste der Antifaschismus durch Gedenktafeln, Denkmäler, Rituale, Kunst und Erziehung verankert werden. Es entstand eine Lücke zwischen den Erfahrungen der Menschen und der Propaganda der SED. Es war der Widerstandskämpfer, der Kommunist, der Soldat der Roten Armee, der im Mittelpunkt des Gedenkens stand, nicht die Juden und andere Opfer, die aus dem öffentlichen Gedächtnis verschwanden. »Wir fühlten uns schuldig gegenüber der Sowjetunion, die uns von den Nazis befreit hatte. Wir schämten uns für einen deutschen Krieg, der so viele Tode in Russland verursacht hatte«, sagt Ulrike Poppe. »Wir mussten schon in der 8. Klasse nach Buchenwald, das in eine monumentale Gedenkstätte verwandelt worden war«, erzählt Roland Jahn, »es ging dabei aber nur um die kommunistischen Helden, nie jedoch darum, einmal zu überlegen, wie der Faschismus funktioniert hat, wieso so viele Menschen zu Mitläufern geworden sind«. Dieses Thema wurde auch in den Familien kaum diskutiert, und es gab anders als im Westen auch keinen 68er-Aufstand der jungen gegen die »Täter-Generation«. Der Großvater von Roland Jahn ist NSDAP-Bürgermeister einer kleinen Ortschaft gewesen. »Meine Familie hat ihn damit nicht konfrontiert, sondern ihn eher verteidigt, ich auch, ich habe keine Fragen gestellt.« Jana Hensel erwähnt in ihrem Buch *Zonenkinder* ebenfalls diese Haltung gegenüber der Vergangenheit: »Im Geschichtsunterricht unserer Kindheit waren wir Antifaschisten. Unsere Großeltern, unsere Eltern, die Nachbarn – alle waren Antifaschisten.«

Die DDR sah in der Bundesrepublik die alleinige Erbin der Verbrechen des Nationalsozialismus, die sich folglich allein mit der Schuld auseinandersetzen und Entschädigungen zahlen sollte, vor allem an Juden. Sie prangerte die Kontinuitäten beim politischen Personal zwischen Drittem Reich und Bundesrepublik an, was zum Kern ihrer antiwestlichen Propaganda wurde. Forscher und Archivare waren eigens damit beauftragt, die nationalsozialistische Vergangenheit westdeutscher Persönlichkeiten aufzuklären, um diese erpressen oder ihre Verstrickungen veröffentlichen zu können. Dieser interessengeleitete Druck hatte immerhin den wohltuenden Nebeneffekt, die Auseinandersetzung in Westdeutschland voranzutreiben.

Die Ostdeutschen lebten hinter der Mauer in einer Blase, in die – abgesehen vom Westfernsehen – intellektuelle und kulturelle Einflüsse von außen kaum vordrangen. Sie selbst kamen selten aus ihrem Land heraus und wenn, dann nur in ähnliche sozialistische Gesellschaften, wie etwa nach Bulgarien ans Schwarze Meer oder nach Ungarn an den Plattensee. Bis zum Rentenalter durften sie nur in Ausnahmefällen in westliche Länder reisen. Für Ausländer war es auch mit Visum umständlich und aufwendig, in die DDR einzureisen. Die Zahl der im Land lebenden Ausländer blieb unter 200.000, die in der Regel auch nur sehr wenige Berührungspunkte mit der übrigen Gesellschaft hatten: Zeitweise angeheuerte Vertragsarbeiter aus Asien oder Afrika, die ausgebeutet wurden, wurden möglichst getrennt von der Bevölkerung untergebracht, die sowjetischen Soldaten blieben in ihren Kasernen. Die Diktatur steuerte jedwede Form des Kontakts zu

Fremden, so wie sie es mit allen sozialen Beziehungen versuchte, erklären die Historiker Patrice G. Poutrus, Jan C. Behrends und Dennis Kuck in einem spannenden Artikel für die Bundeszentrale für politische Bildung, in dem sie die »Historische[n] Ursachen der Fremdenfeindlichkeit in den neuen Bundesländern« untersuchen.

Beides, der Mangel an Erfahrungen mit anderen Kulturen und das Ausblenden der individuellen moralischen Verantwortung für die Nazi-Vergangenheit, begünstigte einen Blick auf Ausländer, der von Klischeevorstellungen, Vorurteilen und Ängsten geprägt war. Hinzu kam das patriotische Pathos der SED, die nationale Legitimationsmuster nutzte: Gegenüber Westdeutschland, das als verlängerter Arm der USA betrachtet wurde, begriff sich die Regierung der DDR als »wahrhaft deutsche Regierung« und appellierte an das »Nationalbewusstsein« und die »nationale Identität«, über eine patriotische Erziehung, schreiben die Autoren. »Während der Antifaschismus, Internationalismus und die internationale Solidarität in abstrakter Akklamationsrhetorik erstarrt waren, blieb die Nation trotz wechselnden Inhalts wichtiger Bezugspunkt für Regime und Bevölkerung. Die Klassengemeinschaft war zuallererst eine nationale der DDR-Deutschen«, schließen die drei Historiker mit diesem Fazit ab.

1988 drehte Roland Jahn für das westdeutsche Fernsehen eine Reportage über das Anwachsen gewaltsamer Neonazi- und Skinhead-Gruppen in der DDR, die man bis dahin nur in Westdeutschland wahrgenommen hatte. Dabei zeigte er rasierte Glatzköpfe, die in einem Stadion »Ausländer raus!« brüllten, sowie geschändete jüdische Gräber. Ein Jugendlicher erklärt: »Ein Großteil der Jugend hier hat keine direkten politischen Vorbilder [...], die ihr Leben gestalten können.« Die ostdeutschen Behörden versuchten, dieses Phänomen kleinzureden, das mit dem Gründungsmythos der DDR im Widerspruch lag. Dies machte eine offene Auseinandersetzung mit dem Rechtsextremismus unmöglich. Die ostdeutschen Führungskader reagierten unmittelbar auf die Reportage und legten beim Sender Protest ein. »Da habe ich gemerkt, wir gehen an die Substanz«, sagt Roland Jahn.

Heute, fast 30 Jahre nach dem Mauerfall, hat der Osten nichts mehr mit dem gemein, wie mein Vater ihn erlebt hat. Wenn mich in Berlin Freunde aus dem Ausland besuchen, dann lade ich sie ein, jene Landschaften Deutschlands zu erkunden, die der Meister der deutschen Romantik, Caspar David Friedrich, in seinen Bildern unsterblich werden ließ. Im Norden gilt es, eine Seenplatte zu durchqueren, deren Gewässer kristallklar sind. Dort findet man eine unendliche Vielzahl von Vögeln, Schlösser und historischer Städte. Fährt man weiter, erstreckt sich vor einem die Küste der Ostsee, wo die Architektur der Badeorte aus der Jahrhundertwende den Besucher in die Vergangenheit führt. Im Süden kann man die Landschaften am besten bewundern, wenn man einen Zug Richtung Prag nimmt und die Elbe zwischen Wäldern und grünen Hügeln vorbeiziehen lässt, bevor sich dann kurz vor der Grenze zu Tschechien felsige Spitztürme wie aus einem Märchenland erheben. In Sachsen und Thüringen boomt die Wirtschaft und die Arbeitslosigkeit nimmt stetig ab, während der Norden inzwischen eines der meistbesuchten Ziele für Touristen in Deutschland ist. Die wirtschaftliche und soziale Kluft zwischen Ost und West hat sich seit gut zehn Jahren beachtlich verringert, einige Regionen stehen heute sogar besser da als manche im Westen.

Doch besucht man Dresden oder Leipzig an einem Tag, an dem sich die Bürgerbewegung Pegida (Patriotische Europäer gegen die Islamisierung des Abendlandes) versammelt oder die Alternative für Deutschland (AfD), dann wird deutlich, dass ein Teil der Ostdeutschen aufgebracht ist: gegen die Regierung, die traditionellen politischen Parteien, die Journalisten, den Westen, die Intellektuellen, die Europäische Union und vor allem die Flüchtlinge. Mit der massenhaften Ankunft von Flüchtlingen vor allem aus Syrien hat die Fremdenfeindlichkeit in den ostdeutschen Bundesländern eine neue Ausdrucksform angenommen.

Ende 2014 begannen die Bürger in Dresden damit, sich regelmäßig unter dem Pegida-Banner zu versammeln, um gegen die »Invasion« des Islams in Europa zu protestieren, Deutschlandflaggen zu hissen und das christliche Kreuz hochzuhalten. In wenigen Monaten wuchs die Bewegung zu beachtlicher Größe und schwärmte in andere deutsche Städte aus. Inzwischen sind es nur noch einige Versprengte, denn längst haben sie den Boden bereitet für den Aufstieg einer neuen rechtsextremen, ausländerfeindlichen Partei: der AfD, die es als neue politische Kraft in kürzester Zeit in die Landesparlamente und den Bundestag geschafft hat.

Die Angriffe gegen Flüchtlinge nahmen explosionsartig zu, ab 2014 wurden im Osten, gemessen an der Einwohnerzahl vier Mal so viele Vorfälle gezählt wie im Westen. Die Entscheidung von Angela Merkel, im September 2015 die Grenzen für die in Europa umherirrenden Flüchtlinge zu öffnen, fachte die Gewalt noch stärker an. Eine gefilmte Szene ist mir in Erinnerung geblieben: Im kleinen mittelsächsischen Dorf Clausnitz ist ein Bus mit Flüchtlingen in einer kalten Februarnacht 2016 hängen geblieben. Vor dem Bus bellt ein Mob, es sind gut 100 aufgebrachte Demonstranten, der rassistische Parolen brüllt und den Zugang zur dortigen Flüchtlingsunterkunft verhindert. Die Atmosphäre ist bedrückend. Die Polizei will die Businsassen dazu bringen, auszusteigen. Ein kleiner Junge weigert sich, er ist zehn oder elf Jahre alt, er weint, er flüchtet sich zum Busfahrer, ein Polizist steigt hoch und zieht ihn unter Beifallrufen der Horde, die diese Gewalt erregt, nach draußen. Auf den ersten Sitzreihen nehmen sich zwei Frauen in die Arme, sie sind zu Tode erschrocken.

Im September 2017, zwei Wochen vor der Bundestagswahl, fuhr ich in die hübsche thüringische Universitätsstadt Jena, um eine Reportage zum Wahlkampf der AfD zu schreiben. Einige Hundert Menschen hatten sich vor einer Rednertribüne auf dem Marktplatz versammelt, abgeschirmt von Absperrungen, die eine Hundertschaft von Polizisten bewachte. Auf dem Podium stand Stephan Brandner, damaliger Spitzenkandidat der AfD in Thüringen und heutiger Vorsitzender des Rechtsausschusses des Bundestags. Nach einer kurzen Begrüßung fängt er an, sämtliche Bundestagsparteien zu beleidigen: »... die Sekte«, die Grünen, »da fallen mir immer nur drei Ks ein: Klimaschutz, Koksnasen, Kinderschänder«; die FDP, »die Ein-Mann-Sekte, so eine Mischung zwischen Unterwäsche-Model und

Billigparfüm-Werbung«; die SPD, »diese Trümmertruppe, haben Sie die Gesichter vor sich?«

Auf der anderen Seite der Barrikaden werden die zahlreichen Teilnehmer einer Gegendemonstration laut. Die Zivilgesellschaft von Jena – darunter viele Studenten – hat sich stark mobilisiert, viele Sympathisanten der Partei Die Linke laufen mit. Sie hissen Banderolen, auf denen steht: »Dem Hass widerstehen«. Die Polizei hat auch sie im Visier, besonders jene Linksradikale, die gewalttätig sein können. Brandner ruft ihnen zu: »Man liest und hört ja, dass eure Eltern meistens Geschwister waren, und wenn ich mir das eine oder andere Gesicht anschaue, meine Damen und Herren, dann habe ich fast den Eindruck, als wären die Haustiere auch nicht weit gewesen.« Er bittet sein schläfriges Publikum um Applaus, dann hebt er zu einer Hasstirade gegen Angela Merkel an: »Das Problem ist allerdings diese Fuchtel, wo sollen wir sie entsorg...« Er lässt diese Anknüpfung an das Nazi-Vokabular unvollendet und verlangt »mindestens 35 Jahre Knast für Angela Merkel«. Am Himmel erscheint ein Hubschrauber der Sicherheitskräfte, sein Dröhnen übertönt für einen Augenblick die Stimme des Redners. Den Finger nach oben gerichtet, ruft Brandner aus: »Kann man den abschießen?« Als Nächste spricht Alice Weidel, Spitzenkandidatin und heutige CO-Vorsitzende der AfD-Bundestagsfraktion. Sie greift die Flüchtlinge direkt an: »Nach zwölf Jahren Merkel muss man nur noch googeln und den Suchbegriff ›Mann‹ und ›Messer‹ eingeben, dann gehen wir auf ›Nachrichten‹ und dann gehen wir darauf, was in den letzten Wochen passiert ist, und es geht seitenweise ...« So schreit sie und zählt nebulöse Beispiele auf.

Die verbale Gewalt und Vulgarität von der Tribüne scheint das Publikum nicht zu stören. Es sind vor allem Männer, die äußerlich nichts mit dem geleckten Nazi-Look zu tun haben. Sie waren 20, 30, 40 Jahre alt, als die Mauer fiel.

Bei der Bundestagswahl am 24. September 2017 wurde die AfD in Thüringen zweitstärkste Kraft. Auf dem gesamten Gebiet der ehemaligen DDR erreichte sie fast 22 Prozent, in den alten Bundesländern waren es 10,7 Prozent.

In Jena stoße ich auf Roland Jahn, der zu einer Konferenz mit dem Titel »Stasi, bedroht uns das Vergessen?« eingeladen worden ist. Im Saal, der zu zwei Dritteln mit Bürgern mehrheitlich im Rentenalter angefüllt ist, sagt jemand aus dem Publikum, dass sich die Leute um ihn herum geknebelt fühlen würden von der »Political Correctness«, von »einer Diktatur wie unter der DDR«. Roland Jahn antwortet: »Heute endet man nicht in einem Gefängnis, wenn man seine Meinung äußert. Man sollte das mit Vorsicht betrachten: Hass ist keine Meinungsfreiheit.« Im Publikum erhebt sich eine Frau: »Wir waren feige, die meisten von uns haben mitgemacht, auf die eine Weise oder die andere. Diese Geschichte muss weiter und weiter erzählt werden.« Roland Jahn stimmt dem zu. 2014 hat er ein Buch mit dem Titel *Wir Angepassten: Überleben in der DDR* veröffentlicht. »Nach der Wiedervereinigung war die Debatte geprägt durch die Konfrontation zwischen Tätern und Opfern, aber viele konnten sich mit keiner der beiden Rollen identifizieren«, erklärt er. »Alle haben Richtung Stasi geblickt, und so hat man nicht an Punkten angesetzt, die erkennen lassen, wie diese Gesellschaft funktioniert hat, wie die Diktatur durch die vielen Mitläufer stabilisiert wurde.«

Nach der Konferenz zeigt er mir Jena, die Stadt, in der er aufgewachsen ist. Er kennt hier jede einzelne Mauer, jede Straße, die Geschichte ihrer Narben, die durch die Sanierung nach der Wende verschwunden sind. Hier steht die Universität, aus der er verjagt wurde, nachdem er im Seminar die Ausbürgerung des Dichters Wolf Biermann kritisiert hatte. Mit nur einer Ausnahme stimmten alle Seminarteilnehmer für seinen Ausschluss, Freunde, die Angst hatten. Roland war zutiefst verletzt. In seinem Buch schreibt er: »Es gibt viele Formen der Anpassung, von Schweigen bis Anbiederung. Aber Anpassung hatte eben auch einen Preis, sie hat denjenigen, die von Staats wegen Unrecht begangen haben, zur Legitimation gedient.« Natürlich könne man nicht von jedem eine Heldentat verlangen, aber »jeder, der sich anpasst, hat auch einen Spielraum«, auch heute.

Der Erfolg extremistischer Parteien wie der AfD in der ehemaligen DDR hat sicher viele Gründe, aber Roland Jahn ist überzeugt, dass er auch das Resultat lückenhafter Erinnerungsarbeit ist – und das nicht nur mit Bezug auf die Nazi-Vergangenheit: »Viele Menschen haben sich die Frage der individuellen Verantwortung in der DDR bis heute nicht gestellt.«

Zu diesem Gedächtnisschwund fügt sich ein zweiter, der bis heute auf der Beziehung zwischen Ost und West lastet. »Man hat sich an die Aufarbeitung der Nachwendezeit noch nicht gewagt«, sagt der Bundesbeauftragte für die Stasi-Unterlagen. Den Westdeutschen sei zu wenig bewusst, was die Ostdeutschen nach dem Fall der Mauer durchlebt haben. Viele Ostdeutsche wiederum sehen die Treuhand als Sinnbild ihres Traumas, obwohl es viele unterschiedliche Gründe dafür gab. Der Mangel an Kenntnis über die jeweiligen Erfahrungen der Anderen geht aber weit über die Nachwendezeit hinaus. Im Osten versteht man kaum, wie sehr die Erinnerungsarbeit die westdeutsche Gesellschaft geprägt hat, und im Westen versteht man kaum, welche Spuren die Diktatur hinterlassen hat. Ich muss an einen Satz des Stasi-Spitzels Monika Haeger denken: »Nie gelernt zu haben, für sich selbst zu entscheiden, nie gelernt zu haben, für sich selbst Verantwortung zu tragen ... ich glaube, das hat hier wahrscheinlich ein ganzes Volk nicht gemacht.«

Über versteckte Abkürzungen durchquert Roland Jahn Jena mit der Leichtigkeit eines Jungen, der häufig vor der Polizei wegrennen musste. »Jedes Mal, wenn ich wieder herkomme, kehren die alten Bilder zurück, und ich sage mir, was für ein zurückgelegter Weg, was für eine gewonnene Freiheit!«

Diese Erinnerung sollte den Deutschen im Osten zurückgegeben werden, der Stolz, einem Volk anzugehören, das den Mut besaß, einer Diktatur schließlich die Stirn geboten zu haben, und das sich seine Freiheit und mit ihr seine Würde zurückerobert hat.

13 Österreich und Italien – kleine Übereinkünfte mit der Vergangenheit

AUF DER AUTOBAHN Richtung Wien höre ich Radio Ö1, während vor meinen Augen die Pracht der österreichischen Landschaft vorbeizieht, schneebedeckte Täler, über denen seit Urzeiten das Bollwerk ausgezackter Berge wacht. Ein Sohn spricht über seinen Vater, Otto von Wächter, einen ehemaligen SS-Führer. Während des Krieges war er zunächst Gouverneur von Krakau und später Gouverneur des Distrikts Galizien im Generalgouvernement für die besetzten polnischen Gebiete, wo die Nazis drei Millionen polnische Juden ermordeten. Ich höre aufmerksam zu: »Er hat mit den eigentlichen Juden-Vertreibungen nur so weit zu tun, als er nicht anders konnte, sozusagen ...«, lässt Horst von Wächter die Journalisten von Ö1 wissen, die er auf seinem Schloss empfängt. Hinter ihm sind Stimmen und Lachen zu hören. Seine Tochter, Magdalena, ergreift das Wort: »Ich habe Schuldgefühle übernommen, früher waren sie sehr stark [...]. Es war sehr schlimm für mich, zu wissen, dass mein Großvater ein Teil davon war, das hat mich sehr fertiggemacht.« Gwendolyn, ihre 14 Jahre alte Tochter erklärt: »Er war nicht nur ein schlechter Nazi, habe ich gehört.« Magdalena antwortet: »Ich finde, dass kein Mensch ein guter Nazi sein kann, weil der Nationalsozialismus zu verurteilen ist, und der Nationalsozialismus ist der Keim von allem Übel.«

Eine Stunde lang begleitet mich die Geschichte von Otto von Wächter und dem vergifteten Vermächtnis, das er seiner Familie hinterlassen hat, während ich immer tiefer in die ruhige Kraft dieser grandiosen, über der Mitte Europas thronenden Natur versinke, die so viele Völker, Armeen und Reiche hat aufkommen und wieder vergehen sehen.

Wir schreiben das Jahr 2018, es ist März. Vor 80 Jahren, am 12. März 1938, drangen deutsche Truppen in das widerstandslose Österreich ein. Bei ihrer Ankunft hatte die Wiener Polizei bereits die Hakenkreuzarmbinden umgelegt und damit begonnen, massenweise »Unerwünschte« festzunehmen. Drei Tage später, am 15. März, rief der in ebendiesem Land geborene Adolf Hitler unter dem Beifall von gut einer viertel Million Menschen, die sich auf dem Heldenplatz in Wien versammelt hatten, aus: »Als Führer und Kanzler der deutschen

Nation und des Reiches melde ich vor der deutschen Geschichte nunmehr den Eintritt meiner Heimat in das Deutsche Reich.« Österreich wurde eingegliedert und als Ostmark bezeichnet. Proteste oder gar einen Aufstand dagegen gab es nicht. Vielmehr erfüllte sich damit das seit der Auflösung des Habsburger Kaiserreiches 1918 vorherrschende Gefühl, eine gemeinsame germanische Identität mit Deutschland zu teilen. Zudem war den Österreichern der Nationalsozialismus längst nicht mehr fremd.

Die NSDAP hatte sich schon seit den frühen Zwanzigerjahren im Land etabliert. Nachdem NS-Anhänger mehrere Anschläge gegen das Regime verübt hatten, war die österreichische NSDAP im Juni 1933 verboten worden, setzte ihre Arbeit aber im Untergrund mit materieller, logistischer und finanzieller Unterstützung aus Deutschland fort. Die Gewalt kulminierte im Juli 1934 in einem fehlgeschlagenen Putsch, bei dem der Kanzler Engelbert Dollfuß, der dem faschistischen Italien und der katholischen Kirche nahestand, ermordet und durch Kurt Schuschnigg ersetzt wurde. Otto von Wächter, der 1923 Parteimitglied der NSDAP geworden und am Juliputsch beteiligt gewesen war, wurde wegen Hochverrats gesucht und floh nach Deutschland, wo er 1935 in die SS eintrat. Nach dem Misserfolg des Putsches begann die deutsche Regierung, Österreich mit Sympathisanten zu infiltrieren, die der NSDAP zwar nicht angehörten, aber den Boden für den Anschluss vorbereiten sollten.

Es gibt eine Fotografie von Otto von Wächter in Nazi-Uniform, auf der er an seinem Schreibtisch im Palais der Wiener Hofburg sitzt. Sie ist auf den 9. November 1938 datiert, dem Tag der Pogromnacht sowohl im Altreich als auch in der Ostmark. Von Wächter war zum Staatskommissar des neuen Reichsstatthalters der österreichischen Regierung, Arthur Seyß-Inquart, ernannt worden, der Gewalt und Terror in der Bevölkerung säen sollte.

Der österreichische Antisemitismus stand dem deutschen in nichts nach. In *Mein Kampf* begrüßt Adolf Hitler, der sich zwischen 1908 und 1913 in Wien aufgehalten hatte, die aufsehenerregenden, antisemitischen Reden des Bürgermeisters der Hauptstadt, Karl Lueger, die gegen die jüdische Gemeinde gerichtet waren, die um ihre wirtschaftlichen und intellektuellen Erfolge beneidet wurde. Nach der Niederlage im Ersten Weltkrieg hatte die Christlichsoziale Partei von Karl Lueger, unterstützt durch die katholische Kirche, in der Öffentlichkeit mit ihren Theorien einer jüdischen Verschwörung zunehmend an Zustimmung gewonnen. In den Dreißigerjahren verschärfte sich die Hetze gegen Juden, die bereits auszuwandern begannen. Gesetze jedoch und ein Rest moralischen Anstands konnte den Hass noch im Zaum halten. Mit der Ankunft der deutschen Truppen ließ diese fragile Sicherung nach und es kam zu Szenen bestialischer Gewalt.

Oft ist die Verwandlung von Wien beschrieben worden, diesem Stern Mitteleuropas, Metropole der Kultur, die zum Theater ihres eigenen Niedergangs wurde, auf dessen Bühne eine raffgierige und scheelsüchtige Meute jene aufs Furchtbarste leiden ließ, die zum Erstrahlen der Stadt so viel beigetragen hatten. In seiner 1966 erschienen Autobiografie, skizziert Carl Zuckmayer, der sich damals in Wien aufhielt, den Pogrom wie ein Albtraumgemälde von Hieronymus Bosch: »Die Luft war von einem unablässig gellenden, wüsten, hysterischen Gekreische erfüllt, aus Männer- und Weiberkehlen, das tage- und nächtelang weiterschrillte. Und alle Menschen verloren ihr Gesicht, glichen verzerrten Fratzen: die einen in Angst, die andren in Lüge, die andren in wildem, hasserfülltem Triumph. [...] Ich erlebte die ersten Tage der Naziherrschaft in Berlin. Nichts davon war mit diesen Tagen in Wien zu vergleichen.« Der österreichische Schriftsteller Stefan Zweig schildert in seinem 1944 erschienenen Meisterwerk *Die Welt von Gestern* diese »schamlose Lust des öffentlichen Quälens, die seelischen Marterungen, die raffinierten Erniedrigungen [...]. Jetzt wurde nicht mehr bloß geraubt und gestohlen, sondern jedem privaten Rachegelüst freies Spiel gelassen. Mit nackten Händen mussten Universitätsprofessoren die Straßen reiben, fromme weißbärtige Juden wurden in den Tempel geschleppt und von johlenden Burschen gezwungen, Kniebeugen zu machen und im Chor ›Heil Hitler‹ zu schreien.« Einige, die das Schlimmste ahnten, nahmen sich das Leben, unter ihnen der Philosoph Egon Friedell, Autor der legendären *Kulturgeschichte der Neuzeit*, der sich aus dem Fenster seiner Wohnung warf, als sich zwei SA-Männer vor seiner Haustür präsentierten. Stefan Zweig, in Brasilien im Exil, folgte ihm vier Jahre später, 1942, in den Tod, da er sich weigerte, zum Zeugen der Agonie der europäischen Zivilisation zu werden, mit der er sein Leben und sein Werk verband.

Von den gut 185.000 Juden, die zum Zeitpunkt des Anschlusses noch in Österreich lebten, gelang etwa 120.000 die Flucht. 65.000 aber kamen um und teilten damit das Schicksal der Roma-Gemeinde, die gut 10.000 Mitglieder zählte und fast gänzlich ausgelöscht wurde.

Nach dem Anschluss wurden die zivilen Beamten ebenso wie Militär und Polizei in den Staatsapparat und die Armee des Dritten Reiches integriert. Zeugen und Dokumente haben gezeigt, dass jene, die sich weigerten, meist nichts anderes riskierten, als ihre Arbeit zu verlieren oder frühzeitig in Rente geschickt zu werden – und doch kollaborierte der Großteil der Österreicher. Viele von ihnen machten in den von Deutschland besetzten Ländern Karriere und waren prominent an den NS-Verbrechen beteiligt. Das Dritte Reich schickte aufgrund der Nähe und der historischen Verbindungen, die im österreichisch-ungarischen Kaiserreich wurzelten, mit Vorliebe österreichisches Personal nach Osteuropa, wo sich die schlimmsten Nazi-Gräuel abspielten. Seit Langem gibt es eine Auseinandersetzung unter Historikern darüber, warum ausgerechnet so auffällig viele Österreicher zum Personal des Holocaust gehörten.

Otto von Wächter war einer von ihnen. Als Gouverneur von Krakau ließ er über 50 polnische Geiseln hinrichten. Er befahl auch, dass alle Juden, die älter als zwölf waren, ein deutliches Zeichen zu tragen hatten, und sperrte die jüdische Gemeinde in ein von Mauern und Stacheldrahtzäunen umschlossenes Getto. Während er von seinem Sitz in Lemberg aus, dem heutigen in der Ukraine gelegenem Lwiw, Galizien lenkte, wurden zwischen Januar 1942 und August 1944 mehr als 100.000 Juden der Stadt massakriert und in die Lager deportiert, um anschließend vergast zu werden. Seine genaue Rolle, die er als hoher Zivilbeamter ohne polizeiliches Zugriffsrecht bei diesen Gräueltaten spielte, ist nicht bekannt. Archive haben gezeigt, dass er Anfang 1942, als die Endlösung bereits im Gang war, die »Germanisierung« des Raumes Lemberg bei einer Konferenz kritisierte und jüdische Zwangsarbeiter vor der SS schützte. Ein Vorgesetzter stellte seine »SS-Loyalität« infrage.

Horst von Wächter hält an diesen dünnen Fäden verzweifelt fest, um seinen Vater zu entschuldigen: Befehlsgehorsam, Verblendung, Hilflosigkeit. »Ich bin eigentlich davon überzeugt, dass er direkt keine Menschen auf dem Gewissen hatte und dass er auch eigentlich abgelehnt hat, von seiner Haltung her, Menschen umzubringen, das ist nicht seine Einstellung gewesen«, insistiert er. Seine Tochter Magdalena sagt: »Ich will es auch gerne glauben, ich würde es auch gerne glauben, ich glaube es auch zum Teil, ich glaube auch meinem Vater.«

Horst von Wächter wurde 1939 geboren, vier Jahre vor meinem Vater. Sein Vater war als hoher Befehlshaber voll und ganz Teil der kriminellen Maschinerie der Nazis. Volkers Vater war der NSDAP beigetreten, zog aus der Arisierung seinen persönlichen Nutzen, hatte aber niemals einen Posten im nationalsozialistischen Staat inne. Der Erste hat seinen Vater Otto, der unter falschem Namen 1949 in Rom verstarb, kaum gekannt, der Zweite hat mit seinem Vater Karl beinahe 20 Jahre unter demselben Dach gelebt.

Wie ist es möglich, dass Horst seinen Vater verteidigt, Volker ihn aber verurteilt? Magdalena von Wächter und ich gehören der gleichen Generation an. Wir beide sind davon geprägt, wie unsere Väter auf ihre Väter blicken, von diesem Narrativ, das sich seinen Weg in die Familien bahnt und gern den großen Zeitläufen der Geschichte widerspricht. Magdalena möchte ihrem Vater Glauben schenken, um die Ehre ihres Vorfahren zu retten; ich bin der familiären Loyalität gegenüber weniger sensibel und ziehe es vor zu forschen, um mir meine eigene fundierte Meinung zu bilden. Magdalena will diese Geschichte nicht an ihre Kinder »weitergeben«, damit sie »unbelastet« sein mögen. Mein Vater und ich haben aus dieser Erinnerung eine Haltung geschöpft.

Woher kommen diese Differenzen? Aus dem Grad der Schuld, die Otto und Karl tragen, wobei das deutlich schwerere Erbe schwieriger anzuerkennen ist? Aus unseren Charakteren, unseren Begegnungen, unseren Lektüren, aus den Zufällen des Lebens? Und wenn ein weiterer Grund eine Rolle gespielt hätte: dass sie in Österreich aufgewachsen sind und wir eine deutsche Erziehung hatten?

Österreich blieb vom allgemeinen Gedächtnisschwund im Nachkriegseuropa nicht verschont. Im Gegenteil: Hier hielt er sich nicht 20 oder 30 Jahre wie in Deutschland oder Frankreich an, sondern ein halbes Jahrhundert. Schon mit seiner Unabhängigkeitserklärung vom Reich im April 1945 hatte sich das Land eiligst darum bemüht, seinen Gründungsmythos in Stein zu meißeln: dass der Anschluss »durch militärische Bedrohung von außen und den hochverräterischen Terror einer nazifaschistischen Minderheit eingeleitet, einer wehrlosen Staatsleitung abgelistet und abgepresst, endlich durch militärische kriegsmäßige Besetzung des Landes dem hilflos gewordenen Volke Österreichs aufgezwungen worden« sei.

Nach dem Krieg besetzten die Alliierten das Land und teilten es in vier Besatzungszonen, erließen dann kurz darauf das Verbotsgesetz, das die NSDAP sowie ihr nahestehende Organisationen und die Verbreitung nationalsozialistischen Gedankenguts verbot. Bei einer Bevölkerung von rund 6,6 Millionen Einwohnern zählte das Land mehr als eine halbe Million ehemaliger Mitglieder der NSDAP. Sie begannen mit der Entnazifizierung und drängten die österreichische Übergangsregierung dazu, Volksgerichte einzurichten, die zahlreiche Prozesse mit zum Teil erhöhtem Strafmaß leiteten.

Das Hauptproblem der Entnazifizierung bestand darin, dass kaum ein Österreicher sie für sinnvoll erachtete, da sie der Meinung waren, keine Nazis gewesen zu sein. Die Tageszeitung *Neues Österreich*, die als Sprachrohr der konservativen ÖVP, der sozialdemokratischen SPÖ und der kommunistischen KPÖ diente, schrieb im September 1945: »In Wahrheit war Wien während der ganzen Nazizeit ein brodelnder Kessel der Auflehnung und Empörung [...]. Noch immer müssen wir uns den Vorwurf ehemaliger Hitlerhörigkeit

anhören, wiewohl er allen geschichtlichen Tatsachen widerspricht.«
Der Bürgermeister der Hauptstadt und zukünftige Präsident Österreichs, der Sozialdemokrat Theodor Körner, ging 1947 sogar so weit,
zu behaupten: »Der Wiener ist Weltbürger und daher von vornherein
kein Antisemit. Antisemitische Tendenzen sind ihm auch jetzt vollkommen fremd.«

In Wien hatten etwa 5.000 Juden überlebt, 2.300 waren aus den
Lagern zurückgekehrt. Die meisten bemühten sich, rasch jene Stadt
zu verlassen, die sie verraten hatte und deren Einwohner nach dem
Krieg einen betrüblichen Mangel an Mitempfinden an den Tag legten. Nur unter dem Druck der Vereinigten Staaten ließ Österreich
sich zu Reparationsleistungen bewegen, um die Juden zu entschä-
digen, wenn auch nur mit einen Bruchteil dessen, was man ihnen
genommen hatte. »Teile der politischen Elite vertraten die Meinung, man solle die Erfüllung der Ansprüche jüdischer Opfer ›in die
Länge ziehen‹«, erklärt der österreichische Zeithistoriker Winfried
Garscha.

1955 zogen sich die Alliierten aus Österreich zurück. Mitten im
Kalten Krieg setzten sie andere Prioritäten, als die Österreicher umzuerziehen. Kaum hatte das Land seine Souveränität wiedererlangt,
formierte sich auch schon eine neue Partei unter dem Namen FPÖ,
die von Anton Reinthaller geleitet wurde, einem ehemaligen SS-
Brigadeführer, der 1950 aufgrund seiner politischen Funktion im Dritten Reich wegen Hochverrats zu drei Jahren Haft verurteilt worden
war. Die österreichische Justiz beeilte sich ihrerseits, eine faktische
Amnestie in Kraft treten zu lassen, indem sie die Nachforschungen
zu den Akten legte und zugleich verhinderte, dass die Verfahren zu
einem erfolgreichen Ende fanden, während die meisten Nazis aus
den Gefängnissen entlassen wurden.

Wie der Zufall es will: Während ich Wien immer näherkomme, wird
auf Radio Ö1 ein Interview mit Christian Frosch ausgestrahlt, dem
österreichischen Regisseur von *Murer – Anatomie eines Prozesses*, ein
Film über den Prozess des SS-Führers Franz Murer, dem Hauptverantwortlichen der fast vollständigen Vernichtung der 80.000 Juden

aus Vilnius zwischen 1941 und 1943. Nach dem Krieg wieder zurück in seinem Land, führte Murer ein unbehelligtes Leben, bis Simon Wiesenthal, ein Überlebender des Holocaust, der sein Leben dem Kampf gegen die Straflosigkeit der Nazis widmete, Murers mörderische Vergangenheit enthüllte. Im Juni 1963 wurde in Graz der Prozess eröffnet: »Die Stimmung im Saal wird allgemein als irrsinnig feindselig gegen die jüdischen Zeugen beschrieben, irrsinnig unruhig, mit Zwischenrufen, einmal wird auch beschrieben, dass jemand mit dem Hitler-Gruß im Saal steht«, sagt Christian Frosch. Man habe da sehr genau gesehen, »wie diese Täter-Opfer-Umkehr funktioniert hat«, erklärt er. Am Ende des skandalösen Prozesses, der durch massive Einflussnahme von politischer Seite gezeichnet war, wurde der Angeklagte freigesprochen und von einem Großteil der Bevölkerung wie ein Held gefeiert.

Während der auf den Krieg folgenden Jahrzehnte stimmten die beiden großen österreichischen Volksparteien SPÖ und ÖVP lieber einer Art allgemeiner Absolution zu, als Gefahr zu laufen, mögliche Wähler und potenzielle Unterstützer aus den Reihen der alten Nazis zu verlieren. Sie nährten den Opfer-Mythos und leugneten die Mittäterschaft von Hunderttausenden von Österreichern an den Verbrechen, die sich von der Mitwirkung am Holocaust bis zur Plünderung der jüdischen Gemeinde erstreckten. Eine »kalte Amnesie«, wie Simon Wiesenthal es nannte.

Der Großteil der Verbrechen wurde außerhalb des österreichischen Territoriums und damit weit ab vom Blick der Bevölkerung begangen. Aber nicht alle. Der Führer hatte den Befehl gegeben, 20 Kilometer von Linz in Mauthausen ein riesiges Lager zu errichten, das dann über 40 im ganzen Land verstreute Außenlager verfügte und in das 190.000 Gefangene verschiedenster Nationalitäten deportiert wurden: politische Oppositionelle ebenso wie Zivilisten und Kriegsgefangene. Jeder Zweite von ihnen starb aufgrund der unerträglichen Arbeitsbedingungen. Mauthausen war das einzige Lager auf dem Territorium des Dritten Reiches, das der Lagerstufe III zugeordnet war, sprich: dem Ziel der »Vernichtung durch Arbeit«. So mussten

Gefangene mehrmals täglich Granitblöcke vom Grund eines Steinbruchs bis hinauf zum Ende einer 32 Meter langen Treppe schleppen. Um in den Steinbruch zu gelangen, liefen die Gefangenen an einem 50 Meter tiefen Abgrund entlang, wo die SS, von denen viele Österreicher waren, sich damit amüsierte, Häftlinge, die sie »Fallschirmspringer« nannte, hinabzustoßen und abstürzen zu sehen. Zu Mauthausen gehörte auch ein Bordell, in dem Frauen über Tage hinweg vergewaltigt wurden. In einem dem Lager angeschlossenen Labor nutzte man die Gefangenen für extrem schmerzhafte medizinische Experimente, die häufig tödlich endeten. Einer der Ärzte war der Österreicher Aribert Heim, der nach dem Krieg gedeckt von den Behörden lange Zeit in Deutschland lebte, bevor er schließlich von 1962 an mit internationalem Haftbefehl gesucht wurde. Er flüchtete nach Kairo, wo er seinen Lebensabend verbrachte.

Österreichische Ärzte waren in besonderer Weise an den Verbrechen des Dritten Reiches beteiligt. Im Rahmen der Aktion T4, bei der als »anormal« eingestufte Menschen ermordet wurden, starben 18.000 Personen in einer Gaskammer im Keller des unweit von Linz gelegenen Schlosses Hartheim. Als Hitler sich aufgrund von Protesten in Deutschland schließlich 1941 dazu gezwungen sah, die Aktion T4 abzubrechen, tötete man in Hartheim weiter. Bis zum Ende der NS-Herrschaft starben dort noch 12.000 kranke Gefangene oder unerwünschte Personen, wie etwa Priester, die die Konzentrationslager ohne großes Aufheben loswerden wollten.

800 als behindert eingestufte Kinder der Wiener »Jugendfürsorgeanstalt« Am Spiegelgrund sind für medizinische Experimente zum Nervensystem missbraucht und getötet worden. Einer der Hauptverantwortlichen, Heinrich Gross, machte nach dem Krieg mit seinen Untersuchungen über Kindergehirne, für die er die sorgfältig präparierten Hirne seiner Opfer vom Spiegelgrund nutzte, eine steile Karriere. Er wurde einer der meistbeauftragten Gerichtspsychiater Österreichs.

Wenn man bei Österreichern von Verdrängung spreche, sagt Christian Frosch, so »finde [ich] das Bild fast zu nett, weil Verdrängung, das heißt ja: Es gibt dramatische Erlebnisse, so schlimm, dass man sie nicht angeht.« In Wahrheit aber wurde bewusst gelogen und verschleiert. Denn die Tätergruppe sei sehr groß gewesen, sodass die Idee schließlich war: »Wenn alle schuld sind, dann ist niemand schuld.« Vor der Ausstrahlung des Films im März 2018 wusste in Österreich fast niemand, wer Franz Murer war.

Im Gegensatz zu den Auschwitzprozessen in Frankfurt, die im selben Jahr eröffnet wurden, vermochte der Prozess gegen Murer nicht die Mauer des Schweigens zu durchbrechen. Sicherlich reagierte auch hier ein Großteil der Deutschen skeptisch auf diese Prozesse, aber anders als in Österreich gab es in Deutschland Menschen wie Fritz Bauer oder Bundeskanzler Willy Brandt und intellektuelle Instanzen wie etwa die Frankfurter Schule, die in das gut geölte Räderwerk des Vergessens Sand zu streuen vermochten.

»Die sozialen und politischen Bedingungen in einem Kleinstaat wie Österreich führten zu anderen Bruchlinien, die sich weniger im intellektuellen Diskurs manifestierten, sondern in künstlerischen Produktionen, unter denen insbesondere *Der Herr Karl* von Helmut Qualtinger und Carl Merz hervorgehoben werden muss«, berichtet der Historiker Winfried Garscha. In *Der Herr Karl* spricht ein dem katholischen Kleinbürgertum entsprungener Wiener einen langen Monolog, in dessen Verlauf er deutlich macht, ein Mitläufer gewesen zu sein, dessen Opportunismus und Egoismus sein Handeln von der Zwischenkriegszeit bis in die Fünfzigerjahre bestimmten. Eine Verfilmung wurde 1961 im Fernsehen ausgestrahlt und stieß bei vielen Zuschauern auf Widerspruch und Zorn, den sie in Beschwerden beim ORF abluden. Auf den Theaterbühnen erzielte der Stoff dagegen einigen Erfolg. Der Einfluss dieser wenigen Gegenstimmen blieb jedoch begrenzt, und anders als in Deutschland gab es keine breite und starke Studentenbewegung, die die Geister aufrütteln und die staatlichen Strukturen von den alten Nazis reinigen hätten können.

»Die NS-Zeit wurde in den Schulen erst ab den späten Siebzigerjahren umfassend behandelt, vorher war nicht einmal die Erste Republik (ab 1918) an allen Schulen Unterrichtsgegenstand gewesen«, hält Winfried Garscha fest. Im höheren Bildungssektor sah es kaum besser aus, dort blieb Antisemitismus und Nationalsozialismus für einige Hochschullehrer immer noch hoffähig.

Einer der wenigen Nazi-Gegner, der aus dem Exil nach Österreich zurückkehrte, war der Sozialdemokrat Bruno Kreisky, ein Sohn des jüdischen Wiener Bürgertums. 1970 wurde er zum Kanzler gewählt, der er dann bis 1983 blieb. Trotz seiner Erfahrung wollte Kreisky wenig Licht in die Vergangenheit bringen, er plädierte vielmehr für einen Schlussstrich. Er machte sogar vier ehemalige NSDAP-Mitglieder zu Ministern in seinem Kabinett, was ihm heftige Kritik von Simon Wiesenthal einbrachte. 1975 brachen die Spannungen zwischen diesen beiden jüdischen Männern offen aus. Für den Fall, dass die SPÖ ihre absolute Mehrheit bei der Nationalratswahl verlieren würde, hatte sich Kreisky darauf vorbereitet, eine Koalition mit der von Friedrich Peter geführten FPÖ zu bilden. Wiesenthal ließ Kreisky wissen, dass er aufgedeckt hatte, dass Friedrich Peter als Obersturmführer einer SS-Einheit gedient hatte, die an Massakern in Osteuropa beteiligt gewesen war.

Vier Tage nach der Wahl, bei der die SPÖ schließlich doch die absolute Mehrheit verteidigen konnte, publizierte Wiesenthal seine Vorwürfe gegen Friedrich Peter. Kreisky beschuldigte den Holocaust-Überlebenden, während des Krieges ein Informant der Gestapo gewesen zu sein. Wiesenthal klagte gegen Kreisky, woraufhin Letzterer seine Aussage widerrufen musste. Doch auffällig an dieser Affäre war, dass nur sehr wenige öffentliche und intellektuelle Personen Wiesenthal, der einer antisemitischen Hasskampagne ausgesetzt wurde, zu Hilfe kamen. Wiesenthal seinerseits war nicht frei von Ambivalenzen. Trotz der großen Verdienste seiner Dokumentationsarbeit über die nationalsozialistischen Verbrechen sind sich heute zahlreiche Historiker darin einig, dass er die Fakten gelegentlich überzogen und bisweilen sogar absichtlich Falschinformationen gestreut hat.

1985, als anderswo das Ausmaß der Verbrechen der Nationalsozialisten bereits ins kollektive Bewusstsein eingedrungen war, empfing 1985 der damalige Verteidigungsminister Friedhelm Frischenschlager (FPÖ) den ehemaligen SS-Sturmbannführer Walter Reder als

Nationalhelden am Flughafen. Reder kehrte aus Italien zurück, wo er 33 Jahr lang im Gefängnis gesessen hatte. Der Mann, den der FPÖ-Minister mit Handschlag begrüßte, war maßgeblich verantwortlich für das Massaker von Marzabotto, bei dem mehr als 770 Zivilisten, darunter zahlreiche Frauen und Kinder, von der SS-Division »Reichsführer SS« ermordet worden waren. Die FPÖ hatte sich stets für eine Freilassung Reders eingesetzt, den sie als »Kriegsgefangenen« bezeichnete. Der Empfang, den man ihm bereitete, löste in Österreich zum ersten Mal größere öffentliche Kontroversen über den Umgang mit der Vergangenheit aus.

Aber es musste erst zu einem internationalen Skandal kommen, damit die Verleugnung endlich rissig wurde.

1986 kandidierte der Berufsdiplomat Kurt Waldheim, der zwischen 1972 und 1981 Generalsekretär der Vereinten Nationen gewesen war, für die ÖVP als Bundespräsident. Im Vorfeld hatte er seine Autobiografie veröffentlicht, die seine antinationalsozialistische Haltung während des Krieges so stark hervorhob, dass einige Journalisten Verdacht schöpften. Bald darauf fanden sie heraus, dass er im Balkan als Offizier der Wehrmacht bei einer Einheit gedient hatte, die für zahlreiche Kriegsverbrechen verantwortlich war. Trotzdem wählten die Österreicher ihn zum Bundespräsidenten, was die internationale Öffentlichkeit schockierte.

Kurt Waldheim wurde in den USA und einigen anderen Staaten zur Persona non grata erklärt, Israel zog seinen Botschafter aus Wien ab. Im Verlauf der »Waldheim-Affäre« wurden in Österreich wieder antisemitische Parolen laut, zugleich aber erhoben sich zunehmend Stimmen in der Gesellschaft, die eine klare Auseinandersetzung mit der Vergangenheit einforderten. So war 1988 das Gedenkjahr zum Anschluss geprägt von zahlreichen Diskussionen, die mit der Aufführung des Theaterstücks *Heldenplatz* von Thomas Bernhard am Wiener Burgtheater ihren Höhepunkt erreichten. Das Stück handelt vom Suizid eines Philosophieprofessors auf dem Heldenplatz – 50 Jahre, nachdem die Wiener Hitler an diesem Ort bejubelt hatten. Es habe für ihn keinen anderen Ausweg mehr gegeben, schreibt Thomas Bernhard, denn die Situation im gegenwärtigen Österreich sei noch tief mit dem Nationalsozialismus verbunden und von dem katholischen Stumpfsinn der Menschen regiert. Das Stück sorgte für einen Skandal und wurde von Presse und Politikern heftig angegriffen, während Autoren wie Erich Fried oder Elfriede Jelinek zu seiner Verteidigung eine Erklärung unter dem Titel *Kulturkampf!* veröffentlichten. Die ausverkaufte Premiere selbst, zu der besonders empörte Bernhard-Gegner aus der Landwirtschaft sogar Mist vor das Burgtheater gekarrt hatten, wurde begleitet von Störaktionen, Zwischenrufen, Transparenten und Pfiffen aus dem Publikum, die wiederum demonstrativ von Applaus und Bravo-Rufen der Verteidiger des Stücks erwidert wurden. Am Ende setzte sich das Stück beim Publikum durch und *Heldenplatz* wurde eine bis dahin erfolgreichsten Inszenierungen am Burgtheater.

Am 8. Juli 1991 revidierte mit dem sozialdemokratischen Kanzler Franz Vranitzky schließlich zum ersten Mal ein hoher Würdenträger des Staates vor dem Nationalrat die These, dass Österreich Opfer des Nationalsozialismus gewesen sei: »Es gibt eine Mitverantwortung für das Leid, das zwar nicht Österreich als Staat, wohl aber Bürger dieses Landes über andere Menschen und Völker gebracht haben [...]. Dieses Bekenntnis haben österreichische Politiker immer wieder abgelegt. Ich möchte das heute ausdrücklich auch im Namen der österreichischen Bundesregierung tun: als Maßstab für das Verhältnis, das wir heute zu unserer Geschichte haben müssen.«

Im November 1994 reiste der österreichische Präsident Thomas Klestil auf Staatsbesuch nach Israel, wo er vor der Knesset sagte, »dass manche der ärgsten Schergen der NS-Diktatur Österreicher waren«. Er fügte hinzu: »Kein Wort der Entschuldigung könnte je den Schmerz über den Holocaust aus dem Gedächtnis löschen.«

Endlich war die Stunde gekommen, in der die Politik sich ihrer Verantwortung stellte. Der Nationalfonds der Republik Österreich für Opfer des Nationalsozialismus wurde gegründet, es folgten mehrere Gesetze zur Restitution und ein weiterer Fonds, diesmal zur Entschädigung von NS-Zwangsarbeitern. Die Stadt Wien weihte

im Jahr 2000 ein Mahnmal am Judenplatz für die 65.000 ermordeten österreichischen Juden und Jüdinnen der Schoah ein, drei Jahre
später wurde ein Zentrum eröffnet, das seither den Umgang der
österreichischen Justiz mit den nationalsozialistischen Verbrechen
untersucht.

Die NS-Diktatur, der Holocaust und die NS-Verbrechen wurden
zum fixen Bestandteil des Schulunterrichts. Natürlich waren diese
Maßnahmen begrüßenswert. Aber kamen sie nicht zu spät für die
längst verstorbenen Opfer und ebenso zu spät für die Österreicher,
die es 45 Jahre lang verpasst hatten, sich durch Erinnerungsarbeit
gleichzeitig auch mit der Gefahr rechtsextremistischer Parteien auseinanderzusetzen.

Ich komme in Wien an. Es schneit, ein weicher Stoffhimmel verleiht
der barocken Pracht die Zerbrechlichkeit eines Traums. Die Stadt
gibt sich den Flocken hin, die Zeit bleibt stehen unter dieser schweig-
samen Liebkosung, Wiener und Touristen schlendern mit von Kälte
geröteten Wangen an Palästen mit gusseisernen Toren und Jugend-
stilfassaden mit vergoldeten und farbigen Ranken vorbei. Anmut und
Charme umschlingen einander in diesem sanften Dekor, das an eine
verwaschene Fotografie erinnert. Ich erliege der Zeitreise, der Nostalgie, zu der diese unvergängliche Stadt einlädt. Ihrer Schönheit ist
eine Arglosigkeit eigen, als hätte die Obszönität der Menschheit ihre
unschuldige Stirn ausgespart.

Wien steht im diametralen Gegensatz zu Berlin, der Stadt, mit
der sie eine dunkle Geschichte teilt. In Berlin ist beinahe nichts von
der einstigen architektonischen Strahlkraft geblieben. Die Paläste
und Baudenkmäler, die Kirchen und die stolzen Kaufhäuser sind
unter den Bomben zusammengefallen, die legendären Cafés, Bars,
Hotels und Theater am Potsdamer Platz, am Kurfürstendamm und
an der Friedrichstraße, die Amüsierviertel der Goldenen Zwanziger,
die Europa zum Träumen brachten, wurden wegradiert. Auf der traditionellen Prachtstraße Unter den Linden sind die von Karl Friedrich Schinkel erbauten neoklassizistischen Gebäude nur noch als
Nachbauten zu sehen. Die Stadt, in der Hitler Germania, die Haupt-

stadt des Universums, sehen wollte, war 1945 einer endlosen Leere gewichen, die man nach und nach mit Plattenbauten und Palästen aus Glas und Stahl und Nachahmungen des einstigen Prunks aufzufüllen suchte. Und doch hat Berlin die Narben seiner Diktaturen bewahrt, es hat nicht versucht, seine Verletzungen zu vertuschen. Wo der Blick auch hinfällt, es hat die Erinnerung an seine Schande und an seine unzähligen Opfer in Stein gemeißelt.

In Wien suche ich vergeblich nach den Stigmata des Krieges. Die Bomben, die hier weniger zahlreich waren, haben längst nicht das Ausmaß an sichtbaren Zerstörungen hinterlassen wie in Berlin, und man hat sich bemüht, die Spuren der Verbrechen rasch zum Verschwinden zu bringen.

Erst 1988 wurde auf dem Albertinaplatz ein Mahnmal gegen Krieg und Faschismus errichtet, dessen zentrales Werk das *Tor der Gewalt* heißt: Zwei Skulpturen stehen auf einem Granitblock, auf jenem Stein also, den die Häftlinge tonnenweise aus dem Steinbruch bei Mauthausen herausschleppen mussten. Eine dritte Skulptur zeigt einen Juden, der im Begriff ist, den Boden zu reinigen. Ich komme an dem Denkmal der ermordeten österreichischen Juden vorbei, das auf Simon Wiesenthals Betreiben hin auf dem Judenplatz errichtet worden ist. Die quaderförmige Konstruktion aus Stahlbeton stellt mit Büchern angefüllte Bibliotheksregale dar, deren Rücken nach innen gerichtet sind, sodass man ihre Titel nicht lesen kann – ein Symbol der brutal unterbrochenen Leben. Anrainer, die um die »Schönheit« des Platzes besorgt waren, protestierten gegen das Projekt.

Ich besuche das Jüdische Museum, das in einem alten Palais im Zentrum untergebracht ist und das jüdische Leben in der Stadt nachzeichnet. Die Besichtigung beginnt mit dem langsamen und schwierigen Prozess, in dessen Verlauf sich nach dem Krieg eine neue jüdische Gemeinde gebildet hat, die heute etwa 8.000 Mitglieder zählt. Ohne Umschweife zeigt die Ausstellung die beschämende Art und Weise, mit der die Juden nach 1945 bei ihrer Rückkehr empfangen wurden, und fragt nach ihrer Zukunft: »Konnten und können sie die Stadt Wien, die sie nicht nur um 1900 prägten, trotz des immer wieder auftretenden Antisemitismus und der wiederholten Vertreibungen als ›ihre Stadt‹ begreifen?«

Auf der ersten Etage des Museums folgt man der Entwicklung der jüdischen Gemeinde vom Mittelalter bis zum Zweiten Weltkrieg. Zu meinem großen Erstaunen ist nur ein kleiner Teil der Ausstellung der Schoah gewidmet. Was für ein Kontrast zum Berliner Jüdischen Museum. Dort ist die Schoah nicht nur in der Dauerausstellung präsent, sondern auch in der Architektur von Daniel Libeskind. Das Berliner Gebäude, aus Titanzink gefertigt, hat die Form eines zerbrochenen Davidsterns, seine schmalen und asymmetrischen Fenster ähneln Wunden. Im Inneren überkommt den Besucher ein Gefühl der Schwere, wenn er auf schräg geneigten Böden die schiefen Wände entlangläuft und unter Betonbalken steht, die den Raum wie zufällig durchstoßen.

Ich suche nach weiteren Gedenkstätten in Wien, die an die Rolle Österreichs während des Nationalsozialismus erinnern. Es gibt das Ende 2019 eröffnete Haus der Geschichte Österreich, das den Akzent auf die Zeit ab 1918 bis zur Gegenwart legen und unter anderem der »demokratischen Aufklärung« dienen soll, was nicht allen im Lande gefällt. Ansonsten finde ich nicht besonders viel, abgesehen vom Dokumentationsarchiv des österreichischen Widerstandes (DÖW), dessen Ausstellung die einzige in Österreich ist, die sich in dieser Breite mit der Thematik befasst, wie die Internetseite es verkündet. Das Museum, das etwas versteckt in einem Hinterhof liegt, ist für solch einen Anspruch erstaunlich klein und unauffällig. In einer eher streng wirkenden Atmosphäre, die junge Menschen nicht unbedingt einladend finden dürften, zeigt es eine Vielfalt von Texten, Fotografien und Dokumentkopien. Ganz offensichtlich messen die Stadt Wien und der österreichische Staat diesem Museum keine solche Wichtigkeit bei, dass sie es mit moderner Museumspädagogik ausstatten würden. Aber das Archiv ist vor allem eine unverzichtbare Stimme zur nationalsozialistischen Geschichte Österreichs, und es ist ein wachsamer Beobachter der Entwicklung des Rechtsextremismus seit der Nachkriegszeit.

Ich bin dort mit Bernhard Weidinger verabredet, einem Rechtsextremismusexperten. Sein Büro befindet sich am Ende eines langen Flures, an dessen Wänden Zeichnungen und Skizzen von Gefangenen hängen, die bis zum letzten Atemzug zum Stift gegriffen hatten, um ein Zeugnis zu hinterlassen.

Seit die FPÖ als Koalitionspartner der ÖVP an der Regierung von Kanzler Sebastian Kurz beteiligt ist, ist Weidinger besonders gefragt. »Heute ist diese Partei an der Macht, weil sie von Anfang an immer eine taktische Option für ÖVP und SPÖ war. Dieses Liebäugeln mit der FPÖ hat dazu beigetragen, dass sie viel Macht gewonnen hat und salonfähig wurde«, erklärt er.

Die FPÖ hat schon immer ein ambivalentes Verhältnis zur nationalsozialistischen Vergangenheit gepflegt. Sie wurde international bekannt als Jörg Haider 2000 die Partei als kleiner Koalitionspartner der ÖVP an die Macht führte. Haider, der aus einem Elternhaus stammte, das sich dem Nationalsozialismus verschrieben hatte, gründete seine Popularität auf dem Lob der »Generation des Krieges«, Soldaten und SS inbegriffen, auf seinen antisemitischen Witzen und seinen lobenden Worten über die »ordentliche Beschäftigungspolitik« des Dritten Reichs. 2008 verunglückte er unter Alkoholeinfluss in seinem Wagen tödlich.

Zu diesem Zeitpunkt war der gelernte Zahntechniker Heinz-Christian Strache bereits seit drei Jahren in den Vorsitz der FPÖ aufgenommen, mit dem Ziel, dem Abschwung der Partei entgegenzuwirken. In seiner Jugend verkehrte Strache mit Neonazis wie Gottfried Küssel, einem bekannten Holocaustleugner. Auf Fotos ist er in Tarnuniform bei paramilitärischen Übungen zu sehen, die von Küssel organisiert waren. Außerdem stand er der Wiking-Jugend nahe, eine 1952 nach dem Modell der Hitler-Jugend gegründete Organisation, die 1994 verboten wurde. Im Verlauf der Neunzigerjahre legte er einen blitzartigen Aufstieg innerhalb der FPÖ hin, die ihn dazu aufforderte, mit seinen Verbindungen vorsichtiger zu sein. Ohne seine Vergangenheit zu leugnen, verbuchte Strache sie auf das Konto jugendlicher Exzesse. 2007 tauchten weitere Fotos auf, auf denen er in Burschenschaftskluft beim »Kühnengruß« zu sehen ist – drei gestreckte Finger, die eine Abwandlung des Hitlergrußes darstellen. Im Jahr 2012 veröffentlichte er auf seiner Facebook-Seite eine Karikatur zur Finanzkrise: ein Banker mit vorspringender Nase, der anstelle von Manschettenknöpfen Davidsterne trägt. Seit 2017 ist Heinz-Christian Strache Vizekanzler.

»Heute ist die FPÖ viel extremer als früher unter dem Einfluss der Burschenschaftler«, sagt Bernhard Weidinger. »Jörg Haider hatte sich immer wieder von den Burschenschaftlern wegbewegt, Strache hat sie in die Partei zurückgeholt. Man kann sagen, dass die FPÖ heute wahrscheinlich eine Burschenschaft-Partei ist wie nie zuvor.« Viele österreichische Burschenschaften stellen den völkischen Nationalismus ins Zentrum ihres Weltbildes, womit die Vorstellung gemeint ist, dass ausschließlich jene, die ein und dieselbe Abstammung haben, ein Volk ausmachen können – was einem Grundgedanken der nationalsozialistischen Ideologie entspricht.

Diesen studentischen Verbindungen bin ich selbst 2012 im Rahmen einer Reportage über die jährliche Versammlung der Deutschen Burschenschaft (DB)näher gekommen, einem Dachverband zahlreicher Verbindungen aus Österreich und Deutschland. Das Treffen fand in Eisenach statt, nahe der Wartburg, dem einstigen Sitz des Hofes der thüringischen Grafen, einer Feudalherrschaft, die für ihre kriegerischen Erfolge und ihre Kultur des Minnesangs bekannt ist. 1817 diente die Burg einer Zusammenkunft von gut 500 Studenten, die aus 13 deutschen Universitäten zur Gründung der Burschenschaften zusammengeströmt waren. Sie wollten die Vereinigung Deutschlands befördern, das damals noch in zahlreiche Königreiche und Fürstentümer zersplittert war. Diese Burschenschaften spielten eine wichtige Rolle bei der Propagierung ebenjener Ideen, die 1871 zur Gründung eines Nationalstaates führen sollten. Ihr Credo – Freiheit, Demokratie und Einheit gegen die Unterdrückung der regionalen Herrscher – war durch die Farben Schwarz-Rot-Gold symbolisiert, die heute die deutsche Flagge darstellen.

Ein Graben trennt den heutigen Verband von seinem ursprünglichen Geist. Seit den Neunzigerjahren wird der politische Kurs der DB von Anhängern rechtsextremer Parteien bestimmt. 1996 spaltete sich ein Teil ihrer Mitglieder, der dieser Entwicklung nicht zustimmte, ab und gründete einen neuen, liberaleren Dachverband, die Neue Deutsche Burschenschaft. Mehr oder weniger alle österreichischen Burschenschaften blieben in der ursprünglichen Gruppierung.

Der Höhepunkt der Festivität bestand in einem Fackelmarsch von der Wartburg herab bis zu einem riesigen Denkmal, das 1902 zu Ehren der Burschenschaften errichtet worden ist. Wir durften von der Burg aus filmen, aber nur unter der Bedingung, den Zug keinesfalls nach unten zu begleiten. Das stachelte unsere Neugierde umso mehr an, und so bahnten wir uns heimlich einen Weg durch die Büsche, um beobachten zu können, was sich dort abspielte. In der lauwarmen Sommernacht im Licht der Fackeln schimmernd, war das monumentale Denkmal bald von einer Masse unkenntlicher Silhouetten umgeben. Ein Gesang erhob sich, der die Steinstatue mit in Deutschland verpönten Worten scheinbar wieder zum Leben erwecken sollte: die erste Strophe des Lieds der Deutschen, die im Dritten Reich eine nationalsozialistische Umdeutung erfahren hatte. Nach dieser Ausartung weigerte sich die Stadt Eisenach, den Verband noch länger in ihrer Burg aufzunehmen.

Seit den Wahlen 2017 sind nach den Zahlen des Dokumentationsarchivs des österreichischen Widerstandes von den 51 FPÖ-Abgeordneten des Nationalrates nicht weniger als 21 Mitglieder in Burschen- und Mädelschaften. Im Jahr 2000 waren unter den 52 Abgeordneten acht Burschenschaftler. Auch ihre Präsenz in den Landtagen und Rathäusern ist hoch, zugleich repräsentieren sie die Hälfte des Parteivorstands.

Einige gehören auffällig radikalen Burschenschaften, wie etwa der Olympia, an. Die Verbindung lehnt die Entnazifizierung und das NS-Verbotsgesetz ab, sie hat sich zum Ziel gesetzt, »das deutsche Volk« vor der »Unterwanderung seines Volkskörpers durch Ausländer wirksam zu schützen«. Sie lädt Rassentheoretiker und

Holocaustleugner ein. Andere Vertreter der FPÖ sind Mitglieder von Teutonia, deren Räumlichkeiten ich erst kürzlich in einer Fernsehreportage gesehen habe. An den Wänden dort ist ein gerahmter Text von Mathilde Ludendorff zu sehen, eine Galionsfigur der völkischen Bewegung der Dreißigerjahre, Antisemitin und große Bewunderin Adolf Hitlers. Nicht weit davon hängt eine Collage aus Fotos ehemaliger Teutoniamitglieder, auf der auch Männer in SS-Uniform zu sehen sind.

Im Januar 2018 wurde publik, dass ein Nazi-Liederbuch in der rechtsextremen Burschenschaft Germania zu Wiener Neustadt kursierte, deren stellvertretender Obmann Udo Landbauer Spitzenkandidat der FPÖ für die Landtagswahlen in Niederösterreich war. Ein Auszug aus den Texten des Liederbuchs lautet etwa: »Da trat in ihre Mitte der Jude Ben-Gurion: ›Gebt Gas, ihr alten Germanen, wir schaffen die siebte Million‹.« Landbauer behauptete, nichts davon gewusst zu haben, trat aber dennoch von allen politischen Funktionen zurück und ließ seine FPÖ-Mitgliedschaft ruhen. Aus der Partei wurde er nicht ausgeschlossen. Kurze Zeit darauf wurde der Burschenschaft Bruna Sudetia vorgeworfen, ein ähnlich skandalöses Nazi-Liederbuch zirkulieren zu lassen.

Vertreter der FPÖ haben keinerlei Hemmungen, sich öffentlich gemeinsam mit Neonazis und Revisionisten zu zeigen. Solche Positionen sind im Kern der FPÖ so stark vertreten, dass man sie nicht als Ausrutscher werten kann, sondern als eine wesentliche Strömung innerhalb der Partei.

Bevor ich nach Wien fuhr, wollte ich einen Termin mit einem FPÖ-Politiker vereinbaren. Ich suchte auf ihrer Homepage vergeblich nach einem Kontakt zur Presseabteilung. Als es mir dann doch gelungen war, eine Telefonnummer ausfindig zu machen, rief ich dort an. Die junge Frau, die meinen Anruf entgegennahm, ließ mich wissen: »Es gab da Probleme, wir sind spät dran, aber nächste Woche ist der Kalender für die kommenden sechs Monate fertig.« Nichts geschah, ich rief noch einmal an. Ein anderer Gesprächspartner versprach mir einen baldigen Rückruf. Doch niemand meldete sich, niemand antwortete auf meine E-Mail – für eine Regierungspartei ein höchst intransparenter Umgang mit der Presse. Dieser Umgang sollte sich bestätigen, als später der FPÖ-Innenminister Herbert Kickl die Polizei heimlich dazu ermutigte, »regierungskritischen Medien« den Zugang an Information zu begrenzen.

Zum Trost besorgte ich mir einen Termin mit einem ehemaligen lokalen Beauftragten der FPÖ. Der Mann war Jahre zuvor zur ÖVP gewechselt, weil er in Hans-Christian Strache eine Person ohne Substanz sah und seine populistischen Polemiken als »peinlich« empfand, so hatte er damals erklärt. Heute sagt er mir: »Ich war wirtschaftspolitisch einer anderen Meinung, denn Wirtschaftsnationalismus verengt das Land, und die europäische Integration ist die Zukunft.« Ich frage ihn, ob der wachsende Erfolg der FPÖ ihn nicht besorge? Viel mehr Sorgen, antwortete er, bereite ihm »die Meinungsfreiheit beim ORF«, dem Österreichischen Rundfunk. Ich frage ihn, ob man nicht doch wachsam bleiben müsse, wenn eine Partei in die Regierung eintritt, die von Burschenschaften beeinflusst ist und Ideen vertritt, die gegen die österreichische Verfassung verstoßen. Er antwortet mir: »Angst ist das Mittel der vereinten Linken, ich bin gegen die Angst, ich bin ein Optimist.« Ich frage mich, was er wohl sagen will mit dem Ausdruck »vereinte Linke« in einem Land, das kein Äquivalent zur deutschen Linken kennt, wo die Grünen sich im freien Fall befinden und andererseits keine Partei mehr mit Angst für sich wirbt als die FPÖ. Ich halte mich zurück. »Ist ihre Einstellung nicht ein bisschen naiv, was die FPÖ betrifft?«, frage ich ihn. »Ich schätze sie als links ein«, sagt er abschließend.

Ich bin erstaunt, dieser Mann hat eine wichtige Position in einem österreichischen Ministerium inne und hätte sich frei äußern können, zumal unsere Unterhaltung unter der Zusicherung von Anonymität geführt wurde. Stattdessen aber lieferte er mir eine ans Absurde grenzende Phrasendrescherei.

Einen weiteren Gesprächspartner treffe ich im Café Landtmann, das seit mehr als einem Jahrhundert Lieblingstreffpunkt vieler berühmter

Besucher wie Sigmund Freud und Gustav Mahler ist. Ich durchquere einen mit Holzvertäfelungen verkleideten Saal, dessen ausladende Fenster mit alten Vorhängen versehen sind. Auf einer der stattlichen Sitzbänke erwartet mich ein Mitglied der ÖVP, ein Mann, der seit Langem mit den Hintergründen der Politik vertraut ist. Er spricht mir gegenüber offen: »Die FPÖ ist eine rechtspopulistische Partei, die ihre Wählerschaft in den unteren Schichten sucht, da, wo es Frust gibt und wo simple Antworten gut ankommen. Haider, der intelligent und talentiert war, hatte eine gescheite Mannschaft um sich, aus dem Bildungsbürgertum. Strache, auch wenn er geschickt ist, ist ein simpler Politiker, und er hat Schwierigkeiten, gute Leute um sich zu versammeln, was problematisch ist, will man einen Staat leiten.« Ich frage ihn, ob eine Koalition mit einer solchen Partei, wie sie die ÖVP eingegangen ist, nicht bedeute, diese zu normalisieren. »Es gibt zwei Möglichkeiten, damit umzugehen: entweder ausgrenzen oder integrieren. Als im Jahre 2000 die ÖVP schon einmal eine Koalition mit der FPÖ gebildet hatte, hat diese an Popularität verloren. Vielleicht wird dieses Mal ein ähnlicher Effekt entstehen und die Partei sich totlaufen, weil dann keine Substanz mehr bleibt.«

Nacht bricht über Wien herein, während ich mich zu meinem letzten Termin begebe. Unterwegs bewundere ich die imposanten Gebäude, die den eleganten Universitätsring säumen. Bis 2012 hieß diese Straße noch Dr.-Karl-Lueger-Ring, benannt nach jenem ehemaligen Bürgermeister der Stadt, dessen antisemitischen Wahn sogar Adolf Hitler bewunderte. Ich denke an *Die Welt von Gestern*, in der Stefan Zweig seine Leidenschaft für Wien so wundervoll spürbar werden lässt, wobei er der Beschreibung des hellen Erstrahlens der Stadt um 1900 die Hoffnungslosigkeit folgen lässt, die sie ihm in der weiteren Zeit einflößte.

In der Bar Zum Schwarzen Kamel steht eine freudvolle Menge dicht gedrängt vor dem holzgetäfelten Jugendstil-Tresen, hinter dem beleuchtete Flaschen die Regale füllen. Gläser gehen von Hand zu Hand, man muss sich seinen Weg bahnen, um einen ruhigeren Raum zu erreichen, wo ein Mann, der Kanzler Kurz nahesteht und hochrangig für dessen Regierung arbeitet, auf mich wartet. Er ist kultiviert, eloquent und charmant: »Kurz will die Kontrolle behalten über das, was geschieht. Außerdem ist die Unsicherheit mit der FPÖ nicht so groß.« Aber ist eine populistische Partei, die mit psychologischen Instrumenten wie Angst und Diffamierung spielt, die mit dem Finger auf Sündenböcke zeigt, keine Gefahr für die Demokratie? »Es sind Zwischenfälle, die wenig mit der Partei zu tun haben. Die Partei steht auf jeden Fall zur Demokratie. Schauen Sie sich doch die Grünen an, die haben in der Vergangenheit gezeigt, was sie von der Demokratie halten!« Ich habe keine Ahnung, worauf er anspielt. Sind es etwa die illegalen und gewaltsamen Besetzungen öffentlicher Gebäude durch die Grünen, die sich in den Siebzigerjahren gegen die Errichtung von Kraftwerken starkgemacht haben? Versucht er mich zu beruhigen, indem er das Problem relativiert, das eine Partei darstellt, die davon träumt, Österreich aus der Europäischen Union zu lösen, um es an Russland anzunähern, und die Viktor Orban als Vorbild empfindet? Oder versucht er, sich selbst zu beruhigen?

Ich frage ihn, ob Kurz, indem er der FPÖ die Schlüssel zur Macht übergeben hat, nicht auch die Büchse der Pandora geöffnet habe. Und ob ihm das keine Gänsehaut bereite? »Er weiß, was er tut, und er wird versuchen, die FPÖ zu verändern und die Regierung zu nutzen, um ihren Einfluss zu minimieren«, sagt er, bevor er dann nachlegt: »So hoffe ich zumindest.«

2010 machte ich in Berlin die Bekanntschaft eines Deutschitalieners, dessen Arbeit darin bestand, für italienische Weine in Deutschland zu werben. Wir kannten uns kaum, als er mich einlud, mit ihm einige Tage in der Toskana zu verbringen, wo er in einem Haus lebte, das an einem mit Weinstöcken übersäten Hügel lag, deren Trauben einen der besten italienischen Rotweine produzieren – den Brunello di Montalcino. Er hatte ein altes Steingemäuer restauriert, dessen Inneres zu einem einzigen riesigen, mit Steinboden ausgelegten Raum aufgebrochen worden war und dessen Terrassentüren in den vier Außenmauern eine angenehm frische Brise und ein gedämpftes Licht eindringen ließen. Möbliert war es mit nur wenigen

Stücken, die jedoch jedes für sich einzigartig waren, je nach Laune hier und da beim Trödler erworben und mit jener Geschicklichkeit versammelt, mit der italienische Männer ihrer Weiblichkeit freien Lauf lassen, ohne ihre Männlichkeit einzubüßen. An einer Wand war mir ein Gemälde im surrealistischen Stil aufgefallen. »Das hat mein italienischer Vater gemacht, er war Maler und hat in Bayern Kunst studiert, wo er meine deutsche Mutter kennenlernte. Er bewunderte Deutschland.« Es war das Porträt eines Mannes mit Epauletten und Soldatenhelm, auf dem eine Schutzbrille gegen Licht und Staub hochgeschoben klemmte. Zwei asymmetrisch liegende Augen, die stark schielten, dominierten die obere Partie des Gesichts, während die untere vollständig von einem Ledermaulkorb verborgen war, den auf Höhe des Mundes drei Knöpfe verschlossen hielten. Hinter dem Kopf zeigte eine im Stil des Quattrocento gemalte Landschaft eine Wüstengegend, in deren Hintergrund die Silhouette einer arabisch wirkenden Festung aufragte. Im Halbschatten des Raumes hatte ich zunächst den beiden fein aufgetragenen Worten, die beinahe im Schwarz des Himmels verschwanden, keine Aufmerksamkeit geschenkt. Ich musste mich erst auf meine Zehenspitzen stellen, um sie lesen zu können: Erwin Rommel.

Mein Gastgeber besaß die erstaunliche Angewohnheit, morgens um fünf Uhr aufzustehen, um in der Morgenfrische Pilze suchen zu gehen. In schweren Stiefeln und ausgestattet mit einer Hippe, zog er los durch das dichte Gebüsch der Maremma, einer schroffen und von Insekten bevölkerten Landschaft, in der er stundenlang nach diesem besonderen nussähnlichen Geruch jagte, der den Steinpilzen ihr einzigartiges Aroma verleiht. Eines Morgens wachte ich vor seiner Rückkehr auf und ging nach unten, um mir in der mit alten blauen Kacheln gefliesten Küche Kaffee zu kochen. Gedankenverloren ließ ich meinen Blick über eine Holzschüssel schweifen, und zufällig blieben meine Augen an einem eisernen Schlüsselanhänger in Form einer Faschine hängen, die aus mehreren länglichen Elementen bestand, die von Riemen zusammengehalten wurden und ein kleines Beil umschlossen hielten. Ich nahm ihn in die Hand, und mir fiel auf

dem kleinen Beil ein winziger Schriftzug auf: »Fascismo e Libertà«.
Als der Herr des Hauses von seiner Jagd heimkehrte, fragte ich ihn,
warum er einen Schlüsselanhänger in Form eines faschistischen
Symbols besäße. Er antwortete mir, ohne verschämt oder überrascht
zu wirken: »Weil ich ein Faschist bin.«

Eines Tages, als seine frühmorgendliche Ernte besonders reich
ausgefallen war, beschloss er, sie noch am gleichen Abend in der
Dorftrattoria zu kochen, wo ich die Bekanntschaft mehrerer seiner
Freunde machte. Und während er am Herd stand, fragte ich sie, was
sie von Silvio Berlusconi hielten, der damals noch Italien regierte. Ich
hoffte, sie damit auf einen anderen Gegenstand lenken zu können,
der mir seit einigen Tagen durch den Kopf ging, eben die faschistischen Tendenzen meines Gastgebers. Ich musste nicht lange warten. Einer von ihnen, ein gut vierzigjähriger Privatier, sagte zu mir:
»Wir brauchen keinen Berlusconi, der ist korrupt, vulgär, ein Busi-
nessmann. Wir brauchen einen Staatsmann, einen echten, einen
Mann wie Mussolini.« Angesichts meiner aufgelösten Gesichtszüge
erklärte sein Nachbar: »Seit mehr als 60 Jahren nun ist Italien eine
Demokratie, und was ist das Resultat? Eine totale Niederlage. Die
Demokratie mag vielleicht in Deutschland funktionieren, aber nicht
hier. Die Italiener brauchen eine starke Macht, einen starken Mann.«
Die anderen gaben ihm recht, und während bei Tisch kräftig zugeschlagen wurde, erklärte man die Demokratie für gestorben und
feierte den Faschismus wie ein goldenes Zeitalter.

Mein italienischer Freund und ich – wir gehören beide der gleichen
Generation an – haben beide zwei Nationalitäten mit einem deutschen Elternteil, wir haben einen ähnlichen gesellschaftlichen Wer-
degang, haben beide Auslandserfahrung – wie nur also ist ein solcher
Unterschied zu erklären? Ich habe mir niemals Fragen zur Vergan-
genheitsaufarbeitung in Italien gestellt, so selbstverständlich war
ich davon ausgegangen in einem Land, wo der Faschismus begründet wurde und das der militärische und ideologische Hauptverbün-
dete des nationalsozialistischen Deutschlands war. Ich hatte mich
geirrt. Eines Tages sagte mir ein Ende der Sechzigerjahre geborener

italienischer Theaterregisseur die aufschlussreichen Sätze: »Für uns waren die Deutschen die Bösen und nicht die Italiener. Diejenigen, die unsere Adriastrände überschwemmten, die nannten wir die Nazis. Es herrschte damals eine besonders heftige Stimmung gegen die Deutschen.« Wie die Österreicher nutzten auch die Italiener die Monstrosität der nationalsozialistischen Verbrechen, um die eigenen vergessen zu machen. Den beiden Hauptverbündeten des Dritten Reiches gelang es, ihre jeweils schwerwiegende Verantwortung zu negieren.

So geriet die äußerst blutige Außenpolitik des faschistischen Italien in den Dreißigerjahren und während des Krieges in Vergessenheit: Es richtete Blutbäder in Libyen und Äthiopien an, annektierte gewaltsam Albanien, besetzte Ägypten und Teile Frankreichs, marschierte in Griechenland und Jugoslawien ein. Unter der Bevölkerung auf dem Balkan hinterließen die italienischen Truppen eine Erinnerung des Schreckens. Der antislawische Rassismus des Duce näherte ihn Adolf Hitler an. Am 22. Februar 1922 hatte er verkündet: »Wenn wir einer Rasse begegnen wie der slawischen – minderwertig und barbarisch –, ist ihr gegenüber nicht die Zuckerbrotpolitik anzuwenden, sondern die der Peitsche. [...] Ich denke, es können bedenkenlos 500.000 barbarische Slawen für 50.000 Italiener geopfert werden.«
    In der jugoslawischen Provinz Montenegro forderte der Gouverneur Alessandro Pirzio Biroli, dass für jeden von einem Partisanen getöteten Italiener 50 montenegrinische Bürger hingerichtet werden sollten. Manchmal wurden als Vergeltung sämtliche Männer eines Dorfes ermordet, die Witwen und Halbwaisen wurden ihrem Schicksal überlassen. In Slowenien und Kroatien gab General Mario Roatta an seine untergebenen Offiziere ein Handbuch zur Unterdrückung der Widerstandsbewegung und der »Italianisierung« der Region aus: »Falls notwendig, solle sich niemand vor Grausamkeit scheuen. Es muss eine vollständige Säuberung sein. Wir müssen alle Einwohner internieren und italienische Familien an ihre Stelle setzen.« Die Italiener brannten Häuser nieder, Dörfer, sie massakrierten Geiseln und schickten Zehntausende Zivilisten in die Lager. Besonders

hart getroffen wurde die slowenische Provinz Ljubljana: Von ungefähr 360.000 Bürgern wurden laut dem Historiker Giacomo Scotti
etwa 70.000 in Lager gesteckt, in denen mehr als 15.000 ermordet
wurden.

Allein auf dem Balkan errichteten die Faschisten etwa 200 Kon-
zentrations- und Außenlager, die dazu bestimmt waren, dass in ihnen
vor allem mutmaßliche Widerstandskämpfer, aber auch Juden eingesperrt wurden. Am schlimmsten traf es die Gefangenen im KZ
Rab, das an der kroatischen Küste lag. Die Lebensbedingungen dort
waren so erbärmlich, dass die Sterblichkeitsrate bis zu 19 Prozent be-
trug. Ich habe Fotos von den Gefangenen gesehen, die nur mehr Haut
und Knochen waren. Die geschätzte Anzahl der Toten beläuft sich
auf bis zu 4.500.

Auch auf italienischem Boden bauten die Faschisten Konzentrationslager, in welche sie mehrere Zehntausend Slawen sperrten.
Wer in Italien erinnert sich noch an das unweit von Triest errichtete
KZ Gonars, an das KZ Renicci in der Toskana, an das KZ Monigo bei
Treviso, an das KZ Chiesanuova bei Padua? Es herrscht eine erschre-
ckende Gleichgültigkeit beim Gedenken an die slawischen Opfer,
denen kaum eine Stele, eine Gedenkstätte und wenn überhaupt dann
nur wenige Augenblicke im Schulunterricht gewidmet sind. Das einzige Monument, das ich in Italien ausfindig machen konnte, ist auf
Initiative Jugoslawiens von einem montenegrinischen Künstler auf
einem Friedhof in der Nähe des KZ Gonars errichtet worden, wo die
Überreste von 453 slowenischen und kroatischen Opfern beerdigt
sind. Kein einziger offizieller Vertreter des italienischen Staates hat
sich je nach Rab begeben, nie hat dort je ein italienischer Botschafter oder Konsul einen Blumenkranz niedergelegt. In den anderen
Konzentrationslagern übrigens auch nicht. Allein der ehemalige Präsident Carlo Ciampi hat sich einmal dazu herabgelassen, einen Blumenkranz nach Gonars zu schicken. Italien hat auch nie ernsthaft
Wiedergutmachungsleistungen an seine Opfer bezahlt, es gab nur
minimale Entschädigungen und Armenrenten und diese nur für italienische Staatsbürger, die politisch oder rassisch verfolgt waren. Dagegen erinnert Italien alljährlich an den Tod von Tausenden Italienern

im Nordwesten Jugoslawiens, die von den kommunistischen Partisanen in natürliche Erdspalten geworfen wurden, die »foibe« genannt werden. Es erinnert nicht daran, dass diese Massaker die Folge der blutigen Invasion dieser Region durch Mussolini waren.

Auch Griechenland wurde Opfer italienischer Brutalität, als der Duce das Land gemeinsam mit den Deutschen und den Bulgaren besetzte. Zufällig habe ich auf der Außenterrasse eines Pariser Cafés Giovanni Donfrancesco getroffen, der mehrere Filme über den Faschismus gedreht hat, darunter einen Dokumentarfilm mit dem Titel *La guerra sporca di Mussolini* (Mussolinis dreckiger Krieg) über das Massaker von Domenikon. Dieses griechische Dorf setzten die Italiener 1943 in einem Akt der Vergeltung in Brand und ermordeten alle männlichen Bewohner sowie zahlreiche Männer aus der Umgebung, im Ganzen etwa 150 Personen. Der 2008 ausgestrahlte Film stellte die Weichen für die erste offizielle Entschuldigung Italiens gegenüber Griechenland. »Die Verbrechen der Armee von Mussolini, die in Griechenland und in Jugoslawien begangen wurden, sind den Menschen in Italien nicht bewusst«, stellt Donfrancesco fest. »Sie haben ein falsches Bild von dieser Besetzung, das von Filmen wie *Mediterraneo* gespeist wird, einer von Gabriele Salvatores gedrehten Komödie, die großen Erfolg feiern konnte.« Es ist die rührende Geschichte italienischer Soldaten, die auf einer griechischen Insel stationiert sind, wo sie Verbindungen zur örtlichen Bevölkerung aufbauen – sie erscheinen darin kaum kriegerisch, eher harmlos und ausgesprochen herzlich. Dieser Film erschien 1991 und wurde mit Preisen überschüttet.

Nirgendwo aber wütete die Gewalt des faschistischen Italiens so sehr wie in den afrikanischen Kolonien. In Libyen, das bis 1933 der Befehlsgewalt des Generalgouverneurs Pietro Badoglio unterstand, wurde in den Zwanziger- und Dreißigerjahren eine mächtige Rebellion im zweiten Italienisch-Libyschen Krieg niedergeschlagen. Einen Namen als »Araberschlächter« machte sich dabei vor allem General Rodolfo Graziani. Es kam zu Massenexekutionen, und 100.000 Nomaden wurden gezwungen, bis zu 1.000 Kilometer zu marschieren, um in Konzentrationslager gesperrt zu werden. Die Gesamtzahl der Opfer in Libyen wird auf gut 100.000 Personen geschätzt, ein Massaker, das von einem Teil der Historiker als Genozid angesehen wird.

Wenig später begann Italien 1935 mit der Eroberung Äthiopiens, einem der letzten nicht kolonialisierten Staaten Afrikas. Unter der Befehlsgewalt von Pietro Badoglio und Rodolfo Graziani führte es einen Krieg mit immenser Gewalt. Mussolini erteilte den Befehl, sämtliche Rebellen und Gefangene hinzurichten, ganze Dörfer zu vernichten und Gaswaffen einzusetzen, die durch das Genfer Protokoll verboten waren. Nach einem missglückten Attentat gegen Graziani in Addis Abeba richtete der inzwischen zum Vizekönig von Äthiopien ernannte General ein Blutbad quer durchs ganze Land an, dem mehr als 3.000 Zivilisten zum Opfer fielen, darunter mindestens 500 Mönche eines Klosters. Insgesamt erlagen dem italienischen Aggressionskrieg zwischen 350.000 und 760.000 Äthiopier.

Im Jahr 2008 entschuldigte sich Italien erstmals offiziell bei Libyen und verpflichtete sich, eine Entschädigung in Höhe von fünf Milliarden Dollar zu zahlen. Im Gegenzug dazu erhielt es von Tripoli die Zusage, die Kontrolle seiner Küsten zu verstärken, um die illegale Einwanderung Richtung Italien einzudämmen, sowie die Garantie, einen exklusiven Zugang zum Öl und Gas in Libyen zu erhalten. Italien hat diese Geste nicht auf Äthiopien ausgedehnt, wo es keine ökonomischen Interessen verfolgt.

»Viele Italiener sehen in den italienischen Siedlern noch immer mutige Bauern, die sich der Aufgabe stellten, nicht erschlossene Landstriche zu beackern, und die dann auch noch Straßen und Schulen bauten und in gewisser Weise die Zivilisation brachten ...«, sagt Giovanni Donfrancesco. »Es reicht zu sehen, wie viele Menschen sich empörten, als Italien 2005 endlich an Äthiopien den Obelisken von Axum zurückgab, den Mussolini gestohlen hatte, um ihn in Rom aufzustellen ...«

Gegenüber den Juden blieb das faschistische Italien zwiespältig. 1938 begann Benito Mussolini Teile der Nürnberger Gesetze zu kopieren, wobei er Dekrete erließ, die den Ausschluss von Juden aus der Armee, aus öffentlichen Funktionen und den Universitäten ebenso vorsahen wie ein Verbot gemischter Ehen, das Verbot, eine Zeitung herauszugeben oder einen Radiosender zu besitzen, sowie die Konfiszierung von Eigentum. Diese Gesetze wurden von den Juden, die in Italien Minister, Generäle und Abgeordnete stellten und ausgesprochen gut integriert waren, wie eine tiefe Erniedrigung empfunden. Die Regierung setzte diese Dekrete jedoch nur zögerlich um, denn der Judenhass gehörte nicht zum Kern des italienischen Faschismus, selbst wenn der Duce nicht frei von Antisemitismus war.

Nach dem Kriegseintritt im Juni 1940 sperrte Italien die ausländischen Juden in Lager und begann 1942 damit, sie ins Ausland abzuschieben, wo viele von ihnen das Schlimmste erwartete. Trotzdem blieb es, anders als Frankreich, gegenüber den Forderungen des Dritten Reiches, Juden auszuliefern, taub. Sogar außerhalb seines Territoriums, in der kleinen, von ihm besetzten Zone im Süden Frankreichs, beschützte Italien die Juden, indem es die antijüdischen Verordnungen von Vichy annullierte. 30.000 Juden flohen in die italienische Zone, da sie unter den Faschisten mehr in Sicherheit waren als unter der französischen Regierung. Regelmäßig beschwerten sich die Deutschen wegen dieser Haltung. Den Reichsminister des Auswärtigen und notorischen Antisemiten Joachim von Ribbentrop versetzte sie Rage. »Den italienischen Militärkreisen«, so echauffierte er sich, fehle das »richtige Verständnis der Judenfrage«.

Nach dem Sturz Mussolinis im Juli 1943 und dem italienischen Waffenstillstand mit den Alliierten im September darauf besetzten die Deutschen Rom und den Norden Italiens, wo der Großteil der Juden lebte. Ungefähr 8.000 einer 46.000 Mitglieder starken Gemeinde wurden mithilfe eines dem Duce treu gebliebenen Teils der italienischen Polizei deportiert. Mussolini, der nun an der Spitze einer den Deutschen ergebenen Marionettenregierung stand, trägt damit für diese Deportationen eine zentrale Verantwortung wie für die vielen anderen von Faschisten und Nationalsozialisten an der italienischen Bevölkerung begangenen Verbrechen.

Als der Krieg zu Ende war, hätte man erwartet, dass die antifaschistischen italienischen Parteien, darunter vor allem die Kommunisten, die gegen Mussolini gekämpft hatten, diese Verbrechen scharf verurteilen würden. Doch angesichts der Friedensverhandlungen wollten sie kein zu negatives Bild der Rolle Italiens im Krieg vermitteln. Sie hofften, die Alliierten zu besänftigen, um die Summe der Reparationszahlungen und den Verlust von Territorien zu beschränken. Ihr Hauptargument war, dass schließlich nach der Absetzung Mussolinis durch König Viktor Emmanuel III. im Juli 1943 und nach der Kriegserklärung gegen Deutschland drei Monate später ein Teil des Landes die gemeinsamen Anstrengungen der Kriegsalliierten unterstützt habe.

Im Unterschied zu Deutschland hat es in Italien keine Prozesse wie die von Nürnberg gegeben, auch haben die Alliierten keinen Druck ausgeübt, um Würdenträger und faschistische Verbrecher zu verurteilen – nicht etwa, weil sie an ihre Unschuld glaubten, sondern weil sie die Gesellschaft, in der die kommunistische Partei die stärkste von ganz Westeuropa war, nicht weiter spalten wollten. Aus diesem Grund unterstützten die Briten als Besatzungsmacht nach dem Krieg die 1946 in Kraft getretene Generalamnestie und mit ihr die Rückkehr alter Faschisten in die Politik. Diese Nachsicht fand Unterstützung im Vatikan, dem natürlichen Gegner der atheistischen Kommunisten, der zudem darum bemüht war, seine eigene Haltung während des Krieges zu vertuschen, denn Papst Pius XII. hatte das Dritte Reich und die Verfolgung der europäischen Juden niemals explizit verdammt.

Wie in Frankreich reklamierte auch die im Juni 1946 gegründete neue Republik für sich den Anspruch, aus dem Geist der Résistance erwachsen zu sein. Nach dem Einmarsch der Deutschen und der Gründung der Republik von Salò, einem von Mussolini kontrollierten faschistischen Marionettenstaat auf dem Territorium der Wehrmacht, hatte sich eine bewaffnete Widerstandsbewegung formiert, der ungefähr 340.000 Partigiani angehörten. Dazu schlossen sich mehr als 370.000 italienische Soldaten den Alliierten an. Trotzdem blieben mehr als 550.000 Sicherheitskräfte Mussolini gegenüber loyal. Wie auch hätte die erdrückende Mehrheit der Italiener, die Mussolini und seine kriminellen Kriege unterstützt hatten, von einem Tag auf den anderen zu Antifaschisten werden können?

Die echten Antifaschisten waren zu wenige, um allein eine neue Republik aufzubauen. Zudem waren sie in der Mehrzahl Kommunisten, doch die Kommunistische Partei Italiens (PCI) wurde aus der Regierung ausgeschlossen, als sie 1947 dem Moskauer Informationsbüro der Kommunistischen und Arbeiterparteien (Kominform) beitrat.

In seinem 2017 erschienenen Werk *Die Männer Mussolinis* untersucht der Historiker Davide Conti, wie die Täter straffrei blieben und in der neuen Republik Karriere machen konnten. Die Amnestie von 1946 »führte zu einem Klima, das den aufeinanderfolgenden Regierungen nach dem Krieg erlaubte, ehemalige Täter in den Wiederaufbau des neuen Staates zu integrieren, ohne dass dies für Unruhe gesorgt hätte«, erklärt der Historiker in einem Interview. »In vielen Fällen wurden beschämende Aspekte der Biografien unter den Mantel des Schweigens gekehrt. Das Ziel lag in einer Art sanftem Übergang vom Faschismus zur Demokratie.« Davide Conti berichtet, wie der tief verwurzelte Antikommunismus der Faschisten den Tätern in die Hände spielte, die nun hohe Posten in den Ministerien, bei der Polizei und in der Armee bekamen, um von dort aus die Kommunisten zu bekämpfen.

Auf das erste Amnestiegesetz folgten 1953 und 1966 zwei weitere, sodass am Ende nur sehr wenige Verbrecher überhaupt verurteilt wurden. Und die Vergangenheit derjenigen, die opportunistisch das Lager gewechselt hatten, als sich der Niedergang des Regimes abzeichnete, wollte man am liebsten vergessen. So etwa Badoglio, der dem Duce untertänig gedient hatte und für schlimmste Kriegsverbrechen verantwortlich war, bevor er im Juli 1943 zum Premierminister gekürt wurde. Seine Verstrickungen in das mörderische Regime insbesondere in Afrika sind auch nach dem Krieg nie gesühnt worden. Kein einziger der von Jugoslawien, Griechenland, den Vereinigten Staaten und Frankreich reklamierten Kriegsverbrecher wurde je ausgeliefert, geschweige denn verurteilt.

Im Einklang mit dem antifaschistischen Gründungsmythos entstand eine bequeme Legende, die der Intellektuelle Angelo Del Boca in seinem 2005 erschienen Werk *Italiani, Brava Gente* beschreibt: eine Darstellung der Italiener als gute, leicht naive Menschen, die keiner Fliege etwas zuleide tun würden und während des Faschismus manipuliert worden seien. Die Folge dieser Konstruktion, die dazu dient, die Verbrechen der Faschisten kleinzureden, ist eine Instrumentalisierung des deutschen Nazis, der als das absolut Böse dargestellt wird.

Das Kino trug, möglicherweise ungewollt, zur Konsolidierung dieser Illusion bei. In den letzten Jahren des Krieges zielte nach all den Lügen der Propaganda eine neue kinematografische Bewegung, der sogenannte Neorealismo, darauf ab, die ungeschminkte Wirklichkeit zu zeigen. Die Rolle der italienischen Bevölkerung beim Aufstieg des Faschismus wurde jedoch außen vor gelassen. Diese Meisterwerke von Luchino Visconti, Vittorio De Sica oder Roberto Rossellini verdammten den Faschismus ebenso wie den Nationalsozialismus, legten das Gewicht aber grundsätzlich auf die Leiden unter der Diktatur und die Unterdrückung des einfachen Volkes. Wer hätte angesichts des Films *Rom, offene Stadt* von Rossellini nicht Mitgefühl für die italienische Bevölkerung empfunden, als Pina, meisterhaft dargestellt von Anna Magnani, atemlos hinter dem deutschen Lieferwagen herläuft, der einen Widerstandskämpfer abtransportiert, den sie am gleichen Tage noch heiraten wollte, und die dann, von einem deutschen Soldaten erschossen, zusammenbricht?

Im Unterschied zu Deutschland hatten viele italienische Künstler und Intellektuelle keine Berührungsängste mit dem Faschismus. Roberto Rossellini und Vittorio De Sica arbeiteten mit Vittorio Mussolini, dem Sohn des Duce, der in der Filmbranche ein einflussreicher Mann war, ohne dass es ihnen nach dem Krieg vorgeworfen worden wäre. Der Dichter Giuseppe Ungaretti, der Literaturnobelpreisträger Luigi Pirandello sowie der Schriftsteller und Journalist Curzio Malaparte und gut 30 weitere hatten 1925 ein profaschistisches *Manifesto* unterschrieben. Später distanzierten sich einige von ihnen vom Faschismus wie etwa Curzio Malaparte, der ins Exil auf die Liparischen Inseln verbannt wurde. Als Reaktion auf das *Manifesto* hatte wiederum der Philosoph Benedetto Croce, der den Faschismus als »moralische Krankheit« bezeichnete, ein Manifest der antifaschistischen Intellektuellen verfasst. Als von 1938 an die antijüdischen Verordnungen und Gesetze erlassen wurden, war er einer der wenigen nicht jüdischen Intellektuellen, die sich weigerten, ein Formular auszufüllen, mit dem Informationen über die »rassischen Ursprünge« der italienischen intellektuellen Elite gesammelt werden sollten.

Trotzdem setzte die italienische Literatur sehr früh zu ihrer Kritik des Faschismus und des Krieges an, insbesondere Autoren wie Corrado Alvaro, Alberto Savinio, Elio Vittorini, Cesare Pavese oder der Dichter Eugenio Montale. Aber sehr wenige behandelten das Phänomen des Mitläufertums der Bevölkerung im Faschismus, mit der einen besonderen Ausnahme des 1951 erschienen Romans *Der Konformist* von Alberto Moravia. Dort verstrickt sich ein einfacher Italiener, teils aus Ehrgeiz, teils aus Bequemlichkeit, immer stärker im Faschismus, in dessen Namen er schließlich seinen ehemaligen Universitätsdozenten verrät, der wegen ihm ermordet wird.

Es gab in Italien auch nichts, was den Auschwitz-Prozessen vergleichbar gewesen wäre, also keine Zäsur, die hätte verhindern können, dass das Vergessen sich langfristig festsetzt. Die Studenten prangerten während der Revolte der Achtundsechzigerjahre zwar die faschistischen Netzwerke an, denen es gelungen war, in der italienischen Republik fortzubestehen, aber ihre Erhebung erreichte längst nicht dieselbe gesellschaftliche Wirkung wie in der Bundesrepublik. In Italien verband sich der Zorn der Studenten mit den Protesten der Arbeitern und Bauern, und so wurde der Kampf für soziale Gerechtigkeit zum Hauptanliegen des Aufstands.

Am 12. Dezember explodierte im Eingang der Mailänder Landwirtschaftsbank eine Bombe, die 16 Menschen tötete und mehr als 80 verletzte. Die Polizei bezichtigte Anarchisten der Tat und nahm ihren mutmaßlichen Anführer Giuseppe Pinelli fest, der drei Tage später in Polizeigewahrsam aus ungeklärten Umständen aus einem Fenster im vierten Stock »stürzte«. In Wirklichkeit waren die Neofaschisten am Werk gewesen, die – wie später aufgedeckt wurde – mit dem italienischen Nachrichtendienst und einem Geheimdienst des amerikanischen Militärs in Verbindung standen. Weitere neofaschistische Attentate folgten über eine Periode von 15 Jahren, die insgesamt 149 Menschen das Leben kosteten.

In diesem Klima entstand eine linksextreme terroristische Organisation die sehr schnell Tausende Militante und Sympathisanten anzog: die Roten Brigaden, die sich als Fortführung des italienischen Widerstands gegen Faschisten zwischen 1943 und 1945 betrachteten. Sie riefen zur »Revolution« auf, die von der Kommunistischen Partei, die nach dem Krieg mit den konservativen Kräften kooperiert hatte, verraten worden sei. Der Anstieg der Attentate von sowohl linksextremen als auch neofaschistischen Terroristen sorgte in Italien für eine bürgerkriegsähnliche Stimmung. Ziel der Anschläge der Roten Brigaden waren vor allem »Staatsdiener«, wie zum Beispiel 1978 der Nationale Sekretär der christdemokratischen Partei Democrazia Cristiana, Aldo Moro. Die Gewalt der Roten Brigaden, die Aldo Moro entführt, 55 Tage gefangen gehalten und ihn schließlich ermordet hatten, wurde von allen politischen Parteien einschließlich der linken und der Gewerkschaften verurteilt.

Vor dem Hintergrund dieser Krise begann in den Siebzigerjahren das italienische Kino, sich für einen neuen Aspekt zu interessieren: die Mitläufer, der Faschismus als populäres Phänomen. *Ein besonderer Tag* von Ettore Scola mit Sophia Loren und Marcello Mastroianni, zeigte, wie tief der Faschismus in der Gesellschaft verankert war, und sorgte damit für eine Sensation. Er erzählt die Begegnung zwischen einer Mutter, die unter ihren Haushaltspflichten zusammenbricht, und einem Homosexuellen, der vom Regime verfolgt wird. Beide wohnen in einem Mietshaus, das von seinen Bewohnern wie ausgestorben zurückgelassen wird, da sie sich alle eiligst auf die Straße begeben, um den Duce zu bejubeln, wie er im Mai 1938 Hitler in Rom empfängt. Bernardo Bertolucci brachte *Der große Irrtum* auf die Leinwand, die Verfilmung von Alberto Moravias Roman *Der Konformist*, und Federico Fellini kehrte mit *Amarcord* zu seiner Kindheit in Rimini im triumphierenden Faschismus zurück. Dazu notierte der Großmeister: »Der Faschismus schläft immer in uns. Es besteht immer die Gefahr der Erziehung, einer katholischen Erziehung, die nur ein einziges Ziel kennt: den Menschen in eine moralische Abhängigkeit zu führen, seine Integrität zu mindern, ihm jegliches Verantwortungsgefühl zu nehmen, um ihn dergestalt in einer Unreife zu halten, die niemals endet.«

Der Künstler, der dieses Thema am intensivisten untersucht hat, ist der Filmemacher, Essayist und Dichter Pier Paolo Pasolini, der eine Linie zwischen dem Faschismus und der Konsumgesellschaft zog. In den *Freibeuterschriften*, einem Sammelband von zwischen 1973 und 1975 verfassten Aufsätzen, notierte er: »Wenn man die Wirklichkeit gut beobachtet und wenn man vor allem in den Gegenständen, der Landschaft, dem Städtebau und insbesondere in den Menschen zu lesen weiß, sieht man, dass die Folgen dieser unbekümmerten Konsumgesellschaft selbst die Folgen einer Diktatur sind, eines eindeutigen Faschismus.« 1975 griff er dann auf die Form der sexuellen Parabel zurück, um in seinem Film *Die 120 Tage von Sodom* den Totalitarismus anzuprangern.

Lange Zeit wurde das Trauma der Deportation der Juden im italienischen Kino kaum behandelt. Eine Ausnahme bildet Vittorio De Sicas Film *Die Gärten der Finzi-Contini* (1970), eine Adaption des gleichnamigen Romans von Giorgio Bassani, der 1962 erschienen war und die Geschichte einer großbürgerlichen Familie aus Ferrara unter dem wachsenden Antisemitismus erzählt. Was die Literatur betrifft, so blieb *Ist das ein Mensch?* von Primo Levi, der unmittelbar nach Kriegsende sein autobiografisches Zeugnis über das Überleben in Auschwitz verfasste, lange Zeit unbeachtet, bis es schließlich Ende der Fünfzigerjahre in einer Neuauflage erschien und international auf ein enormes Echo stieß. Das Thema der Verfolgung der Juden in Italien wurde auch von Natalia Ginzburg aufgegriffen, deren Ehemann von der Gestapo ermordet worden war und die in ihrem 1963 erschienenen Buch *Mein Familien-Lexikon* die Verbindungen ihrer jüdischen Familie unter dem Faschismus untersucht.

Anfang der Neunzigerjahre erschütterte ein spektakulärer Skandal das politische Italien. In einer groß angelegten Untersuchung unter dem Codenamen Mani pulite (»Weiße Weste«) deckten Ermittler ein äußerst weitläufiges Korruptionsnetzwerk und ein System zur illegalen Parteienfinanzierung auf. Der Fall läutete das Ende dieser Parteien ein, die als antifaschistisches Bündnis die Grundlage für das neue Italien nach dem Zweiten Weltkrieg gelegt hatten. Die Democrazia Cristiana, die seit 1945 ein Machtmonopol innehatte, verschwand aus der politischen Landschaft, die Erste Republik ging unter und mit ihr der Gründungsmythos des Staates mit seinem Bezug zum Antifaschismus. Neue Parteien entstanden, die sich nicht nur von diesem Selbstverständnis freimachten, sondern darüber hinaus sogar eine partielle Rehabilitierung des Faschismus forderten.

Im März 1994 gewann die konservativ-populistische Bewegung Forza Italia von Silvio Berlusconi die Wahlen und bildete gemeinsam mit der von Gianfranco Fini gegründeten rechtsextremen Alleanza Nazionale eine Koalition. Fini war der ehemalige Vorsitzende des neofaschistischen Movimento Sociale Italiano (MSI), der 1946 als indirekte Fortführung des Partito Nazionale Fascista (PNF) gegründet worden war. Er zählte Alessandra Mussolini zu seinen Anhängern, die Enkeltochter des Duce, deren Großvater er noch immer für »den größten Staatsmann des Jahrhunderts« hielt. Trotz solcher Äußerungen wurde die Partei mit 13,5 Prozent der Stimmen 1994 drittstärkste Kraft im Land. Jahre später erfuhr Fini einen radikalen Sinneswandel, entschuldigte sich, bezeichnete den Faschismus als ein »absolutes Böses« und prangerte die Haltung »sehr vieler Italiener« an, die 1938 nichts dafür getan hätten, sich gegen die infamen Rassengesetze zu wehren.

Silvio Berlusconi hingegen hörte nicht auf, die faschistischen Verbrechen zu relativieren, allerdings wohl weniger aus Überzeugung als vielmehr aus politischem Kalkül. So behauptete er am 27. Januar 2013, dem Internationalen Tag des Gedenkens an die Opfer des Holocaust, auf Gleis 21 des Bahnhofs von Milano, von dem die Deportationszüge nach Auschwitz abgingen: »Sicher hat es die damalige

371

Regierung aus Furcht vor der deutschen Übermacht vorgezogen, mit Hitler verbündet zu sein, als sich ihm entgegenzustellen.« Daher trage Italien nicht dieselbe Verantwortung für den Holocaust wie Deutschland: »Es war Duldung – vieler Dinge war man sich gar nicht bewusst.« Er verharmloste nicht nur die Rolle Italiens, sondern lobte – ausgerechnet an diesem Tag – sogar Diktator Benito Mussolini. »Seine Rassengesetze waren der schlimmste Fehler des ›Duce‹. Doch Mussolini hat in vielen anderen Bereichen Gutes geleistet.« Diese Auffassung spiegelt eine Einstellung, die seit den Berlusconi-Jahren von immer mehr Italienern geteilt wird: dass die Rassengesetze zwar inakzeptabel sind, der Faschismus aber ohne sie annehmbar sei.

Es ist heute keine Seltenheit mehr, dass man im Verlauf eines Abendessens mit Italienern aus der Mitte der Gesellschaft hört, dass »der Faschismus dämonisiert« werde und es »auch gute Dinge gegeben« habe, so wie ich es auch von meinem Gastgeber in den Weinbergen und seinen Freunden in der Dorfkneipe erlebt habe. »Als ich in den Achtzigerjahren das Gymnasium besuchte«, erinnert sich der Filmemacher Giovanni Donfrancesco, »standen manchmal Gruppen am Ausgang, die neofaschistische Flugschriften verteilen wollten, aber sie wurden so klar abgewiesen, dass sie bald wieder verschwanden. Heute ist es kein Tabu mehr, diese Neigungen zum Ausdruck zu bringen.« Ein befreundeter Cineast hat mich auf die Wiederauflage von nostalgischen Büchern aufmerksam gemacht, zu denen etwa der Roman *La distruzione* von Dante Virgili zählt. Erstmals 1970 publiziert und 2016 wieder aufgelegt, wird darin die Geschichte eines ehemaligen italienischen Dolmetschers der SS erzählt, der nach dem Krieg wehmütig an das Dritte Reich und dessen »reinigendes Feuer« denkt, ein Gefühl, dass beim Autor auf viel Verständnis trifft.

Unzählige italienische Internet- und Facebook-Seiten bekennen sich offen zum Faschismus; Kalender, Feuerzeuge, Weinflaschen, Schlüsselanhänger und T-Shirts zum Gedenken an Mussolini und den Faschismus werden unterm freien Himmel im ganzen Land angeboten, vor allem in Predappio, wo sich das stets mit frischen

Blumen geschmückte Familiengrab von Mussolini befindet, das jährlich mehr als 200.000 Besucher anzieht, meist Schaulustige, aber eben auch zahlreiche Nostalgiker. Käufer dieses Klimbims verstecken sich nicht mehr, wie ich während eines Aufenthaltes bei Freunden in Apulien feststellte. Als wir eines Tages im kleinen Hafen von Otranto frischen Fisch kaufen wollten, lud uns der Fischer ins Hinterzimmer seines Geschäftes ein, um uns einen phänomenalen präparierten Schwertfisch bewundern zu lassen. Während er in seiner Erzählung darüber, wie er diesen unvorstellbar schnellen Fisch besiegt hatte, von Höhepunkt zu Höhepunkt eilte, fiel mir an der Wand ein Lederriemen auf, der an einem kleinen Nagel hing und an welchem ein Schlagstock befestigt war, auf dessen Griff sich eine von der Rückenlehne eines Stuhles teilweise verdeckte Inschrift befand. Ich neigte den Kopf etwas zur Seite, um besser sehen zu können, und las in Großbuchstaben geschrieben: DUCE MUSSOLINI.

Anders als Deutschland, das nach dem Krieg den Großteil seines architektonischen Nazi-Erbes, das nach den Zerstörungen noch stand, niedergerissen hat, blieben in Italien zahlreiche faschistische Bauten und Monumente unberührt an Ort und Stelle. Am Eingang des Olympiastadions steht zum Beispiel ein weißer Obelisk mit folgender Inschrift: »Mussolini Dux«. In unmittelbarer Nähe bedecken Mosaike den Boden, die ebenfalls eine Hommage an den Diktator darstellen. Sicherlich besitzt die faschistische Architektur einen bedeutenden künstlerischen Wert, aber sollte man bei Monumenten, die eine so direkte Verherrlichung Mussolinis feiern, nicht auf dessen Verbrechen hinweisen?

Vor diesem Hintergrund ist es nicht erstaunlich, dass einige italienische Kommunen die Initiative ergriffen haben, faschistische Persönlichkeiten zu ehren. So änderte der Flughafen von Comiso auf Sizilien 2008 plötzlich seinen Namen: Pio La Torre, ein von der Mafia ermordeter kommunistischer Abgeordneter, wurde von Vincenzo Magliocco verdrängt, einem in Äthiopien während der faschistischen Besatzung gefallenen General. Doch nach einem Aufschrei in der Öffentlichkeit wurde die Umbenennung wieder rückgängig gemacht.

Dieser Ausrutscher wird noch weit übertrumpft von der Errichtung eines Mausoleums im Städtchen Affile bei Rom für seinen Ehrenbürger Rodolfo Graziani, einen der grausamsten Schlächter der Kolonialkriege. Umliegende Gemeinden klagten gegen das mit Mitteln der Region und der Gemeinde finanzierte Mausoleum und zeigten, dass es auch ein anderes Italien gibt, das über sein Gedenken wacht. Die Region zog ihre Finanzierung zurück, am Ende eines langen Prozesses wurden der Bürgermeister des Städtchens und zwei Berater der Gemeinde zu Haftstrafen von bis zu acht Monaten verurteilt.

In manchen Kreisen wächst das Bewusstsein dafür, dass die sehr laxe Anwendung eines Gesetzes, das die Verherrlichung des Faschismus verbietet, dem Neofaschismus den Boden bereitet hat. Das Parlament reagierte darauf 2016 mit einem Gesetz, das die Holocaustleugnung unter Strafe stellt, und im September 2017 mit dem Fiano-Gesetz, das »die Verbreitung von Bildern oder Inhalten der faschistischen oder nationalsozialistischen Partei« ebenfalls unter Strafe stellen sollte. Einer der Auslöser für diese Entscheidung war ein Artikel eines Journalisten von *La Repubblica*, der im Juli 2017 für internationales Aufsehen sorgte. Der Reporter hatte in Chioggia nahe Venedig einen privaten Strand entdeckt, auf dem Mussolini verherrlicht wurde und an dessen Eingang ein Schild hing, das eine »antidemokratische Zone unter faschistischem Regime« ankündigte. Letztlich wurde das Fiano-Gesetz nicht verabschiedet, weil es vom Senat nicht bestätigt werden konnte, bevor dieser im Dezember 2017 wegen der im März 2018 anstehenden Neuwahlen aufgelöst wurde.

Drei Monate nach den Parlamentswahlen hielt ich mich genau an jenem Tag in Italien auf, als eine Koalition gebildet wurde zwischen der populistischen Fünf-Sterne-Bewegung, die mit 32,6 Prozent der Stimmen innerhalb von zehn Jahren zur führenden Partei des Landes aufgestiegen ist, und der rechtsextremen Lega Nord, die mit 17,3 Prozent der Stimmen das beste Ergebnis auf nationaler Ebene seit ihrer Gründung erreicht hatte. In einem Kiosk stach mir das Titelblatt einer Zeitung ins Auge, deren auffallend große Überschrift in deutscher Sprache verkündete: »Böses Deutschland«. In Teilen der Wirtschaft und der Wirtschaftspolitik ist eine heftige Deutschenfeindlichkeit zu spüren, die vergessen machen möchte, dass Italien seine Krise selbst hervorgerufen hat. Sie bezeichnen das Deutschland von Angela Merkel als »Viertes Reich«, dem sie vorwerfen, »die Wirtschaftspolitik der Nazis« weiterzuführen.

Diese Vergleiche verwundern mich in einem Land, in welchem der Neofaschismus Wind in den Segeln hat und die extreme Rechte inzwischen mit der in Österreich und Ungarn zu den mächtigsten in ganz Europa zählt. Matteo Salvini hat sich als Kopf der Lega und Innenminister des Landes sehr schnell als starker Mann der Regierung behauptet, dessen Beliebtheit beständig ansteigt. Die Lega verdankt ihren unerwarteten Erfolg bei den Wahlen 2018 hauptsächlich ihrer Wahlkampagne zur Flüchtlingskrise, die in Italien als einem der Haupteinreiseländer Europas besonders kontrovers diskutiert wird. Allein zwischen 2014 und 2017 sind rund 630.000 Migranten an italienischen Küsten gelandet. Seit seinem Machtantritt nährt Salvini mit ungehemmter Demagogie die wachsende Fremdenfeindlichkeit der Bevölkerung: Er verweigert den Schiffen von Nichtregierungsorganisationen, die Flüchtlinge auf hoher See gerettet haben, die Einfahrt in italienische Häfen und will die Grenze vollständig für Flüchtlinge schließen. Er hetzt gegen Sinti und Roma auf den sozialen Netzwerken und schlägt vor, sie zu registrieren – ein Vorhaben, das einige Medien mit den Rassegesetzen von Mussolini verglichen. Salvini gehört auch zu denjenigen, die den Duce hochhalten. »Es ist offenkundig, dass während des Faschismus auch vieles geleistet wurde«, sagte er im Januar 2018. Er schöpft gern aus dem Sprachgebrauch dieser Epoche. Solche rassistischen Ausfälle machten sich für Salvini bezahlt: Einen Monat nach der Regierungsbildung kam seine Partei bei Umfragen auf 33 Prozent der Stimmen.

Andere Parteien der extremen Rechten gewinnen in Italien ebenfalls an Kraft. Die Fratelli d'Italia etwa, deren Logo dasjenige der ehemaligen neofaschistischen MSI ist, konnte bei den Wahlen 2018 mit 4,4 Prozent der Stimmen ihren Anteil im Vergleich zu 2013 mehr als verdoppeln.

Eine andere Gruppierung, die zumindest in der Öffentlichkeit in den vergangenen Jahren immer präsenter wurde, ist die Casa Pound, deren Namensgeber der antisemitische und rassistische Ezra Pound ist, ein Bewunderer Mussolinis. Ihre Aktivisten, die sich als »Faschisten des dritten Jahrtausends« bezeichnen, besetzen gesellschaftliche Themen und Aufgaben, die vom Staat vernachlässigt werden, und sind in den sozialen Medien äußerst aktiv. Seit sie 2011 als Partei in die Politik gegangen ist, konnte die Casa Pound Sitze vor allem in den Kommunalparlamenten gewinnen, auf nationaler Ebene jedoch bleibt ihr Wahlerfolg mit 0,94 Prozent der Stimmen 2018 gering. Trotzdem wird sie in den rechtsextremen Kreisen in Europa als Modelltyp angesehen.

Die extreme Rechte stellt nicht die einzige Bedrohung für die Demokratie in Italien dar. Die von Luigi Di Maio angeführte Fünf-Sterne-Bewegung, die »weder links noch rechts«, antielitär, gegen das System und gegen Brüssel ist, hat den Gebrauch einer äußerst vereinfachenden, opportunistischen und unaufrichtigen Rhetorik, die über die sozialen Medien weitverbreitet wird, in der Politik alltäglich werden lassen. Gemeinsam haben Luigi di Maio und Matteo Salvini in Italien einen primitiven Populismus hoffähig gemacht, der sich aus Europa- und Fremdenfeindlichkeit, Rassismus und unrealistischen sozialen Versprechungen nährt. Sie drohen die Europäische Union zu destabilisieren und ihr Land in den finanziellen Ruin zu treiben.

Wie konnte Italien an diesen Punkt gelangen? Beobachter weisen darauf hin, dass die hohe Arbeitslosenzahl unter den jungen Italienern und die weit geöffnete Schere zwischen dem Reichtum im Norden und der Armut im Süden dazu beigetragen haben, Frustrationen zu schüren. Nicht zuletzt hat die Ära Berlusconi zu einer grassierenden Politikverdrossenheit in der Bevölkerung geführt. Sein vulgäres Modell von Wertlosigkeit, Geld, Sex und Politik hat die Gesellschaft durchdrungen, auch mithilfe der zahlreichen von Berlusconi kontrollierten Fernsehsender. Eine Unmenge an hirnlosen Spielen und Sendungen, die von Frauen moderiert werden, die auf den Status sexueller Objekte reduziert sind, haben dazu beigetragen, die Kritikfähigkeit einzuschläfern und den Boden für den Populismus zu bereiten.

Und doch reicht das gestörte Verhältnis der italienischen Bürger zur Politik hinter die Zeit von Berlusconi zurück. Die Alleinherrschaft der Democrazia Cristiana, die quasi ein Machtmonopol über ein halbes Jahrhundert nach dem Krieg innehatte, begünstigte das Entstehen einer »staatlichen Diktatur«, denn in einer von Vetternwirtschaft und ideologischem Konformismus geprägten Atmosphäre besetzte die Partei alle Machtpositionen in allen denkbaren Bereichen. Außerdem blockierten die Christdemokraten eine ehrliche Auseinandersetzung mit der faschistischen Vergangenheit, was eine Verankerung der Demokratie in der italienischen Gesellschaft zusätzlich erschwerte. Erst seit den Neunzigerjahren erlauben verbesserte Forschungsbedingungen und erleichterte Zugänge zu den Archiven es den italienischen Historikern, sich ernsthaft mit den desaströsen Folgen des Faschismus auseinanderzusetzen.

Diese Verzögerung erklärt vielleicht in Teilen, warum laut einer Umfrage die Hälfte der Italiener der Meinung ist, dass der Faschismus nicht gefährlich sei. Sie scheinen vergessen zu haben, dass die faschistischen Verbrechen auch die Italiener selbst betroffen haben. Mussolini war ein megalomaner Diktator, der sich alle Formen der Macht angeeignet, die gewaltsame Unterdrückung jeder Opposition befohlen und vor Menschenleben keinerlei Respekt empfunden hat. Im Namen des Faschismus wurden im Krieg gut 240.000 italienische Soldaten geopfert, es starben 60.000 Zivilisten, es wurden unter dem Bombardement der Alliierten Städte zerstört, das Land spaltete sich in einem bürgerkriegsähnlichen Zustand in zwei Lager, und die Bevölkerung erlitt die Schmach und Gewalt der deutschen Besatzung.

Die SS und die Wehrmacht mordeten zahllose Menschen, manchmal töteten sie sogar Hunderte von Einwohnern eines einzigen Dorfes wie in Sant'Anna di Stazzema in der Toskana. Die Faschisten, die im Namen der Republik von Salò tätig waren und häufig mit den Deutschen gemeinsame Sache machten, waren kaum weniger aggressiv.

Eine deutsch-italienische Historikerkommission hat 6.000 nationalsozialistische und faschistische Verbrechen aufgelistet, bei denen mehr als 24.000 Italiener zu Tode kamen. Unzählige andere wurden Opfer von Vergewaltigung, Folter und Verschleppung.

Hätte Italien seine Geschichte aufgearbeitet, würden dann heute auch so viele Bürger den Faschismus entschuldigen und relativieren? Wenn die Italiener die Hauptverantwortlichen und die vielen Mitläufer zur Verantwortung gezogen hätten, wären diese dann heute so anfällig für demagogische Reden? Wenn die Politik es bis heute vorzieht, die Bevölkerung nicht über die Vergangenheit aufzuklären, dann geschieht dies vielleicht aus der Furcht heraus, einen demokratischen Geist zu wecken, der von ebenjener Politik Rechenschaft verlangen könnte. Sabrina Gasparrini, die Generalsekretärin der italienischen Föderation für Menschenrechte, schreibt im *Guardian*: »Die neue Republik war dazu gedacht, die Teilhabe der Bevölkerung am politischen Leben zu ermöglichen und zu fördern. Redefreiheit und Versammlungsfreiheit sollten den Weg für ein blühendes Bürgertum ebnen. Aber Geschichte funktioniert nicht immer so.«

14   Nazis sterben nie

Für gewöhnlich sehe ich nicht fern. Aber an diesem 5. September 2015 lag in Berlin etwas in der Luft, eine Ahnung, dass der Tag Geschichte schreiben könnte. Spannung machte sich schon in den frühen Morgenstunden im Radio und in den sozialen Medien breit, und so schaltete ich schließlich zum ersten Mal seit langer Zeit meinen Fernseher ein und blieb mit pochendem Herzen vor Bildern hängen, die auf seltsame Weise an jene des Falls der Mauer erinnerten. Bundeskanzlerin Angela Merkel hatte eine weitere Mauer eingerissen, eine, die zwischen Menschen mit ungleichen Schicksalen errichtet worden war: Den Europäern und jenen, die davon träumen, Europäer zu sein. Europa, über Jahrhunderte der Boden blutiger Kriege und brudermörderischen Hasses, war zum Eden für Millionen von Menschen geworden, die zum falschen Augenblick im falschen Land geboren und der Gnade von Tyrannen ausgeliefert waren, die über Leben verfügten, als ob sie Schach spielten.

Seit Jahren schon verfolgten die Europäer Dramen auf dem Mittelmeer, die extrem riskanten Überfahrten mit 500, 700, 900 Menschen, von skrupellosen Schleusern in einem Boot für 100 Personen ihrem Schicksal überlassen, denen nichts anderes übrigblieb, als den Himmel anzuflehen, dass sich kein Wind über dem Mittelmeer erheben möge, der ihren Seelenverkäufer in einen riesigen Sarg verwandeln und sie auf den Friedhof der anonymen Flüchtlinge herabsinken lassen würde. 2015 hatte sich mit der massiven Ankunft von Syrern, die vor einem Bürgerkrieg und einem kaltblütigen Diktator flüchteten, die Lage noch einmal verschärft. Sie ertrugen es nicht mehr, der Willkür der Bomben ausgeliefert zu sein, sie waren es schmerzerfüllt leid, unter den Trümmern eines Krankenhauses, einer Schule, eines Wohnhauses vor Hoffnung zitternd nach einer Tochter, einem Sohn, einer Mutter zu graben, um schließlich mit bloßen Händen einen Leichnam zu ertasten, der unterm weißen Staub zur Mumie erstarrt war.

Seit dem Beginn des Konflikts im Jahr 2011 waren mehr als vier Millionen Menschen in die an Syrien grenzenden Länder geflohen. 2015 machten sich schließlich Hunderttausende auf den Weg entlang der

Balkanroute, durchquerten Griechenland, Mazedonien und Serbien, legten dabei Tausende von Kilometern zurück und kamen am Ende mit der Hoffnung in Ungarn an, von dort aus weiter nach Westen zu gelangen. Aber die Ungarn waren nicht vorbereitet und sehr bald überfordert. Sie errichteten an ihrer Grenze eine Barriere aus Stacheldrahtzäunen, um ihr Staatsgebiet vor den Geflüchteten zu sichern. Mindestens 150.000 Menschen aber waren beretis im Land. Bilder von unwürdigen Lebensbedingungen begannen in der Welt zu kursieren. Es mochten vielleicht diese Szenen gewesen sein, die den Anstoß dazu gaben, dass das deutsche Bundesamt für Migration und Flüchtlinge die überraschende Entscheidung traf, am 25. August 2015 einen Tweet unter dem Hashtag #Dublin abzusetzen, dessen Wirkung man möglicherweise nicht in vollem Ausmaß abgeschätzt hatte: »Verfahren syrischer Staatsangehöriger werden zum gegenwärtigen Zeitpunkt von uns weitestgehend faktisch nicht weiterverfolgt.« Für die auf der Balkanroute festsitzenden Flüchtlinge klang diese Nachricht wie eine unverhoffte Einladung. Sie bedeutete, dass Deutschland darauf verzichtete, Syrer – entsprechend des Dubliner Abkommens – in jene Länder der Europäischen Union zurückzuschicken, wo sie erstmals europäischen Boden betreten hatten. Der Tweet breitete sich wie ein Lauffeuer aus.

Am 4. September 2015 verließ eine Kolonne von 1.000 Flüchtlingen mit Schildern, auf denen sie ihre Dankbarkeit zu Angela Merkel zum Ausdruck brachten, den Budapester Bahnhof und machten sich zu Fuß auf zur Autobahn Richtung Österreich, von wo aus sie hofften, nach Deutschland zu gelangen. Die ungarische Polizei versuchte nur halbherzig, sie aufzuhalten, aber ein unglaublicher Wille verband diese dichte Menschenmenge, nichts schien sie aufhalten zu können. Im Budapester Bahnhof herrschte Chaos, die Flüchtlinge durchbrachen die Barrieren der Polizei und drängten auf die Bahnsteige, um in die Züge Richtung Deutschland zu gelangen. Stunde um Stunde stieg die Spannung an. Viktor Orbán berief eine Krisensitzung ein, in deren Verlauf eine kühne und provokative Idee Gestalt annahm. Noch am selben Abend ließ der ungarische Ministerpräsident Berlin und Wien unterrichten, dass etwa 100 Busse mit schätzungsweise 4.000 bis

6.000 Flüchtlingen unterwegs seien an die österreich-ungarische Grenze – Österreich solle selbst entscheiden, ob es sie einreisen lassen wolle oder nicht. Überrumpelt und wahrscheinlich von Panik ergriffen, rief der österreichische Kanzler Werner Faymann Angela Merkel an: Wäre sie bereit, die Grenzen nach Deutschland zu öffnen, denn dorthin wollte nun die Mehrheit der Flüchtlinge? Der Bundeskanzlerin blieben nur wenige Augenblicke Zeit.

Angesichts der Bilder dieses langen Zuges mit Frauen, Männern und Kindern, die auf der Autobahn am Ende ihrer Kräfte fest entschlossen in Richtung Wien weitermarschierten, muss der in der ehemaligen DDR aufgewachsenen Merkel, die wusste, wie Grenzen Schicksale bestimmen, eine frühere Szene in den Sinn gekommen sein: die vielen Tausend freiheitshungrigen Ostdeutschen, die im Sommer 1989 – dank des ungarischen Staates, der den Schneid besessen hatte, den Eisernen Vorhang zu zerreißen – in Windeseile genau diese österreichisch-ungarische Grenze überquert hatten. Sie wird auch an den Leidensweg jener endlosen Kolonnen von Millionen deutscher Flüchtlinge gedacht haben, die am Ende des Krieges aus den Ostgebieten auf die Straße geworfen und vertrieben worden waren.

Jedes Mal hatten die Deutschen ihren Landsleuten Platz machen und ihnen Opfer erbringen müssen, und jedes Mal hatten sie es geschafft. Gewiss wird die Bundeskanzlerin sich auch vorgestellt haben, was geschehen wäre, wären die Grenzen geschlossen geblieben: die panische Angst bei der Ankunft der Busse, die Gewalteskalation, die bewaffnete Intervention der ungarischen Polizei, vielleicht Verletzte oder schlimmstenfalls sogar Tote. Drei Tage zuvor hatte das Meer den Leichnam eines kleinen Jungen an einen türkischen Strand gespült, und das Bild dieses kindlichen leblosen Körpers, sein Gesicht im Sand, hallte noch wie eine Demonstration von Herzlosigkeit eines gleichgültigen Europas nach.

Angela Merkel besprach sich mit einigen Ministern und Beratern und ließ sich von Viktor Orbán bestätigen, dass es sich um eine einmalige Maßnahme handelte. Trotz aller Zweifel an dieser Versicherung hatte sie keine Wahl. Am nächsten Tag trafen die ersten Züge am Münchener Hauptbahnhof ein. An diesem ersten Wochenende im September kamen 17.500 Flüchtlinge an, viel mehr als die angekündigte Zahl; in der darauffolgenden Woche waren es 6.000, 8.000, ja sogar 13.000 Personen – täglich. Viktor Orbán winkte die Kolonnen nur noch nach Deutschland durch. Während Horst Seehofer, damals Ministerpräsident von Bayern, vor Wut brüllte und die sofortige Schließung der Grenzen verlangte, rief die Bundeskanzlerin ihre europäischen Amtskollegen nacheinander an und bat sie, einen Teil der Flüchtlinge aufzunehmen. Italien, Griechenland und Schweden hatten das Aufnahmesoll bereits weit mehr als alle anderen Länder erfüllt, die übrigen lehnten ab. Ende 2015 waren eine Million Flüchtlinge auf deutschem Boden angekommen.

Als ich an diesem Tag meinen Fernseher anschaltete, sah ich als Erstes einen Zug am Bahnsteig stehen, aus dem ein ganzer Schwarm Passagiere ausstieg – einige verschleierte Frauen, Kinder, vor allem aber einzelne, junge Männer. Für den Bruchteil einer Sekunde fürchtete ich, dass der Empfang schlecht verlaufen würde, und nach ihren Mienen zu urteilen dachten die Flüchtlinge dasselbe. Im nächsten Augenblick schwenkte die Kamera auf die überall auf den Boden, auf Schilder und Spruchbänder geschriebenen Worte: »Willkommen! Welcome! Bienvenus!«, und man vernahm Applaus und Freudenausrufe. Hunderte warteten, um die Angekommenen mit Ballons, Teddybären, Wasser zu empfangen, einige hatten sogar kleinere Tüten vorbereitet mit Orangen, geschmierten Broten und Kuchen. Die Gesichter der Angekommenen hellten sich auf, ein zaghaftes Lächeln zuerst, ein Moment des Staunens. Und dann die offene Freude der Erleichterung, Hände, die winkten und das Victoryzeichen machten, andere drückten die deutsche Flagge an ihr Herz.

In meinem Kopf lief alles wahnsinnig schnell ab; diese Bilder überlagerten schlagartig jene der vollgepferchten Züge der Reichsbahn, die ihre menschliche Fracht an den Rampen der Lager auswarfen, wo Aufseher die Deportierten mit Fußtritten begrüßten und sie anbrüllten, damit sie zügiger in den Tod liefen. Ich sah die Kolonnen von Juden am Bahnhof in Mannheim, einen Koffer in der einen, ein

Kind an der anderen Hand, die Massen indoktrinierter Deutscher, wie sie unisono den Hitlergruß ausführen, das Foto des jungen Ostdeutschen Peter Fechter, wie er, nur weil er frei sein wollte, in einer Blutlache am Fuß der Mauer liegt und allein stirbt. Ich begriff, dass genau dies das historische Ereignis war: Nachdem die nationalsozialistischen Mörder, die kommunistischen Verräter und die Masse an Mitläufern, die sie begleitet hatten, der deutschen Bevölkerung ein vergiftetes Erbe hinterlassen hatten, war dies der Augenblick, in dem plötzlich sichtbar wurde, was in der langen Epoche der Besinnung geschehen war. Die Deutschen übernahmen die Rolle der Guten, der Besten sogar, die sie sich überhaupt hatten erträumen können, als Bewahrer der Menschlichkeit.

Ich dürfte nicht die Einzige gewesen sein, die angesichts dieser Bilder an jenem Tag einen Gedenkschock empfand, denn in den Wochen, die nun folgten, wurden die Anlaufstellen nicht nur von Migranten überlaufen, sondern auch von jenen, die ihnen helfen wollten. Der Ansturm an Freiwilligen war so groß, dass die Behörden sie mancherorts mit der Erklärung wieder wegschicken mussten, dass es mehr Helfer als Flüchtlinge gab. Freunde organisierten Fahrten mit ihrem Auto, um hier und dort all das einzusammeln, was sich für die Migranten als nützlich erweisen könnte. Ehemalige, inzwischen in Rente gegangene Kollegen meines Vaters boten ihre Expertise an, um die Menschen durch das Labyrinth der deutschen Bürokratie zu navigieren. Sportklubanlagen-Inhaber stellten Feldbetten in ihren Räumen auf, Lehrer meldeten sich freiwillig, um Deutschunterricht zu erteilen, Köche bereiteten Essen zu, Psychologen standen Kindern bei. Die Medien ergriffen schlagartig Partei für diese auf den Namen »Willkommenskultur« getaufte neue Religion des Wohlwollens und brachten euphorisch klingende Nachrichten in Umlauf, in denen die Deutschen dazu aufgerufen wurden, ihr Bestes zu geben und die Kanzlerin zum Vorbild zu nehmen, diese protestantische Pastorentochter, die es verstanden hatte, der Politik die Moral vorzuschreiben.
Überall in der Welt rühmten Stimmen diese Großzügigkeit, von der man bereits gedacht hatte, sie sei der Menschheit abhanden-

gekommen. Die Kolumnen der Tageszeitungen zeugten vom neuen Stolz, Deutscher zu sein. Öffentlich demonstriertes Nationalgefühl war in Deutschland bis zur Fußball-Weltmeisterschaft 2006 verpönt. Bei diesem Ereignis hatte das Land zum ersten Mal seit dem Krieg eine Welle des Patriotismus erlebt. Die Bevölkerung spürte, dass sie das Recht besaß, ihr Land zu lieben und das auch kundzutun, ohne damit Ausgrenzung oder Arroganz zu verbinden. Zum ersten Mal flatterten schwarz-rot-goldene Flaggen auf Balkonen, auf Autos, auf Kleidung und sogar auf den Gesichtern der Menschen, und ich höre noch, wie sich in der Stille der Straßen Berlins das Geschrei von Tausenden von Berlinern erhob, die es um nichts in der Welt versäumt hätten, vor den Leinwänden in dichten Reihen ihre Mannschaft zu bejubeln. Aber das war nichts im Vergleich zu dem Beben von 2015, dem Jahr der Befreiung der Deutschen, fast genau ein Jahrhundert nach der langen Verdammung, die mit dem Ersten Weltkrieg begonnen hatte.

Angesteckt von diesem Gefühlsausbruch habe ich sogar daran gedacht, ein syrisches Kind zu adoptieren, aber ich habe mich schließlich damit begnügt, meine Telefonnummer zu hinterlassen, um meine Wohnung zur Verfügung zu stellen, für den Fall, dass spätabends ankommende Flüchtlinge untergebracht werden müssten, bis sie einen Platz in einem Heim finden würden. Man hat mich nie angerufen, vielleicht weil ich alleinstehende Männer ausgeschlossen hatte, die ja die Mehrheit bildeten. Vielleicht aber auch, weil die Erfahrungen dieses engen multikulturellen Zusammenlebens häufig keine so guten waren.

Bald schon dämpfte sich die Euphorie der Anfänge, als die an den Grenzen gelegenen Kommunen eines Morgens mit mehr Flüchtlingen als Einwohnern erwachten, die Ausrüstungs- und Hilfsmittellieferanten erklärten, mit leeren Händen dazustehen, und die überforderten Sozialarbeiter vor Erschöpfung die Notbremse zogen. Die Unruhe stieg. Sie steigerte sich am 31. Dezember 2015 zu panischer Angst, als während der Silvesternacht in Köln mehr als 600 Frauen vor dem Bahnhof, wo gut 1.000 junge Männer vornehmlich aus Nordafrika und aus dem Nahen Osten sich versammelt hatten, um »die Party steigen zu lassen«, begrapscht, belästigt, genötigt wurden. Es folgten Anzeigen wegen Vergewaltigung. Auch wenn der Großteil der Deutschen die Flüchtlingspolitik, die Angela Merkel von Anfang an zu ihrer persönlichen Sache gemacht hatte, weiter unterstützte, nahmen die Proteste zu, es kam zu Angriffen auf Flüchtlinge und ihre Unterkünfte. Die Feindseligkeit fand Eingang in die Mitte der Gesellschaft und wurde noch verstärkt durch islamistische Anschläge auf deutschem Boden: Bewaffnete Attacken auf Passanten und Polizisten, vor allem aber das Attentat eines Islamisten, der mit einem Lastwagen in den Weihnachtsmarkt an der Berliner Gedächtniskirche raste, dabei elf Menschen tötete und mehr als 50 verletzte, bevor er dann vor den Augen der Berliner Polizei floh.

Misstrauen und Argwohn gegen Muslime, Flüchtlinge, Araber und Ausländer breiteten sich schleichend aus. Diese Bande, die da am Platz rumhängt, sind das Vergewaltiger? Diese verschleierten Frauen mit einer Kinderschar … Nutznießer des deutschen Wohlfahrtsstaats? Dieser junge Typ, der da gerade mit einem merkwürdigen Rucksack in den Bus eingestiegen ist, ein Terrorist? Die Veränderung war zu greifen im Blick der Leute, wenn eine vollständig verschleierte Frau vor der Terrasse eines Cafés entlangging, in der Spannung, die Fahrgäste der U-Bahn erfasste, wenn eine Gruppe auf Arabisch schreiender Jugendlicher sich auf den Bahnsteigen drängte. Und sie zeigte sich auch für mich selbst in der Entscheidung, in bestimmten Vierteln keine kurzen Röcke mehr zu tragen. Die Medien wurden beschuldigt, aus der Flüchtlingskrise eine schwärmerische Titelgeschichte gemacht zu haben, ohne jeglichen kritischen Blick und ohne jedes Augenmaß. Der Großteil übte daraufhin Selbstkritik und berichtete objektiver. Einige beschäftigten sich sogar ernsthaft damit, wie sie ihre Arbeitsweise transparenter machen konnten.

Der optimistische Schwung der Deutschen erlahmte noch mehr, als ihre Nachbarn der Visegrád-Gruppe – Ungarn, Polen, die Tschechische Republik und die Slowakei – sich einfach weigerten, eine Hand auszustrecken und ihre von der EU vorgesehene, sehr überschaubare Migrantenquote zu erfüllen, um überforderten Ländern wie Italien oder Griechenland zu helfen. Es gab nur sehr wenige Einwanderer in diesen ehemals zum Ostblock gehörenden Staaten, doch ihre Bevölkerung – einschließlich der jungen Menschen, die üblicherweise offener sind – hatte das Gefühl, »überschwemmt« zu werden. Dieser Mangel an Solidarität mit ihren EU-Partnerländern offenbarte einen merkwürdigen Gedächtnisschwund: Hatten diese Staaten nicht Gelder in Milliardenhöhe aus dem Kohäsionsfonds der Union erhalten? Sie schienen vergessen zu haben, dass der Westen zur Sowjetzeit für Millionen ihrer Staatsbürger, die vor der kommunistischen Diktatur geflohen waren, die Türen geöffnet hatte.

Die Angst vor Ausländern hat in den osteuropäischen Staaten neben anderen auch historische Gründe. Am Ende der beiden Weltkriege wurden die Grenzen dieser Länder mehrmals mit dem Ziel umgestaltet, das Entstehen starker Minderheiten in den jeweiligen Staaten zu verhindern und somit internen Konflikten vorzubeugen. Dies begünstigte die Formierung einer großen ethnoreligiösen Homogenität, die mit der Schoah und dem Verlust des größten Teils ihrer jüdischen Gemeinde, die in diesen Gebieten einst zur kulturellen Vielfalt beigetragen hatte, noch verstärkt wurde. Von 1945 an verschärften die kommunistischen Diktaturen diese Abschottung noch weiter, indem sie verboten, die Welt anders zu betrachten als mit den Scheuklappen ihres ideologischen Einheitsdenkens. Damit schirmten sie die Gesellschaften zusätzlich von jedem äußeren Einfluss ab.

Zudem verlangte die Sowjetunion von den osteuropäischen Ländern, des Heldentums der Roten Armee zu gedenken, obwohl die Bürger dort die sowjetischen Soldaten als Eindringlinge begriffen. Länder, die sich mit dem nationalsozialistischen Deutschland verbündet hatten, also etwa Ungarn, die Slowakei, Rumänien, Bulgarien und Kroatien, oder die wie die baltischen Staaten und die Ukraine Hitlers Sieg gegen Russland erhofft hatten, mussten sich nun mit dem sowjetischen Lager identifizieren, das sie in Wahrheit bekämpft hatten. Die von den kommunistischen Regimes erzwungene und verzerrte Erinnerung ließ keinen Platz für eine kritische Auseinandersetzung mit der Vergangenheit. Dabei hatte der Faschismus schon in der Zwischenkriegszeit in der gesamten Region Erfolge gefeiert. Eine ganze Reihe faschistischer Parteien war gegründet worden, wie etwa die Eiserne Garde in Rumänien, nach dem Partito Nazionale Fascista in Italien und der NSDAP die drittgrößte faschistische Partei in Europa. Viele dieser Länder hatten antisemitische Gesetze verabschiedet und mit den Deutschen bei der Vernichtung der europäischen Juden kollaboriert.

Die rumänische Armee unterstützte die Deutschen bei dem Massaker und der Deportation von 280.000 bis 380.000 Juden und etwa 25.000 Sinti und Roma aus besetzten Gebieten und der Gegend von Odessa. Im Land selbst war es unter dem Regime von General Ion Antonescu zu mehreren Pogromen gekommen, Juden wurden verfolgt, ausgeplündert und zu Zwangsarbeit verpflichtet. Doch trotz hohen Drucks aus Berlin weigerte sich Antonescu, die einheimischen Juden auszuliefern. In Ungarn gab Admiral Miklós Horthy dem Druck des Reiches nach. Innerhalb von nur zwei Monaten konnten die Deutschen mehr als 430.000 Juden mit Hilfe der ungarischen Verwaltung und Gendarmerie nach Auschwitz deportieren. Auf internationalen Druck hin brach Horthy im Juli 1944 die Transporte dann ab. Als der Admiral schließlich verhaftet wurde und die faschistische Partei der Pfeilkreuzler, von den Deutschen gutgeheißen, die Macht an sich riss, nahmen diese die Deportation wieder auf und verübten brutale Massaker in den Straßen von Budapest. Insgesamt wurden mehr als 560.000 der insgesamt etwa 825.000 in Ungarn und den ihm damals unterstehenden Gebieten lebenden Juden ermordet und mit ihnen Zehntausende Sinti und Roma.

Zwei Jahre vor Ungarn hatte bereits die mit Nazi-Deutschland verbündete Slowakische Republik, die damals von dem katholischen Priester Jozef Tiso regiert wurde, ohne größeren Widerstand der Deportation von 57.000 ihrer 89.000 Juden zugestimmt. Als Tiso aus päpstlichen Quellen erfuhr, dass die Juden nicht »umverteilt«, sondern ermordet wurden, weigerte er sich, auch noch die letzten Juden auszuliefern. Erst nach dem Einmarsch der Deutschen im Oktober 1944 wurden weitere 12.600 Juden deportiert. In Kroatien errichteten die faschistischen Ustascha eine blutige Diktatur und führten eine ethnische Säuberung durch, der zwischen 300.000 und 400.000 Serben, 30.000 Juden und 25.000 Sinti und Roma erlagen.

Bulgarien hat zwar 7.000 Juden aus Mazedonien und 4.000 Juden aus Thrakien – beides kurz zuvor annektierte Gebiete – an die Deutschen ausgeliefert, aber als das Dritte Reich dann die Deportation der etwa 50.000 bulgarischen Juden forderte, wehrten sich Bürger, liberale Politiker und Kirchenvertreter trotz der autoritären Regierung ihres deutschfreundlichen Königs so vehement dagegen, dass der Plan nicht durchgesetzt werden konnte – eine in Europa einmalige Haltung.

Die baltischen Staaten waren zwar keine Verbündete des Dritten Reiches, hatten aber im Juli 1941 nach einem Jahr unter dem Joch der Sowjets die Soldaten der Wehrmacht wie Befreier empfangen. Aus diesem Grunde, aber auch aus tief sitzendem Antisemitismus haben sie mit teilweise beispielloser Gewalt kollaboriert, insbesondere in Lettland und Litauen, wo etwa 75.000 beziehungsweise 210.000 Juden und damit mehr als 95 Prozent von ihnen ermordet wurden. Nirgendwo in Europa war die Quote höher.

Mit dem Fall des Eisernen Vorhangs und dem Ende des sowjetischen Erinnerungsdiktats suchten diese Länder nach Helden in ihrer Geschichte. Die ersten, die sie fanden, waren ausgerechnet jene, die das Land im Krieg gegen die Rote Armee verteidigt und dabei die Nationalsozialisten unterstützt hatten. In der Ukraine und den baltischen Staaten wurden, auch mit der Absicht, das verhasste Russland zu provozieren, Veteranen der Waffen-SS geehrt. In Rumänien wurde Ion Antonescu rehabilitiert und als derjenige verehrt, der Rumänien vor dem Schlimmsten im Zweiten Weltkrieg bewahrt hat. Doch mit dem wachsenden Einfluss der Europäischen Union begann ein Teil der Länder, sich mit ihrer Rolle im Holocaust auseinanderzusetzen. Litauen entschuldigte sich offiziell und erließ eine ganze Serie von Gesetzen zur Rückgabe jüdischen Eigentums. Gedenkstätten, Filme und Romane sollten das Interesse der Bevölkerung an diesem Teil der Landesgeschichte wecken. Rumänien hat seit 2002 seine Antonescu-Statuen wieder entfernt, Straßen, die seinen Namen trugen, umbenannt, seine Kollaboration bei der Schoah schließlich anerkannt und diese Epoche in den Lehrplan der Schulen integriert. In anderen Ländern des europäischen Ostens hingegen, wo der Erinnerungsarbeit wenig Raum gegönnt wird, nehmen Geschichtsrevisionismus und faschistische Nostalgie an Stärke zu. In Kroatien kann man die politische Tendenz beobachten, die Ustascha zu rehabilitieren, in der Slowakei sitzt seit 2016 eine Partei mit 8 Prozent der Stimmen im Parlament, die offen an die faschistischen Vergangenheit anschließt.

Das Land, das am meisten Sorgen bereitet, ist jedoch Ungarn, das erst 2015 die Mitverantwortung des Landes an der Schoah anerkannt hat. Staatschef Viktor Orbán fördert eine Geschichtspolitik, die dazu tendiert, Admiral Horthy zu rehabilitieren, den er als »außergewöhnlichen Staatsmann« bezeichnet hat. Viele Plätze und Straßen wurden nach ihm benannt und Statuen von ihm aufgestellt. Dieselbe Ehre widerfährt den faschistischen Schriftstellern Albert Wass und József Nyírő, die nach 1945 als Kriegsverbrecher verfolgt wurden. Ersterer hat ein Gedicht mit dem Titel *Die Landnahme der Ratten. Ein Lehrstück für junge Ungarn* verfasst, das nichts anderes ist als eine Allegorie über Juden, die keinen Zweifel über das Schicksal offenlässt, welches der Dichter diesen wünschte. Der Zweite, ein Ideologe der faschistischen Pfeilkreuzler-Partei und großer Bewunderer von Joseph Goebbels, wurde 2012 Gegenstand eines diplomatischen Streits, als Vertreter des ungarischen Staates eine »Umbettungszeremonie« seiner Urne in sein Geburtsdorf in Rumänien organisieren wollten. Rumänien widersetzte sich dem hartnäckig mit der Begründung, dass dieser Faschist auf rumänischen Boden eine Persona non grata sei. Albert Wass und József Nyírő gehören zum Lehrplan der ungarischen Schulen. Ich frage mich, ob man an den Gymnasien wohl auch Imre Kertész liest, einem Ungarn, der mit 14 Jahren nach Auschwitz deportiert wurde und der 2002 den Literaturnobelpreis für sein beachtliches Werk erhalten hat, das von der Unbegreiflichkeit des Holocaust geprägt ist.

Zahlreiche Politiker und Journalisten in Ungarn bedienen sich in ihren Reden und Artikeln nationalsozialistischen Vokabulars. Zsolt Bayer, einflussreicher Publizist und Mitbegründer der heutigen ungarischen Regierungspartei Fidesz sowie enger Freund von Viktor Orbán, bezeichnet EU-Abgeordnete als »Bastarde« und als »gehirnamputierte, an Krätze leidende Idioten«. 2013 schrieb er in der regierungsnahen Tageszeitung *Magyar Hírlap*: »Ein bedeutender Teil der Zigeuner ist nicht geeignet, unter Menschen zu leben. [...] Sie sind Tiere. Diese Tiere sollen nicht sein dürfen. In keiner Weise. Das muss gelöst werden – sofort und egal wie.« 2016 verlieh ihm die Orbán-Regierung das Ritterkreuz des ungarischen Verdienstordens, was viele ungarische Intellektuelle empörte.

Die aggressivste Partei ist die Jobbik, eine neofaschistische Partei, die sogar der Großteil der rechtsextremen europäischen Parteien als nicht salonfähig einstuft. Mit ihr verbunden sind paramilitärische Milizen, die Sinti und Roma terrorisieren, wie etwa die Ungarische Garde, die eine weiße Flagge mit roten Streifen zur Schau trägt – nachgebildet der Flagge der Pfeilkreuzler, jener faschistischen Partei, die zu den Hauptakteuren des Holocaust in Ungarn gehörte. Die Anti-Israel-Besessenheit der Jobbik und die Art und Weise, wie Parteimitglieder Juden entwürdigen, grenzt ans Pathologische. Ein Fünftel der ungarischen Wählerschaft stimmt für die Jobbik.

Seitdem er sich in der Flüchtlingskrise über die Europäische Union hinweggesetzt hat, ist Viktor Orbán zur Leitfigur eines nationalistischen und nativistischen Diskurses in Europa geworden. Bei den Parlamentswahlen 2018 erhielt seine Partei, die Fidesz, im Bündnis mit der christlich-demokratischen KDNP 49,2 Prozent der Stimmen. Orbán hatte zuvor einen Wahlkampf gegen angebliche obskure feindliche Kräfte geführt, die einen »großen Bevölkerungsaustausch« anstrebten: die Verdrängung der weißen europäischen Bevölkerung durch arabische Migranten – eine populäre Verschwörungstheorie in den rechtspopulistischen Kreisen. Die obskuren Aggressoren, laut

Orbán: Brüsseler Bürokraten, Medien, liberale Intellektuelle, Kreise der globalisierten Geschäftswelt – und vor allem der jüdisch-amerikanische Milliardär George Soros, Sündenbock Nummer eins, dessen Porträt im ganzen Land mit Warnhinweisen an die Bevölkerung plakatiert wurde. 1930 in Budapest geboren, beteiligt sich Soros seit dem Zusammenbruch des Kommunismus aktiv an der Festigung von Demokratie und Zivilgesellschaft in Ungarn und anderen ehemaligen Ostblockstaaten. Damit steht er in einer direkten Konfrontation zu Orbán, der das Modell einer »illiberalen Demokratie« für Europa verfolgt, also den Abbau und die Schwächung demokratischer Institutionen, wie es in Ungarn schon zu beobachten ist: Kontrolle über die Medien, Knebelung der Zivilgesellschaft, Blockieren von Korruptionsuntersuchungen gegen Fidesz-Mitglieder, Verfolgung von Nichtregierungsorganisationen – darunter auch diejenige von George Soros, die sogenannte Open Society, die aus diesem Grund nach Berlin umgezogen ist. Ein Teil der ungarischen Gesellschaft versucht sich gegen diesen autoritären Kurs zu mobilisieren.

Man muss sich fragen, ob eine Regierung, die demokratische Prinzipien verachtet und unablässig die Europäische Union verleumdet, zugleich aus den Vorteilen einer EU-Mitgliedschaft Nutzen zieht, einen Platz in dieser Gemeinschaft verdient. Und dies umso mehr, als Orbáns Regierungsstil die Region beeinflussen könnte, wie es etwa in Polen bereits der Fall ist, wo die ultrakonservative Regierungspartei PiS die Fundamente der Demokratie und die persönlichen Freiheitsrechte einschränkt: Kontrolle der Fernsehanstalten, politische Säuberungen in der Armee, Reform der Justiz mit dem Ziel, deren Unabhängigkeit zu beseitigen. Die PiS stößt zuweilen auf eine energische Opposition, auf mutigen Widerstand eines Teils der Presse und der Zivilgesellschaft. Zugleich jedoch sind Fremdenfeindlichkeit und Antisemitismus in der Gesellschaft stark verbreitet. Alljährlich findet in Warschau das größte nationalistische Ereignis in Europa statt, der »Unabhängigkeitsmarsch«, an dem 2018 rund 250.000 Personen teilgenommen haben, darunter Vertreter der PiS-Regierung. Zwischen Rauchfackeln und Knallkörpern marschieren junge Polen auf, hissen faschistische Symbole, tragen

Christusbilder und Spruchbänder, die ihr Weltbild zusammenfassen: »Wir wollen Gott!«, »Tod den Feinden unseres Landes!«, »Das reine Polen, das weiße Polen!«

Die Flüchtlingskrise und der islamistische Terror haben solche Auswüchse genährt. In beinahe ganz Europa dienten sie den Rechtsextremen und dem Populismus, der heute einen seit 1945 beispiellosen Erfolg verzeichnet. In dem Augenblick, da ich diese Zeilen schreibe, ist in Österreich die FPÖ als Minderheits-Koalitionspartner an der Regierung beteiligt, teilen sich in Italien die Lega Nord und die Fünf-Sterne-Bewegung die Macht, ist in den Niederlanden die Partei für die Freiheit (PVV) von Geert Wilders die zweitstärkste Kraft im Parlament (13 Prozent der Stimmen 2017) und eine neue rechtsextremistische Partei, das FvD, gewinnt zunehmend an Stimmen, währen Polen und Ungarn einen autoritären Kurs verfolgen.

In Frankreich hat der Front National, kürzlich erst umbenannt in Rassemblement National, durch eine interne Krise bedingt »nur« 13,2 Prozent der Stimmen bei den Parlamentswahlen 2017 erhalten. Doch bei den Europawahlen 2014 belegte die Partei den ersten Platz, was ihr dann 2015 bei den Regionalwahlen noch einmal gelang. Bei den Präsidentschaftswahlen kam ihre Vorsitzende Marine Le Pen auf den zweiten Platz hinter Emmanuel Macron – und dies, obwohl Frankreich nur eine Handvoll Flüchtlinge aufgenommen hat. 15 Jahre zuvor, 2002, war es Marines Vater, Jean-Marie Le Pen, bereits gelungen, bei den Präsidentschaftswahlen im zweiten Wahlgang gegen den Konservativen Jacques Chirac anzutreten. Für den Front National war diese Stichwahl eine Premiere und als solche schon ein großer Erfolg. Ich erinnere mich an die Empörung, mit der die Franzosen reagierten, und auch an den Elan, der sie aus ihrer Erstarrung zwischen den beiden Wahlgängen riss. Viele von uns waren in ganz Frankreich auf die Straßen gegangen, um gemeinsam kundzutun: »Nie wieder!« Mehr oder weniger alle politischen Parteien rieten ihren Wählern, sich im zweiten Wahlgang für Jacques Chirac zu entscheiden, um dem Front National Einhalt zu gebieten. Chirac deklassierte Le Pen mit mehr als 82 Prozent der abgegebenen Stimmen.

2017 hielt ich mich ebenfalls in Frankreich auf, aber dieses Mal gab es keine größeren Demonstrationen zwischen den beiden Wahlgängen, keine massive Solidaritätswelle unter den Franzosen, um ein äußerst beunruhigendes Szenario abzuwenden. Führungsköpfe einiger Parteien, wie der radikale Linke Jean-Luc Mélenchon, riefen ihre Wähler dazu auf, einen leeren Stimmzettel abzugeben, womit sie Marine Le Pen in die Hände spielten. Emmanuel Macron gewann die Wahl, und es brach Jubel aus, obwohl der Front National das beste Ergebnis seiner Geschichte erreichte: 33,9 Prozent.

Das ist es also, was man als »Normalisierung« der radikalen Rechten bezeichnet: Man ist nicht mehr beunruhigt, man ist nicht mehr empört. Aber handelt es sich dabei nicht eher um eine schleichende Betäubung der Wachsamkeit, eine ansteckende Gleichgültigkeit, der besten Freundin des immer noch Schlimmeren?

Auch beim linksextremen Flügel in Frankreich herrscht ein gewisses Abdriften vor, wo der Populist Jean-Luc Mélenchon fast 20 Prozent der Stimmen bei den Präsidentschaftswahlen erhalten hat. Nicht wenige lassen sich leicht blenden, sobald eine Gruppe die »Revolution« im Namen des Volkes ausruft, selbst wenn hier die moralische Umsicht vollends versagt. Insgesamt haben über 45 Prozent der Franzosen 2017 Rechts-und Linkspopulisten gewählt. Das zeigt, wie fragil das demokratische Bewusstsein in Frankreich ist.

Kurz nach den Pariser Attentaten vom November 2015, als Marine Le Pen bei den Umfragen vorn lag, veröffentlichte ich in einem französischen Magazin eine persönliche Hommage an die Widerstandskraft der Deutschen gegen Populismus und Rechtsextremismus. Darin schlug ich den Franzosen vor, im Falle eines Sieges des Front National nach Berlin auszuwandern – eine Art Rache der Geschichte.

Was würde ich diesen Lesern heute sagen? Deutschland, diese auf der Erinnerung an zwei Diktaturen basierende Trutzburg der Demokratie, das Land, das seine Geschichte wie kein anderes auf der Welt bearbeitet hat, und wo es seit 1949 keine rechtsradikale Partei in den Bundestag geschafft hat, dieses Land ist nun auch dem Populismus verfallen. Die Alternative für Deutschland, die sich in den ersten

Jahren nach ihrer Gründung 2013 nur schwer halten konnte, hat die von der Flüchtlingskrise geschlagene Bresche genutzt. Und trotz einer deutlichen Verschärfung der Flüchtlingspolitik und des erheblichen Rückgangs der Zahl von Neuankömmlingen war ihr Aufstieg nicht zu bremsen. Heute hat die AfD 92 Sitze im Bundestag und ist in allen Landtagen vertreten.

Es ist, als läge die Vorahnung eines Gewitters in der Luft, als gäbe der sichere Boden, auf dem ich aufgewachsen bin, plötzlich nach, als stürben die Träume meiner Eltern langsam vor meinen Augen dahin, als wäre der Gedächtnisschwund im Begriff, ganz Europa anzustecken. Dieses Gefühl verfolgt mich, obwohl die meisten politischen Parteien, die für mein Unwohlsein sorgen, eigentlich auch Botschaften verkünden, die mir gefallen müssten: Sie sagen zu, dass sie eine gerechtere, weil *wirklich* das Volk repräsentierende Demokratie verkörpern wollen. Dass sie Europa vor einem aufklärungsfeindlichen Islam bewahren, die Meinungsfreiheit gegen die Zensur der Political Correctness verteidigen und die Bürger vor den Auswüchsen der Globalisierung schützen wollen. Freiheit, Europa, Demokratie, regionale Kulturen – alles Punkte, die mir teuer sind. Bin ich etwa gerade dabei, in Panikmache, ja, sogar Paranoia zu verfallen? Man muss hinter die Slogans blicken, um Klarheit zu gewinnen.

Es ist der 3. März 2018. Im kleinen österreichischen Dorf Aistersheim schneit es. Ein märchenhaftes Wasserschloss mit vier Türmchen ruht wie eine Fata Morgana über dem zugefrorenen Teich. Ein Schild verkündet: »Kongress der Verteidiger Europas«. Ich überquere die Holzbrücke, die über den Wassergraben führt, und trete durch das schlichte Tor einer leicht ockerfarben getönten Neurenaissance-Fassade. Ich zucke innerlich zusammen, als eine Empfangsdame mich nach meinem Namen fragt und diesen auf einer Liste sucht. Ich halte schon meine Einladungskarte in der Hand, für die ich 48 Euro bezahlt habe, aber ich fürchte, zurückgewiesen zu werden. Die Veranstalter hatten auf ihrer Internetseite deutlich gemacht, dass nur die »befreundete« Presse geladen sei. Was, wenn sie meinen Namen im Internet recherchiert haben? Ich bin nicht gekommen, um über das Ereignis als Journalistin zu berichten, aber ich bezweifle, dass mein Profil hier auf Wohlwollen stößt, wo doch über allem eine einzige Formulierung schwebt: »Wer nicht für uns ist, ist gegen uns.«

Man lässt mich in den Innenhof des imposanten Mauerwerks treten, von wo eine Außentreppe hinauf auf einen Arkadengang führt. Ich betrete einen bemerkenswerten Saal mit einer zu gotischen Spitzbögen gewölbten Decke, deren stuckgerahmte Felder mit italienischen Fresken ausgemalt sind und an dessen Wänden barocke Ölbilder aus dem 17. Jahrhundert hängen. Ungefähr 300 Personen haben schon vor einem Podium Platz genommen, wo ein Mikrofon auf Redner wartet.

Der FPÖ-Vizebürgermeister von Graz, Mario Eustacchio, eröffnet den Ball. Er sei, sagt er, besorgt um die »autochthone Bevölkerung« Österreichs, deren »Vermehrungsrate« geringer ausfalle als die der Ausländer. »Setzt sich die Entwicklung fort, dann werden wir Fremde im eigenen Land!«, ängstigt er sich, bevor er dann auf den Grund dieser »katastrophalen Situation in Europa« verweist: »das Anbeten der Menschenrechte«, die die »alten, väterlichen Werte« ersetzt hätten. An den Wänden des Schlosses hat ein österreichisches Magazin, das den Kongress mitveranstaltet, Plakate mit seinem aktuellen Titelblatt angebracht: »Terror Gutmensch, Schluss damit!« Man sieht die Zeichnung eines Opfers dieses angeblichen Terrors: ein Mann mit verbundenen Augen, Arme und Oberkörper blutüberströmt und mit Stacheldraht gefesselt, der Mund von Schmerz verzerrt ... So viel Leiden aufgrund der Anerkennung der Menschenrechte!

Als nächster Redner ist André Poggenburg an der Reihe, zu diesem Zeitpunkt noch Landesvorsitzender und Fraktionsvorsitzender der AfD in Sachsen-Anhalt. Wenig später musste er auf Antrag des AfD-Bundesvorstands zurücktreten, da ihm Vetternwirtschaft und rassistische Äußerungen vorgeworfen wurden. In Aistersheim ist dieser Vertreter des rechten Flügels der AfD Ehrengast. Unter

Beifallsrufen appelliert er für einen »Austritt Deutschlands« aus der Europäischen Union, den Dexit, und hofft, »dass dem dann auch ganz, ganz viele europäische Staaten folgen und dass wir diese EU damit endgültig begraben können!« Dieser »Moloch mit neokommunistischem, globalisierendem Charakter ist die verderbliche Krankheit Europas des 21. Jahrhunderts«, die die »Entsagung von Patriotismus [...] verordnet« habe, präzisiert er noch.

Wie Eustacchio träumt auch er, ohne sie genauer zu benennen, von einer anderen Epoche und dem, »was in alten Texten, Bildern und Melodien aufbewahrt ist«, er hofft, »die nachwachsende Generation an unser Eigenes wieder heranführen« zu können. Er fordert eine »Festung Europa«, die auf Abstand zu den USA geht und sich Russland annähert, das er vehement gegen die EU-Sanktionen seit der illegalen Annexion der Krim 2014 verteidigt. Der russische Präsident Vladimir Putin wird in diesen Kreisen bewundert – nicht trotz, sondern gerade wegen seines autoritären Regierungsstils und seiner Missachtung der Menschenrechte und der Demokratie. Putin, der das Ziel zu verfolgen scheint, die EU zu sabotieren und Europa zu schwächen, unterstützt die populistischen und rechtsradikalen Parteien Europas manchmal sogar finanziell, wie die Partei von Marine Le Pen, die einen russischen Kredit erhalten hat.

Die Freundschaft mit Russland wird den Tag über mit musikalischen Einlagen aus dem russischen und germanischen Repertoire zelebriert. Die Organisatorin ist eine mondäne Österreicherin russischer Herkunft, die regelmäßig das Kulturprogramm für rechtsextreme Versammlungen organisiert und auf deren Initiative jährlich ein »Russischer Ball« in Wien abgehalten wird, der bei FPÖ-Politikern besonders beliebt ist. Der Auftritt von Olga, einer sinnlichen blonden Sopranistin in hautengem Seidenkleid, wirkt auf diesem Kongress, der von Männern mit angespannten Mienen und feindseligen Reden dominiert wird, wie ein Elektroschock. Einer Königin gleich nähert sie sich der Bühne, wiegt sich in den Hüften und lässt aus ihrem perlweißen Hals auf unwiderstehliche Weise Emmerich Kálmáns *Heia in den Bergen* ertönen, die Liebeserklärung eines jüdischen Komponisten an seine Heimat Österreich, das ihn 1949 bei seiner Rückkehr aus dem Exil so kalt empfing, dass er es vorzog, sich in Paris niederzulassen. Die Opernsängerin fährt mit einem Potpourri russischer Lieder fort, wobei sie mit ihren Rundungen lasziv den Flügel umschmeichelt, an dem Giorgi, ein aus Georgien stammender Pianist, sie begleitet. Der Rhythmus steigert sich, die flinken Finger des Klavierspielers laufen über die Tasten, die Stola gleitet von Olgas Schultern und entblößt ein abgrundtiefes Dekolleté. Der Saal gerät in Ekstase, es ist ein Triumph. Vor lauter Freude lässt sich die Organisatorin zu einigem Nachsinnen hinreißen und prahlt schließlich: »Sie singt überall in Opernhäusern, sie war mit mir auf der Krim im vorigen Jahr ... Olga und Georgi, auf die kann man sich verlassen, künstlerisch und menschlich.« Was auch immer das heißen mag, ich bin froh über diese Atempause an diesem Tag, der für mich kein leichter sein wird.

Ein gut 40 Jahre alter Mann mit einem auf den Millimeter genau getrimmten Bart betritt die Szene. Er heißt Andreas Lichert, ist heute AfD-Abgeordneter im hessischen Landtag und für das Institut für Staatspolitik (IfS) aktiv, das als wichtigste Denkfabrik der Neuen Rechten in Deutschland gilt. Mit gradlinigem Blick und heiterem Tonfall analysiert Andreas Lichert pädagogisch den jüngsten Aufstieg der AfD mithilfe einer Powerpoint-Präsentation. »Eine beispiellose Leistung in der Geschichte der BRD«, freut er sich unter aufbrandendem Beifall. Auf der Leinwand zeigt eine Grafik die politische Herkunft der Wählerschaft der Partei: »Die Gewinne aus den sogenannten bürgerlichen Parteien sind nur wenig größer als die Gewinne aus dem Linksblock«, erläutert Lichert. Eine zweite Grafik zeigt die geografische Herkunft. Lichert lenkt die Aufmerksamkeit auf den Unterschied zwischen »Westdeutschland und Ostdeutschland«, denn im Westen fiel das Ergebnis bei den Bundestagswahlen für die AfD nur halb so gut aus wie in »Ostdeutschland«. »Mitteldeutschland!«, ruft ihm jemand aus den ersten Reihen zu. Lichert entschuldigt sich: »Ein sehr peinlicher Fauxpas«, sagt er amüsiert lächelnd, »weil ich normalerweise auch die Begrifflichkeit Mitteldeutschland verwende, ich muss mich schämen, ausgerechnet in diesem Kreis, ich bitte mich zu entschuldigen.« Lachsalven ertönen hier und da im Saal. Während seiner gesamten Präsentation wird Lichert den Begriff Mitteldeutschland für Ostdeutschland benutzen, als lägen jenseits der Oder-Neiße-Grenze noch immer deutsche Territorien. Dann resümiert er den Erfolg der AfD schmunzelnd: »Ja, liebe Freunde, Zuwanderung ist nicht immer was Schlechtes – solange es sich um Wähler handelt.« Das Publikum grinst.

Deutlicher und zynischer kann man wohl kaum klarmachen, wie wenig es um Inhalte geht, sondern um die Macht – oder anders gesagt: wie sehr die durchaus berechtigten Ängste der Bürger in einer immer stärker globalisierten Welt für ihre Machtinteressen instrumentalisiert werden. Die Strategien sind bekannt: Man sucht Sündenböcke, verbreitet eine manichäische Sicht der Welt und gibt der Wählerschaft das Zugehörigkeitsgefühl zu einer exklusiven Gemeinschaft, die andere Personen ausschließt.

»Wir haben noch viel, viel mehr Stimmen von Nichtwählern gewonnen, über die Hälfte mehr als alle Parteien insgesamt«, fährt Andreas Lichert fort. »Was charakterisiert den Nichtwähler? Es ist sein Vertrauensverlust in die Parteien: Er glaubt, es lohne sich schlicht nicht mehr, zur Wahl zu gehen.« Und wenn Lichert dann auf die »sehr erfolgreichen Verbände« der AfD im Süden und im Osten schaut, »dann sind das zufälligerweise auch genau die, die am angreifbarsten sind«. Dieser Aspekt, so findet er, »müsste die innerparteiliche Diskussion der AfD durchaus beeinflussen«, und er nennt auch gleich ein paar Beispiele.

»In Bayern zum Beispiel wurde der Landesvorsitzende Petr Bystron zeitweise vom Verfassungsschutz überwacht, weil er einen positiven Kommentar zur Identitären Bewegung abgegeben hat. Das hat gewisses Skandalpotenzial.« Lichert schaut nach Baden-Württemberg: »Da haben wir die Affäre um den Abgeordneten Gedeon. Der wird immer gewissermaßen als Krokodil aus der Kiste gezogen im Kasperle-Theater, wenn es darum geht: ›Guck mal, da hat einer ein antisemitisches Buch geschrieben, das ist der Beweis, dass die ganze AfD antisemitisch ist‹.« Wolfgang Gedeon ist ein Arzt, der in seinem Leben schon Kommunist und Maoist war, bevor er sich dann für die AfD entschied und es mit ihr bis in den Landtag schaffte. Er verfasst Bücher, in denen steht, dass der Holocaust eine »Zivilreligion des Westens« sei und der »Judaismus in seiner säkular-zionistischen Form« kein geringeres Ziel verfolge als die »Versklavung der Menschheit«.

»In Thüringen haben wir natürlich unseren Freund Björn Höcke, der in den Augen vieler großes Skandalisierungspotenzial bietet«, sagt Andreas Lichert schließlich, »und in Sachsen haben wir einen kleinen Björn Höcke, den Abgeordneten Maier, der sich durch einige Tweets entsprechend in die Öffentlichkeit gebracht hat«. Der Fraktionsvorsitzende im Thüringer Landtag, Björn Höcke, ist ein Spezialist für apokalyptische Szenarien, die einer Sekte das Wasser reichen könnten, und er hat eine Vorliebe dafür, Ausländer mit Tieren und Mikroben zu vergleichen, womit er sich in unverhohlener Weise in die Traditionslinie der Nationalsozialisten stellt: »Asylbewerberunterkünfte sind Feuchtbiotope, in denen sich Keime des Fundamentalismus und der Kriminalität idealtypisch vermehren.« Jens Maier, Abgeordneter für die AfD Sachsen im Bundestag, schöpft aus dem gleichen Vokabular und lobt die NPD, warnt vor der »Herstellung von Mischvölkern«.

Glaubt man Andreas Lichert, dann funktioniert diese Strategie der neonazistischen, rassistischen und antisemitischen Provokation so gut, dass die AfD sie als Leitlinie anwenden will.

Einen Augenblick lang habe ich das Gefühl, einer Präsentation von Kandidaten eines Marketing-Wettbewerbs beizuwohnen. Aber was wäre denn dann das Produkt, das mit dieser Rhetorik an einen Wähler verkauft wird? Es ist das Recht, seine niedrigsten Instinkte freizuschalten, den offen und gewaltsam zur Schau gestellten Ausdruck seiner Frustration, seiner Komplexe und seiner Schadenfreude als Akt des Widerstands gegen Political Correctness hinzustellen. »Jetzt gilt es als mutig, unanständig zu sein«, schreibt die *Spiegel*-Journalistin Melanie Amann in ihrem unverzichtbaren Buch *Angst für Deutschland*. »Die eigene Intoleranz wird umdefiniert und pseudolegitimiert als Mittel, die Intoleranz der anderen aufzudecken«, schreibt sie. Ihr zufolge hat das AfD-Milieu »unterdrückerische Impulse« und »pflegt insofern ein paradoxes Verständnis von Freiheit, nämlich ein im Kern unfreies, intolerantes und autoritäres.«

Andreas Lichert und die Männer, denen er »Skandalpotenzial« zuschreibt, repräsentieren nur den rechten Flügel der AfD. Und doch hat dieser in den letzten Jahren an repräsentativem Charakter gewonnen, da er gegenüber dem eher moderaten Segment an Bedeutung zugenommen hat. »Die AfD [wird] mittlerweile von ihren eigenen Strukturen daran gehindert, rechte Kräfte auszustoßen«, beobachtet Melanie Amann. Einer der Gewinner dieser inneren Gleitbewegung ist Götz Kubitschek, Vordenker des rechten Flügels. Er ist auch der Gründer des Instituts für Staatspolitik, das Andreas Licherts Verein betreibt, und ein langjähriger Freund von Björn Höcke. Kubitschek war geladener Gast auf dem »Kongress der Verteidiger Europas« 2016 – wie auch Herbert Kickl, seit Dezember 2017 Bundesminister für Inneres der Republik Österreich.

Nach Aistersheim sind auch internationale Gäste geladen. Ein gut 50-jähriger Mann mit eingefallenem Gesicht und Stirnglatze, der als »Politikwissenschaftler und Autor aus Belgrad« vorgestellt wird, betritt das Podium. Er begrüßt seine Zuhörer mit einem »Gott mit uns!«, bevor er sich auf Englisch in einer langen Darlegung über die Bedrohungen der »Menschenwürde« annimmt, die in der anwachsenden Entwicklung von Wissenschaft und Medizintechnik liegen sollen, gefördert von einer »Gruppe von neuen Kommunisten und Linksliberalen«. Er wettert gegen die »Pille danach«, mit der »das Recht des Vaters, über eine Abtreibung zu entscheiden, ignoriert wird«, und vergleicht die Sterbehilfegesetze in Belgien und den Niederlanden mit der Ermordung von über 200.000 Menschen im Rahmen der Aktion T4 der Nazis. Er endet immerhin mit einer Hoffnungsbotschaft: »Das Christentum hat Europa schon häufig gerettet.« Der Applaus ist verhalten. Später fand ich heraus, dass er der Direktor des Instituts für Europäische Studien in Belgrad ist, wo

Marc Jongen, einer der Landessprecher der AfD in Baden-Württemberg und inzwischen Abgeordneter im Bundestag, im Juli 2017 zwei Vorträge gehalten hat.

Ein weiterer Redner, diesmal aus dem italienischen Südtirol, tritt nun auf: ein junger Mandatsträger, der in Trachtenjacke mit der Hand am Herzen und voller Pathos mehr oder weniger unverblümt zur Annektierung seiner Region durch Österreich aufruft, zu dem diese bis zum Zerfall des österreich-ungarischen Kaiserreiches vor einem Jahrhundert gehört hat. Er dankt der FPÖ für die Unterstützung dabei. Der Redner verabschiedet sich voller Leidenschaft mit: »Es lebe unser Vaterland Österreich, es lebe Tirol!« Nach der Ansprache einer ebenso narzisstischen wie naiven Trump-Aktivistin, die aus den USA die Botschaft mitbrachte, »niemals zu vergessen, einander beizustehen« mit der »Hilfe Gottes«, endet der internationale Ausflug des Kongresses. Auffallend ist, dass keine Redner des Front National, der Lega Nord und der Partei für die Freiheit von Wilders auftreten. Gut möglich, dass diese sich weigern, an einem Kongress teilzunehmen, auf dem Rechtsradikale so schamlos auftreten. Anders als die FPÖ und AfD.

Der Moderator mit Schmiss auf der Wange lädt zum Mittagessen ins Erdgeschoss. Ich stehe in einer langen Schlange im Hof und nutze die Gelegenheit, mir das Publikum anzusehen, das ich während der Vorträge nicht genauer zu prüfen wagte: Auch wenn nicht in der Mehrheit, sehe ich überraschend viele junge Männer, die die Farben ihrer Burschenschaft tragen, und auch junge Frauen, die erstaunlich adrett aussehen, einige von ihnen auf Stöckelschuhen und im Minirock. Plötzlich durchquert eine Gruppe eilig den Hof in Richtung Ausgang. »Die Antifa! Los geht's«, höre ich es schreien. Linksextremen Militanten ist es offensichtlich gelungen, sich trotz der Absperrungen der Polizei dem Schloss zu nähern. Die Erregung wächst, einige verlassen die Schlange, das Gesicht aufgehellt in der Aussicht auf eine echte Keilerei, die sich anzubahnen scheint, schließlich sind auch die Militanten der Antifa für ihre Gewaltbereitschaft bekannt. Die Hoffnung stirbt aber schnell, die Polizei hat die ungebetenen Gäste abgewehrt.

Mit Rinderbraten und Knödeln begebe ich mich an einen sehr langen Holztisch zu Burschenschaftlern, die sich mir gegenüber sehr freundlich zeigen. Ich höre, wie einer von ihnen, der dem Dialekt zufolge aus Bayern stammt, sagt: »Wir sollten mehr Abgeordnete von der CSU gewinnen. Petr kümmert sich drum« – gemeint sein dürfte Petr Bystron, AfD-Vorsitzender in Bayern. – »Aber es ist nicht einfach, viele sagen, die würden es schon machen, aber am Ende sind sie zu gemütlich.« – »Ja, die haben Angst vor Ausgrenzung, die hängen zu sehr an ihrem Status, an ihrem Geld«, kommentiert sein Sitznachbar.

Der Nachmittag beginnt mit einer Podiumsdiskussion zwischen vier Vertretern der »alternativen Medien«, die sich darüber unterhalten, wie sie trotz ihrer bedingten finanziellen Mittel die Ideen der »Patrioten« besser propagieren könnten. »Unsere Chance«, so schätzt ein junger Blogger die Lage ein, seien die sozialen Medien. »Das Rad der Zeit dreht sich für uns, weil das Misstrauen gegenüber den etablierten Medien größer ist.« Als Beispiel zieht er die Wahlergebnisse der AfD und FPÖ heran. »Alle haben geschrien, trotzdem haben sie die Wahl gewonnen.« Ein Vertreter des Magazins, das die Veranstaltung mitorganisiert, bleibt eher skeptisch: »Alle [Medien] haben über Le Pen berichtet, wer hat gewonnen? Nicht Le Pen.« Die Technik funktioniere nicht immer. Dann geht es gegen etablierte Journalisten, die als »Schreiberlinge« bezeichnet und als Roboter dargestellt werden, die sich dümmlich einer »dominanten Kultur« beugen, die von einer großen linksextremen Verschwörung diktiert werde, womit im Großen und Ganzen alles links der AfD und der FPÖ gemeint ist.

Welche Art Journalismus diese »alternativen Journalisten« anzubieten haben, erklären sie unumwunden: Es geht für sie darum, »Inhalte platzieren zu lernen«, »Druck auszuüben«, das »Potenzial zu kanalisieren«, gewisse »Themen, die gerade im Trend liegen, aufzugreifen«, das »Vakuum, das sich gebildet hat« mit »Content zu beliefern«. Wovon hier die Rede ist, lässt sich mit einem Wort sagen: Propaganda. Das Beunruhigendste daran ist, dass die Redner auf der Bühne ernsthaft meinen, dass sie Journalismus betreiben. Das Ziel des jungen Bloggers liegt darin, »sagen zu können, was man will oder was nicht politisch korrekt ist, ohne ausgegrenzt zu sein«. Ein wenig besonnener ruft einer seiner Podiumskollegen ihm ins Gedächtnis: »Man kann doch nicht nur das sagen, was man will.« Einig sind sich alle, die »Patrioten« dazu aufrufen zu müssen, die sozialen Medien zu nutzen, zu bewerten, zu teilen, Interaktion zu produzieren. »Es ist für jeden Einzelnen sehr, sehr einfach, einen Facebook-Account zu erstellen«, erklärt der Blogger und fragt rhetorisch gleich hinterher: »...und warum nicht bei Angela Merkel auf Facebook passende Kommentare hinterlassen« und versuchen, mit Berichten »kleine Shitbombs auszulösen«?

In seinem hervorragenden Buch »Propaganda 4.0 – Wie rechte Populisten Politik machen« beschreibt der Politikberater Johannes Hillje, wie die rechtspopulistischen Parteien weltweit zu den großen Gewinnern der digitalen Medien geworden sind, »wo sie Millionen Menschen ohne journalistische ›Gatekeeper‹ mit ihrer Version der ›Wahrheit‹ versorgen und gleichzeitig kollektive Identitäten unter ihren Unterstützern ausbilden können«, indem sie diese mit »Selbstvergewisserung« füttern. »Je mehr Reaktionen auf die Beiträge, die Tag für Tag über die Seite gehen, desto höher werden diese von Facebooks Algorithmus eingestuft.« Und aufgrund dieser statistisch festgestellten Relevanz bekommen diese noch mehr Menschen auf den Bildschirm. »Durch die Weiterverbreitung der Inhalte erreicht ein populärer Facebook-Beitrag der AfD bis zu vier Millionen Menschen, mehr als die Tagesschau.« Hillje schlussfolgert: »Wer emotionalisiert und polarisiert, der mobilisiert auch. Schlechte Voraussetzungen für die politische Meinungsbildung – aber gute Voraussetzungen für Rechtspopulisten.«

Die Überflutung der sozialen Medien durch »Fake news« stellt eine sehr ernste Bedrohung der Demokratie dar. Ich muss an das Buch von Gustave Le Bon *Die Psychologie der Massen* und an ein Zitat von Hannah Arendt denken: »Wenn jeder dich immerzu anlügt, dann ist die Folge nicht, dass du die Lügen glaubst, sondern vielmehr, dass keiner mehr irgendetwas glaubt. Ein Volk aber, das an nichts mehr glaubt, das ist seiner Fähigkeit zu denken und zu urteilen beraubt, letztlich seiner Kapazität zu handeln.«

Später am Nachmittag betritt ein gut 50-jähriger österreichischer Verleger die Bühne. Sein dichter Schnauzer und sein Spitzbärtchen, seine traditionelle bayerisch-österreichische Jacke verleihen ihm das beruhigende Aussehen eines Provinzbürgers. Er räsoniert gegen die Zensur der »Meinungsfreiheit«, bevor er Beispiele dafür nennt, was er darunter versteht: das Recht, die Begriffe »Neger« und »Zigeuner« zu verwenden.

Um Luft zu schnappen, gehe ich unter den Arkaden des Schlosses spazieren. Ich gehe in die hintereinanderliegenden Zimmer, in denen Verleger und verschiedene Gruppen Produkte ihrer politischen Arbeit zeigen. Die Identitäre Bewegung hat Aufkleber und Prospekte auf einem großen Tisch ausgebreitet, an dem junge Männer mit an den Seiten rasiertem und auf dem Kopf zur Seite gescheiteltem Haar die Besucher empfangen. Ich greife nach dem *Jahresbericht 2017*, auf dessen Titelseite ein Foto von Aktivisten der Bewegung an Bord eines Bootes auf dem Mittelmeer zu sehen ist. Sie halten eine Banderole in die Luft, welche in Großbuchstaben verkündet: »No way. You will not make Europe home. No way!« Ihr Ziel: »Störung der Rettungsmissionen von Nichtregierungsorganisationen, die Flüchtlinge aus Seenot retten.« Ich stelle mir die Szene vor: ein mit Flüchtlingen bis zum Bersten volles Boot, in das Wasser eindringt, Schreie von Frauen, die ihre Kinder hochhalten, um sie vor den Wasserströmungen zu retten, von Männern, die vergeblich darum kämpfen, Wasser aus dem Boot zu schöpfen, und dann plötzlich ein großes Boot, das sich nähert, Hoffnung keimt auf, dann Unruhe, als dieses stehen bleibt, ohne einzugreifen. An Bord junge Europäer, recht weiß, recht sauber, komfortverwöhnt, die sie von Weitem durch ein Fernglas beobachten und zählen: 1 Toter, 10 Tote, 100 Tote.

Als ich den Prospekt wieder zurücklege, reicht mir eine Frau einen Aufkleber, den ich kühl ablehne. An ihrer Seite lächelt mich ihr kleiner Junge mit goldenen Locken an.

Wenige Schritte weiter verkauft ein Verleger ein Handbuch zum Gebrauch von Schusswaffen. Er spricht mich an: »Vergewaltigt zu werden, das kann ein ganzes Leben zerstören! Alles ist hervorragend erklärt, schauen Sie, hier gibt es sogar detaillierte Zeichnungen, wie man einen Schuss in den Nacken abgibt.« Und tatsächlich, die Darstellung der Konturen eines menschlichen Schädels im Profil zeigt auf, wohin man zielen muss, will man den neuralgischen Punkt treffen. An anderen Ständen liegen Magazine aus, deren Titelseiten lauten: »Die Russland-Verschwörung – eine linke Medienkampagne«, »Defend Europe« oder auch »Stoppt Soros & Co«. Der berühmte jüdische Milliardär scheint bei den Rechtsextremen eine besondere Reizfigur zu sein. Mehrere Titelseiten kündigen ein Interview mit Alexander Gauland an, einer der beiden Parteivorsitzenden der AfD und ihrer Bundestagsfraktion. Ich schaue mir die Kataloge der hier vertretenen Verlage an. Man findet Titel wie *Anthropologie Europas, Rasse, Evolution, Verhalten* oder *Wir Weicheier, Kinder brauchen Mütter – Die Risiken der Kinderbetreuung*. Und viele einschlägige Geschichtsbücher: *Jüdischer Bolschewismus, Österreicher im Feuer – Tragödie der Tapferkeit 1939–1945, Der junge Hitler – Korrekturen an einer Biographie 1889–1914, Die deutschen Vertriebenen – Keine Täter, sondern Opfer*. Einige Verleger bieten zusätzlich Accessoires an, Medaillen, Tassen, Uhren, T-Shirts versehen mit Botschaften und Illustrationen, die der Kriegsmarine, den deutschen Fallschirmjägern, den deutschen Panzertruppen, oder Erwin Rommel die Ehre erweisen. Es gibt sogar in Flaschen abgefüllten Alkohol mit sprechenden Namen wie »Wehrmachtstropfen« oder »Trunke der Frontkämpfer«. Ich zögere, eine Tasse zu kaufen, auf der man die Silhouette eines Soldaten der Wehrmacht vor dem Eiffelturm sieht und die mit der Botschaft »Grüße aus Paris« versehen ist. Stattdessen kaufe ich ein Buch mit dem Titel: *Charakterschwäche – Re-education der Deutschen und ihre bleibenden Auswirkungen*. Es ist in gewisser Weise das Gegenteil meines Buchs, ein Plädoyer gegen die Entnazifizierung und voller Sehnsucht nach jenen Deutschen, die einst so viel Charakter besaßen – vor 1945!

Der Geruch von Geschichtsrevisionismus zieht sich durch diesen Kongress. Es ist derselbe Geruch, der im Raum schwebt, wenn Marine Le Pen sagt, Vichy, das »ist nicht Frankreich«, sondern doch nur eine kleine Gruppe von Kriminellen gewesen, oder wenn die Abgeordneten der FPÖ der Rede zum Gedenktag der Reichspogromnacht am 9. November 2017 keinen Applaus zollen; wenn Viktor Orbán in Ungarn Admiral Horthy und den faschistischen Schriftstellern die Ehre erweist und wenn das Polen der PiS für ein Gesetz stimmt, das es verbietet, »der Nation oder dem polnischen Staat« irgendeine Verantwortung für die nationalsozialistischen Verbrechen zuzuschreiben, Verantwortung etwa für die Beteiligung polnischer Bürger an blutigen Pogromen oder an der Verfolgung der Juden durch die Nazis. Es ist derselbe Geruch, wenn Alexander Gauland »das Recht, stolz zu sein auf Leistungen deutscher Soldaten in zwei Weltkriegen«, verlangt und verkündet, dass »Hitler und die Nazis [...] nur ein Vogelschiss in über 1.000 Jahren erfolgreicher deutscher Geschichte« seien. Und es geht noch viel weiter, wenn Jens Maier die Aufarbeitung der NS-Verbrechen als »gegen uns gerichtete Propaganda und Umerziehung« bezeichnet und Björn Höcke »eine erinnerungspolitische Wende um 180 Grad« verlangt und anprangert, dass die Deutschen das einzige Volk der Welt seien, das »ein Denkmal der Schande in das Herz seiner Hauptstadt gepflanzt« habe, was im Übrigen falsch ist: Im Zentrum von Paris steht ebenfalls ein Denkmal, es erinnert an die von der französischen Polizei ausgeführte Massenverhaftung im Vélodrome d'Hiver.

Diese Menschen diffamieren die deutsche Identität, die stark auf der Erinnerungspolitik aufbaut. Sie erniedrigen die steinige, mutige und oft genug schmerzhafte Arbeit, die von Millionen Akteuren der deutschen Gesellschaft geleistet worden ist, die sich daran gemacht haben, die Wurzeln des Bösen offenzulegen, um sich dadurch von ihnen zu befreien. Sie wollen das auslöschen, was die moralische Stärke Deutschlands ausmacht und was die ganze Welt diesem Land neidet: aus der Reflexion über die Vergangenheit dauerhafte Werte gezogen zu haben, die bei den Bürgern einen kritischen Geist und eine moralische Umsicht ausbildeten, die untrennbar mit der Kraft der deutschen Demokratie verbunden sind. Wenn man einen »Schlussstrich unter die Vergangenheit« zieht, wie einige es einfordern, dann ist es dieses Erbe, das man in Gefahr bringt, diese Wachsamkeit gegenüber der Wiederholung eines tödlichen Räderwerks, gegenüber der Gleichgültigkeit und dem Mitläufertum. Es ist dieses demokratische Erbe, das man für die nächsten Generationen aufs Spiel setzt.

Wer würde davon profitieren? Jene, die sich da quer durch ganz Europa den ritterlichen Titel der »Verteidiger der westlichen Werte« anmaßen? Aber welches Europa verteidigen sie? Dasjenige, das aus den Grundsteinen multiethnischer und multireligiöser Kulturen und Zivilisationen einen intellektuellen und künstlerischen Reichtum sondergleichen geschaffen hat? Oder eher den Kontinent, den nationale Egoismen und Hass in ein kultur- und zivilisationszerstörendes Monster verwandelt haben? Der Weg vom einen zum anderen führt über eine Umdrehung der Moral, wenn gut böse wird und böse gut. Wenn Empathie Schwäche wird und Hass Mut. Wenn die Gedächtnislosen triumphieren.

Wie sehr ich diese Stadt liebe. Manchmal, abends, da fahre ich mit dem Fahrrad durch das zu dieser späten Stunde so verlassen wirkende Berlin, um Orte mit einer qualvollen Geschichte zu grüßen, deren Wunden ich kenne, als wären es meine eigenen.

Noch ist es nicht lange her, da teilte die Berliner Mauer meine Straße in zwei. Hinter ihr befand sich eine militärische Zone, dann eine weitere Mauer und auf der anderen Seite die DDR. Nachts, von meinen Fenstern aus, sah man beleuchtete Wohnungen, vielleicht sogar die Silhouetten von Ostberliner Bürgern. Was wohl haben sie gesehen, als sie auf den kapitalistischen Westen blickten? Freiheit zweifellos, aber auch die gefährliche Unterwerfung des Menschen unter den Konsum.

Heute gibt es anstelle der Grenzzone einen Grünstreifen, der im Frühjahr nach Flieder riecht. Und vor den Häusern erinnern Stolpersteine an die Tragödie der einstigen Bewohner meiner Straße, die in den Tod deportiert wurden, weil sie Juden waren.

Wir Europäer sind einen langen Weg gegangen. Unsere Erinnerungen und Träume mögen zersplittert sein, doch in dieser Vielfalt gibt es einen gemeinsamen Nenner: die Erfahrung des Totalitarismus, der die Identität der Menschen, ihre Individualität geleugnet, sie terrorisiert, gefoltert und geblendet hat, um sie in eine einheitliche Form zu zwängen, eine Armee im Dienst eines mörderischen Wahns. Sowohl im Osten als auch im Westen haben wir das Leid, aber auch die Erfahrung von Apathie und Mitläufertum angesichts des Verbrechens gemacht.

Die Geschichte wiederholt sich nicht, aber die Mechanismen, die uns zu irrationalen Komplizen krimineller Doktrinen machen, bleiben sich gleich.

Es ist diese Erinnerung unserer eigenen Fehlbarkeit, die den europäischen Bürgern und vor allem den jüngeren Generationen vermittelt werden muss, um das Bewusstsein für die individuelle Verantwortung zu stärken, das in einer Demokratie unerlässlich ist. Um uns mit Urteilsvermögen zu wappnen und moralischer Umsicht gegenüber Manipulatoren, die denen vor einem Jahrhundert ähneln.

Unsere europäische Identität kann jedoch nicht allein auf einem negativen Gedächtnis beruhen. Wir brauchen ein positives Gedächtnis, um diejenigen zu besiegen, die die Erinnerungen trüben, falsche Identitäten schaffen und Hass sähen. Wir Europäer müssen wieder stolz sein dürfen, Teil eines Kontinents zu sein, dessen Völker zweimal, 1945 und 1989, die Würde und die Freiheit des Menschen zurückerobert haben. Jeder Einzelne von uns ist dabei unerlässlich.

1961 starb Julius Löbmann und folgte dem kleinen Fritz und seiner Frau Mathilde. Mit seiner zweiten Frau hatte er keine Kinder. Irma Löbmann, die Ehefrau von Siegmund und die Mutter von Lore und Hans, hat eine Zeit lang in Straßburg gelebt und ist schließlich zu ihren Kindern in die Vereinigten Staaten gezogen. Sie sind inzwischen verstorben.

Lotte Kramer, die einen deutschen Juden heiratete, der wie sie selbst nach Großbritannien emigrierte, hat einen Sohn und Enkelkinder. Von ihren Wunden hat sie sich niemals wirklich erholt. Sie hat dieses letzte Telegramm aufbewahrt, das ihre Eltern ihr im März 1942 aus dem Lager in Gurs nach England schickten: »Wir müssen unsere Bleibe wechseln. Adieu.« Nach dem Krieg wollte Lotte noch einmal Mainz wiedersehen. »Die Bomben hatten so vieles zerstört, das war so traurig, aber unser Haus stand noch immer da. Ich habe Freunde meiner Eltern besucht. Deren Tochter hatte etwas für mich. Bevor sie deportiert wurde, hatte meine Mutter einen großen Koffer mit allerlei Sachen vollgestopft, mit Bettzeug, mit Tischdecken. Das war ein Geschenk für meine Hochzeit. Sie hatte geahnt, dass sie nicht zurückkehren würde.«

In den Siebzigerjahren hat Lotte Kramer begonnen, Gedichte zu schreiben.

SILENCE

Today the river slinks like oil,
Hardly a current in its mud
As autumn leaves crawl on its face.

I left them in their blinding talk
To meet adopted path and sky,
And bend the grass for light and space.

Here I can hold the air with birds,
Still, solitary in their flight
Without men's calculated race.

Now only sun and water rule
Unchallenged over silent pain:
And the burst cry of a grey swan.

Lotte Kramer

STILLE

Der Fluss zieht heute schwer wie Öl dahin,
In seinem Schlamm kaum eine Strömung
Da über seine Wasser Herbstlaub kriecht.

Ich ließ in seinem blinden Reden es zurück
Um neue Wege, neue Himmel anzutreffen
Für Licht und Raum das dichte Gras zu beugen.

Hier kann die Luft ich mit den Vögeln teilen,
Still in ihrem Flug und eigen
Fern aller menschlich kalt berechnet Ziele.

Nun herrschen Sonne nur und Wasser
Unangefochten über stummem Schmerz:
Und eines grauen Schwanes jäher Schrei.

DANK

Dieses Buch wäre ohne die gewaltige Arbeit zahlreicher Historiker, die ihm als inneres Gerüst gedient haben, nicht zustande gekommen. Mein Dank gilt all jenen Schriftstellern, Filmregisseuren, Journalisten und Intellektuellen, deren Werke und Gedanken mir erlaubt haben, hinter die Fakten zu blicken.

Ich verbeuge mich mit Respekt vor all jenen Zeugen dieser Epoche, deren mutige Überlieferungen mir in unterschiedlicher Form weitergegeben worden sind und die für dieses Buch unerlässlich waren. Mehr als hilfreich waren auch all jene, die ich das Glück hatte, persönlich kennenzulernen: Moïse, Jacqueline, Claude, Lotte Kramer, Ruth Löbmann, Roland Jahn, Martha und Elizabeth.

Dank gilt auch meinen verstorbenen Großeltern, meiner Schwester Nathalie, meinen Freunden und insbesondere meinen Eltern und Margot. Dank auch an Flavio, der stets für mich da gewesen ist.

Die deutschsprachige Ausgabe würde ohne das hartnäckige Engagement und die heldenhafte Geduld meiner Verleger Joachim von Zepelin und Christian Ruzicska nicht vorliegen.